위험한 진화심리학

이덕하

위험한 진화심리학

이덕하

고유명사

차례

	머리말	10
1.	1장. 진화심리학이란 무엇인가	
가.	장님 코끼리 만지기	15
나.	진화론을 적용한 심리학: 진화론과 창조론의 대립	16
다.	진화론을 적용한 심리학: 열광파와 회의파의 대립	19
라.	선천론과 후천론의 분업	21
마.	선천론과 후천론의 대립	23
바.	궁극 원인과 근접 원인: 더 온전한 설명을 향하여	25
사.	산타바바라 학파: 넓은 의미의 진화심리학과 좁은 의미의 진화심리학	28
아.	사회생물학과 진화심리학: 인지 수준에 대한 강조	31
자.	이상적 진화심리학과 현실 진화심리학	32
차.	진화심리학 혁명	38
2.	2장. 선천론과 후천론	
가.	허수아비 공격 1: 순수한 유전자 결정론과 순수한 환경 결정론	42
나.	허수아비 공격 2: 유전자가 더 많이 결정하나, 환경이 더 많이 결정하나	46
다.	선천성의 두 가지 의미: 행동유전학적 맥락과 진화심리학적 맥락	48
라.	탄생은 선천성의 기준이 아니다	50

마.	선천론과 후천론의 분업: 진화심리학은 선천성에 초점을 맞춘다	51
바.	선천론과 후천론의 대립: 진화심리학은 다른 학파에 비해 더 많은 것이 선천적이라고 본다	57
사.	인간 본성론은 다윈이 폐기한 본질론에 의존하나	62
아.	학습과 문화라는 마법 주문	65

3. **3장. 전통적 세계관의 이분법과 과학의 통일성**

가.	통일된 설명을 향한 여정	73
나.	인간/동물 이분법	75
다.	영혼/육체 이분법	80
라.	통섭과 과학의 통일성	85
마.	진화심리학은 나쁜 환원론 또는 생물학 제국주의인가	87
바.	진화심리학자들이 동물 연구를 인간에게 그대로 적용하나	94

4. **4장. 자연선택과 이기적 유전자**

가.	자연선택 이론은 동어반복에 불과한가	97
나.	진화심리학자들은 왜 유전자 표류와 돌연변이에 주목하지 않나	103
다.	이해관계와 설계의 의미	106
라.	왜 이기적 유전자론인가: 유전자 수준 자연선택의 중요성	109
마.	홍적세와 사냥채집 사회의 중요성	114
바.	진화심리학자들이 지난 1만 년 동안의 진화를 완전히 무시하나	117
사.	남자와 여자는 서로 다른 환경에서 진화했다	123
아.	과거 환경과 현재 환경의 차이: 포르노, 비만, 콘돔, 친자 확인 검사	125

5. 5장. 적응과 기능

- 가. 기능과 효과　134
- 나. 목적론과 인과론　138
- 다. 고전적 합리성과 생태적 합리성: 강간은 합리적인가 또는 정상인가　141
- 라. 합리적 이성과 비합리적 감정?　149
- 마. 기성 사회학의 기능 개념에 대한 불만　152
- 바. 군대, 교복, 강간의 기능은 무엇인가: 갈등론자의 기능론과 공유지의 비극　160
- 사. 적응과 부산물　169
- 아. 진화심리학은 범적응론인가　174
- 자. 진화심리학과 충돌하는 현상이 존재할 수 있나　181
- 차. 진화심리학은 자살을 어떤 식으로 설명할 수 있나　185

6. 6장. 인지심리학과 심리기제

- 가. 사회생물학에서 진화심리학으로: 이미지 세탁인가, 이론적 차이인가　191
- 나. 인지와 계산의 의미　197
- 다. 인공지능과 본능맹　200
- 라. 대량 모듈성 테제가 논점인가　204
- 마. 맥가이버칼과 개념적 사고: 인간성은 왜 그렇게 똑똑하고 유연한가　211

7. 7장. 진화심리학의 생산성: 사후적 설명만 쏟아내나

- 가. 진화심리학의 예측 능력에 대한 데이비드 버스의 자랑질　217
- 나. 진화심리학과 상식의 재발견　222
- 다. 진화심리학의 참신한 발견들　230

라.	예측(사전 예측)과 후측(사후 예측)	**235**
마.	사후 예측과 임시방편적 설명	**239**
바.	진화심리학은 심리학 연구에 얼마나 도움이 되나	**244**

8. 8장. 진화심리학 가설의 검증 방법

가.	검증이 불가능하다면 틀릴 수도 없다	**253**
나.	검증 불가능함을 어떻게 입증할 것인가	**254**
다.	설계 논증: 페일리의 신의 존재 증명과 다윈의 자연선택	**257**
라.	설계 논증: 입덧과 강간의 사례	**266**
마.	설계 논증과 최적화: 진화심리학자들은 모든 것이 최적화되었다고 믿나	**273**
바.	자극의 빈곤	**276**
사.	과거 환경에 대해 정확히 알 수 없나	**280**
아.	모든 것을 설명할 수 있으니 진화심리학은 반증이 불가능하다고?	**282**
자.	진화심리학이 순환 논증에 의존하나	**292**

9. 9장. 프로이트와 진화심리학

가.	감정과 욕망의 심리학: 많이 닮아 보이는 진화심리학과 정신분석	**297**
나.	형제간 경쟁: 친족 이타성의 기원	**304**
다.	거세 공포와 도덕성의 발달: 프로이트의 성악설	**309**
라.	강간과 근친상간: 본능의 합리성	**314**
마.	분리 불안	**320**
바.	죽음 욕동	**323**
사.	리비도, 승화, 그리고 에너지 보존 법칙	**327**

아.	쾌락 원리와 현실 원리: 합리성의 기원	331
자.	설계 논증과 조각그림 맞추기: 자유연상 기법을 통한 해석으로 과학적 검증이 될까	337

10. 10장. 성선설과 성악설

가.	이기적 유전자가 이기적 인간을 만드나: 도킨스, 차명진 그리고 순자	342
나.	순수한 성선설/성악설과 평범한 성선설/성악설	346
다.	보이지 않는 손과 이타성/도덕성의 진화	349
라.	친족애 기제와 양심 기제는 선하고 강간 기제는 악한가	354
마.	진화심리학은 성선설인가, 성악설인가?	359
바.	자극의 빈곤과 도덕적 판단의 선천성	362

11. 11장. 진화심리학과 이데올로기

가.	과학의 교권과 도덕의 교권	366
나.	도덕 공리와 도덕 정리	368
다.	도덕적 주관론과 도덕적 불간섭주의	370
라.	자연주의적 오류와 자연의 섭리	377
마.	진화심리학이 기독교 근본주의가 내세우는 일부일처제를 자연스럽다고 보나?	384
바.	과학의 가치중립성과 도덕주의적 오류	387
사.	진화심리학이 악행을 한 사람에게 면죄부를 주나	395
아.	진화심리학이 숙명론으로 이어지나	399
자.	리처드 도킨스는 복지 제도가 부자연스럽다며 반대했나	409
차.	인종의 진화: 가나자와 사토시와 존 러쉬턴	412
카.	다윈으로 돌아가자?	429

12. **부록: 읽을거리**

가. 가볍게 읽는 진화심리학 436

나. 본격적으로 배우는 진화심리학 440

머리말

『페미니스트가 매우 불편해할 진화심리학』은 왕초보를 위해 썼다. 가설들이 주인공이라 구체적이다. 『위험한 진화심리학』은 구체적 가설보다는 개념, 이론, 검증 방법, 이데올로기적 함의 등에 초점을 맞추었기에 좀더 추상적이다. 『페미니스트가 매우 불편해할 진화심리학』보다 많이 어려운 것은 어쩔 수 없다. 진화심리학(evolutionary psychology) 대중서만 본 사람이라면 몇 번의 정독이 필요해 보인다. 이해가 안 되는 부분이 너무 많다면 부록〈가볍게 읽는 진화심리학〉에서 소개한 책들을 먼저 읽어 보고 다시 도전해 보길 권한다.

한국어로 쓴 책들 중에 진화심리학과 그것을 둘러싼 논쟁에 대해 이보다 더 깊이 있고 정확하게 다룬 책은 없다고 자부한다. 이 책의 주제는 진화심리학이지만 합리적으로 생각하는 훈련을 하고 싶은 사람에게도 도움이 될 것 이다. 『페미니스트가 매우 불편해할 진화심리학』은 대중적 접근에 신경을 많이 썼다. 자극적이고 도발적인 가설들을 주로 소개하는 전략이었다. 이 때문에 읽는 사람에 따라서는 불편할 수 있다. 『위험한 진화심리학』을 쓸 때는 그 방면으로는 마음을 비웠다. 진화심리학을 어느 정도 깊이 공부하려는 독자에게 충실한 길잡이를 제공하는 것에만 집중했다. 일부러 불편한 소재를 선택하지는 않았기에 그런 면에서는 덜 불편한 책일 것 이다. 하지만 "인종의 진화"나 "강간의 진화" 같은 껄끄러운 주제를 일부러 피하지는 않았다. 도발적인 면을 피한다면 진화심리학의 진면목을 온전히 보여줄 수 없다.

나중에 가설에 초점을 맞춘 『순한 진화심리학』을 쓸 생각인데 『페미니스트가 매우 불편해할 진화심리학』의 쌍둥이 동생 같은 책이다. 『페미니스트가 매우 불편해할 진화심리학』은 톡 쏘는 진화심리학이다. 도발적이고 자극적인 주제를 좋아하는 독자에겐 입맛에 맞다. 그리고 왜 많은 사람들이 진화심리학을 그렇게도 증오하는지 감을 잡을 수 있다. 『순한 진화심리학』은 난이도뿐 아니라 불편함을 느낄 만한 가설이 별로 없다는 면에서도 순하고 편안한 책이 될 것이다.

『위험한 진화심리학』에서 친족선택(kin selection, 혈연선택), 상호적 이타성(reciprocal altruism, 호혜적 이타성), 핸디캡 원리(handicap principle), 부모 투자 이론(parental investment theory), 집단선택(group selection)에 대해 『페미니스트가 매우 불편해할 진화심리학』보다 더 깊이 다루어 주기를 기대했던 독자들은 실망할 수 있을 것이다. 그것들을 깊이 다루지 않은 이유는 별로 중요하지 않기 때문이 아니다. 나중에 『진화심리학의 중간수준 이론: 친족선택, 상호적 이타성, 핸디캡 원리, 부모 투자 이론, 집단 선택』을 쓸 생각이다. 틀 문제(frame problem)나 조합적 폭발(combinatorial explosion)과 같은 어려운 주제들도 『위험한 진화심리학』에서 다루어주기를 바라는 독자도 있을 것 같다. 하지만 난이도 조절을 위해 상대적으로 어려운 주제들은 피했다. 나중에 『진화심리학의 이론적 기초』라는 더 딱딱하고 골치 아픈 책을 쓸 계획이다.

진화심리학을 못 잡아먹어서 안달인 소위 진보주의자들이 많다. 그들의 눈에 비친 진화심리학은 사이비과학(pseudoscience)이다. 과학 흉내를 내긴 하지만, 가부장제, 계급 사회, 자본주의, 군국주의, 인종차별과 같은 나쁜 체제를 정당화하거나 살인, 강간, 폭행, 갑질, 외도, 기만, 착취와 같은 악행에 면죄부를 주는 사악한 이데올로기(ideology, 이념)일 뿐이다. 진화심리학에 적대적인 지식인들은 진화심리학을 통렬하게 비판하여 KO시켰다고 흐뭇해하고 있다. 그런 비판들이 왜 엉터리인지 파헤치는 데 많은 지면을 투자했다. 진화심리학자들이 쓴 논문이나 책을 읽어보면서 한심하다고 느낄 때가 아주 많았다. 하지만 적대적 비판자들의 글은 대체로 훨씬 더 한심하다.

학위도 논문도 없는 재야의 진화심리학자인 저자의 책보다는 국내 1호 진화심리학 박사이자, 저명한 진화심리학자 데이비드 버스(David Michael Buss)의 제자인 전중환 교수의 책을 읽는 편이 낫다고 하는 이들도 있다. 전중환과 버스의 책을 읽겠다면 굳이 말리지 않겠다. 다만 전중환의 책 3권과 버스의 책 2권을 상세히 비판해서 카페〈진화심리학(http://cafe.naver.com/evopsy2014)〉에 올렸으니 나의 비판과 함께 읽어 보는 것을 권한다. (〈가볍게 읽는 진화심리학〉 참조).

물리학이나 수학 교과서처럼 이 책을 쓸 수는 없었다. 아주 기본적인 문제들에 대해서도 여전히 치열한 논쟁이 한창이기 때문이다. 진화심리학 열광자들과 적대적 비판자들이 여전히 평행선을 달리고 있다. 또한 진화심리학자들 사이에서 상당히 기본적인 문제들에 대해서도 의견이 분분하다. 상황이 이러니 진화심리학의 "표준"을 제시하는 것은 불가능하다. 주요 학파들의 의견을 나열하는 방식으로 정리하는 길도 있지만, 그렇게 쓴 책은 방대한 내용에 비해 진화심리학 공부에는 별로 도움이 되지 않는다고 생각한다.

재야 진화심리학자 저자의 입장에서 개념들, 이론들, 쟁점들을 살펴보았다. 하지만 이덕하의 독창적인(?) 주장들로 도배되었다고 생각하지 않았으면 한다. 리다 코스미디스(Leda Cosmides, 발음에 충실하게 표기하자면 "리더 카스미디스") & 존 투비(John Tooby)가 이론적인 면에서 진화심리학의 토대를 놓았다는 것은 다들 인정하는 분위기다. 그들이 진화심리학 정통파라고 봐도 무방할 것이다. 그들은 나의 존재조차 모르겠지만 나의 진화심리학 스승이다. 코스미디스 & 투비의 주옥같은 논문을 읽었기에 이 책이 탄생할 수 있었으며, 당연히 그들의 생각이 엄청나게 많이 반영되어 있다. 물론 내가 모든 쟁점과 관련하여 그들의 입장에 동의하는 것은 아니다.

이 책에서 소개한 용어들 중에 학계에서 널리 통용되지 않는 것도 있다. 널리 통용되는 개념도 학자마다 의미를 다르게 쓸 때가 많기에 혼동을 일으키기 쉽다. 하지만 어떤 의미를 의도했는지 충분히 밝혔기 때문에 큰 문제가 될 것 같지는 않다. 인용문의 난이도를 내가 조절할 수는 없다. 일부 인용문은 비전문가가 이해하기 힘들 것이다. 하지만 무엇이 논점인지 본문에서 충분히 풀어 써 놓았기 때문에 큰 문제가 생기지는 않을 것 같다. 다만, 치열한 논란이 진행되는 주제이기에 오해의 소지를 줄이기 위해 상당히 길게 인용할 때가 많아서 읽기에 짜증이 날 수는 있을 것이다. 한국어판이 출간된 경우에도 거의 모두 내가 다시 번역해서 인용했으며 원서의 쪽수도 함께 써 놓았다.

1장. 진화심리학이란 무엇인가

가. 장님 코끼리 만지기

코끼리의 다리를 만져본 장님은 코끼리가 기둥 같다고 생각하고, 코를 만져본 장님은 뱀 같다고 생각하고, 엄니를 만져본 장님은 초승달 같다고 생각하고, 몸통을 만져본 장님은 벽 같다고 생각하고, 꼬리를 만져본 장님은 밧줄 같다고 생각한다. 한 부분 또는 측면만 보고 전체라고 착각하면 안 된다는 교훈이 담긴 이야기다. 코끼리를 전체적으로 볼 줄 알아야 한다. 그럼에도 불구하고 나는 "진화심리학이란 무엇인가?"라는 질문에 그와 비슷한 방식으로 답할 생각이다. 진화심리학이 무엇인지 전체적으로 제시하기보다는 진화심리학의 이런 저런 측면들을 나열할 것이다.

얼핏 생각해 보면 진화심리학을 "진화론을 적용한 심리학"이라고 정의하면 될 것 같다. 하지만 이렇게 손쉽게 진화심리학의 정체를 드러낼 수 있다고 생각하지는 않는다. 이것은 생물학을 "생물에 대한 과학"으로 정의한다고 해서 온전한 답변이 되지는 않는 것과 마찬가지다. 사회학은 인간 사회를 연구한다. 물론 인간은 생물이다. 그렇다고 사회학이 생물학의 하위 분과로 분류되지는 않는다. 물리학을 "물리 현상에 대한 과학"으로 정의해 보자. 인간을 구성하는 쿼크와 전자는 목성을 구성하는 그것들과 다를 바 없다. 목성과 태양 사이의 중력이나 인간과 인간 사이의 중력이나 같은 힘이다. 인간이 만들어내는 현상도 따지고 보면 물리 현상이다. 하지만 인간의 역사를 연구하는 역사학이 물리학의 하위 분과로 분류되지는 않는다. 생물학과 물리학이 무엇인지 제대로 규정하려면 무언가가 더 필요하다.

생물학과 물리학이 무엇인지에 대해서는 학자들 사이에서 의견이 많이 일치한다. 반면 진화심리학의 정의나 특성에 대해서는 학자마다 의견이 분분하다. 게다가 맥락에 따라 "진화심리학"이라는 용어를 다른 의미로 쓰기도 한다.

그래서 진화심리학을 전체적으로 간단명료하게 정의하기가 더 힘들다. 이런저런 측면들을 나열할 수밖에 없어 보인다. 코끼리라는 대상은 확실히 정해져 있는데 장님이 일부만 살펴보고 속단해서 문제였다. 반면 진화심리학이라는 대상 자체가 유동적(?)이다.

진화심리학이 무엇인지 감을 잡으려면 20세기 후반에서 지금까지 이어지는 지적 풍토를 고려해야 한다. 진화심리학은 여러 학파와 심각하게 충돌해왔다. 이런 충돌을 무시하면서 진화심리학에 대해 논하기는 힘들다. 하지만 이런 충돌이 전부는 아니다. 진화심리학은 다른 학과들과 분업 관계를 이루기도 한다. 게다가 진화심리학은 방법론이기도 하고 연구 기획이기도 하다. 진화심리학의 이런 측면들을 하나씩 살펴보자. 충돌이든 분업이든 대조가 있기 마련이다. 어떤 식으로 다른 학파나 분야와 대조되는지 살펴보면 진화심리학이 무엇인지 파악하는 데 도움이 될 것이다.

코끼리를 만지는 장님은 한 측면만 살펴보고 그것이 전부라고 잘못 생각했다. 진화심리학의 한 측면이 진화심리학의 전부라고 생각하면 안 된다. 여러 측면들을 두루 살펴야 하며 각 측면들이 서로 어떤 관계를 맺는지 따져보아야 한다. 여전히 진화심리학은 뜨거운 논쟁의 소용돌이 속에 있다. 나는 진화심리학이 결국은 승리할 것이기에 여러 학파들과의 대립 관계 속에서 진화심리학을 파악할 필요성은 사라질 것이라고 생각한다. 그렇게 결판난다면 진화심리학은 그냥 심리학의 방법론, 연구 기획, 분야로서만 의미가 있을 것이다.

나. 진화론을 적용한 심리학: 진화론과 창조론의 대립

그냥 "진화"와 "심리학"의 의미만 생각해 보면 진화심리학이 무엇인지 쉽게 규정할 수 있을 것 같다. 여기에서 "진화"는 진화론 또는 진화과학(진화학) 또는 진화생물학을 뜻한다. "심리학"은 물론 심리학을 뜻한다. 둘을 결합해 보면 "진화론을 적용한 심리학"이다. 더 길게 쓰자면 "진화생물학을 적용하여 동물

(특히 인간)의 마음(욕구, 욕망, 충동, 동기動機motivation, 생각, 추론, 믿음, 기억, 학습, 감각, 근육 조절, 감정, 쾌감, 불쾌감, 고통, 느낌, 의식 등)을 탐구하는 과학"이다. 여기에는 진화론을 적용하면 마음 탐구에 눈곱만큼이라도 도움이 된다는 가정이 깔려 있다. 하지만 창조론자들은 이런 소박한 가정조차 거부한다.

"창조론"은 여러 가지 의미로 쓰인다. "신이 우주의 근본적인 법칙과 물질을 창조하고 빅뱅을 일으킨 후에 자살했다"라는 식의 창조론은 진화생물학과 충돌하지 않는다. 신이 세상에 전혀 개입하지 않고 세상은 오직 근본적 물리 법칙에 따라 돌아간다고 보기 때문이다. 하지만 이 정도로 일관된 이신론(理神論, deism)을 믿는 종교인은 거의 없다. 이 책에서 창조론은 구약 성경과 같은 종교 경전에서 묘사한 것처럼 신이 생물을 종류별로 창조했다고 보는 견해를 가리킨다. 창조론에 따르면 인간과 다른 동물은 진화의 산물이 아니라 신의 피조물이다. 따라서 진화론을 적용해서 마음을 연구한다면 번지수를 완전히 잘못 찾은 것이다. 진화론은 심리학 연구에 눈곱만큼도 도움이 되지 않는다. 오히려 진화론 때문에 인간 영혼에 대한 탐구가 왜곡된다.

21세기 선진산업국에서도 창조론은 사람들 사이에서 여전히 큰 인기를 끌고 있다. 진화심리학을 주도하는 미국에서 몇 년 전에 실시한 설문조사에 따르면 "골수 창조론" 옹호자가 "골수 진화론" 옹호자보다 3배나 많다.

> 6일(현지시간) 미 갤럽에 따르면 지난달 10~13일 전국의 성인 1천12명을 대상으로 창조·진화론에 대한 여론조사를 실시한 결과, '신이 단 한번 만에 현재와 같은 형태의 인간을 만들었다'는 창조론을 신봉한다는 응답이 전체의 절반에 가까운 46%에 달했다.
> 이에 비해 '인간은 수백만 년에 걸쳐 진화했으며 신은 관여하지 않았다'는 진화론을 믿는다는 응답 비율은 15%에 그쳤다.
> (갤럽 "미국 국민 2명당 1명 '창조론' 신봉")

하지만 창조론은 과학계에서 추방되었다. 이 책에서는 진화론/창조론 논쟁에 대해 깊이 다루지 않을 것이다. 리처드 도킨스(Richard Dawkins)의 『만들어진 신』 과 『지상 최대의 쇼』를 읽고도 진화론이 아니라 창조론이 옳다고 믿을 정도로 지적 능력이 떨어지는 사람이라면 이 책을 안 읽는 편이 낫다. 창조론이 아니라 진화론이 기본적으로 옳다고 믿는 독자를 위한 책이다.

인간이 진화의 산물임을 인정한다면, 진화생물학을 적용하여 심리 현상을 연구하는 진화심리학에 반대할 이유가 없어 보인다. 유물론(materialism) 또는 물리론(physicalism)을 지지한다면 인간의 마음이 뇌의 작용이며, 뇌가 진화의 산물임을 인정할 것이다. 외계인이 인간을 창조했다는 가설 그 자체는 유물론과 충돌하지 않지만 실증적 근거가 사실상 없다. 얼핏 생각해 보면, 현대의 모든 과학자들이 진화심리학을 지지해야 할 것 같다. 하지만 그렇지 않다. 진화생물학을 받아들인다고 공언하면서도 진화심리학에는 매우 적대적인 학자들이 상당히 많다. 왜 그럴까?

〈참고문헌〉

「갤럽 "미국 국민 2명당 1명 '창조론' 신봉": 진화론 15%…2년전보다 창조론 지지 늘어」, 〈SBS 뉴스〉, 2012년 6월 7일.

『만들어진 신: 신은 과연 인간을 창조했는가?(The God delusion)』, 리처드 도킨스 지음, 이한음 옮김, 김영사, 2007.

『지상 최대의 쇼: 진화가 펼쳐낸 경이롭고 찬란한 생명의 역사(The greatest show on earth: the evidence for evolution)』, 리처드 도킨스 지음, 김명남 옮김, 김영사, 2009.

다. 진화론을 적용한 심리학: 열광파와 회의파의 대립

만약 진화심리학계에서 "진화생물학을 적용하면 심리학 연구에 눈곱만큼이라도 도움이 된다"까지만 주장한다면 사실상 모든 과학자가 당연히 진화심리학을 지지할 것이다. 그런데 진화생물학이 심리학에 눈곱만큼만 도움이 된다고 생각했다면, 진화심리학이 인간과학(human science)과 사회과학의 혁명으로 이어질 것이라며 그렇게들 흥분하지는 않았을 것이다. 진화심리학자들은 진화생물학이 심리학에 큰 도움이 된다고 장담한다. 진화생물학에 바탕을 둔 심리학이 기존 심리학뿐 아니라 인류학, 사회학, 역사학, 경제학, 정치학, 윤리학까지도 대폭 개조할 것이라고 주장한다. 진화심리학자들은 이런 장밋빛 청사진에 열광한다. 반면 많은 학자들이 진화생물학이 심리학 연구에 큰 도움이 된다는 주장에 회의적이다.

일부 진화심리학자들은 인간이 진화의 산물이기 때문에 진화생물학이 당연히 심리학에 큰 도움이 될 수밖에 없다고 수상한다. 회의파는 그런 주장에 이렇게 맞받아칠 수 있다. 뇌는 물리 현상이다. 뇌도 기본적인 입자들로 구성되어 있으며 근본적 물리 법칙에 따라 작동한다. 만약 뇌가 진화의 산물이라는 근거만 들면서 진화생물학이 심리학 연구에 직접적으로 큰 도움이 된다고 결론 내릴 수 있다면, 뇌가 물리 현상이라는 근거만 들면서 물리학이 심리학 연구에 직접적으로 큰 도움이 된다고 결론 내릴 수도 있을 것이다. 하지만 심리학자가 되기 위해서는 상대성 이론과 양자역학을 깊이 공부해야 한다고 주장하는 사람은 거의 없다.

이 문제를 다른 측면에서 접근할 수도 있다. 인간의 몸은 진화의 산물인데 진화론이 생리학 발전에 얼마나 큰 도움이 되었나? 심장, 간, 허파, 콩팥의 기능(function)과 구조를 알아내는 데 진화론이 얼마나 기여했나? 세포의 존재와 구조를 알아내는 데 진화론이 얼마나 기여했나? 전반적으로 볼 때, 생리학의 발전은 진화생물학과는 별로 상관없이 이루어진 것 같다. 만약 진화론이 생리학에 그리 큰 도움이 되지 않았다면 심리학에 큰 도움이 되어야만 할 이유는 무엇인가? 여기에는 "인간은 진화의 산물이다"를 뛰어넘는 근거가 필요해 보인다.

진화론이 생리학보다 심리학에 더 쓸모가 있을 만한 이유가 있다. 생리학에서는 각 "부품"의 존재, 구조, 기능을 알아내기가 상대적으로 쉽다. 이것은 자동차를 구성하는 부품들의 구조와 기능을 알아내기 위한 연구와 비슷하다. 자동차를 분해해 보면 부품들이 그냥 눈에 보인다. 마찬가지로 인간을 해부해 보면 심장, 간과 같은 기관들이 그냥 눈에 보인다. 현미경으로 들여다보면 적혈구 같은 작은 부품도 보인다.

반면 심리학 연구는 컴퓨터 프로그램을 구성하는 부품들의 구조와 기능을 알아내기 위한 연구와 비슷하다. C++이나 자바(Java) 같은 고수준 프로그래밍 언어로 쓴 소스 코드는 사라졌고 기계어로 된 실행 프로그램만 있다고 하자. 실행 프로그램을 대충 관찰하면 0과 1로 이루어진 아주 긴 문자열로 보일 뿐이다. 그것만 보고 그 프로그램이 도대체 무슨 부품들 즉 모듈(module, 단원)들로 이루어져 있는지 알아내기는 너무나 어렵다. 뇌를 고성능 현미경으로 들여다보아도 부품들을 구분해내거나 각 부품의 구조나 기능을 파악하기는 불가능에 가까워 보인다. 그렇기에 연구의 길잡이가 더 절실히 필요하다. 진화심리학계에서는 진화생물학 원리들이 그런 길잡이 역할을 톡톡히 할 수 있다고 주장한다. 발견법(heuristic, 어림짐작법)으로 요긴하게 쓰일 수 있다는 것이다.

생리학에서는 생존과 번식(reproduction)에 대해 막연히 이해해도 많은 경우 큰 문제가 생기지 않는다. 심장에 대해 연구한다고 하자. 심장이 피를 온몸에 잘 순환시켜야 더 잘 생존할 수 있으며, 더 잘 생존해야 더 잘 번식할 수 있다는 점을 알아내기 위해 진화생물학을 깊이 공부할 필요는 없다. 인간의 마음과 행동의 진화를 탐구할 때는 그렇지 않을 때가 많다. 예컨대, 친족선택 이론을 모르면 친족을 어느 정도 돕는 것이 유전자 복제(gene replication)에 최적인지 알기 어렵다. 이런 이유 때문에 진화생물학이 생리학보다는 심리학에서 더 큰 도움이 될 수 있다.

라. 선천론과 후천론의 분업

진화심리학은 두 가지 의미에서 선천론이다. 첫째, 연구 분야의 측면에서 볼 때, 선천적인(innate) 것에 초점을 맞추어 연구한다는 면에서 선천론이다. 둘째, 학파의 측면에서 볼 때, 다른 학파에 비해 더 많은 것이 선천적이라고 본다는 면에서 선천론이다. 통상적으로 "innatism"과 "nativism"은 둘째 의미로 쓰인다.

우선 첫째 의미에 대해 살펴보자. 인간 진화심리학(human evolutionary psychology)은 정신적인 측면에서 보편적 인간 본성(universal human nature)에 초점을 맞추어 연구한다. 인간 생리학과 인간 해부학이 신체적 측면에서 보편적 인간 본성에 초점을 맞추는 것과 비슷하다. 단 한 명의 예외도 없이 모든 인간에게 나타난다는 의미로, 즉 수학적으로 엄밀한 의미로 "보편적"이라는 용어를 쓴 것은 아니다. "보편적"을 느슨한 의미로 쓴다면 "손가락 10개"는 보편적 인간 본성이다. 유전자 이상, 자궁 내 환경 문제, 태어난 이후에 당하는 사고 등으로 손가락이 아홉 개인 사람이 존재할 수 있다는 점을 누구나 알고 있다. 하지만 인간 해부학 교과서에서 "손가락 10개"를 보편적 인간 본성으로 기술한다고 해서 시비를 걸지는 않는다.

일부 인간 집단에만 적용되는 보편성도 있다. 자궁은 여자에게만 있고 고환은 남자에게만 있다. 젖니는 어린아이에게만 있고 영구치는 어느 정도 나이가 든 사람에게만 있다. 사춘기가 되어야 음모가 나고 여자의 유방이 커진다. 여자가 폐경기가 지나면 더 이상 임신을 할 수 없게 된다. 심리 영역에서도 마찬가지일 수 있다. 그런 경우에는 보편적 인간 본성이라기보다는 보편적 남자 본성,

보편적 여자 본성, 사춘기 이후에 나타나는 보편적 여자 본성일 것이다. 진화심리학계에서는 이런 것을 가리키기 위해 선천성이라는 용어를 쓴다. 진화심리학은 이런 선천성에 초점을 맞추어 연구한다. 그래서 선천론이다.

영어권에서 자란 아이는 영어를 자연스럽게 익히고 한국어권에서 자란 아이는 한국어를 익힌다. 왕정 국가에서 자란 사람은 세습 왕정이 옳다고 여기는 경향이 있으며 민주 국가에서 자란 사람은 권력자를 투표로 뽑는 것이 바람직하다고 여기는 경향이 있다. 원시 부족에서 자란 사람과는 달리 많은 현대인들이 피아노, 바둑, 운전, 양자역학, 컴퓨터 프로그래밍을 배운다. 문화권마다 개인마다 경험에 차이가 있으며 이것은 심리적 차이를 만들어낸다. 이런 것들을 후천적이라고 부를 수 있다. 문화심리학, 사회심리학, 사회학, 역사학은 이런 후천성에 초점을 맞춘다는 의미에서 후천론이다.

이런 의미의 선천론과 후천론은 대립 관계가 아니라 분업 관계를 이룬다. 진화심리학자들은 진화심리학의 선천론(선천성 연구)이 문화심리학, 사회심리학, 사회학, 역사학의 후천론(후천성 연구)을 위한 탄탄한 기반을 만들어 주기를 기대한다. 지금까지 인간의 마음, 행동, 사회, 문화를 연구하던 학자들은 인간 본성에 대해 암묵적으로 가정하는 버릇이 있었다. 진화심리학자들은 암묵적 가정으로 만족해서는 안 되며 명시적 가설로 정립해서 검증해야 한다고 주장한다. 인간 본성에 대한 잘 검증된 지식에 바탕을 둔다면 후천성 연구를 더 잘 할 수 있을 것이다. 컴퓨터 프로그램의 변하지 않는 구조를 잘 이해해야, 그 프로그램에 어떤 값이 입력될 때 어떤 값이 출력될지 잘 예측할 수 있는 것과 같은 이치다. 이런 식의 분업이라면 진화심리학자와 사회학자는 대립할 필요가 없다. 하지만 많은 학자들이 진화심리학에 반대한다. 왜 그럴까?

마. 선천론과 후천론의 대립

이제 선천론/후천론의 둘째 의미에 대해 살펴보자. 많은 이들이 진화심리학을 유전자 결정론(genetic determinism) 또는 생물학 결정론(biological determinism)이라고 비판한다. 하지만 진화심리학은 유전자가 (거의) 모든 것을 결정한다고 본다는 의미의 유전자 결정론이 절대 아니다. 때로는 진화심리학자들이 논적을 환경 결정론(environmental determinism) 또는 백지론(빈 서판론, tabula rasa, blank slate)이라고 비판한다. 하지만 환경이 (거의) 모든 것을 결정한다고 보는 학자는 없다고 봐도 될 것이다. 모든 것이 선천적으로 결정된다고 보는 순수한 선천론자도 없고, 모든 것이 후천적으로 결정된다고 보는 순수한 후천론자도 없다. 유전자 결정론 또는 환경 결정론이라는 비판은 전형적인 허수아비 공격(attacking a straw man, straw man fallacy)이다. 시각, 후각, 청각 등을 처리하는 심리기제(psychological mechanism)들이 자연선택(natural selection)으로 설계되었다는 점을 부정하는 학자는 없다고 봐도 된다. 마찬가지로 "영어를 구시하느냐, 한국어를 구사하느냐"가 후천적으로 결정된다는 점을 부정하는 학자는 없다고 봐도 된다.

사실상 모든 학자들이 유전자 또는 선천적 요인도 매우 중요하고 환경 또는 후천적 요인도 매우 중요하다는 점을 인정한다. 또한 유전자와 환경의 상호작용이 매우 중요하다는 점도 다들 인정한다. 어떤 학자들은 이런 이야기를 하면서 유전자/환경, 생물학적인 것/문화적인 것, 진화/학습, 자연선택/사회화, 선천성/후천성에 대한 논쟁이 무의미하다고 주장한다. 이런 주장은 진화심리학 옹호자들 사이에서도 비판자들 사이에서도 나온다.

나는 그렇게 생각하지 않는다. 진화심리학은 다른 학파에 비해 더 많은 것이 선천적이라고 본다는 의미에서 선천론이다. 다른 학파에서 선천적이라고 보는 것을 진화심리학계에서 후천적이라고 보는 사례는 전혀 또는 거의 없다. 반면 다른 학파에서 후천적이라고 보는 것을 진화심리학계에서 선천적이라고 보는 사례는 아주 많다. 질투 기제, 근친상간 회피 기제, 친족애 기제, 외모 평가 기제 등이 자연선택의 직접적 산물인 적응(adaptation)이라고 보는 것이 진화심리학계의 대세다. 남자가 여자보다 선천적으로 겁이 없고, 공격적이고, 짝짓기(mating) 상대의 외모에 집착하고, 짝짓기 상대의 젊음에 집착한다고 보는 것이 진화심리학계의 대세다. 반면 많은 학파에서 이것을 거부한다. 이와 관련된 논쟁은 허수아비 공격도 아니고 오해 때문에 생기는 것도 아니다. 실질적 의견 차이다.

〈진화론을 적용한 심리학: 열광파와 회의파의 대립〉에서 다루었던 문제로 돌아가 보자. 진화생물학이 심리학 연구에 얼마나 도움이 되는지는 얼마나 많은 것이 선천적인지에 달려 있다. 사랑(연애 감정), 질투, 우정, 친족 인지, 친족애, 근친상간 회피, 얼굴 인식, 언어 학습, 외모 평가와 같은 현상을 해명하고 싶다고 하자. 만약 자연선택에 의해 사랑 기제, 질투 기제, 우정 기제, 친족 인지 기제, 친족애 기제, 근친상간 회피 기제, 얼굴 인식 기제, 언어 학습 기제, 외모 평가 기제가 진화했다면 그런 심리기제에 대한 연구에 진화생물학이 상당한 도움이 될 것이다. 물론 질투 기제를 잘 이해해야 질투 현상을 잘 해명할 수 있다. 따라서 진화생물학은 심리기제의 이해뿐 아니라 그 심리기제의 작동으로 생기는 심리 현상의 이해에도 큰 도움이 될 것이다.

선천적 질투 기제는 없으며 질투 문화에서 사회화되는 인간이 범용 학습 기제(general-purpose learning mechanism)를 통해 질투를 학습한다고 하자. 그렇다 하더라도 질투 연구에 진화론이 도움이 될 수 있다. 왜냐하면 범용 학습 기제가 자연선택의 직접적 산물이기 때문이다. 범용 학습 기제를 잘 이해해야 질투가 어떤 식으로 학습되는지 잘 해명할 수 있다. 하지만 질투는 자연선택의 간접적 산물이다. 자연선택이 범용 학습 기제를 만들었고 범용 학습 기제 때문에 질투를 학습하게 되는 것이기 때문이다. 따라서 진화론은 질투 현상을 이해하는 데 간접적으로만 도움이 된다. 질투 기제가 진화했다면 진화론이 질투 현상을 이해하는 데 더 직접적으로 도움이 된다.

자연선택은 지혜의 축적이기도 하다. 어떻게 생각하고 느끼고 행동해야 더 잘 번식할 수 있는지와 관련된 지혜. 만약 선천적 질투 기제가 존재한다면, 그 기제에 번식 전략과 관련된 정보가 축적되어 있을 것이다. 그 정보를 알아내야 질투 현상을 온전히 이해할 수 있다. 물론 그 정보를 알아내는 데 진화생물학이 상당한 도움이 될 수밖에 없다. 만약 선천적 질투 기제 따위는 없으며 질투가 바둑 두기나 피아노 연주처럼 순전히 학습의 산물이라면, 질투 현상과 관련된 정보는 문화나 사회에서 유래한다. 범용 학습 기제에 바둑이나 피아노에 특화된 정보가 없듯이 질투에 특화된 정보도 없다. 그런 정보를 찾아내려면 "질투 문화"를 파헤쳐야 한다.

바. 궁극 원인과 근접 원인: 더 온전한 설명을 향하여

인간의 생각, 욕망, 느낌, 행동의 원인은 무엇인가? 뇌 속에서 모종의 신경망이 활성화되기 때문이다. 그런 신경망을 뇌 회로라고 봐도 무방할 것 같다. 활성화된 뇌 회로 또는 심리기제의 구조를 밝혀내고 거기에 입력되는 정보를 알아내면, 왜 그런 생각, 욕망, 느낌, 행동이 나타났는지 알 수 있다. 이것은 근접 원인(proximate cause) 또는 근접 기제(proximate mechanism) 수준의 연구다.

그런데 그 회로들은 왜 생겼을까? 그런 심리 기제의 구조는 왜 그렇게 생겼을까? 그런 구조는 왜 진화한 걸까? 이것은 궁극 원인(ultimate cause) 또는 진화적 원인(evolutionary cause)에 대한 질문이다. 궁극 원인에 대한 연구를 매우 중시하는 것이 진화심리학의 핵심적 특징이다. 선천적 심리기제의 진화적 기원에 대한 가설을 정립하고 검증하는 것은 진화심리학자들의 주요 사명이다.

"궁극 원인"이라는 명칭은 그리 적절하지 않다. 우주나 생명체의 궁극적 원인이라는 뜻으로 오해될 수 있기 때문이다. 그래서 궁극 원인보다는 "먼 원인(far cause)"이라는 용어를 쓰는 학자도 있다. 원래 "원자"는 "더 이상 쪼갤 수 없는 근본 입자"를 가리키는 말이었다. 하지만 물리학과 화학에서는 핵과 전자로 이루어진 입자를 원자라고 부른다. 처음에는 그것이 근본적 입자라고 생각했기 때문에 그렇게 불렀을 것이다. 이제는 원자의 핵이 양성자와 중성자로 이루어져 있으며 양성자와 중성자가 쿼크로 이루어져 있다는 것이 알려졌지만 그냥 "원자"라는 명칭이 굳어졌다. 무슨 이유에서인지는 모르겠지만 궁극 원인이라는 이상한 용어도 진화생물학계에서 관례가 되어버렸다.

식욕의 예를 들어 보자. "인간은 왜 먹는가?"라는 질문에 두 가지 방식으로 답할 수 있다. 하나는 "배고프니까"이고, 다른 하나는 "에너지를 얻기 위해서"이다. 둘 모두 옳다. "배고프니까"는 근접 원인과 관련된 답이고, "에너지를 얻기 위해서"는 궁극 원인과 관련된 답이다.

사람에게는 "식욕 조절 기제"라고 부를 수 있는 뇌 회로 또는 심리기제가 있는 것 같다. 위가 비어 있을 때, 혈당이 떨어졌을 때 인간은 배고픔을 느낀다. 이 기제의 구조를 완벽히 밝혀냈다고 해도 설명(explanation)이 끝났다고 볼 수 없다. 왜냐하면 "왜 그런 기제가 생겼나?"라는 질문에 대한 답이 아직 없기 때문이다. 진화생물학이 그런 질문에 대한 연구에 길을 제시해준다. 식욕 조절 기제가 진화한 이유는 우리 조상들이 신체에 필요한 물질과 에너지를 얻는 데 도움이 되었기 때문일 것이다. 거칠게 말하자면, 에너지를 얻기 위해 꾸준히 음식을 먹었던 우리 조상들이 쫄쫄 굶어도 먹을 생각을 하지 않았던 이들에 비해 더 잘 번식했기 때문일 것이다.

진화심리학자들은 과거 환경에 대한 지식이나 추정에 진화생물학 원리를 결합하여 특정 심리기제의 존재와 구조를 "예측"한다. 그리하여 "이렇게 생긴 선천적 심리기제가 존재한다"라는 식의 가설로 다듬어서 검증하려 한다.

이 때 진화론적 추정은 발견법으로서 가치가 있다. 상상할 수 있는 모든 가설들의 집합을 "가설 공간(hypothesis space)"이라고 부르기도 한다.

진화론적 발견법은 무한한 가설 공간에서 덜 헤매면서 가망성이 큰 가설들을 선택하는 데 도움을 준다. 심리기제의 구조에 대한 연구, 즉 근접 원인에 대한 연구는 진화심리학 이전에도 심리학자들이 늘 해오던 것이었다. 궁극 원인에 대한 추정, 즉 진화 시나리오(evolutionary scenario)가 근접 원인에 대한 연구에서 길잡이 역할을 톡톡히 할 수 있다고 진화심리학자들은 믿는다.

진화심리학자는 근접 원인을 밝히는 것으로 만족하지 않는다. 진화론적 추정 자체를 가설로 다듬어서 검증하려 한다. 즉 궁극 원인을 밝히는 것도 주요 연구 과제로 설정하는 것이다. 식욕 조절 기제의 구조를 밝히는 것에서 만족하지 않고 왜 그런 심리 기제가 진화했는지도 밝히려 한다. 이런 면에서 진화심리학은 기존 심리학보다 더 온전한 설명을 추구한다. 현재 상태를 해명하는 데 만족하지 않고 현재 상태에 이르기까지 어떤 진화 역사를 거쳤는지까지 밝히려 한다.

진화론적 추정이 발견법으로서 하는 역할은 건축술의 비계와 비슷하다. 비계는 건물을 짓는 데 도움이 되지만 그 자체는 건물에 속하지 않는다. 건물이 완성되면 비계는 없애 버린다. 하지만 진화심리학자들은 그 비계를 무작정 철거하지 않는다. 진화론적 추정 자체를 가설로 다듬어서 그것도 검증하려 한다. 만약 모든 연구가 순조롭게 진행되어 심리기제의 구조에 대한 가설도 잘 입증(confirmation)되고 그 기원에 대한 가설도 잘 입증된다면, 비계(진화론적 추정)도 "완공"된 건축물(진화심리학이 만들어내는 지식)의 일부가 된다.

발견법으로 쓰이는 진화심리학의 방법론은 심리학의 필수 요소가 아니다. 진화론적 추정이 없다 하더라도 어떤 심리기제의 존재와 구조를 밝힐 수 있기 때문이다. 모로 가도 서울만 가면 된다. 다만 좋은 길잡이가 없다면 헤맬 때가 많기 때문에 대체로 더 오래 걸릴 것이다. 진화론적 추정은 발견법으로서만 의미가 있는 것이 아니다. 심리기제의 기원을 밝히지 못하면 심리학에 커다란 구멍이 존재할 수밖에 없다. 그 구멍을 메우려면 진화론적 추정을 가설로 다듬어서 검증해야 한다. 이런 면에서 볼 때 궁극 원인에 대한 연구는 심리학의 필수 요소다.

지질학, 생물학, 물리학, 천문학, 역사학에서 기원과 역사를 연구하는 것은 인정하면서 심리학에서만 유독 그런 연구가 필요 없다고 본다면 아주 이상하다. 다른 학문에서는 기원과 역사에 대한 가설을 검증하는 것이 가능하다고 생각하면서 유독 심리학에서는 그것이 불가능하다고 본다면 그것도 아주 이상하다. 진화심리학에 적대적인 학자들도 인간의 마음, 행동, 사회, 문화의 역사적 기원을 파헤치려 한다. 그들은 문서, 유적, 구전 등을 통해 파헤칠 수 있는 최근 수천 년의 인류 역사에 주로 관심을 기울인다("진화 역사"와 대비하기 위해 "일반 역사"라고 부르자). 진화심리학자들은 우리 직계 조상들이 지난 수십만 년, 수백 만 년, 수천 만 년, 수 억 년 동안 거쳐 왔던 진화 역사도 파헤쳐야 한다고 생각한다. 물론 지난 수천 년 동안 인류가 유의미한 진화를 겪었다면 그 진화 역사도 파헤쳐야 할 것이다. 진화 역사는 심리기제의 구조 및 기원과 관련이 있다. 일반 역사는 심리기제에 입력되는 값들과 관련이 있다. 심리기제의 출력 값들이 문화를 형성하며 그 문화의 여러 양상이 다시 심리기제에 입력된다.

사. 산타바바라 학파: 넓은 의미의 진화심리학과 좁은 의미의 진화심리학
리다 코스미디스 & 존 투비는 "좁은 의미의 진화심리학"과 "넓은 의미의 진화심리학"을 다음과 같이 정의한다. 하지만 여기에서는 그런 용법에 따르지 않을 것이다.

좁은 의미의 진화심리학은 우리의 진화한 심리 및 발달 기제들을 지도화(map)하려는 과학적 기획이다. 넓은 의미의 진화심리학은 우리 종의 진화한 설계 구조(architecture)에 대한 진보하는 지도화에 비추어 사회과학들(그리고 의료과학들도, 왜냐하면 신체적 적응들이 이 종합synthesis에 통합되기에)을 재정식화하고 확장하려는 기획을 포함한다.
(『진화심리학 핸드북 1』, 25쪽[영어판 6쪽])

넓은 의미의 진화심리학은 "진화생물학을 적용한 심리학"을 뜻할 때가 많다. 여기에는 진화론이 심리학에 큰 도움이 된다는 가정이 깔려 있다. 한편으로, 선천적 심리기제의 구조에 대한 연구에서 진화론적 추정이 발견법으로 쓰인다. 다른 한편으로, 선천적 심리기제의 진화적 기원을 연구한다. 이것은 방법론 또는 분야의 측면에서 본 진화심리학이다.

좁은 의미의 진화심리학은 코스미디스 & 투비가 주도하는 학파를 뜻할 때가 많다. 이것은 학파의 측면에서 본 진화심리학이다. 그들은 부부이며 거의 모든 논문을 공동 명의로 발표해 왔다. 그들이 UCSB(University of California, Santa Barbara, 산타바바라 소재 캘리포니아 대학) 교수이기 때문에 "산타바바라 학파"라고 불리기도 한다. 제롬 바코우(Jerome H. Barkow), 데이비드 버스, 리다 코스미디스, 마틴 데일리(Martin Daly), 로버트 커즈번(Robert Kurzban), 스티븐 핑커(Steven Arthur Pinker), 도널드 시먼스(Donald Symons), 존 투비, 마고 윌슨(Margo Wilson) 등이 이 학파에 속한다고 볼 수 있다. 산타바바라 학파 이전에도 "진화심리학"이라는 용어가 쓰인 것 같다. 검색을 해 보면 나온다. 하지만 진화심리학이라는 명칭을 대대적으로 유포한 세력은 산타바바라 학파다.

진화심리학에 적대적인 학자들이 "진화심리학 비판"을 할 때 주로 염두에 두는 것도 산타바바라 학파다. 넓은 의미의 진화심리학은 비판할 거리가 별로 없다. "진화생물학이 심리학에 큰 도움이 된다는 근거를 한 번 대 보시지"라고 핀잔을 주는 것 말고 무슨 비판을 하겠는가? 진화심리학 논쟁에서 핵심 쟁점은 "심리학에 진화생물학을 적용할 것인가" 여부가 아니라 "진화생물학을 어떻게 적용할 것인가"이다. 진화심리학에 적대적인 비판자들에 따르면 산타바바라 학파는 진화생물학을 엉터리로 적용해왔다. 그렇기 때문에 진화심리학은 엉터리 심리학 또는 사이비과학이다. 산타바바라 학파에서는 진화심리학 비판자들이 진화생물학 또는 진화심리학을 제대로 이해하지 못하면서 어설프게 비판하고 있다고 되받아친다. 이 논쟁에서 나는 대체로 산타바바라 학파를 지지한다.

산타바바라 학파에는 몇 가지 특징이 있다. 첫째, 인지(cognition) 수준을 중시한다. 둘째, 집단선택론을 별로 선호하지 않는다. 셋째, 대량 모듈성 테제(massive modularity thesis)를 명시적으로 지지한다. 넷째, 사람들을 열 받게 하는 가설들을 많이 제시해왔다. 넷째 특징은 진화심리학이 좁은 의미의 사회생물학(sociobiology)에게서 그대로 물려받았다. 나머지 세 가지 측면에서는 진화심리학자들과 사회생물학자들 사이에 충돌이 있을 때가 많다.

〈참고 문헌〉

「1장. 진화심리학의 이론적 기초」, 존 투비 & 레다 코스미디스, 『진화심리학 핸드북 1: 기초』, 데이비드 M. 버스 편집, 김한영 옮김, 아카넷, 2019(2판).

「The theoretical foundations of evolutionary psychology」, John Tooby & Leda Cosmides, 『The handbook of evolutionary psychology, volume 1: foundation』, David M. Buss 편집, Wiley, 2016(2판).

아. 사회생물학과 진화심리학: 인지 수준에 대한 강조

명칭만 놓고 보면 사회생물학과 진화심리학은 꽤나 다른 학문 분과로 보인다. 하지만 그렇지 않다. 사회생물학에서 "생물학"은 주로 진화생물학을 뜻한다. 또한 사회생물학자가 사회성 동물만 연구하거나 동물의 사회적 측면만 연구하는 것도 아니다. 따라서 넓은 의미로 보면 사회생물학이나 진화심리학이나 거기서 거기다.

일부 적대적 비판자들에 따르면, 1970년대에 사회생물학이 온갖 오명을 뒤집어썼기 때문에 1980년대에 나쁜 이미지를 회피하기 위해 진화심리학이라는 명칭으로 신분 세탁을 한 것이다. 산타바바라 학파에서는 그렇게 이야기하지 않는다. 그들에 따르면 사회생물학(좁은 의미)의 이론적 문제점 때문에 다른 명칭을 쓰게 된 것이다.

산타바바라 학파에 따르면, 사회생물학은 진화론판 행동론(behaviorism, 행동주의 심리학)이기 때문에 문제가 있었다. 사회생물학자들이 행동론자들처럼 "뇌를 블랙박스로 보고 뇌에 입력되는 자극과 뇌가 만들어내는 행동만 연구해야 한다. 뇌에 있는 심리기제에 대한 모형(model)을 만들어 봤자 비과학적 상상으로 이어질 뿐이다"라는 식으로 과격하게 주장한 것은 아니다. 하지만 사회생물학이 인지 수준, 계산(computation) 수준, 정보 처리(information processing), 심리기제 수준에 초점을 맞추어 연구하기를 게을리 했다는 것이 산타바바라 학파의 평가다. 코스미디스 & 투비는 진화심리학을 진화생물학과 인지심리학의 결합이라고 말했다. 그만큼 인지 수준에 대한 고려가 중요하다고 본 것이다.

물론 진화심리학자들 한 사람 한 사람이 왜 "사회생물학자"보다는 "진화심리학자"로 불리기를 원했는지까지 정확히 알아내기는 힘들 것이다. "오명 회피"가 꽤나 중요한 이유였는지 여부를 남들이 알기는 힘들다. 게다가 자기기만이 개입될 수 있기에 자신도 정확히 모를 수 있다.

자. 이상적 진화심리학과 현실 진화심리학

진화론적 추론이 발견법으로서 선천적 심리기제의 구조를 밝히는 데 조금이라도 도움이 된다는 점은 누구도 부정할 수 없을 것이다(이 책에서 창조론을 무시하기로 했다는 점을 잊지 말자). 또한 근접 원인뿐 아니라 궁극 원인도 밝혀야 인간 심리를 온전하게 해명했다고 선언할 수 있다는 점에도 반대하기 힘들다. 진화심리학자들이 현재의 온갖 지식에 대해 모두 통달해 있고, 아인슈타인 뺨 칠 정도로 천재적이며, 어떤 선입견에도 흔들리지 않고 진리(truth)를 추구한다고 가정해 보자. 진화심리학계가 이렇게 이상적이라면 과학적 방법론을 통해 진리를 추구하는 사람이 진화심리학을 삐딱하게 바라볼 이유는 없을 것이다.

산타바바라 학파가 주도하는 현실 진화심리학계는 어떤가? 적대적 비판자들은 진화심리학계를 엄청나게 낮게 평가한다. 그들은 진화심리학을 비판하기만 하는 것이 아니라 조롱과 비난까지 퍼붓는다. 그들이 내세우는 이유는 무엇인가? 적대적 비판자들은 아래에 나열한 "진화심리학 비판"들 중 하나 이상이 옳다고 믿는다.

첫째, 진화심리학자들이 진화생물학을 엉터리로 적용한다. 너무 한심한 수준이라서 과학이 아니라 사이비과학이다.

A. 심리 현상을 유전자가 (거의) 모두 결정한다고 본다. 유전자 결정론인 것이다. 또는 (거의) 모든 것이 선천적이라고 보기에 생물학 결정론이다. 학습, 사회화, 환경, 문화, 역사의 역할을 무시한다.

B. 진화의 기제에는 돌연변이(mutation)와 유전자 표류(genetic drift, 유전적 부동浮動)도 있는데 자연선택이 전부라고 착각한다.

C. 온갖 형질(trait)들 중에는 적응도 있고 부산물(byproduct)도 있는데 모든 것을 적응이라고 보는 범적응론(pan-adaptationism)에 빠져 있다.

D. 진화생물학 덕분에 본질론(essentialism)이 개체군적 사고(population thinking)로 대체되었는데 여전히 본질론에 집착한다.

E. 인간과 동물이 같지 않은데도 동물 연구를 인간에게 무작정 적용한다.

F. 농경 혁명 이후에 약 1만 년 동안에 일어난 인류 진화 역사를 무시한다.

둘째, 과학철학적으로 볼 때 진화심리학은 탄탄한 과학과는 거리가 아주 멀다. 그러니 사이비과학이다.

A. 진화심리학 가설은 검증이 (거의) 불가능하기에 무늬만 가설일 뿐 과학 가설이 아니다. 따라서 칼 포퍼(Karl Raimund Popper)의 기준에 따르면 진화심리학은 과학이 아니라 사이비과학이다.

B. 사후적(post hoc), 임시방편적(ad hoc), 끼워 맞추기식 설명만 쏟아낸다. 참신한 예측(novel prediction)을 하지 못한다.

C. 모든 것을 설명할 수 있으니 아무 것도 설명하지 못하는 셈이다.

D. 순환 논증에 빠져 있다. 과거 환경에서 출발하여 현재의 심리기제를 추정하고, 현재의 심리기제에서 출발하여 과거 환경을 추정한다.

셋째, 진화심리학은 온갖 해로운 이데올로기를 노골적으로 또는 은근히 지지하고 온갖 악행에 면죄부를 준다. 그러니 과학의 탈을 쓴 이데올로기에 불과하다.

A. 남녀의 선천적 차이를 과장하거나 날조함으로써 가부장제 이데올로기를 부추긴다.

B. 경쟁을 은근히 부추기거나 정당화함으로써 자본주의 체제를 정당화한다.

C. 인종 간 선천적 차이를 과장하거나 날조함으로써 인종주의를 정당화한다.

D. 더 나은 사회(계급이 없는 사회, 남녀가 평등한 사회, 인종주의 없는 사회, 전쟁 없는 사회, 질투 없는 사회 등)가 불가능하다고 믿도록 함으로써 체념을 유도한다. 이것은 결국 현 체제의 유지에 도움을 준다.

E. 강간, 살인, 외도, 폭행, 갑질, 사기와 같은 악행의 탓을 유전자 또는 자연선택에 돌림으로써 그런 죄를 저지른 사람에게 면죄부를 준다.

적대적 비판자들의 반대편에는 데이비드 버스 같이 현실 진화심리학에 열광하는 학자들이 있다. 이들은 현실 진화심리학에 매우 후한 점수를 준다. 진화심리학자들이 아주 잘 하고 있다는 것이다. 버스는 자연선택이 광대한 시간 척도에서 벌어지기에 그것을 이해하기 위해서는 11차원을 다루는 물리학자에 못지않은 뛰어난 인지 능력이 필요하다고 열변을 토한다.

장벽 중 하나는 지각과 관련 있다. 우리의 인지 및 지각(perceptual) 기제들은 상대적으로 제한된 시간 단위(초, 분, 시간, 일, 때로는 달, 가끔씩 년) 안에서 일어나는 사건에 대해 지각하고 생각하도록 자연선택에 의해 설계되었다. 조상 인간들이 음식을 찾고, 보금자리를 관리하고, 온기를 유지하고, 짝(mate)을 고르고, 짝을 얻기 위해 경쟁하고, 자식들을 보호하고, 동맹을 맺고, 높은 지위를 얻으려 애쓰고, 습격자에 맞서 방어하는 것처럼 당면한 문제들을 해결하는 데 대부분의 시간을 썼기 때문에 짧은 시간 안에 생각해야 하는 압력이 있었다. 이와는 대조적으로 진화는 아주 많은(thousands) 세대에 걸쳐 우리가 직접 관찰할 수 없는 미세한 축적들을 통해 점진적으로 일어난다. 이처럼 광대한 시간 척도에서 벌어지는 사건들을 이해하려면, 직접 볼 수 없는 블랙홀과 11차원의 우주에 대한 이론을 세우는 물리학자들의 인지적 묘기와 아주 비슷한 상상력의 도약이 필요하다.
(『욕망의 진화』, 46~47쪽[영어판 16쪽])

진화심리학 연구가 그만큼 어렵지만 가장 뛰어난 젊은이들이 뛰어들고 있다고 버스는 이야기한다. 그러니 그리 걱정할 필요가 없다.

벌써 진화심리학은 가장 뛰어나고 총명한 젊은 정신들을 끌어들이고 있다.
(『Evolutionary psychology』, xvi쪽)

내 평가는 중간쯤이다. 버스의 생각과 달리 나는 진화심리학자들의 논문과 책에 한심한 내용이 상당히 많다고 생각한다. 나는 데이비드 버스의 책 2권과 그의 제자 전중환의 책 3권을 매우 상세히 비판했다. 그 글을 읽어보면 내가 왜 진화심리학계를 별로 높이 평가하지 않는지 감을 잡을 수 있을 것이다. 광대한 시간 척도 때문에 자연선택을 이해하기 힘들다는 이야기도 웃기다.

시공간과 관련된 "인간의 진화한 직관"과는 매우 다른 세계상을 그리는 상대성 이론과 양자역학을 이해하기 힘들 듯이 광대한 시간 척도를 다루어야 하는 자연선택을 이해하기 힘들다는 이야기를 하고 싶은 것 같다. 정말로 어이가 없다.

일반인뿐 아니라 전문가로 통하는 생물학자나 심리학자도 자연선택 이론을 제대로 구사하지 못할 때가 많은 이유는 다른 곳에 있는 것 같다. 자연선택 이론을 깊이 있고 정확하게 이해하려면 개체군 유전학(population genetics, 집단 유전학)의 수식들을 이해해야 하는데 많은 학자들이 수학을 잘 못한다. 수학을 깊이 있게 공부하지 못한 사람이 물리학자가 되는 것은 불가능하다. 반면 학자 지망생들 중에서 수학에 서툴러서 수학이나 물리학을 포기하고 생물학이나 심리학을 선택하는 이들이 많아 보인다.

도킨스가 1979년에 다음과 같이 썼는데, 지금도 여전히 많은 생물학자들, 심리학자들, 사회학자들이 수학에 서툴기에 친족선택 이론을 비롯한 온갖 진화 이론을 어설프게 이해하는 것 같다.

> 이 경우에는, 친족 선택이라는 유행(bandwagon)에 올라탄 사람들과 올라타지 않은 사람들 모두가 범하는 일련의 주목할 만한 오해들 때문에 양극화가 심해졌다. 이런 오해들 중 다수는 해밀턴이 원래 제시했던(original) 수학적 정식화로부터 유래한 것이 아니라 그의 아이디어를 설명하려는 이차적 시도로부터 유래한다. 이전에 스스로 그런 오류들 중 일부를 범했으며 그런 오류들 모두를 자주 접해온 사람으로서, 나는 친족 선택에 대한 12 가지 가장 흔한 오해들을 수학적이지 않은 언어로 설명하는 어려운 작업을 시도해 보고자 한다.
> (「Twelve misunderstandings of kin selection」, 184쪽)

게다가 버스와 전중환의 사례가 잘 보여주듯이 많은 진화심리학자들이 별로 어렵지 않은 곳에서도 개념적, 이론적 오류를 수시로 범한다. 내가 보기에는 가장 총명한 이들은 수학이나 물리학의 외계어 같은 수식들과 씨름하거나 알파고나 화성 착륙선을 만든다. 진화심리학계에 코스미디스 & 투비처럼 대단히 총명한 사람이 없는 것은 아니지만 대부분은 "가장 총명한"과는 아주 거리가 멀어 보인다.

하지만 적대적 비판자들의 주장과는 달리 나는 진화심리학이 사이비과학이라고 불릴 정도는 아니라고 본다. 전형적인 사이비과학자들은 아무리 정곡을 찌르는 비판을 받아도 똑같은 오류를 끝없이 반복한다. 반면 진화심리학자들은 오류들을 조금씩 고쳐 나가고 있다. 진화심리학을 옹호하는 사람들이 쓴 글들, 특히 대중서와 언론 기사 중에는 대단히 한심한 것들도 많다.

하지만 그것이 전부는 아니다. SCIE(Science Citation Index Expanded, 과학 인용 색인 확장판) 또는 SSCI(Social Sciences Citation Index, 사회 과학 인용 색인)에 등재된 학술지에 실린 진화심리학 논문들은 과학계에서 무시하지 못할 정도의 수준을 보여준다. 권위를 인정받는 학술지에 진화심리학 논문이 점점 더 많이 실린다는 사실 자체가 진화심리학이 과학계에서 어느 정도 인정받고 있음을 보여준다. 이에 대해서는 개드 사드(Gad Saad)와 그레고리 웹스터(Gregory Webster)의 논문을 참조하라.

나는 적대적 비판자들이 쏟아내는 진화심리학 비판은 가치가 거의 없다고 생각한다. 이 책에서 살펴보겠지만 그들은 진화심리학을 초보적인 수준에서도 이해하지 못하면서 한심한 수준의 딴지를 비판이랍시고 제시하고 있다. 진화심리학자들이 그들의 비판에 심각한 문제가 있음을 아무리 지적해도 그들은 똑같은 말을 반복한다. 그들은 진화심리학을 사이비과학이라며 조롱하지만 그들이야말로 "사이비 비판가"다. 진화심리학자들이 쓴 글에 대한 정곡을 찌르는 비판은 코스미디스 & 투비 같은 진화심리학자들에게서 나오고 있다. 재야 진화심리학자인 나도 진화심리학자들의 글을 많이 비판했다.

〈참고 문헌〉

『욕망의 진화: 사랑, 연애, 섹스, 결혼 남녀의 엇갈린 욕망에 담긴 진실』, 데이비드 버스, 전중환 옮김, 사이언스북스, 2007(revised edition).

『Evolutionary psychology: the new science of the mind』, David M. Buss, Routledge, 2015(5판).

『The evolution of desire: strategies of human mating』, David M. Buss, Basic Books, 2003(revised edition).

『Futures of evolutionary psychology』, Gad Saad, 『Futures』, 2011.

『Hot topics and popular papers in evolutionary psychology: analyses of title words and citation counts in Evolution and Human Behavior, 1979-2008』, Gregory D. Webster, Peter K. Jonason & Tatiana Orozco Schember, 『Evolutionary Psychology』, 2009.

『Twelve misunderstandings of kin selection』, Richard Dawkins, 『Zeitschrift für Tierpsychologie』, 1979.

차. 진화심리학 혁명

진화심리학계에서는 진화심리학이 인간과학, 행동과학(behavioral science), 사회과학, 인문학에서 혁명적 변화를 촉발할 것이라면서 열광한다. 어떤 측면에서 혁명을 일으킬 것인지에 대해 내 생각을 정리해 보겠다. 물론 이런 생각들 중 대부분은 여러 진화심리학자들의 글에서 유래한다.

1. 발견법.
재구성된 과거 환경에 진화생물학 원리를 결합하면 선천적 심리기제의 존재와 구조에 대해 추정할 수 있다. 이런 추정은 인간 본성에 대한 대중의 상식과 부합할 때가 많다. 그렇다 하더라도 진화심리학적 방법론이 발견법으로서 가치가 없는 것은 아니다. 상식들 중에서 옥석을 가리는 데 도움이 되기 때문이다. 그리고 다른 학파가 아니라 진화심리학계에서 온갖 상식들을 "인간 본성 가설"로 다듬어서 검증에 나섰다는 점도 무시할 수 없다. 또한 진화론적 추론을 통해 그때까지는 생각해내지 못했던 가설을 생산해낼 수 있으며 실제로도 그런 사례들이 꽤 많다.

2. 심리기제의 진화적 기원 규명.
어떤 선천적 심리기제의 구조를 완벽하게 밝혔다 해도 온전한 해명이라고 볼 수 없다. 그 기원까지 해명해야 한다. 어떤 심리기제가 왜 진화했는지, 어떤 진화 역사를 거쳐서 현재의 구조에 이르게 되있는지 밝혀야 온전한 지식에 가까워질 수 있다. 심리기제의 진화적 기원을 밝히는 것은 진화심리학의 핵심 임무다.

3. 인간 본성에 대한 명시적 가설의 정립과 검증.
지금까지 인간의 마음, 행동, 사회, 문화, 역사를 연구해온 학자들은 인간 본성 또는 선천적 심리기제에 대해 암묵적으로 가정하는 버릇이 있었다. 그런 가정에 기반하여 설명을 시도한 것이다. 암묵적으로 가정하면 무엇을 가정했는지 애매할 수 있다. 또한 그냥 가정만 하고 검증 없이 넘어가는 것도 문제다. 이런 이유 때문에 암묵적 가정에서 출발한 설명은 모래성이 되기 쉽다. 진화심리학은 선천적 심리기제에 대한 암묵적 가정을 명시적 가설로 다듬어서 검증하려 한다. 인간 본성에 대한 잘 검증된 이론은 사회과학을 위한 탄탄한 토대를 제공할 것이다.

4. 거대 이론을 통한 설명.
20세기 물리학은 상대성 이론과 양자역학이라는 거대 이론에 토대를 두고 있다. 물리학과 화학의 온갖 작은 이론들이 이 거대 이론으로 환원(reduction)된다. 거대 이론에서 출발하여 작은 이론들을 도출해낼 수 있는 것이다. 반면 많은 심리학자들과 사회학자들이 작은 일반화에 만족한다. 작은 이론이 거대 이론으로 과학적으로 환원될 수 있다면 더 만족스러운 설명이 될 것이다. 신경과학, 정보 이론(또는 계산 이론theory of computation), 진화생물학이 그런 거대 이론 또는 패러다임을 제공할 수 있다. 진화심리학은 자연선택이 어떻게 정보 처리 기계(심리기제, 뇌 회로)를 만들어내는지 밝히려 한다. 이런 면에서 정보 이론과 진화생물학의 결합이다.

5. 선천론의 복권.
대중은 "남자는 원래 이렇다", "여자는 원래 이렇다", "인간은 원래 이렇다"라고 생각해왔다. 행동론, 정신분석(psychoanalysis), 마르크스주의, 페미니즘(feminism, 여성주의) 등의 세례(진화심리학자들은 "오염"이라고 부른다)를 받은 20~21세기 지식인들은 인간 본성에 대한 대중의 온갖 선천론을 거부해왔다. 진화심리학자들은 그런 선천론 중 상당 부분을 "재발견"하여 과학적으로 입증해왔다.

6. 인간/동물 이분법, 정신/육체 이분법 극복.
창조론자들만 이런 잘못된 이분법에 집착하는 것이 아니다. 진화론자를 자처하는 이들도 세부사항에서는 이런 이분법에 매달릴 때가 많다. 그들의 말을 차근차근 살펴보면, 인간의 마음이 때로는 진화 원리를 초월했다고 믿는 것처럼 보인다. 남자와 여자가 서로 다른 환경에서 진화했기 때문에 서로 다르게 진화했기 마련인데, 남자와 여자의 선천적 심리가 (사실상) 똑같다고 믿는 식이다. 진화 원리를 깊이 배우고 그것을 심리 현상에 적용해 보는 훈련을 하게 되면 이런 이분법의 극복에 큰 도움이 될 것이다.

7. 애매한 목적론(teleology)에서 과학적 기능론으로.
진화생물학이나 진화심리학을 공부하지 않는다고 해서 나쁜 목적론에 어떤 문제점이 있는지 파악할 수 없는 것은 아니다. 과학 또는 과학철학을 제대로 배우면 자연스럽게 알 수 있게 된다. 하지만 자연선택 이론을 공부하면서 목적 (또는 기능) 개념을 어떤 식으로 인과론적으로 풀어낼 수 있는지 자연스럽게 익힐 수 있다. 진화생물학자와 진화심리학자는 이런 면에서 목적론 문제와 관련하여 다른 학자들보다 앞설 수 있으며 실제로도 그런 것 같다. 사회학의 기능론에서는 목적을 끌어들여 설명하면서 인과 사슬을 명시하지 않을 때가 많다.

8. 자연주의적 오류(naturalistic fallacy) 극복.
자연주의적 오류의 문제점을 알기 위해 반드시 진화심리학자가 될 필요는 없다. 도덕철학을 제대로 배운다면 자연스럽게 익힐 수 있다. 어쨌든 진화심리학자들은 이 문제에 대해 다른 학자들보다 많이 생각할 수 있는 기회를 얻었다. 이것은 진화심리학에 대한 적대적 비판자들 덕분(?)이다. 그들은 진화심리학에 온갖 누명을 씌우면서 진화심리학이 악행에 대해 면죄부를 주며 사악한 체제를 정당화한다고 공격했다. 그런 공격에 대응하면서 진화심리학자들은 사실 해명 영역과 규범 정당화 영역의 차이와 구분에 대해 남들보다 더 깊이 생각할 수밖에 없었다.

2장. 선천론과 후천론

가. 허수아비 공격 1: 순수한 유전자 결정론과 순수한 환경 결정론

전방욱은 유전자만으로 인간의 모든 행동을 설명하기에는 유전자의 수가 턱없이 적다는 폴 에얼릭의 말을 전한다.

> 폴 에얼릭(Paul Ehrlich)이라는 학자가《인간의 본성들(Human Natures)》이라는 책에서 인간의 모든 행동을 유전자로 설명하지 못하는 두 가지 이유를 들고 있습니다. 첫 번째는 유전자의 수가 턱없이 적다는 겁니다. 사람의 유전자는 2만 5,000개 정도라고 하죠. 하지만 우리 뇌에는 1조 개 정도의 시냅스가 있고, 그것을 연결해주는 방식은 100조 개에서 1,000조 개 정도 된다고 보고 있는데, 2만 5,000개의 유전자로 그것들을 모두 조절한다는 것 자체가 무리라는 거죠.
> (『찰스 다윈, 한국의 학자를 만나다』, 137쪽)

유전자의 영향 때문인가, 환경의 영향 때문인가? 생물학적인 것인가, 문화적인 것인가? 진화의 산물인가, 사회화의 산물인가? 선천적인가, 후천적인가? 진화심리학 논쟁에서 단골로 등장하는 쟁점이다. 진화심리학은 유전자 결정론 또는 생물학 결정론이라는 비판을 많이 받는다.

유전자 결정론이란 무엇인가? 적어도 두 가지 의미를 상정해 볼 수 있다.

> 첫째, 순수한 유전자 결정론: 유전자가 인간의 마음, 행동, 사회를 (거의) 모두 결정한다.
> 둘째, 상대적 유전자 결정론: 유전자가 결정하는 부분이 환경이 결정하는 부분보다 (훨씬) 많다.

대다수는 순수한 유전자 결정론이라는 의미로 쓰며 간혹 상대적 유전자 결정론이라는 의미로 쓰기도 한다. 진화심리학은 순수한 유전자 결정론인가? 절대 아니다. 저명한 진화심리학자들 중에 유전자가 인간의 마음, 행동, 사회, 문화를 (거의) 모두 결정한다고 주장하는 사람은 한 명도 없다.

예외가 있긴 하지만 한국 사람은 한국어만 잘 하고 프랑스 사람은 프랑스어만 잘 한다. 대다수 한국 사람들은 외국어를 배웠더라도 모국어에 비하면 매우 서툴다. 그 이유는 무엇인가? 한국 사람에게는 "한국어 유전자"가 있고 프랑스 사람에게는 "프랑스어 유전자"가 있기 때문이라고 주장하는 진화심리학자는 없다. 어렸을 때 한국어를 주로 접하면 한국어를 자연스럽게 익히고, 프랑스어를 주로 접하면 프랑스어를 익히게 된다는 것을 누구도 부정하지 않는다. 모국어를 결정하는 것은 유전자가 아니라 환경이라는 점은 다들 인정한다.

조선 시대에는 대다수 사람들이 왕정이 바람직하다고 믿었다. 반면 21세기 대한민국에서는 민주공화정이 왕정보다 낫다고 생각하는 이들이 대다수다. 이렇게 생각이 바뀐 이유는 무엇인가? 수백 년 전에 한반도에 살았던 사람들에게는 "왕정 유전자"가 많았는데 21세기에는 "민주주의 유전자"가 많아졌기 때문인가? 이런 면에서 한반도 사람들의 유전자가 바뀌었기 때문에 정치적 신념도 바뀌었나? 이렇게 생각하는 진화심리학자는 없다. 정치와 관련된 유전자에 미세한 변화가 있었을지는 모르겠지만, 왕정 마인드에서 민주주의 마인드로 바뀐 주된 이유는 유전자의 변화 때문이 아니라 문화적, 역사적, 사회적 변화 때문이라는 점을 다들 인정한다.

원시 부족에는 "양자역학 유전자"가 없는 반면 현대 사회에는 있기 때문에 원시 부족민 중에는 양자역학을 이해하는 사람이 전혀 없는 반면 현대 사회의 일부 사람들이 양자역학을 이해할 수 있나? 현대인들 중에 일부에게만 양자역학 유전자가 있고 나머지에게는 없기 때문에 소수만 양자역학을 깊이 이해할 수 있나? 그렇게 주장하는 진화심리학자는 한 명도 없다. 진화심리학자들은 서양에는 "체스 유전자"가 많고 한국에는 "한국장기 유전자"가 많고 일본에는 "쇼기(일본장기) 유전자"가 많고 중국에는 "샹치(중국장기) 유전자"가 많기 때문에 나라마다 다른 형태의 장기를 즐긴다고 주장하지 않는다. 모국어, 정치적 신념, 물리학, 장기를 포함하여 온갖 심리 현상에서 문화, 역사, 학습, 사회화, 환경, 후천성이 결정적인 역할을 한다는 점을 진화심리학자들은 진심으로 인정한다.

숫자 두 개를 입력받아 그 합을 출력해 주는 아주 간단한 컴퓨터 프로그램이 있다고 하자. 프로그램 자체는 그대로라고 하더라도 입력 값에 따라 출력 값이 달라진다. "32"와 "21"을 입력하면 "53"이 출력된다. "3"과 "8"을 입력하면 "11"이 출력된다. 인간의 뇌 속에 있는 심리기제도 마찬가지다. 설사 심리기제가 완벽하게 고정되어 있다 하더라도 입력 값에 따라 출력 값이 달라질 수 있다. 즉 인간이 보고, 듣고, 맛보는 것에 따라 생각과 느낌과 행동이 달라질 수 있다. 이것을 부정하는 진화심리학자는 없다.

진화심리학자가 문화, 역사, 학습, 사회화, 환경, 후천성을 끌어들여 설명해야 한다고 생각하는 것들을 나열하자면 끝이 없다. 진화심리학이 순수한 유전자 결정론이기 때문에 문제라는 비판은 전형적인 허수아비 공격이다. 현실에 존재하는 진화심리학이 아니라 희화화된 진화심리학에 대한 공격이다. 이것은 가짜 논점이다.

이런 허수아비 공격이 한쪽 방향으로만 일어나는 것은 아니다. 일부 진화심리학자들은 비슷한 방식으로 논적을 공격한다. 진화심리학에 적대적인 학파를 환경 결정론, 문화 결정론, 백지론이라고 비판한다. 하지만 순수한 환경 결정론이라는 의미의 백지론을 주장하는 사람은 없다고 봐도 된다.

인간의 망막은 2차원이다. 그런데 망막에 맺힌 정보를 뇌에서 처리하여 결국은 3차원 공간을 재구성해낸다. 이것을 가능하게 하는 시각 기제의 기원은 무엇인가? 자연선택으로 설계된 것인가? 아니면 학습의 결과인가? 진화심리학을 아주 싫어하는 학자들도 이것이 자연선택의 산물이라고 생각한다. 환경이 시각 기제에 모종의 영향을 끼친다는 주장하는 이들은 있겠지만 시각 기제의 기본 구조가 자연선택의 직접적 산물인 적응이라는 점을 부정하는 학자는 없다고 봐도 무방하다.

색맹은 왜 생기나? 뱃속에서 다른 태아들이 색에 대해 열심히 공부할 때 누군가는 졸았기 때문에 색맹이 된다고 믿는 사람이 있나? 없다. 다른 부모들이 태교를 하면서 태아에게 색에 대해 열심히 가르칠 때 어떤 부모는 소홀이 했기 때문에 아이가 색맹이 된다고 믿는 사람이 있나? 없다. 유전자가 다르기 때문에 색맹이 된다는 점은 이제 상식으로 자리 잡았다. 유전자 이상이 아니라 자궁 내 환경 문제 때문에 색맹이 될 가능성을 완전히 배제할 수는 없을 것이다. 어쨌든 색깔을 처리하는 뇌 회로가 순전히 학습에 의해 생긴다고 믿는 사람은 없다고 봐도 된다. 색깔 처리 능력이 자연선택의 직접적 산물임은 다들 인정한다.

다운 증후군이 학습 기회를 박탈당했기 때문이 아니라 유전자 이상 때문이라는 것은 다들 인정한다. 시각, 청각, 미각, 촉각, 후각 등을 처리하는 뇌 회로의 기본 구조가 자연선택의 직접적 산물이라는 점은 다들 인정한다. 식욕, 갈증, 수면욕, 체온 유지, 성욕과 같은 기본적 욕구가 선천적이라는 점은 다들 인정한다. 진화심리학자들로부터 백지론자라고 비판 받는 사람들이 유전자, 자연선택, 진화론, 생물학, 선천성을 끌어들여 설명하는 것들을 나열하자면 이것도 아주 긴 목록이 될 것이다.

선천론/후천론 논쟁에서 진짜 논점이 무엇인지 살펴보기 위해서는 우선 허수아비 공격부터 치워버려야 한다. 상대방의 주장을 터무니없이 왜곡한 후 그것을 비판하는 쉬운 길을 버려야 한다. 진짜 논점을 찾아내기 위한 어려운 길을 가야 한다.

〈참고 문헌〉

『찰스 다윈, 한국의 학자를 만나다』, 최종덕 지음, 휴머니스트, 2010.

나. 허수아비 공격 2: 유전자가 더 많이 결정하나, 환경이 더 많이 결정하나

이제 상대적 유전자 결정론 또는 상대적 선천론에 대해 살펴보자. 진화심리학은 상대적 유전자 결정론인가? 진화심리학자들은 인간의 마음, 행동, 사회, 문화에 환경보다 유전자가 (훨씬) 많은 영향을 끼친다고 보나? 진화심리학은 상대적 선천론인가? 진화심리학자들은 후천적인 것보다 선천적인 것이 (훨씬) 큰 역할을 한다고 보나? 마리 루티는 진화심리학자들이 그렇게 주장하는 것처럼 묘사한다.

> 생물학적인 것이 중요하지 않다는 말을 하려는 것은 아니다. 생물학적인 것은 명백히 중요하다. 하지만 생물학적인 것이 문화보다 더 큰 역할을 한다고 주장할 만한 이유를 찾지 못하겠다. 그리고 내가 앞에서 주장한 것처럼 생물학적인 것을 문화와 분리하는 것이 애초에 불가능하므로, 인간의 삶을 조직하는 데 문화가 막대한 역할을 한다는 것을 인식하고 있는 우리 같은 사람들에게는 문화적 요인들을 무시하면서 인간 행동을 설명하는 것이 별로 설득력이 없다.
> (『나는 과학이 말하는 성차별이 불편합니다』, 122~123쪽[영어판 73쪽])

하지만 그렇게 주장하는 저명한 진화심리학자는 없어 보인다. 진화심리학계에서는 인간의 마음에서 유전자, 생물학, 자연선택, 진화 역사, 선천성도 매우 중요한 역할을 하지만 문화, 환경, 학습, 사회화, 역사, 후천성도 매우 중요한 역할을 한다고 주장한다.

나는 유전자가 더 많이 결정하는지, 환경이 더 많이 결정하는지 따지는 것이

55kg과 33cm를 비교하는 것만큼이나 무의미하다고 본다. 무게와 길이는 서로 다른 차원의 양이다. 따라서 둘을 비교할 수 있는 통일된 척도가 없다. 행동유전학에서 유전율(heritability)을 따질 때와 같은 특수한 맥락이 아니라면, 유전자가 기여하는 부분과 환경이 기여하는 부분을 비교할 수 있는 통일된 척도는 없어 보인다. 또는 선천적인 것이 기여하는 부분과 후천적인 것이 기여하는 부분을 비교할 수 있는 통일된 척도는 없어 보인다. 그렇다면 어느 쪽이 더 많이 기여하는지를 따지는 것은 무의미하다.

환경보다 유전자의 영향이 크다고, 또는 후천성보다 선천성이 더 많은 부분을 차지한다고 명시적으로 주장하는 저명한 진화심리학자는 없는 것 같다. 진화심리학자들은 환경과 후천성의 역할도 매우 중요하다고 명시적으로 밝혀왔다. 그리고 유전자와 환경의 역할을 또는 선천성과 후천성의 역할을 전체적으로 비교할 수 있는 척도는 없어 보인다. 또한 진화심리학자들이 환경, 문화, 사회화, 학습, 후천성을 끌어들여 설명하는 것들을 나열하자면 끝이 없다. 그런데도 진화심리학자들이 환경보다 유전자의 영향이 크다고, 또는 후천성보다 선천성의 역할이 크다고 주장하는 것처럼 묘사하는 비판자들이 있다. 나는 그들이 그러면서 설득력 있는 근거를 대는 꼴을 보지 못했다. 그냥 우길 뿐이다. "누명"은 이럴 때 쓰라고 있는 단어다.

〈참고 문헌〉

『나는 과학이 말하는 성차별이 불편합니다: 진화심리학이 퍼뜨리는 젠더 불평등』, 마리 루티 지음, 김명주 옮김, 동녘사이언스, 2017.

『The age of scientific sexism: how evolutionary psychology promotes gender profiling and fans the battle of the sexes』, Mari Ruti, Bloomsbury Academic, 2015.

다. 선천성의 두 가지 의미: 행동유전학적 맥락과 진화심리학적 맥락

행동유전학은 차이에 초점을 맞추는 반면 진화심리학은 보편성에 초점을 맞춘다. 이런 이유 때문에 선천성의 의미도 달라진다. 행동유전학에서는 차이의 선천성에 주목한다. 유전자의 차이가 형질의 차이를 만들어낼 때 선천적이라고 말하고, 환경의 차이가 형질의 차이를 만들어낼 때 후천적이라고 말한다. ABO식 혈액형은 사실상 유전자가 몽땅 결정한다. 이럴 때 (거의) 순수하게 선천적이라고 말할 수 있을 것이다. "어떤 언어가 모국어인가"를 결정하는 데는 유전자가 전혀 영향을 끼치지 않는다. 환경이 몽땅 결정한다. 이럴 때 순수하게 후천적이라고 말할 수 있을 것이다. 유전율은 개인 간 차이를 만들어내는 데 유전자가 어느 정도 기여하는지 나타내는 지표다. 유전율이 높을수록 선천적 기여가 높다. ABO식 혈액형의 경우에는 유전율이 100%이며 모국어의 경우에는 0%라고 봐도 무방하다.

진화심리학적 맥락에서 쓰이는 선천성의 의미는 이와는 매우 다르다. 진화심리학에서는 차이가 아니라 보편성의 선천성에 주목한다. 정상인들은 2차원 망막에 맺힌 상에서 출발하여 3차원 공간을 재구성해낸다. 이것이 가능한 이유는 뇌 속에 고도로 복잡하고 정교한 시각 기제가 있기 때문이다. 현대 과학자들은 시각 기제의 기본 구조가 자연선택의 직접적 산물이라고 본다. 인간을 포함한 온갖 동물들이 2차원 상에서 출발하여 3차원 공간을 재구성해내도록 진화했다고 보는 것이다. 이것은 학습이 아니라 진화의 산물이다. 인간은 원래 그런 것이다. 이런 의미에서 선천적이다.

시각 기제의 발달에 유전자가 결정적 영향을 끼친다는 점은 명백하다. 하지만 시각 기제가 발달하기 위해서는 환경도 절대적으로 중요하다. 인간의 수정란 속에는 인간 유전체(genotype, complete set of genetic material)가 온전히 들어 있다. 하지만 수정란을 오븐 속에 넣고 10개월 동안 굽는다고 해서 앞을 볼 수 있는 인간이 발달하지는 않는다. 인간의 자궁이라는 매우 특수한

환경 속에서 10개월 동안 자라야 시각 기제가 정상적으로 발달할 수 있다. 정상적으로 태어나더라도 빛이 전혀 없는 환경에서만 지내게 되면 나중에 밝은 곳에 나와도 앞을 볼 수 없게 된다고 한다.

행동유전학적 맥락에서는 유전자가 더 많이 기여할수록 더 선천적인 것이다. 반면 진화심리학적 의미의 선천성에는 유전자와 환경의 상호작용이 필요하다. 정상적 시각 기제가 발달하기 위해 이런 저런 환경적 요인이 필요하다고 해서 시각 기제가 덜 선천적인 것은 아니다. 진화심리학자들은 시각 기제가 선천적임을 보여주기 위해 시각 기제의 발달에서 유전자가 환경보다 더 많이 기여한다는 것을 입증하려고 하지 않는다.

"개인 간 차이를 연구하는 행동유전학"과 "인류 보편성을 연구하는 진화심리학"을 대비하면 행동유전학적 의미의 선천성과 진화심리학적 의미의 선천성이 어떻게 다른지 구분하는 데 큰 도움이 된다. 하지만 문제는 그렇게 단순하지 않다. 행동유전학은 집단 간 차이도 연구한다. 남자들로 이루어진 집단과 여자들로 이루어진 집단 사이의 차이를 만들어내는 데 유전자가 어느 정도 기여하는지 따진다. 인종 간 차이를 만들어내는 데 유전자가 어느 정도 기여하는지 연구하는 행동유전학자도 있다. 진화심리학은 인류 중 일부에서만 나타나는 보편성도 연구한다. 남자들의 보편성 또는 여자들의 보편성에 대한 연구가 대표적이다. 이것은 보편성에 대한 연구이기도 하지만 집단 간 차이에 대한 연구이기도 하다. 남자가 보편적으로 이렇게 진화했고 여자가 보편적으로 저렇게 진화했다면 남녀 차이가 진화한 것이다. 이런 면을 고려해 볼 때, "보편성에 초점을 맞추는 진화심리학"과 "차이에 초점을 맞추는 행동유전학"으로 깔끔하게 나뉘지 않는다. 그럼에도 불구하고 나는 두 가지 의미의 선천성을 구분하는 것이 의미가 있다고 생각한다.

라. 탄생은 선천성의 기준이 아니다

국어사전에서 "선천적"을 찾아보면 "태어날 때부터 지니고 있는"이라는 뜻이 나온다. 영어사전도 비슷하다. "innate"의 뜻은 "existing in, belonging to, or determined by factors present in an individual from birth"이다. 탄생이 선천성과 후천성을 나누는 기준이라고 생각하는 사람들이 많다. 물론 개념은 정의하기 나름이기에 "탄생할 때부터 나타나는 형질"로 선천성을 정의할 수도 있다. 하지만 진화심리학자들은 선천성을 이런 식으로 정의하지 않는다. 진화심리학자들은 "진화한 인간 본성", "진화한 남자 본성", "진화한 여자 본성" 등을 염두에 두고 "선천성" 개념을 쓴다.

포유류의 발달은 자궁의 안과 밖에서 연속적으로 일어난다. "자궁 안 환경에서 발달하느냐, 자궁 밖 환경에서 발달하느냐"가 생물학적으로 볼 때 절대적으로 중요하지는 않다. 이것은 조류의 발달이 알의 안과 밖에서 연속적으로 일어나는 것과 마찬가지다. 따라서 자궁이나 알 밖에서 발달이 일어난다고 해서 인간 본성 또는 비둘기 본성에서 제외한다면 뭔가 이상하다. 알에서 방금 깨어난 비둘기가 하늘을 날 수 없다고 해서 비행 능력을 비둘기의 본성에서 제외해서는 안 된다. 영구치와 2차 성징은 갓난아기 때는 없다. 그럼에도 영구치와 2차 성징은 진화한 인간 본성이다. 변태하기 전까지 날 수 없다고 해서 비행 능력이 나비 본성에서 제외되는 것은 아니다.

사춘기가 되어야 음경, 고환, 난소, 자궁의 생식 능력이 제대로 발현될 수 있다. 성욕, 질투와 같은 심리 현상도 마찬가지일 수 있다. 모성애나 부성애도 마찬가지일 것 같다. 성욕, 질투, 모성애, 부성애를 조절하는 심리기제들이 일생사(一生史, life history, 생활사) 중 언제 만들어지는 걸까? 실증적 연구를 통해 확실히 밝혀지기 전까지는 함부로 속단해서는 안 된다. 그런 기제가 이전에는 아예 존재하지 않다가 필요한 시기에 만들어질 수도 있고, 기본 구조는 신생아일 때도 이미 존재하지만 제대로 기능할 정도로 완성된 형태는 사춘기 이후에나 존재하게 되는지도 모른다. 이미 신생아일 때 사실상 완성된 구조가 만들어지지만 사춘기 이후에 "스위치"가 켜지는지도 모른다. 이 중에 어떤 경우에 해당되더라도, 만약 그것이 자연선택에 의해 설계된 것이라면 진화심리학계에서는 "선천적"이라고 기술한다.

〈참고 문헌〉

「선천적」〈표준국어대사전〉

「innate」〈Dictionary by Merriam-Webster〉

마. 선천론과 후천론의 분업: 진화심리학은 선천성에 초점을 맞춘다

연구 영역의 측면에서 살펴보자. 진화심리학은 선천성에 초점을 맞추어 연구한다는 면에서 선천론이다. 진화심리학자가 왜 후천적인 측면을 별로 다루지 않느냐고 시비를 거는 사람도 있다. 이런 식의 비판이 정당하다면 물리학자에게 왜 생명 현상은 연구하지 않느냐고 시비를 걸 수도 있을 것이다. 물리학자는 생물 현상을 해명하는 것이 중요하지 않다고 생각하기 때문에 물리 현상에 초점을 맞추는 것이 아니다. 음식이 별로 중요하지 않다고 생각하기 때문에 소방관이 소방 관련 작업에 집중하는 것은 아니다. 요리사와 소방관 사이에 분업이 있듯이 물리학자와 생물학자 사이의 분업이 있는 것이다.

진화심리학자들은 진화심리학과 다른 사회과학들(문화심리학, 문화인류학, 사회심리학, 사회학, 경제학, 정치학, 역사학 등) 사이의 분업을 상정한다. 진화심리학은 진화한 인간 본성 즉 선천성을 주로 연구한다. 이것은 인류 보편성에 대한 연구다. 그리고 문화심리학이나 사회학은 문화, 학습, 사회화가 어떻게 생각, 행동, 사회, 문화, 역사를 만들어내는지 연구한다. 이것은 인류

다양성에 대한 연구이자 후천성에 대한 연구다.

심리기제에 입력되는 값과 심리기제에서 출력되는 값에 대해 생각해 보면 이런 분업을 이해하는 데 도움이 될 것이다. 진화심리학에서는 선천적 심리기제의 구조 자체를 밝힌다. 문화심리학과 사회학은 인간의 심리기제에 어떤 값들이 입력되고 심리기제의 정보 처리 이후에 어떤 값들이 출력되는지 살펴본다.

수많은 사람들의 수많은 심리기제들이 만들어내는 출력 값들은 문화를 형성하기도 하며 그 문화가 이번에는 사람들의 심리기제들에 입력된다. 그 과정에서 온갖 복잡한 상호작용이 이루어진다. 예컨대 한국 사람들의 언어 관련 심리기제들이 만들어내는 출력 값들이 한국어라는 문화를 형성하며 이것은 한국에서 자라는 아이들의 언어 관련 심리기제들에 입력된다. 심리기제를 정확히 이해할수록 "입력 값에 따른 출력 값 산출 패턴"을 정확히 알아낼 수 있다. 이런 식으로 진화심리학은 다른 사회과학들을 위한 토대를 제공할 수 있다. 물리 법칙을 정확히 알아낼수록 그것을 적용하여 생명 현상을 더 정확히 해명할 수 있는 것과 비슷하다. 실제로 물리학은 엄청나게 발전했으며 이것은 생물학에 큰 도움을 주었다.

지금까지 사회과학자들과 인문학자들은 인간 본성에 대한 암묵적 가정에 의존할 때가 많았다. 암묵적으로 가정하면 무엇을 가정했는지 명확하지 않을 때가 많다. 심지어 그런 가정을 하고 있다는 것 자체를 사회과학자 자신도 모르고 넘어갈 수 있다. 가정만 하고 검증을 하지 않는 것도 문제다. 진화심리학은 이런 암묵적 가정을 명시적 가설로 다듬어서 검증하려 한다. 생물학이라는 건물은 물리학이라는 탄탄한 토대 위에서 엄청나게 발전할 수 있었다. 문화심리학과 사회학의 토대가 암묵적 가정들이라면 모래성을 쌓는 꼴이 되기 쉽다. 학자들의 상식과 직관에 의존하는 암묵적 가정들이 모두 옳다면 그것은 무지막지한 행운일 것이다. 물리학의 역사는 물리 현상에 대한 기존 직관과 상식이 깨져 나가는 역사이기도 했다. 진화심리학의 역사도 마찬가지일 것 같다. 인간 본성에 대한 기존 직관과 상식이 더 정확한 지식으로 대체되는 역사일 것이다. 만약 인간 본성에 대한 암묵적 가정들을 잘 검증된 명시적 이론들로 바꿀 수 있다면 제대로 된 토대 위에서 문화심리학과 사회학이 발전할 수 있을 것이다. 이것이 진화심리학 혁명의 한 가지 측면이다.

이정덕은 사회생물학이 문화를 "의미 없거나 사소한 것으로 다루거나 아예 배제한다"고 비판한다. 여기에서 사회생물학과 진화심리학의 구분은 별로 중요해 보이지 않는다. 진화심리학에 대해서도 비슷한 비판을 할 것 같다.

사회생물학은 자기들에게 의미 있다고 생각되는 것들만 중요하다고 간주하고, 나머지는 의미 없거나 사소한 것으로 다루거나 아예 배제한다. 사회생물학이 인간을 동물의 하나로 다루는 반면에, 문화연구는 다른 동물과 구분되는 인간적인 특징(특히 문화)을 가장 중요시 한다. 이 과정에서의 쟁점은 문화이다. 사회생물학은 문화를 어떻게든 유전자 트랙에 집어넣으려 하지만 문화연구는 그 부분에 관심이 없다. 이 과정에서 사회생물학은 문화를 설명한다면서 인류에게 보편적으로 나타나는 본능과 가까운 일부 행동(성, 음식, 번식, 공격성 등)에만 집중한다. 즉, 문화의 핵심인 다양한 집단에게 다르게 나타나는 다양한 의미체계(언어의 차이, 종교의 차이, 의미의 차이 등)는 설명 대상으로 삼지 않는다. 예를 들어, 문화연구에서는 이 집단에서는 어떤 종교를 믿는지, 저 집단에서 믿는 종교의 내용은 어떻게 다른지에 관심을 갖는다. 또는 영어에서 '러브(love)'가 의미하는 바가 무엇이고, 한국에서 '사랑'이 의미하는 바는 무엇인지에도 관심을 갖는다. 그러나 사회생물학은 언어나 종교가 어떻게 유전자적 기초로부터 기원했는가만 설명하고, 왜 차이가 나타나는지는 전혀 설명하지 않는다. 문화라고 보기 어려운 극히 단순하고 보편적인 성향에 관심을 기울이지, 각각의 실제적인 언어나 종교에는 접근하지 않는 것이다. 그 이유는 사회생물학으로 언어와 종교의 내용을 설명할 수 없기 때문이다.

그러면서도 실제적인 언어와 종교에 대한 분석을 유전자적 성향과 연결하여 통합할 수 있는 것처럼 주장하면서, 인류학자나 사회학자에게 왜 그렇게 하지 않느냐고 비판한다. 그러나 유전자나 후성규칙이 각 나라의 국민들에게 중국어, 한국어, 영어를 쓰도록 하거나, 기독교나 불교나 힌두교를 믿도록 방향 지을 수는 없다. 아직까지 우리가 이해하지 못하는 창발성의 발현과 작동이 존재하는데도 불구하고, 이를 별 의미가 없는 것으로 간주하고 하위 수준의 작동과정(사회생물학)으로 상위 수준(문화)의 현상을 설명할 수 있다는 억측을 강요하고 있다. 그러한 과정에서 문화를 자신들이 설명할 수 있는 일부 본능에 가까운 행동으로 왜곡하고, 문화의 나머지 부분들은 의미 없거나 사소한 것으로 간주하여 배제한다. 하지만 문화연구는 바로 이것들을 인간 집단의 이해를 위해서 본질적인 것으로 간주한다.
(『사회생물학 대논쟁』, 133~134쪽)

진화심리학자들은 "후천적인 것은 별로 없으니 연구할 거리가 별로 없어!" 또는 "후천적인 것이 많이 있더라도 사소한 문제에 불과하니까 연구할 가치가 별로 없어!"라고 주장하는 것이 아니다. "후천적인 것을 제대로 연구하려면 우선 선천적인 것을 제대로 규명해야 해!"라고 말하고 싶은 것이다. 진화심리학자들이 "자기들에게 의미 있다고 생각되는 것들" 즉 선천적 인간 본성에 초점을 맞추어 연구하는 것은 사실이다. 하지만 나머지 것들이 중요하지 않다고 생각하기 때문에 무시하는 것이 아니다. 그것은 다른 사회과학자들의 임무라고 생각하는 것일 뿐이다. 소방관이 화재 현장에서 사람을 구해서 응급처치까지만 하고 의사에게 넘기는 이유는 무엇인가? 의사가 하는 치료와 수술이 중요하지 않다고 생각하기 때문인가?
이정덕은 "사회생물학으로 언어와 종교의 내용을 설명할 수 없"다고 주장한다. 어떤 면에서는 맞는 말이다. 인간 본성 즉 인류 보편적 심리기제들에 대해 완벽하게 밝혔다 하더라도 그 자체만으로는 문화적 다양성을 모두 설명할 수 없다. 심리기제에 들어가는 입력 값들과 심리기제가 산출하는 출력 값들을 연구해야, 그리고 그것들의 복잡한 상호작용을 연구해야 문화를 온전히 해명할 수 있다. 하지만 이것은 초점이 빗나간 비판이다. 진화심리학자들은 심리기제만 밝혀내면 되니까 입력 값, 출력 값, 그것들의 상호작용에 대해서는 연구할 필요가 없다고 말하지 않는다. "인간 본성에 대해 암묵적으로 가정한 이후에 문화를 연구해 온 기존 사회과학"과 "인간 본성에 대한 잘 검증된 이론에 바탕을 두고 문화를 연구할 미래의 사회과학"을 비교해야 한다.

"사회생물학은 문화를 어떻게든 유전자 트랙에 집어넣으려 하지만 문화연구는 그 부분에 관심이 없다"라는 말을 다음과 같이 해석할 수도 있을 것이다. "유전자 트랙"을 "선천적 인간 본성" 또는 "선천적 심리기제"라고 읽어보자. 그러면 "그 부분에 관심이 없다"라는 구절은 기존 문화연구가 선천적 인간 본성에 대해 애매하게 가정할 뿐 명시적 가설로 다듬어서 검증하는 것에는 관심이 없다는 말이 된다.

이정덕은 진화심리학이 "문화의 핵심인 다양한 집단에게 다르게 나타나는 다양한 의미체계"를 설명 대상으로 삼지 않는다고 비판한다. 진화심리학이 그런 연구에 초점을 맞추지는 않는다. 하지만 언어의 다양성을 제대로 이해하기 위해서는 언어와 관련된 인간 본성을 제대로 해명해야 한다. 스티븐 핑커의 『언어본능』을 읽어보면 알 수 있겠지만 진화심리학자들은 언어와 관련된 선천적 심리기제의 구조를 해명하려고 기를 쓴다.

진화심리학자들이 여러 종교들의 차이에 초점을 맞춰서 연구하지는 않는다. 하지만 왜 사람들이 종교를 믿는지 알아내기 위해 뛰어든 진화심리학자들이 꽤 있다. 백과사전 〈위키피디아(Wikipedia)〉에 「Evolutionary psychology of religion(종교의 진화심리학)」이라는 항목이 있을 정도다. 종교와 관련된 선천적 심리기제들의 특성을 제대로 이해해야 종교의 다양성도 더 정확히 이해할 수 있다. 이것은 입맛과 관련된 선천적 인간 본성을 제대로 이해해야 입맛의 문화적 다양성도 제대로 설명할 수 있는 것과 마찬가지다. 인간이 기본적으로 단맛과 짠맛을 선호하고 쓴 맛을 싫어하도록 진화했다는 점을 빼 놓고 음식의 다양성을 깊이 있고 정확히 논할 수는 없다.

진화심리학자들이 염두에 둔 분업 관계를 상정할 때, 진화심리학과 문화심리학은 대립 관계가 아니라 협력 관계를 이루어야 할 것 같다. 하지만 그렇지 않다. 진화심리학과 문화심리학은 앙숙이라고 봐도 무방하다. 뭔가 이상하다.

진화심리학과 문화심리학은 여러 가지 의미로 쓰인다. "진화생물학을 적용한 심리학"은 방법론의 측면에서 본 진화심리학이다. "인간 본성에 초점을 맞추어서 연구하는 심리학"은 연구 분야의 측면에서 본 진화심리학이다. 위키피디아에서는 문화심리학을 "문화심리학은 문화가 구성원들의 심리 과정을 어떻게 반영하고 만들어내는지 연구한다"라고 규정하고 있다. 이것은 연구 분야의 측면에서 정의한 문화심리학이다. 이런 의미의 문화심리학이라면 방법론 또는 연구 분야의 측면에서 정의한 진화심리학과 충돌하지 않는다. 분업 관계일 뿐이다. 하지만 진화심리학과 문화심리학은 학파를 뜻하기도 한다. 그것도 서로 앙숙인 학파다.

〈참고 문헌〉

『언어본능: 마음은 어떻게 언어를 만드는가?(The language instinct: how the mind creates language)』 스티븐 핑커 지음, 김한영, 문미선 & 신효식 옮김, 동녘사이언스, 2008.

『지식대통합이라는 허망한 주장에 대하여: 문화를 중심으로』 이정덕, 『사회생물학 대논쟁』 김동광, 김세균 & 최재천 엮음, 이음, 2011.

『Cultural_psychology』 〈Wikipedia〉.

『Evolutionary psychology of religion』 〈Wikipedia〉.

바. 선천론과 후천론의 대립: 진화심리학은 다른 학파에 비해 더 많은 것이 선천적이라고 본다

유전자와 환경이 모두 중요하며 선천적인 것과 후천적인 것이 모두 중요하다는 점을 지적한 이후에, 일부 학자들은 "그러니까 유전자/환경, 생물학적인 것/문화적인 것, 선천성/후천성, 자연선택/사회화, 진화/학습 논쟁은 무의미해. 양쪽 다 매우 중요하다는 점을 합리적인 사람이라면 누구나 인정하니까"라는 식으로 말한다. 이런 주장은 진화심리학계에서도 진화심리학에 적대적인 학파에서도 나온다. 내 생각은 다르다. 진화심리학과 관련하여 유전자/환경 또는 선천성/후천성과 관련된 진짜 논점이 있다고 보기 때문이다. 진화심리학 옹호자들과 반대자들 사이에 치열한 논쟁이 벌어지는 이유는 순전히 허수아비 공격이나 오해 때문인가? 나는 아니라고 본다. 허수아비 공격이 난무하는 것도 사실이지만 의견이 실질적으로 다르기 때문에 다투는 측면도 있다. 코스미디스 & 투비는 이와 관련하여 이렇게 썼다.

> "문화"와 "학습"은 진화심리학의 이론적 라이벌이 아니다. 그것들은 오히려, 그것들을 만들어내는 진화한 신경 프로그램들의 설계(그리고 이런 기제들에 제공되는 지역적 입력 값들local inputs[사람이 사는 지역에 따라 입력 값이 다르다는 말인 듯하다-옮긴이]에 대한 기술)를 참조하고 그것과 관련지어서 설명해야 할 현상이다.
> (『진화심리학 핸드북 1』, 28쪽[영어판 7~8쪽])

전중환도 비슷한 말을 했다. 문맥을 볼 때, 대척점 또는 영합 게임(zero sum game)이라는 많은 사람들의 믿음이 틀렸다는 얘기다.

> 많은 사람이 문화와 생물학은 서로 대척점에 놓여 있다고 믿는다. 인간 행동을 누가 잘 설명하는가를 놓고 이 둘이 한판 대결을 펼친다고 생각한다. 한쪽이 이기면 다른 쪽은 지는 제로섬zero sum 게임이라 믿는다.
> (『진화한 마음: 전중환의 본격 진화심리학』, 294~295쪽)

코스미디스 & 투비의 글에서 "진화심리학"은 무슨 뜻으로 쓰였나? 그에 따라 위 구절의 함의가 상당히 달라진다. 만약 "진화심리학"이 방법론이나 연구 분야를 가리킨다면, 문화, 학습, 사회화를 끌어들인 설명은 진화심리학과 충돌하지 않는다. 하지만 "진화심리학"이 학파를 뜻한다면 실질적 충돌이 존재한다.

남자의 질투에 대해 생각해 보자. 진화심리학계에서는 선천적 질투 기제가 존재한다고 본다. 설명의 편의를 위해 질투 관련 가설을 아주 거칠게 소개하겠다. 아내가 외간 남자와 섹스를 해서 임신하면 남편은 막대한 번식 손해를 본다. 이 때문에 아내의 자궁을 되도록 독점할 수 있도록 하는 질투 기제가 자연선택으로 진화했다. 질투 기제가 시각 기제, 청각 기제, 후각 기제, 성욕 기제, 식욕 기제처럼 자연선택으로 진화한 선천적 심리기제라는 것이다.

많은 학자들이 이런 설명을 거부한다. 그들에 따르면 선천적 질투 기제 따위는 없다. 질투를 하는 문화권에서 남자가 사회화되면서 질투를 배우는 것이다. 바둑, 피아노, 양자역학, 집합론, 자바 프로그래밍, 자동차 운전 등이 학습의 산물인 것과 마찬가지다. 자연선택으로 바둑 기제, 피아노 기제, 양자역학 기제, 집합론 기제, 자바 프로그래밍 기제, 자동차 운전 기제가 진화하지 않은 것과 마찬가지다.

여기에서 질투 현상에 대한 두 진영의 설명은 정면으로 충돌한다. 진화심리학계에서는 남자의 질투와 관련하여 자연선택 가설, 적응 가설, 진화 가설, 본능 가설, 선천성 가설, 인간 본성 가설을 지지한다. 진화심리학에 적대적인 학파들에서는 학습 가설, 문화 가설, 사회화 가설, 부산물 가설, 후천성 가설을 지지한다. 만약 진화심리학 비판자들이 질투와 관련하여 후천성 가설을 제시하면서 진화심리학자들의 적응 가설이 틀렸다고 주장하고 있는데 "문화와 학습은 진화심리학의 이론적 라이벌이 아니"라고 응수한다면 잘못된 반박이거나 동문서답이다. 두 진영 사이에 실질적 충돌이 있는데도 없는 것처럼 눈감는 것이다. 이런 경우에는 영합 게임이 맞다. 문화를 끌어들인 설명이 옳다면 진화를 끌어들인 설명은 틀린 것이다.

그렇다고 해서 코스미디스 & 투비의 위 구절 자체가 엉터리라고 단정할 수는 없다. 질투에 대한 후천성 가설들도 결국은 진화 가설에 의존할 수밖에 없기 때문이다. 예컨대 다음과 같은 후천성 가설이 있다고 하자.

선천적 질투 기제는 없다. 남자가 질투를 하는 이유는 질투를 하는 문화권에서 사회화되기 때문이다.

얼핏 보면 여기에는 진화 가설이 없는 것 같다. 하지만 학습과 사회화가 어떻게 가능한지 따져보면 이야기가 달라진다. 돌멩이와 아메바는 질투를 학습할 수 없다. 반면 (위 가설이 옳다면) 인간은 질투를 학습할 수 있다. 돌멩이와 인간 사이에 이런 차이가 나타나는 이유는 무엇인가? 위 가설을 다음과 같이 구체화할 수 있을 것이다.

선천적 질투 기제는 없다. 남자가 질투를 하는 이유는 질투를 하는 문화권에서 사회화되기 때문이다. 그런 사회화가 가능한 이유는 선천적 "범용 학습 기제"가 존재하기 때문이다. 범용 학습 기제는 자연선택의 직접적 산물인 적응이다.

이런 식으로 학습 가설도 결국은 진화 가설에 의존할 수밖에 없다. 질투가 자연선택의 직접적 산물(적응)이 아니라 하더라도 자연선택의 간접적 산물(부산물)일 수밖에 없다. 따라서 학습 가설은 진화심리학과 충돌하지 않는다.

충돌이 아니라 분업이 존재한다. 진화심리학은 선천적 인간 본성을 해명하려 하고 다른 학문 분과에서는 인간의 후천적 특성들을 연구한다. 만약 질투에 대한 학습 가설이 옳다면, 범용 학습 기제는 선천적 인간 본성에 해당하고 학습된 질투는 후천적 특성에 해당한다.

진화심리학계는 다른 학파에 비해 더 많은 것을 선천성을 끌어들여 설명한다. 이런 면에서 진화심리학은 선천론이다. (거의) 모든 것이 선천적이라고 보거나 선천적인 것이 후천적인 것보다 (훨씬) 큰 역할을 한다고 본다는 의미에서 선천론인 것은 아니다. 하지만 다른 학파에 비해 더 많은 것을 유전자, 자연선택, 진화, 적응, 선천성, 생물학을 끌어들여 설명한다는 의미에서 선천론이다. 진화심리학계에서 후천적이라고 주장하는 것을 두고 다른 학파에서 선천적이라고 주장하는 사례는 설사 있다 하더라도 매우 드물다. 나에게는 그런 사례가 하나도 떠오르지 않는다. 반면 진화심리학계에서 선천적이라고 주장하는 것을 두고 다른 학파에서 후천적이라고 주장하는 사례는 아주 많다.

시각 기제, 청각 기제, 식욕 기제, 성욕 기제의 기본 구조가 자연선택으로 설계되었다는 점은 누구나 인정한다. 이런 것들에 대해서는 논쟁이 거의 없다. 하지만 진화심리학의 인간 본성론과 다른 학파의 후천론이 대립하는 사례들이 아주 많다. 적어도 일부 진화심리학자들은 질투 기제, 근친상간 회피 기제, 강간 실행 기제, 강간 방어 기제, 살인 기제, 갑질 기제, 외도 기제, 모성애 기제, 부성애 기제, 형제애 기제, 우정 기제, 외모 평가 기제 등이 자연선택으로 진화했다고 본다. 많은 학파에서 이런 진화 가설들은 가망성이 전혀 또는 거의 없다고 본다.

선천적 남녀 차이에 대한 온갖 진화심리학 가설들이 있다. 신체뿐 아니라 정신적 영역에서도 남자와 여자가 온갖 측면에서 다르게 진화했다고 보는 것이 진화심리학계에서는 상식으로 통한다. 남자가 여자보다 선천적으로 겁이 없으며, 성욕이 강하며, 더 폭력적이며, 자식을 덜 사랑하며, 더 경쟁적이며,

짝짓기 대상의 외모를 더 중시하며, 짝짓기 대상의 젊음을 더 중시한다고 본다. 이런 가설들을 거부하는 학파가 많다. 검증이 불가능하기에 아예 과학 가설이 아니라고 보는 이들도 있고, 과학 가설이긴 하지만 틀렸음이 (거의) 명백하다고 보는 이들도 있다.

이것은 허수아비 공격도 아니고 오해가 만들어낸 가짜 논점도 아니다. 선천론과 후천론의 실질적 대립이다. 한 쪽이 옳다면 다른 쪽은 틀린 것이다. 유전자도 중요하고, 환경도 중요하고, 유전자와 환경의 상호작용도 중요하고, 자연선택도 중요하고, 학습도 중요하고, 선천적인 것도 중요하고, 후천적인 것도 중요하다는 이야기를 아무리 해도 이런 실질적 논점이 사라지지는 않는다. 이런 논점이 제대로 해소되려면 과학적 검증을 통해 설득력 있게 입증/반증해야 한다. 그러면 뉴턴 물리학이 아인슈타인 물리학에게 완패했듯이 한쪽 진영의 가설이 패배할 것이다.

〈참고 문헌〉

『1장. 진화심리학의 이론적 기초』, 존 투비 & 레다 코스미디스, 『진화심리학 핸드북 1: 기초』, 데이비드 M. 버스 편집, 김한영 옮김, 아카넷, 2019(2판).

『진화한 마음: 전중환의 본격 진화심리학』, 전중환, Humanist, 2019.

『The theoretical foundations of evolutionary psychology』, John Tooby & Leda Cosmides, 『The handbook of evolutionary psychology, volume 1: foundation』, David M. Buss 편집, Wiley, 2016(2판).

사. 인간 본성론은 다윈이 폐기한 본질론에 의존하나

A. 리 비커스(A. Leah Vickers) & 필립 키처(Philip Kitcher)는 다윈 혁명으로 유형론적 사고(typological thinking)가 개체군적 사고로 대체되었음을 지적한다. 따라서 "보편적 인간 본성에 대한 진화심리학자들의 몰두에는 문제가 있다"는 것이다.

> 진지한 다윈주의 심리학을 추구하는 데 어려움을 추가하는 두 가지 이론적 문제가 있다. 많은 지도적인 다윈주의자들이 되풀이해서 천명했듯이, 다윈은 유형(type)으로서의 종 개념을 종 내 변이(intraspecific variability)에 대한 강조로 대체했다. 그렇다면 보편적 인간 본성에 대한 진화심리학자들의 몰두에는 의심스러운 점이 있다고 볼 수 있을 것 같다. 우리 종에 (거의) 보편적인 것으로 밝혀진 형질들이 분명히 어느 정도는 있지만, 보편적 고정(universal fixation)이 표준(norm)이라고 가정하지 않는 것이 중요하다. 자연선택이 균질화하는 힘이라고 말할 수 없다. 왜냐하면, 자연선택에 의해 하나의 변이(variant)가 사실상 보편적으로 될 것이라고 기대할 만한 상황—잘 알려진 복잡한 상황에 그 유전적 기반이 얽혀 있지 않으며, 특정한 형질에 최적 형태가 있을 때—이 일부 있긴 하지만, 불가피한 장벽을 무시할 수 없기 때문이다. 때로는 유전적 세부사항 때문에 어떤 형질의 최적 형태가 고정되는 것이 불가능해진다(간단한 사례로는 최적 형질이 이형접합체heterozygote에 의해 부호화되는 coded 경우가 있다). 그리고 자연선택이 다형성 평형(polymorphic equilibrium)을 만들어 내리라고 기대할 만한 사례도 있다(초보적인 진화적 게임 이론에 나오는 매-비둘기 다형성이 고전적 사례다).
> (『Evolution, gender, and rape』, 144쪽)

다윈(Charles Robert Darwin) 이전에는 생물에 대한 본질론(essentialism)

이나 유형론적 사고가 득세했다. "양성자 8개"가 산소의 본질이다. 마찬가지로 각각의 종(species)에는 본질이 있다고 보았다. "인간이란 무엇인가?"라는 질문에 답하기 위해 인간의 본질을 형성하는 특성들의 목록을 만들려고 했다. 그런 목록을 이용해서 인간과 인간이 아닌 존재를 명확히 구분할 수 있다고 보았다.

다윈의 진화론은 이런 접근법 자체를 뒤엎었다. 생물이 계속 진화한다면 형질들의 집합으로 인간을 정확히 정의하는 것이 근본적으로 불가능하다. 인간 개념은 애매할 수밖에 없다. 인류 안에 존재하는 변이는 이데아로부터 멀어지는 비정상이 아니다. 다윈 혁명은 비커스 & 키처의 말대로 유형론적 사고, 본질론, 이데아론을 뒤엎었다. "산소는 양성자가 8개인 원소다"와 같은 방식으로 명확하게 인간을 정의할 수는 없다. 이런 면에서 볼 때, 생물 본질론과 생물 유형론은 죽었다. 그런데 진화심리학에서 추구하는 인간 본성론은 본질론이나 유형론처럼 보인다. 그렇다면 다윈의 후예를 자처하는 진화심리학자들이 다윈에 의해 폐기된 본질론이나 유형론에 여전히 집착하는 것은 아닌가? 다윈 혁명의 핵심 함의를 배반하는 것은 아닌가?

이 문제를 규명하기 위해서는 "엄격한 본질론"과 "느슨한 본질론"을 구분해야 한다. "산소는 양성자가 8개인 원소다"는 엄격한 본질론이다. 양성자가 9개인 원소가 "한 끗 차이 가지고 너무 그러지 말고 나도 산소로 인정해 줘!"라고 우긴다 해도 통하지 않는다. 만약 인간 진화심리학이 인간에 대해 이런 식의 엄격한 본질론을 추구한다면 문제가 있다. 하지만 진화심리학자들은 엄격한 본질론이 아니라 느슨한 본질론을 추구한다.

느슨한 본질론에서는 예외를 인정한다. 예컨대 "인간의 손가락은 10개다. 하지만 손가락이 9개인 인간도 존재할 수 있다"라는 식이다. 이런 식으로 애매하게 이야기하는 것에 불만을 품을 수도 있을 것이다. "그래서 인간의 손가락이 10개라는 거야, 아니라는 거야?"라고 반문할 사람도 있을 것이다.

"그런 식으로 애매하게 이야기하면서도 과학이라고?"라고 핀잔을 줄 사람도 있을 것이다. 하지만 인간 해부학 교과서도 이런 식이다. "손가락이 10개가 아니라면 절대 인간이 아니다"라고 단언하지도 않지만, 인간의 손가락이 10개인 것으로 묘사한다. 대략 "정상인에게는 손가락이 10개 있다"라는 식이다. 그렇다면 정상과 비정상을 나누는 명확한 기준이 있나? 이것도 애매하다.

이런 애매함 때문에 느슨한 본질론에 불만을 품고 "엄격한 본질론이 아니라면 과학 자격이 없다"라고 주장할 사람도 있을 것이다. 그러면서 진화심리학의 인간 본성론 즉 느슨한 본질론을 거부해야 한다고 보는 사람도 있을 것이다. 하지만 이런 이유를 대면서 인간 진화심리학을 거부하겠다면 인간 생리학이나 인간 해부학도 거부해야 한다.

애매함을 도저히 견딜 수 없다면 아예 "인간"이라는 개념도 쓰지 말아야 한다. 진화는 연속적으로 일어난다. 1억 년 전의 우리의 직계 조상을 인간이라고 부를 사람은 없다. 1천만 년 전의 우리의 직계 조상을 인간이라고 부를 사람도 없다. 그렇다면 언제부터 인간이었나? 이것은 애매할 수밖에 없다. 만약 인간 개념을 거부한다면 인간 생리학이든 인간 심리학이든 문화인류학이든 인간과학 자체를 거부해야 한다. 종 개념 자체가 근본적으로 애매하다. 이것이 다윈이 남긴 교훈이다.

개체군적 사고는 "인간의 부모는 항상 인간이다"라는 아주 뻔해 보이는 명제까지 무너뜨렸다. 우리의 어머니의 어머니의 어머니를 계속 거슬러 올라가다 보면 1억 년 전의 우리의 직계 조상이 나온다. 만약 "인간의 부모는 항상 인간이다"라는 명제가 참이라면 1억 년 전의 우리의 직계 조상도 인간이라는 결론으로 이어진다. 진화가 일어나지 않는 세상에서는 통하겠지만 지구에서는 통하지 않는 말이다. 1억 년 전에 살았던 우리의 직계 조상은 인간이 아니다.

개체군적 사고는 엄격한 본질론과 충돌할 수밖에 없다. 하지만 개체군적 사고는 "느슨한 인간 본성론"과 같은 느슨한 본질론과는 공존할 수 있다. 애매함을 용인해 줄 만한 아량(?)만 있으면 된다. 애매함을 무한정 봐 주어야 한다거나 장려하자는 말은 아니다. 애매함을 완전히 제거할 수 없음을 인정하면서도 최선을 다 해서 명료함을 추구하면 된다. 해부학 교과서나 생리학 교과서는 이런 면에서 모범적이다. 애매함을 완전히 추방하지는 못했지만 상당히 명료하게 서술된 것도 사실이다.

진화심리학자가 "보편적 인간 본성" 또는 "보편적 남자 본성"이라고 말할 때 "보편적", "인간", "남자"라는 개념이 애매할 수밖에 없다는 점을 잊지 말아야 한다. 보편적 인간 본성에 대해 이야기하지만 단 하나의 예외도 허용하지 않는 "수학적 보편성" 또는 엄밀한 보편성이 아니다. 인간 개념도 애매하고 남자/여자 개념도 애매하다. 세상에는 남자인지 여자인지 애매한 사람도 있다. 하지만 그렇다고 좌절할 필요는 없다. 충분히 명료하게 말할 수 있을 때도 아주 많기 때문이다.

〈참고 문헌〉

「Pop sociobiology reborn: the evolutionary psychology of sex and violence」, A. Leah Vickers and Philip Kitcher, 「Evolution, gender, and rape」, Cheryl Brown Travis 편집, A Bradford Book, 2003.

아. 학습과 문화라는 마법 주문

신을 끌어들여서 모든 것을 간단하게 "설명"할 수 있다. 삼각형의 내각의 합은 왜 180도인가? 신이 삼각형을 그렇게 창조했기 때문이다. 하늘은 왜 파란가? 신이 하늘을 그렇게 창조했기 때문이다. 인간의 눈은 왜 두 개인가? 신이 인간의 눈을 그렇게 창조했기 때문이다. 모든 질문에 "신이 그렇게 창조했기 때문이다"

라고 답하면 된다. 세상 일이 이렇게 너무 쉽게 풀리는 것처럼 보인다면 의심을 해 보아야 한다. 실제로 일이 풀리고 있는지, 아니면 그렇게 보이는 것일 뿐인지. 여기에서 이런 식의 설명에 대해 인식론적으로 깊이 파고들 생각은 없다. 어쨌든 나는 이것을 진짜 설명으로 인정하지 않을 것이다.

학습이나 사회화를 끌어들여서 비슷한 방식으로 인간의 마음과 행동을 설명할 수 있다. 왜 아내가 바람을 피우면 남편은 질투를 할까? 남자가 질투를 학습했기 때문이다. 또는 남자가 질투를 하도록 사회화되었기 때문이다. 왜 여자는 자식을 애지중지할까? 여자가 모성애를 학습했기 때문이다. 왜 남자보다 여자가 겁이 많을까? 남녀가 그렇게 사회화되었기 때문이다. 신을 믿지 않는 사람이라면 신을 끌어들인 설명을 모두 거부할 것이다. 반면 학습이나 사회화를 끌어들인 설명에는 초자연적 존재가 끼어들지는 않기 때문에 그렇게 쉽게 거부해서는 안 될 것 같다. 하지만 여기에서도 일이 너무 쉽게 풀리는 것 같아 보인다. 온갖 질문에 대해 그냥 "그것을 학습했기 때문이다" 또는 "그렇게 사회화되었기 때문이다"라고 답하면 되기 때문이다.

이번에는 진화를 끌어들인 설명이다. 비슷한 방식으로 인간의 마음과 행동을 설명할 수 있다. 왜 아내가 바람을 피우면 남편은 질투를 할까? 남자가 질투를 하도록 진화했기 때문이다. 또는 남자의 질투 기제가 자연선택되었기 때문이다. 왜 여자는 자식을 애지중지할까? 모성애가 진화했기 때문이다. 왜 남자보다 여자가 겁이 많을까? 남녀가 그렇게 진화했기 때문이다. 이번에도 일이 너무 쉽게 풀리는 것 같아서 이상하다.

위에서 나열한 "설명"들에서는 "신", "학습", "사회화", "진화", "자연선택" 등을 끌어들였다. 그런데 마치 마법사가 "수리수리마수리"라고 주문을 외면 문제가 뿅 하고 해결되듯이 그런 단어만 덧붙이면 모든 것이 설명되는 것처럼 보인다. 이 책에서 신에 대해 다룰 생각은 없다. 하지만 학습, 사회화, 진화, 자연선택을 피해갈 수는 없다.

위와 같이 마법 주문처럼 학습이나 진화를 끌어들인 설명은 완전히 무의미한가? 전중환은 그런 설명은 "허무하고 텅 빈 설명"이기에 아예 "설명이 아니"라고 썼다.

어떤 자극에 대해 우리가 특정한 반응을 보이는 까닭이 그러한 반응을 '학습해서' 혹은 '문화적으로 습득'했기 때문이라는 설명은 잘못되었다. 이는 설명이 아니다. 설명해야 할 대상에 새로 이름표를 붙이는 행위에 불과하다(VI부 '학습과 문화' 참조). 이렇게 말하니 필자가 유전자 결정론자의 마각(?)을 슬슬 드러내고 있다고 의심할 독자가 있을지 모르겠다. 미리 오해를 차단하자면, 특정한 반응이 '선천적'이거나 '타고 난다'는 설명도 역시 잘못되었다. 질투는 질투 유전자 때문이고, 전쟁은 전쟁 유전자 때문이라는 식의 설명만큼이나 허무하고 텅 빈 설명도 없다.
(『진화한 마음』, 39쪽)

나는 그렇지 않다고 본다. "왜 아내가 바람을 피우면 남편은 질투를 할까?"라는 질문에 선천론자는 "남자가 질투를 하도록 진화했기 때문이다"라고 답했으며 후천론자는 "남자가 질투를 학습했기 때문이다"라고 답했다. 두 답변은 서로 다르다. 즉, 선천론자와 후천론자가 서로 다른 가설을 제시했다. 선천론자는 "시각 회로"의 모범에 기대고 있다. 자연선택에 의해 뇌에 시각을 담당하는 회로가 진화했기에 우리가 앞을 볼 수 있다는 설명에 시비를 거는 21세기 과학자는 없다고 봐도 된다. 선천론자는 시각 회로가 자연선택의 직접적 산물인 적응이듯이 질투 회로(질투 기제)도 자연선택의 직접적 산물이라고 주장한다. 후천론자는 "피아노 연주"의 모범에 기대고 있다. 과거에 피아노를 잘 연주한 사람이 피아노 연주 능력 덕분에 잘 번식했기에 피아노 연주 기제가 자연선택에 의해 진화했다고 보는 진화심리학자는 없다. 피아노가 있는 문화권에서 자라면서 피아노 치는 법을 학습했기 때문에 사람들이 피아노를 칠 줄 아는 것이라는 설명에 시비를 거는 과학자도 없다. 후천론자는 피아노 연주가 학습의 산물이듯이 질투도 학습의 산물이라고 주장한다.

학습이나 진화만 달랑 언급한 답변이기는 하지만 이것은 유의미한 명제다. 진화 가설(적응 가설)과 학습 가설(사회화 가설, 부산물 가설) 중에 하나를 선택한 것이기에 "허무하고 텅 빈 설명"이 아니다. 한 쪽이 옳으면 다른 쪽은 틀린 것이다. 두 가설은 서로 충돌한다. 만약 완전히 공허하다면 충돌하지도 않을 것이다. 또한, 이것은 한의사가 "몸이 균형을 잃어서"라는 식으로 질병을 설명하는 경우와는 다르다. 도대체 "균형"이 무엇인지가 지극히 애매하다면 "몸이 균형을 잃어서"라는 가설을 반증할 길이 없다. 반면 진화, 자연선택, 적응, 학습, 사회화와 같은 용어는 상당히 명확하기에 반증이 가능해 보인다.

전중환은 문화를 끌어들인 설명이 순환 논증이라고 비판한다.

> 왜 서로 다른 집단에 속한 사람들은 다르게 행동할까? 전통적인 사회과학자들이 내놓는 답은 이렇다. "문화 때문입니다." 이를테면, 명절마다 한국인이 민족 대이동을 하는 까닭은 한국인의 가족주의 문화 때문이다. 필자는 묻고 싶다. 여러분은 이 설명에 만족하십니까? 궁금증이 시원히 해결되었습니까? 이는 진정한 인과적 설명이 아니다. 순환논증이다. 새로 더 알려준 것이 없다. 전통적인 사회과학자들은 집단 내의 유사성과 집단 간의 차이가 문화에서 유래한다고 설명한다. 문화는 "한 집단에서 고유하게 나타나는 제도, 규범, 생활양식의 총합"으로 정의된다.
>
> 따라서 "한 집단이 그렇게 행동하는 까닭은 그들의 문화 때문이다."라는 문장을 풀면 이렇게 된다. "한 집단이 그렇게 행동하는 까닭은 그들이 그렇게 행동하기 때문이다."
>
> (『진화한 마음』, 287~288쪽)

나는 그렇게 생각하지 않는다. 쉬운 예를 들어 보자. 같은 대상을 두고 한국인들은 "아버지"라고 말하고 미국인들은 "father"라고 말한다. 이것은 집단 내의 유사성이기도 하고 집단 간의 차이이기도 하다. 이런 유사성과 차이가 생기는 이유는 무엇인가? 어떤 사람이 "한국인들은 '아버지'라고 말하고 미국인들은 'father'라고 말하는 이유는, 한국인들은 '아버지'라고 말하고 미국인들은 'father'라고 말하기 때문이다"라고 문화를 끌어들여 설명했다고 하자. 이것은 순환 논증인가? 얼핏 보면 순환 논증 또는 동어반복으로 보인다. "한국인들이 '아버지'라고 말한다"를 끌어들여 "한국인들이 '아버지'라고 말한다"를 설명하는 것이기 때문에 순환하는 것처럼 보인다.

하지만 세부사항을 추가하여 조금만 바꾸어 보면 순환 논증이 아님을 알 수 있다. 설명의 편의를 위해 거칠게 단순화해 보자.

세대1 한국인들이 "아버지"라고 말하고, 세대1 미국인들이 "father"라고 말한다.

세대2(세대1의 자식 세대) 한국인들은 부모가 "아버지"라고 말하는 것을 모방하여 "아버지"라고 말하고, 세대2 미국인들은 부모가 "father"라고 말하는 것을 모방하여 "father"라고 말한다.

"세대1 한국인들이 '아버지'라고 말한다"를 끌어들여 "세대2 한국인들이 '아버지'라고 말한다"를 설명하기에 순환 논증도 동어반복도 아니다. "세대1 한국인들이 '아버지'라고 말한다"와 "세대2 한국인들이 '아버지'라고 말한다"는 엄연히 서로 다른 현상이기 때문이다.

위의 가설을 "아버지/father"에 대한 문화 가설이라고 하자. 이제 "아버지/father"에 대한 유전자 가설을 소개해 보겠다.

한국인들의 유전체 어딘가에 "아버지"가 "쓰여" 있다. 미국인들의 유전체 어딘가에 "father"라고 "쓰여"있다.

그래서 세대1 한국인들이 "아버지"라고 말하고, 세대1 미국인들이 "father"라고 말한다.

마찬가지 이유로 세대2 한국인들이 "아버지"라고 말하고, 세대2 미국인들이 "father"라고 말한다.

"아버지/father"에 대한 문화 가설이 옳고 유전자 가설이 틀렸다는 점은 명백하다. 한국인의 유전적 자식이 갓난아기일 때 미국에 입양된 사례들을 살펴보면 금방 알 수 있다. 그들은 영어는 잘 하지만 대체로 한국어는 아예 못하거나 서툴다. 어느 가설이 옳은지 아주 쉽게 가릴 수 있기 때문에 이런 가설들을 검증하는 논문을 써 봤자 실어주는 학술지는 없을 것이다. 하지만 여기에서 논점은 학술지에 실어줄지 여부가 아니라 순환 논증인지 여부다. 위에서 나열한 "남자가 질투를 학습했기 때문이다", "남자가 질투를 하도록 진화했기 때문이다"와 같은 설명들이 선천성 가설과 후천성 가설 중에 하나를 선택한 것이기에 완전히 공허하지는 않다. 하지만 대단히 공허해 보이는 것도 사실이다. 그 이유는 가설의 세부사항이 제시되지 않았기 때문이다. 진화심리학자가 "남자가 질투를 하도록 진화했기 때문이다"라는 답변만 제시하고 더 구체적으로 따지기를 거부한다면 욕을 먹어도 싸다. 하지만 진화심리학자들이 그런 식으로 "진화", "자연선택"이라는 마법 주문만 외우는 것으로 자기 일이 끝났다고 생각하지는 않는다. 과거에 어떤 환경에서 무슨 이유 때문에 질투를 하도록 진화했는지에 대한 추정까지 제시한다.

남자의 질투에 대한 진화 가설은 대략 다음과 같다. 아내가 다른 남자와 섹스를 하면 그 남자의 아이를 임신할 가능성이 있다. 만약 아내가 다른 남자의 아이를 임신하면 남편은 막대한 번식 손해를 보게 된다. 사냥채집 사회(hunter-gatherer society, 수렵채집 사회) 기준으로 보면, 아내가 다른 남자의 자식을 임신해서 무사히 낳고 기르게 되면 약 3~4년 동안은 남편의 아이를 임신하지 못하게 된다. 왜냐하면 임신 기간이 10개월 정도이며 2~3년 정도 수유를 해야 하기 때문이다. 또한 남편이 남의 유전적 자식을 위해 온갖 희생을 할 가능성이 높다. 질투 기제가 작동하여 아내가 바람을 덜 피우도록 만든다면 남편의 입장에서는 아내의 외도로 인한 손해를 줄일 수 있다. 이런 이유 때문에 남자의 질투 기제가 진화한 것이다.

이 자리에서 이 가설이 얼마나 잘 입증/반증되었는지 따질 생각은 없다. 가설 자체에 초점을 맞추어 보자. 이 가설은 논리적으로 상당히 그럴 듯하다. 아내의 자궁을 외간 남자에게 빼앗길 때 남편이 막대한 번식 손해를 보게 된다는 점은 너무나 명확하다. 또한 이 가설에는 과거 환경에 대한 가정이 깔려 있다. 예컨대 과거 환경에서 인간이 결혼을 하면서 살았다고 가정한다. 이 가설에는 그럴 듯한 논리도 포함되어 있으며 실증적으로 검증될 만한 주장도 포함되어 있다. 그렇기 때문에 "남자가 질투를 하도록 진화했기 때문이다"라는 문장만 달랑 제시한 경우보다 훨씬 덜 공허하다.

내가 후천론자들에게 불만을 품는 이유 중 하나는 선천론자들의 가설 즉 진화 가설에 비해 더 공허해 보이기 때문이다. 남자의 질투가 학습 또는 사회화의 산물이라고 주장하고 싶다면 세부사항들을 제시해야 한다. 적어도 두 가지 수준의 질문에 대한 답변이 필요하다. 첫째, "남자의 질투" 문화가 언제, 왜, 어떻게 자리 잡게 되었는가? 둘째, 질투 문화가 어떤 사회에 만연하고 있다고 가정할 때, 남자는 어떤 식으로 질투를 학습하게 되는가? 그리고 그런 설명이 논리적으로 그럴싸해야 한다. 그런데 나는 후천론자들이 진화심리학자들의 가설만큼 풍부하게 세부사항을 제시하는 것을 별로 구경해 보지 못했다. 위에서 살펴보았듯이 세부사항을 제시하지 않아도 완전히 공허하지는 않다.

하지만 매우 빈약한 가설이다.

질투와 관련된 진화심리학 연구는 온갖 가설들로 이어진다. 만약 아내가 얼마 전에 외간 남자와 섹스를 했을 가능성이 높다는 것을 깨달았다면 어떻게 하는 것이 좋을까? 재빨리 섹스를 해서 아내의 질 안에서 외간 남자의 정자와 경쟁하는 것이 좋을 것이다. 이 때 평소보다 정액을 많이 사정한다면 더 좋을 것이다. 질투는 분노로 이어지며 열 받을 때는 대체로 성욕이 줄어드는 경향이 있기 때문에, 질투 상황에서 아내와 섹스를 하려는 열망이 강해진다면 약간이라도 반직관적(counterintuitive)인 것 같다. 반직관적인 진화 가설이 입증된다면 진화심리학의 생산성이 높은 평가를 받을 것이다. 질투 상황에서 정액을 더 많이 사정할 것이라는 예측은 진화심리학적 추정이 없다면 생각해내기 힘든 것 같다. 다른 식으로 생각해내기 힘든 진화 가설이 입증되는 경우에도 진화심리학의 생산성이 높은 평가를 받을 것이다.

아내가 바람을 피웠을 가능성이 높을수록 아내의 자식이 남편의 유전적 자식일 가능성이 작다. 따라서 자식을 덜 사랑하는 것이 남편의 입장에서는 유리하다. 남편이 외간 여자들과 섹스를 하고 다녀도 아내의 뱃속에서 태어난 자식은 아내의 유전적 자식이다. 반면 아내가 외간 남자와 섹스를 하면 아내의 뱃속에서 태어난 자식이 남편의 유전적 자식이 아닐 가능성이 있다. 이런 요인 때문에 남자의 질투는 정신적 외도(사랑)보다 육체적 외도(섹스)에 상대적으로 더 초점을 맞추도록 진화했으리라 기대할 만하다. 진화심리학은 이런 식으로 풍부한 가설들을 생산해낸다. 후천론자의 질투 이론이 이렇게 풍부한 가설들을 생산해낸 사례가 있나? 나는 구경해 보지 못했다.

〈참고 문헌〉

『진화한 마음: 전중환의 본격 진화심리학』, 전중환, Humanist, 2019.

3장. 전통적 세계관의 이분법과 과학의 통일성

가. 통일된 설명을 향한 여정

얼핏 보면 천체(해, 달, 별)의 운동은 지상의 운동과는 근본적으로 달라 보인다. 천상의 움직임은 어떤가? 해는 24시간을 주기로 세상을 한 바퀴 도는 것처럼 보인다. 달은 한 달을 주기로 보름달이 되었다가 초승달이 된다. 샛별(금성) 같은 몇몇 예외를 제외하면, 별들의 상대적 위치는 바꾸지 않는 것처럼 보인다. 반면 지상의 움직임은 어떤가? 돌멩이를 위로 던지면 어느 정도 올라갔다가 아래로 떨어진다. 강물은 더 낮은 방향으로 계속 흐른다. 토끼는 이 방향 저 방향으로 아무렇게나 움직이는 것 같다. 옛날에는 천상의 법칙과 지상의 법칙이 따로 있다고 보았다. 하지만 뉴턴의 운동 법칙과 중력 법칙이 정립되면서 천상과 지상이 같은 법칙에 의해 지배된다는 생각이 자리 잡게 되었다. 천상과 지상의 이분법이 극복된 것이다.

얼핏 보면 무생물의 운동은 생물의 운동과는 근본적으로 달라 보인다. 돌멩이를 던졌을 때 어떤 식으로 움직일지는 대충 예측할 수 있다. 무생물의 운동은 법칙에 철저히 종속되어 있는 것 같아 보인다. 반면 새가 어디로 날아갈지를 정확히 예측하기는 불가능해 보인다. 생물의 운동은 법칙과는 무관해 보일 때가 많다. 생물은 무생물과는 달리 자손을 남긴다. 옛날에는 무생물을 지배하는 법칙과 생물을 지배하는 법칙이 따로 있다고 생각했다. 또는, 생물은 적어도 부분적으로는 법칙을 초월한다고 생각했다. 생기론(生氣論, vitalism)에 따르면, 생물에는 생명력(vital force)과 같은 특별한 무언가가 있다. 그래서 스스로 움직일 수 있고 번식을 할 수 있는 것이다.

하지만 생물을 구성하는 분자나 원자가 무생물을 구성하는 것과 다를 바 없으며 무생물을 지배하는 운동 법칙이 생물에도 그대로 적용된다는 것이 점점 분명해졌다. 생명력과 같은 특별한 힘을 가정하지 않아도 생명 현상을 설명할 수 있는 길이 열렸다. 생명에만 있는 특별한 물질이나 생명에만 작용하는 특별한 힘이 있기 때문에 생물이 스스로 움직이고 번식할 수 있는 것이 아니라, 생물을 구성하는 원자들의 특별한 배치가 그런 특별한 현상을 만들어낸다고 생각하게 되었다. 생물과 무생물의 이분법이 극복된 것이다.

인간은 생각을 하고 욕망을 품는다. 도덕성이 있어서 때로는 자신의 욕망을 자제하기도 한다. 여러 가지 대안들 중에 하나를 선택하기도 한다. 예전에는 이런 현상을 물리 법칙으로 설명하는 것이 불가능해 보였다. 어떻게 원자들의 배열과 물리 법칙이 생각, 욕망, 도덕성, 선택을 만들어낼 수 있단 말인가? 가위-바위-보를 할 때 인간은 셋 중에 하나를 완전히 무작위로 선택하는 것 같아 보인다. 어떤 물리 법칙에서도 벗어났다는 의미에서 인간에게는 자유가 있는 것처럼 보인다. 그 이유는 인간에게 영혼이 있기 때문이라고 생각하는 이들이 많았다.

이원론자인 데카르트는 솔방울샘(pineal gland, 송과선)이 인간의 영혼과 육체를 연결해 준다고 보았다. 눈, 코, 혀와 같은 감각 기관에서 들어온 정보는 솔방울샘을 통해 인간의 영혼에게 전달된다. 영혼의 생각과 욕망이 솔방울샘을 통해 인간의 근육을 통제해서 행동을 만들어낸다. 영혼은 물리 법칙에 종속되지 않는다. 인간의 몸은 한편으로는 영혼에 영향을 받고 다른 한편으로 물리 법칙에 종속된다. 영혼이 절벽에서 뛰어내리기로 결정하면 인간은 절벽에서 뛰어내린다. 육체가 물리 법칙에 종속되기 때문에 인간이 날 수는 없고 절벽에서 바닥으로 추락하게 된다.

영혼론 또는 이원론에 도전하는 발견들이 하나씩 이루어졌다. 뇌가 인간의 생각과 욕망에 지대한 영향을 끼친다는 점이 알려지게 되었다. 뇌를 구성하는 수많은 신경원(neuron)들이 어떤 식으로 작동하는지 밝혀지기 시작했다. 어느 정도 생각을 할 줄 아는 기계가 만들어졌다. 처음에는 사칙연산을 하는 정도였다. 이제는 알파고가 바둑 세계챔피언을 가볍게 이기는 시대가 되었다. 여전히 대중 사이에서 영혼론이나 이원론이 큰 인기를 끌고 있지만, 과학계에서는 인간의 생각, 욕망, 도덕성 등이 뇌에 있는 신경망의 산물이며 뇌의 신경망은 컴퓨터의 회로와 마찬가지로 물리 법칙에 철저히 종속된다는 믿음이 자리 잡았다. 영혼과 육체의 이분법까지 극복되면서 적어도 과학계에서는 진정한 의미의 유물론 또는 물리론이 지배하게 된 것이다. 적어도 표면적으로는 유물론이 지배하는 것처럼 보인다.

나. 인간/동물 이분법

최근 수백 년 동안 과학은 눈부시게 발전했으며 미신적, 종교적 설명을 밀어내고 있다. 하지만 일반 대중들 중 상당수는 여전히 미신과 종교에서 크게 벗어나지 못했다. 특히 생물과 관련될 때, 그 중에서도 인간과 관련될 때, 그 중에서도 마음과 관련될 때 과학에서 멀어진다. 과학계에서는 인간을 포함한 생물이 진화의 산물이라고 본다. 물론 진화는 근본적 물리 법칙에 따라 일어난다. 반면 기독교에서는 신이 생물을 각각의 종류대로 창조했다고 본다. 특히 인간은 다른 동물과는 달리 신 자신의 형상에 따라 특별히 창조되었다. 이것은 인간/동물 이분법의 한 가지 형태다.

창조론자는 진화론을 명시적으로 거부한다. 그들에 따르면 적어도 대진화(macroevolution)는 일어나지 않았다. 즉 종이 달라지거나 분화할 정도의 진화는 일어나지 않았다. 각각의 종은 신이 창조했다. 창조론을 거부하며 진화론을 옹호한다고 공언하는 지식인들은 어떤가? 그들은 정말로 진화론과 과학적 세계관을 온전하게 받아들이는 걸까? 나는 상당히 회의적으로 본다. 자칭 진화론자들 중 많은 이들이 여전히 잘못된 인간/동물 이분법에 매달리는 것 같다.

가축의 품종을 개량할 수 있다는 것은 상식으로 통한다. 인위선택(artificial selection)을 통해 인간이 자신이 원하는 방향으로 가축의 신체와 마음을 진화시켜왔다. 수천 년 간 일어난 인위선택의 결과 개의 품종이 매우 다양해졌다. 품종마다 크기와 생김새뿐 아니라 성격과 지능도 상당히 다르다. 자연선택과 인위선택은 동물의 육체와 마음을 개조할 수 있다.

우생학자들은 인간도 개처럼 "품종 개량"을 할 수 있으며 해야 한다고 주장한다. 많은 이들이 우생학에 반대한다. 한편으로는 품종 개량을 할 수는 있지만 도덕적으로 옳지 않다고 본다. 다른 한편으로는 품종 개량 자체가 불가능하다고 주장한다. 예컨대 우생학적 조치를 통해 인류의 IQ를 점점 높이는 것이 불가능하다고 주장한다. 나는 인간의 품종 개량이 불가능하다는 주장이 잘못된 인간/동물 이분법에 의존한다고 본다. IQ가 높은 사람만 번식할 수 있도록 함으로써 인류의 IQ를 점점 높이는 것이 불가능하다고 볼 만한 과학적 이유는 없어 보인다.

인간의 영혼이 물리 법칙을 초월했다고 믿는다면 인위선택으로 인간의 지능을 높이는 것이 불가능하다고 믿을 수 있을 것 같다. 반면 인간의 육체뿐 아니라 정신도 진화의 산물이라고 보는 사람의 입장에서는 그렇게 생각할 이유가 없다. 수백만 년 전에 침팬지와 인간이 갈라졌는데 무슨 이유에서인가 인류의 지능이 매우 높아지는 방향으로 진화했다. 지난 수백만 년 동안 인류의 지능이 높아지는 방향으로 진화했다면 미래에도 가능할 것이다.

물론 지능이 더 낮아지는 방향으로 진화할 수도 있다. 지능이 높을수록 지위가 높다고 하자. 그런데 일부 문화권에서는 지위가 높은 사람들이 자식을 덜 낳는 경향이 있다. 그러면 결국 지능이 낮아지는 방향으로 진화가 일어날 것이다. 실제로 이것을 걱정하는 사람들이 있다. 그런데 많은 이들이 그런 식의 진화가 불가능하다고 믿는 것 같다.

많은 페미니스트들이 정신적인 면에서는 남녀의 선천적 차이가 (사실상) 없다고 본다. 여기에도 인간/동물 이분법이 깔려 있다. 온갖 종에서 수컷과 암컷은 생김새도 다르지만 성격도 다르다. 포유류의 온갖 종들을 살펴보면 대체로 수컷이 암컷보다 사납고 섹스에 적극적이다. 또한 모성애가 부성애보다 강하다. 또는 부성애라고 볼 만한 것이 아예 없다. 다른 동물들은 암수의 정신이 다르게 진화했는데 인간은 그렇게 진화하지 않았다면 대단히 희한한 일이다. 인간과 침팬지의 최근 공동 조상(most recent common ancestor)에 대해 생각해 보자. 그 당시에 암수의 정신이 상당히 달랐을 것이다. 여기까지는 대다수 페미니스트들이 동의할 것 같다. 만약 현생 인류에게는 정신적인 면에서 선천적 남녀 차이가 없다면, 지난 수백만 년 동안 인류의 조상이 암수의 차이가 사라지는 방향으로 진화했다는 뜻이다.

암수의 정신적 차이가 진화하는 이유는 무엇인가? 그런 차이가 진화 과정에서 사라지지 않는 이유는 무엇인가? 암컷의 번식에 도움이 되는 형질과 수컷의 번식에 도움이 되는 형질이 상당히 다르기 때문이다. 포유류의 경우 암컷이 임신을 하기 때문에 섹스를 통해 수컷이 암컷보다 대체로 너 훨씬 큰 이득을 본다. 단기간에 수컷이 암컷 10마리와 섹스를 하면 최대 10마리를 임신시킬 수 있다. 반면 암컷이 단기간에 수컷 10마리와 섹스를 한다 하더라도 자기 혼자 임신할 수 있을 뿐이다. 이것은 포유류에서 수컷이 섹스에 더 적극적이도록 만드는 선택압(selection pressure)이다. 인류의 조상도 이런 면에서는 다를 바 없었다. 그런데도 성욕의 암수 차이가 인류 계열에서만 사라지는 방향으로 진화했다면 매우 특별한 설명이 필요해 보인다.

많은 페미니스트들이 인간 성욕에 진화생물학의 원리를 적용하기를 꺼리는 듯하다. 그렇다면 아무리 진화론자를 자처하더라도 반쪽짜리 진화론자일 뿐이다. 만약 페미니즘 여신(goddess of feminism)이 인류 조상들의 암수 차이를 만들어내는 유전자에게 맴매를 해서 암수 차이가 사라지는 방향으로 진화했다고 믿는다면 이것은 과학적 세계관이 아니라 신화적 세계관이다. 만약 선천적 남녀 차이를 부정하는 페미니스트가 정말로 진화생물학을 온전히 받아들인다면 정신적인 면에서 인류의 남녀 차이가 사라지도록 만든 진화

시나리오를 짜 내기 위해 고심해야 할 것이다. 하지만 페미니스트들은 이런 문제에 대해 대단히 태평해 보인다.

인간의 육체는 험한 환경에서 생존하기에 매우 부실한 반면 정신이 강력해서 그것을 보완해 준다는 믿음이 여전하다. 마르크스주의자 크리스 하먼(Chris Harman)의 말을 살펴보자. 하먼은 아래 구절에 이어서 인간의 육체가 비록 연약하지만 정신적 유연성, 사회성, 언어 등 때문에 번성할 수 있었다고 썼다.

> 다른 포유류들이 공격할 때 자신을 지킬 수 있다든지(날카로운 이빨과 발톱), 몸을 따뜻하게 할 수 있다든지(두터운 가죽), 도망칠 수 있다든지(긴 다리) 하는, 포유류들이 일반적으로 갖고 있는 고도로 특화된 육체 기관이 인류에게는 없었다.
> (《민중의 세계사》, 31쪽)

하지만 이런 믿음은 자연선택 이론과 정면으로 충돌하는 것 같다. 다른 동물들의 육체가 생존에 적합한 방향으로 진화할 때 인간의 육체만 생존에 불리한 방향으로 진화했다면 대단히 희한한 일이다.

물론 인간은 치타만큼 빠르지 않고, 코끼리만큼 힘이 세지 않고, 북극곰만큼 추위를 잘 견딜 수는 없고, 사자만큼 커다란 이빨이 없고, 독수리처럼 하늘을 날 수는 없고, 코브라처럼 독을 만들어낼 수는 없다. 하지만 이런 식으로 따지는 것은 대단히 임의적이다. 나무늘보도 치타만큼 빠르지 않고, 코끼리만큼 힘이 세지 않고, 북극곰만큼 추위를 잘 견딜 수는 없고, 사자만큼 커다란 이빨이 없고, 독수리처럼 하늘을 날 수는 없고, 코브라처럼 독을 만들어낼 수는 없다. 얼핏 보면 인간보다 훨씬 느린 나무늘보는 생존에 매우 불리한 방향으로 진화한 것처럼 보인다. 나무늘보는 인간보다 훨씬 더 강력한 정신이 있어서 엄청나게 느리다는 핸디캡을 극복하는 걸까?

각 종이 처한 생태 환경을 고려하지 않고 어떤 측면이 생존에 유리하거나 불리하다고 섣부르게 판단해서는 안 된다. 20만 년 전쯤에 지구의 다른 지역으로 "이주"하기 전까지 우리의 직계 조상은 적어도 수백만 년 동안 아프리카의 더운 지방에서 진화했다. 따라서 극지방의 추운 환경에 견디는 데 도움이 되는 두터운 지방층과 털가죽이 인간에게 없다고 해도 생존에 크게 불리할 것이 없었다. 나무늘보가 점점 느리게 행동하도록 진화한 이유는 그것이 생존에 도움이 되었기 때문이었을 것 같다.

인간의 육체와 정신은 모두 자연 선택의 산물이다. 따라서 전체적으로 보면 번식 경쟁에 유리한 방향으로 진화하기 마련이다. 물론 생존을 잘 해야 대체로 더 잘 번식할 수 있다. 인간은 침팬지에 비해 털이 매우 부실하다. 털이 부실하면 추위를 막는 면에서는 손해를 볼 것 같다. 하지만 강렬한 직사광선이 있는 사바나 초원에서는 털이 부실한 편이 나은지도 모른다. 침팬지는 그늘이 많은 밀림에서 진화해왔다. 어쩌면 부실한 털 덕분에 체외기생충의 피해를 줄일 수 있었으며 이것이 상당한 번식 이득으로 이어졌는지도 모른다. 그래서 인류 계열에서는 털이 "빠지는" 방향으로 진화했는지도 모른다. 침팬지가 살았던 밀림과 인류의 조상이 살았던 사바나의 환경 차이가 인간과 침팬지의 털이 매우 다르게 진화한 이유였을 것 같다. 어쩌면 수컷 공작의 화려한 꼬리처럼 인류의 "부실한 털"도 생존에는 방해가 되지만 짝짓기에는 도움이 되었기에 진화했는지도 모른다. 어쨌든 인류가 진화했던 환경을 고려하지 않고, "털이 없으면 추위에 약하다"라는 한 가지 측면만 살펴본 이후에 인간의 육체가 생존에 불리한 방향으로 진화했다고 속단해서는 안 된다.

인간의 육체가 생존에 불리한 방향으로 진화했다고 보는 사람들은 인간이 자연선택의 법칙을 초월했다고 보는 셈이다. 다윈의 진화론을 적어도 부분적으로 거부하는 것이다. 남녀의 차이가 몽땅 사라지는 방향으로 인류가 진화했다고 보는 페미니스트들도, 인간의 지능이나 성격을 인위선택을 통해 바꿀 수 없다고 보는 이들도 마찬가지다. 자신이 다원주의자라고 선언한다고 해서 진짜 다원주의자가 되는 것은 아니다. 진화생물학을 제대로 이해하고 온전히 받아들여야 진짜 진화론자다.

〈참고 문헌〉

『민중의 세계사(A people's story of the world)』, 크리스 하먼 지음, 천경록 옮김, 책갈피, 2004.

「Why did humans lose their fur?」, Jason Daley, 『Smithsonian Magazine』, 2018.

다. 영혼/육체 이분법

기독교에서는 인간이 신의 형상대로 창조되었다고 본다. 이 맥락에서 인간의 육체보다는 마음이, 마음 중에서도 영혼이 중요한 것 같다. 예컨대, 유일신에게는 생식기가 필요 없어 보인다. 남자 또는 여자의 생식기가 신의 형상대로 창조되었다고 보는 기독교인은 거의 없을 것 같다. 신에게 생식기나 여자 친구가 없다면 성욕도 필요 없을 것이다. 기독교의 인간관에 따르면, 인간에게는 영혼이 있으며 그 영혼에 도덕성과 이성이 담겨 있다. 영혼은 물리 법칙 따위에는 종속되지 않는다. 인간에게는 물리 법칙을 초월할 자유가 있는 것이다. 인간이 선한 신의 형상대로 창조되었기 때문에 기본적으로 선하다. 악한 마음을 품고 악한 행동을 한다면 악마의 꼬임에 넘어가서 자신의 본성을 저버렸기 때문이다. 또는 더러운 육체에서 생기는 육욕에 굴복했기 때문이다.

이것은 유물론과 진화론에 바탕을 둔 인간관과는 매우 다르다. 진화론에 따르면 인간과 다른 동물을 가르는 근본적인 선은 없다. 유물론에 따르면 인간의 뇌도 물리 법칙에 철저히 종속된다. 따라서 물리 법칙을 초월한다는 의미의 자유는 없다. 자연선택의 기준은 선함이 아니라 유전자 복제 또는 개체 번식(individual reproduction)이다. 이타성(altruism), 동정심, 양심, 죄책감, 도덕적 판단 등이 진화할 수도 있겠지만 유전자 복제에 도움이 되는 한도를 벗어나기 힘들다. 만약 욕심, 갑질, 착취, 기생, 위선, 경쟁심, 폭력, 강간, 살인, 자기기만 등이 유전자 복제에 도움이 된다면 그런 것들도 진화할 수 있다. 물론 그것도 유전자 복제에 도움이 되는 한도를 벗어나기 힘들다. 인간이 진화한 사회적 환경에서는 극도로 이타적으로 행동하는 것도 극도로 이기적으로 행동하는 것도 대체로 유전자 복제에 방해가 되었을 것 같다. 친족선택 이론에 따르면 친족에게 너무 이기적으로 행동하는 것도 내 유전자의 복제에 해롭지만 너무 이타적으로 행동하는 것도 내 유전자의 복제에 해롭다. 친구나 배우자에게 너무 이기적으로 행동하는 사람은 우정 시장이나 결혼 시장에서 인기가 떨어지기 때문에 손해를 본다. 반면 너무 이타적으로 행동하는 사람은 자기희생을 너무 많이 하기에 손해를 본다. 극소수가 사이코패스(psychopath, 정신병질자) 전략을 쓰도록 진화했다는 가설을 무턱대고 배제할 수는 없겠지만, 위에서 제시한 이유 때문에 인간은 대체로 적당하게 이타적으로 행동하도록 진화한 듯하다. 인간이 이기적이거나 부도덕한 행동을 할 때, 그것은 진화한 이기적 본성에서 비롯된 것일 수 있다. 인간이 이타적이거나 도덕적인 행동을 할 때, 그것은 진화한 이타적, 도덕적 본성에서 비롯된 것일 수 있다.

데카르트는 과학적 세계관과 기독교식 영혼론을 혼합한 이원론을 주창했다. 동물은 물리 법칙에 종속되어 있다. 이런 면에서 동물은 기계에 불과하다. 인간의 몸도 물리 법칙에 종속되어 있는 기계에 불과하다. 반면 인간의 영혼은 물리 법칙을 초월한다. 뇌 속에 있는 솔방울샘을 통해 영혼이 육체를 통제한다. 교황 바오로 2세가 1996년에 한 말은 데카르트의 이원론을 떠올리게 한다. 교황에 따르면, 설사 인간의 육체가 진화의 산물이라 하더라도 영혼은 신이 특별히 창조했다. 기독교인들도 이제는 과학에 많이 양보하는 추세지만 영혼만큼은 포기하기 힘든 모양이다.

> 교황 비오 12세는 본질적인 점을 강조했습니다: 인간 신체가 이전에 존재했던 생명체에서 생겨났다 하더라도 영혼은 신이 직접 창조하셨습니다.
>
> 그 근저에 깔린 철학 때문에 진화론은 영혼이 생명체의 힘에서 출현한다고 보거나 생명체의 부수적 현상에 불과하다고 봅니다. 이것은 인간에 대한 진리와 양립할 수 없습니다. 따라서 인간의 존엄성에 대한 기반을 제공할 수 없습니다.
> (「Message delivered to the Pontifical Academy of Sciences」)

진화심리학에 적대적인 사람들은 진화론이 인간의 마음에 적용될 때 특히 예민한 반응을 보인다. 진화론을 동물의 몸과 마음에 적용하거나 인간의 몸에 적용할 때는 상대적으로 무덤덤하게 받아들인다. 이런 태도는 동물/인간 이분법, 영혼/육체 이분법에 대한 집착을 드러낸다. 진화 원리가 다른 동물들에게 적용된다면 인간에게도 적용되어야 한다. 진화 원리가 인간의 몸에 적용된다면 인간의 뇌, 마음, 행동에도 적용되어야 한다. 근본적 물리 법칙이 인간의 뇌에서만 작동을 멈출 리 없다. 따라서 자연선택의 원리가 인간 뇌의 진화에도 그대로 적용될 수밖에 없다.

진화심리학이 인간의 마음과 행동 중에서 흔히 이기적이거나 악하다고 여겨지는 측면을 설명할 때 많은 이들의 분노가 폭발한다. 아내의 자궁을 독점하기 위해 남자가 질투를 하도록 진화했다는 가설, 남자가 때로는 여자를 강간함으로써 번식을 도모하도록 진화했다는 가설, 힘 있는 자가 갑질을 함으로써 이득을 취하도록 진화했다는 가설, 남자들이 전쟁을 통해 다른 부족의 여자를 차지하도록 진화했다는 가설, 남자가 여자보다 바람기가 많도록 진화했다는 가설, 부모가 친자식을 의붓자식보다 더 사랑하도록 진화했다는 가설 등이 그 사례들이다. 만약 인간의 영혼이 선한 신의 형상대로 창조되었다고 믿는다면 그런 진화 가설들을 받아들이기 힘들 것이다.

인간의 마음에 진화론을 적용하기를 꺼리는 사람들은 정신적인 측면에서 남녀가 다르게 진화했다는 가설이나 여러 인종이 서로 다르게 진화했다는 가설을 특히 싫어한다. 그런 가설을 제시하면 성차별주의자, 인종주의자라고 비난하기도 한다. 그들에게 "흑인이 선천적으로 백인보다 지능이 IQ가 낮다"와 같은 가설은 "신성모독"이다. 하지만 진화 원리가 남녀의 정신적 차이나 인종 간 정신적 차이에 적용되지 못할 만한 과학적 이유는 없다.

다만 인종이 분화한 것이 20만 년도 안 되기 때문에 뚜렷한 정신적 차이가 진화하지 않았을 가능성이 있다. 하지만 인종 간 신체적 차이는 온갖 측면에서 뚜렷하다. 각 인종들은 키도 상당히 다르고, 피부색도 상당히 다르고, 얼굴 생김새도 상당히 다르고, 유방의 크기도 상당히 다르고, 다리 굵기도 상당히 다르고, 다리 길이도 상당히 다르고, 머리카락이 곱슬거리는 정도도 상당히 다르고, 눈의 색깔도 상당히 다르고, 음경의 크기도 상당히 다르다. 이런 식으로 신체적 인종 차이가 진화할 동안 정신적 인종 차이가 상당한 수준으로 진화했다 하더라도 이상할 것이 하나도 없다. 정신적 인종 차이가 얼마나 진화했는지는 순전히 실증적으로 가려야 할 문제다. 인종 간 차이의 진화에 대한 가설들을 선험적으로(a priori) 거부해서는 안 된다.

정신에 영향을 끼치는 유전자도 육체에 영향을 끼치는 유전자와 마찬가지 방식으로 자연선택된다. 개체 번식 또는 유전자 복제에 도움이 되는 유전자가 선택되기 마련이다. 남녀가 다른 환경에서 진화했다면 남자의 지능이나 성격이 여자와는 상당히 다르게 진화할 수 있다. 흑인과 백인이 다른 환경에서 진화했다면 흑인의 지능이나 성격이 백인과는 상당히 다르게 진화할 수 있다. 과거 우리 조상들이 진화할 때 누군가가 나서서 인간의 정신에 영향을 끼치는 유전자에게 "진화 금지 명령"을 내렸다고 믿는다면 그것은 과학적 세계관이 아니다.

포유류 수컷들은 암컷들의 자궁을 되도록 독차지하려는 경향이 있다. 질투 기제가 이것을 가능하게 하는 것 같다. 수컷의 질투 기제가 퇴화하지 않는 이유는 암컷의 자궁을 되도록 많이 차지하려 했던 수컷이 더 잘 번식했기 때문일 것이다. 이런 면에서는 인간 남자도 다를 바 없다. 그런데 많은 이들이 남자의 질투 기제에 대한 진화 가설을 무턱대고 거부한다. 그들은 무슨 이유에서인가 인류가 진화하면서 남자의 질투 기제가 퇴화했다고 믿는 듯하다. 하지만 번식에 도움이 되었을 것이 뻔한 질투 기제가 왜 퇴화했단 말인가?

"질투 기제 퇴화 가설"은 우스꽝스러울 정도로 희한하다. 그 가설에 따르면, 오래 전 우리 조상 수컷에게는 선천적 질투 기제가 있었다. 그런데 수컷의 번식에 큰 도움이 되었을 그 질투 기제가 무슨 이유에서인지 퇴화했다. 그런데 무슨 이유에서인지 문화가 남자의 질투를 만들어냈다. 희한하게도 "문화가 만들어낸 질투"는 "퇴화하여 이제는 사라진 질투 기제"와 비슷하게 생겨먹었다. "질투 기제 퇴화 가설" 지지자들은 번식에 도움이 되었을 만한 질투 기제가 왜 퇴화했는지 해명해야 할 뿐 아니라, 왜 문화가 하필이면 그 질투 기제를 대체할 만한 형태로 질투를 만들어냈는지까지 해명해야 하는 이중고를 감당해야 할 것이다. 하지만 그들은 천하태평인 것처럼 보인다. 비결은 무엇인가? 그들은 자신의 믿음이 "질투 기제 퇴화 가설"과 "그 질투 기제를 대체하는 질투 심리를 문화가 만들어냈다는 가설"로 이어진다는 점을 아예 생각하지 못함으로써 문제를 해결(?)하는 듯하다.

친족 인지 기제, 친족애 기제, 근친상간 회피 기제의 경우도 마찬가지다. 온갖 종의 포유류는 자식, 부모, 형제와 같은 친족을 알아볼 수 있다. 그리고 근친에게는 매우 이타적으로 행동하고 섹스는 꺼린다. 이것은 진화 원리와 부합한다. 친족 선택 이론에 따르면 가까운 친족에게 이타적으로 행동하면 유전자 복제에 도움이 된다. 근친상간은 유해 열성 유전자(deleterious recessive gene) 문제 때문에 번식에 해를 끼친다. 이런 가설을 인간에게 적용하면 많은 이들이 싫어한다. 그들은 번식에 도움이 되었을 만한 이런 기제들이 우리 조상들의 진화 과정에서 퇴화했다고 믿는 셈이다. 그런데 하필이면 그 퇴화한 기제들과 비슷한 효과를 발휘하는 친족애 문화와 근친상간 회피 문화가 생겼다.

〈참고문헌〉

「Message delivered to the Pontifical Academy of Sciences: on evolution」, Pope John Paul II, 1996.

라. 통섭과 과학의 통일성

인문학, 인간과학, 행동과학, 사회과학은 인간의 마음, 행동, 사회, 문화, 역사를 해명하려 한다. 코스미디스 & 투비는 20세기 기존 학파들에는 여러 가지 문제가 있었다고 보았다. 많은 사회과학자들이 자연과학과 사회과학의 분리를 안타까워하기는커녕 오히려 자랑스러워했다. 이론적인 측면에서 볼 때, 사회과학자들은 자연과학 이론을 사회과학에 적용하기를 꺼렸다. 방법론적인 측면에서 볼 때, 자연과학자들이 엄밀한 개념, 일관성 있는 이론, 과학적 검증을 위해 진땀을 빼는 동안 많은 사회과학자들은 자기 눈에 그럴 듯해 보이는 이야기를 만들어내면 그것으로 만족했다. 특히 페미니스트들이 그렇다. 자신의 직관이나 상식에 비추어 볼 때 그럴듯해 보이기만 하면 그것이 곧 진리라도 되는 냥 단정적으로 떠들어댄다. 그들은 진화심리학과 같은 적을 비판할 때만 "엄밀한 검증의 필요성"에 대해 열변을 토한다. 작은 일반화에 만족하고 더 나아가기를 머뭇거리는 경우도 많았다. 서로 정면으로 충돌하는 이론들이 상당히 평화롭게 공존해왔다. 게다가 다양성이라는 대의를 내세우며 그런 공존을 찬양하는 이들도 꽤 있었다. 전체적으로 볼 때 자연과학이 눈부시게 발전하는 동안 사회과학의 발전은 더뎠다.

코스미디스 & 투비는 이런 사태를 개탄하면서 "과학의 통일성(unity of science)"을 외쳤다. 엄밀성과 실증에 신경을 별로 안 쓰는 일부 사회과학자들의 못된 태도를 뜯어고쳐야 한다고 주장했다. 작은 일반화에 만족하지 말고 거대 이론을 통한 설명에 도전해야 한다고 말했다. 상대성 이론과 양자역학은 20세기 물리학의 두 축이다. 물리학과 화학의 온갖 작은 이론들이 이 거대 이론으로 환원된다. 상대성 이론과 양자역학의 몇 개 안 되는 수식들에서 출발하여 그런 작은 이론들을 상당히 만족스럽게 도출할 수 있게 된 것이다.

신경과학, 정보 이론(또는 계산 이론), 진화생물학 등의 거대 이론 또는 패러다임이 인간과학에서 비슷한 역할을 수행할 수 있다. 진화심리학은 자연선택이 어떻게 정보 처리 기계(심리 기제)를 만들어내는지 밝히려 한다. 이런 면에서 정보 이론과 진화생물학의 결합이다. 엄밀성과 실증을 제대로 추구할수록 충돌하는 이론들이 장기간 공존하기 힘들 것이다. 뉴턴 물리학이 아인슈타인 물리학에게 완패했듯이 인간의 마음과 사회에 대한 열등한 이론이 우월한 이론에게 패배하는 일이 많을 것이다. 물리학과 화학은 신경과학의 토대다. 여기에 시비를 거는 21세기 학자는 사실상 없다. 코스미디스 & 투비는 진화생물학이 심리학의 핵심 토대들 중 하나가 될 수 있다고 역설했다. 그들은 인간과학에서 자연과학 이론들이 지금까지 했던 것보다 더 큰 역할을 할 수 있으며 해야 한다고 본다.

사회생물학 창시자로 통하는 개미학자 에드워드 윌슨(Edward Osborne Wilson)은 "consilience"라는 잘 안 쓰이는 단어를 끄집어냈고, 그의 제자인 개미학자/사회생물학자 최재천은 그것을 또 다른 낯선 단어인 "통섭(統攝)"으로 번역했다. 윌슨의 통섭은 코스미디스 & 투비의 과학의 통일성과 일맥상통하는 면이 있다. 진화심리학자들은 자연과학 이론들을 적극 활용하고, 엄밀성과 검증을 애지중지하는 자연과학자들의 태도를 본받고, 수학과 컴퓨터 시뮬레이션을 최대한 활용하고, 거대 이론의 적용을 두려워하지 않는다면, 사회과학이 훨씬 빠르게 발전할 수 있다고 본다. 수학, 물리학, 화학, 생물학의 이론적 그물이 인간의 마음과 사회까지 뻗쳐간다면 과학의 통일성이 더 온전한 모습을 갖출 것이다.

〈참고 문헌〉

『통섭: 지식의 대통합』, 에드워드 윌슨 지음, 최재천 & 장대익 옮김, 사이언스북스, 2005.

마. 진화심리학은 나쁜 환원론 또는 생물학 제국주의인가

윌슨이 통섭이라고 부르고 코스미디스 & 투비가 과학의 통일성이라고 부르는 것이 진화심리학 비판자들에게는 "나쁜 환원론(reductionism, 환원주의)"으로 보인다. 그냥 "환원론"이라고 부르는 이들도 있다. 악마는 원래 나쁘기 때문에 굳이 "나쁜 악마"라는 표현을 쓸 필요가 없듯이, 환원론 자체가 원래 나쁘다면 "환원론"과 "나쁜 환원론"은 동의어일 것이다. 많은 지식인들이 환원론 자체가 나쁘다고 생각하는 것 같다.

나는 환원론 자체가 나쁘다고 생각하지는 않는다. 그렇기 때문에 좋은 환원론과 나쁜 환원론을 구분해야 한다고 본다. 물리학이나 화학의 작은 이론이 상대성 이론이나 양자역학과 같은 거대 이론으로 환원되는 것은 좋은 환원론의 모범이다. 미래에 신경과학이 무지막지하게 발전하면 우리의 마음이 신경회로의 구조와 활성화 패턴으로 환원될 수 있을 것 같다. 물리 법칙과 화학 법칙으로 신경원의 작용을 설명할 수 있다. 신경원뿐 아니라 온갖 생명 현상을 물리 법칙과 화학 법칙으로 설명할 수 있는데 이것도 좋은 환원론의 사례다. 진화심리학이 나쁜 환원론이라고 생각하는 사람들은 무슨 불만을 품고 있는 걸까? 진화심리학 비판자들 사이에서 유전자 환원론은 유전자 결정론과 거의 동의어로 쓰일 때가 많다. "유전자가 인간의 마음, 행동, 사회를 (거의) 모두 결정한다"고 보는 견해가 유전자 결정론이라면 "인간의 마음, 행동, 사회를 (거의) 모두 유전자로 환원할 수 있다"고 보는 견해가 유전자 환원론이다. 하지만 2장의 〈허수아비 공격 1: 순수한 유전자 결정론과 순수한 환경 결정론〉에서 살펴보았듯이 유전자가 모든 것을 결정한다고 보는 진화심리학자는 없다. 따라서 유전자로 모두 환원된다고 보는 진화심리학자도 없는 셈이다. 진화심리학이 유전자 결정론 또는 유전자 환원론이라는 비판은 터무니없는 누명이다.

진화심리학이 인간의 마음과 행동을 자연선택으로 무리하게 환원한다고 주장하는 이들도 있다. 이것은 진화심리학이 범적응론의 오류를 범한다는 비판과 일맥상통한다. 진화심리학자들이 자연선택 이론을 애지중지하는 것은 사실이다. 하지만 (거의) 모든 것을 자연선택으로 환원하지는 않는다. 진화심리학이 들려주는 설명은 대충 이렇다. 과거 환경에서 일어난 자연선택으로 선천적 심리기제가 만들어진다. 심리기제에 입력되는 값에 따라 출력 값이 달라질 때가 많다. 그 출력 값에 따라 인간의 생각, 느낌, 욕망, 행동이 만들어진다. 심리기제의 구조만 해명해서는 인간의 마음과 행동을 온전히 이해할 수 없다. 심리기제에 입력되는 값도 알아야 한다. 따라서 인간의 심리가 심리기제로 몽땅 환원되지는 않는다.

심리기제의 진화에서 자연선택이 중대한 역할을 한다. 하지만 자연선택이 진화의 전부는 아니다. 돌연변이와 유전자 표류도 중대한 역할을 할 수 있다. 그런데도 진화심리학자들이 자연선택에 집중하는 이유는 돌연변이와 유전자 표류가 과거에 어떻게 일어났는지 해명하는 것이 불가능에 가깝기 때문이다. 자연선택으로 진화의 모든 것을 환원(설명)할 수 있기 때문에 자연선택에 대해서만 연구하는 것이 아니라, 심리 현상들 중에 돌연변이와 유전자 표류로 환원할 수 있는 부분의 연구가 불가능해 보이기 때문에 손을 놓고 있는 것이다. 진화심리학자들은 기능의 단위인 심리기제 또는 모듈에 초점을 맞춘다. 이것을 두고 전체를 부분으로 환원한다고 비판하는 이들이 있다. 부분만 보면 모든 것을 알 수 있다는 착각에 빠져 있다는 것이다. 심장 자체에 대해서 아무리 잘 이해해도 인간 전체를 완전히 이해한 것이 아니다. 이건 뻔한 얘기다. 하지만 진화심리학자들이 언제 심리기제 하나만 떼어 놓고 그것만 이해하면 만사형통이라고 떠들었나? 수많은 인간들의 뇌 속에 있는 수많은 심리기제들이 어떤 식으로 상호작용하는지도 이해해야 인간 심리를 전체적으로 이해할 수 있다는 것을 모를 정도로 진화심리학자들이 어리석은 것은 아니다.

부분만 보면 될 뿐 상호작용도 볼 필요 없고 전체도 볼 필요가 없다는 입장(부분론, 원자론)과 나무만 보지 말고 숲도 보아야 한다는 입장(전체론holism)이 대립하는 것이 아니다. 부분 즉 심리기제에 대한 명시적 가설을 정립하면서 전체를 이해하려는 입장과 전체론을 내세우면서 부분에 대해서는 얼버무리는 입장이 대립하는 것이다.

한의사들이 "서양의학"이라고 부르면서 깔보는 과학적 의학에서는 아세포(subcellular) 수준, 세포 수준, 기관 수준에서 인간을 구성하는 온갖 "부품"들을 파헤치려 한다. 물론 각 부품들이 서로 어떤 식으로 상호작용하는지도 살핀다. 이것을 두고 많은 한의사들이 원자론 또는 환원론이라고 비판한다. 서양의학의 원자론에 대한 한의학의 대안은 무엇인가? 몸의 균형이 깨졌다는 식으로 애매모호한 말을 하거나, 그 실체가 무엇인지 애매한 오장(간장, 심장, 비장, 폐장, 신장)에 대해 떠들거나, 음양과 오행에 대해 알쏭달쏭한 이야기를 들려준다.

심리기제에 대한 명시적 가설을 세우기를 게을리 하는 자칭 전체론자들은 이런 한의사들과 닮았다. 학습, 사회화, 문화와 같은 것들을 마법 주문처럼 외운다고 해서 인간의 마음, 행동, 사회가 저절로 해명되는 것은 아니다. 무엇이 진화의 산물이고 무엇이 학습의 산물인지 가려내고, 학습을 가능하게 하는 심리 기제의 구조가 도대체 어떻게 생겼는지 구체적으로 가설을 세우고, 그 심리 기제에 어떤 값들이 입력되어 어떤 정보 처리 과정을 거쳐서 어떤 값들을 출력하기에 학습이 가능한지 구체적으로 밝혀야 한다. 또한 그 모든 것들이 구체적으로 어떻게 상호작용하여 문화가 만들어지고 유지되고 변화하는지 밝혀야 한다.

전체론자들이 늘 말하듯이 전체는 부분들의 합보다 크다(the whole is greater than the sum of its parts). 왜냐하면 부분들의 상호작용들이 있기 때문이다. 하지만 부분들이 무엇인지 명시적으로 밝히지 않으면 그 부분들이 어떤 식으로 상호작용하는지 제대로 밝힐 수 없다. 기(氣), 에너지, 음양, 오행, 조화, 균형, 모순, 학습, 사회화, 문화에 대한 뜬구름 잡는 소리만 할 수 있을 뿐이다.

여기에서 나는 환원 개념을 느슨하고 애매하게 쓰는 진화심리학 비판자들에게 장단을 맞춰 주었다. 환원론 논쟁에 대한 엄밀하고 깊이 있는 논의가 필요 없다고 보았기 때문은 아니다. 난이도와 분량을 조절하기 위해서였을 뿐이다. 환원 개념에 대해 더 깊이 파고들고 싶다면 〈참고 문헌〉에 소개된 글을 읽어 보자. 특히 『Philosophy of science: the central issues(과학 철학: 중심 문제들)』는 환원과 관련된 부분인 〈Intertheoretic reduction(이론 간 환원)〉 말고도 책 전체를 읽어보라고 강력히 권고하고 싶다. 이 선집은 20세기 과학철학자들이 제시했던 여러 아이디어들을 그들의 목소리로 들려준다. 비전문가에게 너무 어려운 글은 제외했으며 편집자들의 해설을 담은 글도 괜찮아서 과학철학에 본격적으로 입문하려는 사람이 처음으로 읽기에 안성맞춤이라고 생각한다. 다만 조그만 글씨로 1500쪽에 육박하기 때문에 시작하기도 전에 질릴 수가 있다는 단점(?)이 있다. 진화심리학의 과학적 지위와 검증 가능성과 관련하여 논쟁이 여전히 치열하다. 그래서 진화심리학자들은 다른 학문 분야 또는 학파에 비해 과학철학을 깊이 배워야할 필요성을 더 절감하게 되는 것 같다. 통섭 또는 과학적 통일성을 두고 "생물학 제국주의(biological imperialism)"라고 비판하기도 한다. 사회과학을 생물학에 통합하려는 무모한 시도라는 것이다. 에드워드 윌슨이 『Sociobiology: the new synthesis(사회생물학: 새로운 종합)』에서 사회학을 생물학의 하위분과라고 쓴 것이 이런 비판을 유발하는 데 한 몫 한 것 같다. 이 문제를 살펴보기 위해서는 "생물학"의 의미부터 살펴볼 필요가 있다. 만약 "생물에 대한 학문"이라는 정의를 곧이곧대로 받아들인다면 사회학은 생물학에 포함된다. 사회학의 주된 연구 대상은 인간 사회인데 인간도 생물이기 때문이다. 하지만 이렇게 "원론적으로" 따진다면 생물학은 물리학의 하위 분과일 것이다. 왜냐하면 생물 현상도 결국 근본적 물리 법칙에 따라 일어나는 물리 현상이기 때문이다. 생물 현상도 물리 현상이며, 인간도 생물이라는 이런 뻔한 이야기가 무의미하지는 않지만 현대의 학문 분과에 대한 논의에서 이런 측면만 따지는 것은 무리가 있다.

생물 현상이 물리 현상이기 때문에 생물 현상의 아주 많은 것들을 물리 법칙으로 설명할 수 있다. 이것을 일종의 환원이라고 볼 수 있을 것이다. 하지만 모든 것을 환원할 수 있는지는 의문이다. 뉴턴 물리학으로 3체 문제(three-body problem)를 완전히 푸는 것이 불가능하다는 것이 증명(proof)되었다고 한다. 우주에 물체 3개만 있으며 뉴턴의 중력 법칙과 운동 법칙만 작동한다고 가정해 보자. 이렇게 단순한 우주에서 이 물체 3개의 운동을 완벽하게 기술하는 것은 불가능하다. 근사치(approximation)로만 알 수 있을 뿐이다. 물론 인간의 뇌는 입자 3개로만 구성된 것도 아니며 현대 물리학은 뉴턴 물리학보다 훨씬 골치 아프다. 3체 문제는 생물 현상 또는 인간 사회를 물리학으로 완전히 환원하는 것이 얼마나 어려운지를 상징적으로 보여준다.

진화심리학(또는 사회생물학)과 여러 인간과학, 사회과학, 행동과학, 인문학 사이의 관계는 무엇인가? 진환심리학이 인간뿐 아니라 다른 동물들도 연구하지만 여기에서는 인간에 초점을 맞추어 보자. 2장의 〈선천론과 후천론의 분업: 진화심리학은 선천성에 초점을 맞춘다〉에서 살펴보았듯이, 자연선택으로 진화한 심리기제를 밝히는 것이 진화심리학의 주된 과업이며, 문화심리학, 사회학, 문화인류학, 역사학, 경제학, 정치학에서는 수많은 인간들의 뇌 속에 있는 수많은 심리기제들이 어떤 식으로 상호작용하며 그것이 어떻게 사회 현상을 만들어내는지를 밝히려 한다. 이것은 일종의 분업 관계지 다른 분과들이 진화심리학에 흡수되거나 완전히 환원되는 관계가 아니다.

심리기제에 어떤 값이 입력되는지를 알아야 출력 값을 알 수 있다. 인간의 심리기제에 입력되는 값들은 무엇인가? 별빛이 시각 기제에 입력되는 것처럼 자연 환경에서 오는 것일 수도 있지만, 단어가 청각 기제에 입력되는 것처럼 사회 환경 또는 문화 환경에서 오는 것일 수도 있다. 심리기제 자체에 대해 아무리 정확하고 상세히 알고 있더라도 심리기제에 입력되는 정보를 모른다면 심리기제의 작용을 온전히 이해할 수 없다. 따라서 인간의 마음, 행동, 사회, 문화, 역사가 진화심리학으로 몽땅 환원될 수는 없다. 이것은 컴퓨터 프로그램의 경우에도 마찬가지다. 흔글이나 Microsoft Word 같은 워드 프로세서 프로그램에 무엇이 입력되느냐에 따라 다른 문서가 만들어진다. 소설가가 워드 프로세서를 쓰면 소설 문서가 생기고, 과학저술가가 쓰면 과학책 문서가 생기고, 유괴범이 쓰면 협박 문서가 생긴다.

이런 측면만 보면 기존 사회학자들이 생물학 제국주의를 운운하면서 진화심리학에 적대적일 이유가 없어 보인다. 이것은 생물학자나 화학자가 물리학에 적대적일 이유가 없는 것과 마찬가지다. 진화심리학자들은 사회학, 경제학, 정치학, 역사학, 문화인류학과 같은 분과를 집어삼키려고 하지 않는다. 진화심리학은 그런 사회과학 분과들을 "정복"하려는 것이 아니라 그런 분과들에 토대를 제공하려는 것이다.

사회과학을 하려면 인간 본성에 대한 가정들이 필요하다. 온전한 설명을 추구한다면, 어떤 설명이든 결국은 인간 본성의 수준과 부닥치기 마련이다. 선천적 질투 기제가 진화하지 않았으며 질투가 사회화의 산물이라 하더라도 그 사회화를 가능하게 하는 선천적 학습 기제를 가정해야 한다. 그런데 기존 사회학과학들은 이 부분을 얼버무리는 경향이 있었다. 진화심리학자들은 인간 본성에 대한 가정을 명시화해서 검증해야 한다고 이야기한다. 인간 본성에 대한 문제를 계속해서 애매한 상태로 남겨두려는 사회과학자가 있다면 그것을 명시화하라고 핀잔을 주는 진화심리학자가 귀찮은 존재일 것이다. 그런데 진화심리학은 여러 사회과학 학파들과 사사건건 충돌한다. 2장의 〈선천론과 후천론의 대립: 진화심리학은 다른 학파에 비해 더 많은 것이 선천적이라고 본다〉에서 살펴보았듯이 20세기를 풍미했으며 21세기에도 여전히 강력한 영향력을 발휘하는 온갖 사회과학 학파들은 진화심리학보다 상대적으로 백지론에 가깝다. 만약 진화심리학 가설들 대부분이 옳다는 것이 입증된다면 기존 학파들의 수많은 이론들이 무너질 것이다. 이런 면에서 볼 때 진화심리학이 생물학 제국주의라는 말에도 일리가 있다. 진화심리학이 승승장구한다고 해도 사회과학 분과들이 사라지지는 않는다. 하지만 기존 학파들의 수많은 이론들이 무너질 것이다. 이것이 기존 사회과학자들이 진화심리학의 "침략"을 진짜로 두려워해야 하는 이유다. 진화심리학자들이 "노리는" 것은 기존 분과들이 아니라 기존 이론들이다.

〈참고 문헌〉

『사회생물학 1, 2』, 에드워드 윌슨 지음, 이병훈 옮김, 민음사, 1992. [축약판을 번역함]

『The Darwinian cage: evolutionary psychology as moral science』, Richard Hamilton, 『Theory, Culture & Society』, 2008.
『Philosophy of science: the central issues』, J. A. Cover, Martin Curd &

Christopher Pincock 편집, W. W. Norton & Company, 2012(2판).

「Reductionism in biology」, Ingo Brigandt & Alan Love, 〈Stanford Encyclopedia of Philosophy〉.

「Scientific reduction」, Raphael van Riel & Robert Van Gulick, 〈Stanford Encyclopedia of Philosophy〉.

「Sociobiology: the new synthesis」, Edward O. Wilson, Belknap Press, 2000(twenty-fifth anniversary edition).

「Three-body problem」, 〈Wikipedia〉.

바. 진화심리학자들이 동물 연구를 인간에게 그대로 적용하나

전방욱은 진화심리학자들이 동물 연구의 결과를 "인간이나 인간사회에 그대로 적용"하는 것은 문제가 있다고 말한다. "그대로"라는 단어까지 동원했다.

> 어떤 사실을 연장해서 볼 때 그것을 외삽(外揷)이라고 말합니다. 외삽을 할 때는 무리가 없어야 하는데, 현재까지 사회성 곤충이라든가 영장류에서 이루어지는 연구결과의 일부를 인간이나 인간사회에 그대로 적용한다는 것은 여러 가지 점에서 반론의 여지가 있죠. 무리한 측면도 있고요.
> (『찰스 다윈, 한국의 학자를 만나다』, 167쪽)

상동(homology)이나 상사(analogy, 수렴 진화)가 존재할 수 있기 때문에 다른 종에 대한 연구가 인간 연구에 도움이 될 수 있다. 염소, 상어, 고래를 비교해 보자. 염소와 고래는 포유류고 상어는 어류다. 계통적으로는 염소와 고래가 가깝다. 계통적으로 가깝기 때문에 같거나 비슷한 것을 상동이라고 한다.

염소와 고래는 자식에게 젖을 먹이는데 이것이 상동의 사례다. 비슷한 환경에서 진화했기 때문에 같거나 비슷한 것을 상사라고 한다. 고래와 상어는 바다에서 진화했고 염소는 육지에서 진화했다. 이 때문에 체형은 고래와 상어가 상당히 비슷하다. 둘 모두 유선형인데 물속에서 헤엄치기에 유리한 형태다. 이것은 상사의 사례다.

현생 동물들 중에서 침팬지(일반침팬지common chimpanzee와 보노보침팬지 bonobo chimpanzee)가 인간과 계통적으로 가장 가깝다. 따라서 상동의 측면에서 인간과 다른 동물을 비교할 때는 우선 침팬지부터 살펴보아야 할 것이다. 하지만 상사의 측면에서는 다른 동물을 살펴보는 것이 더 큰 도움이 될 수 있다. 진화심리학계에서는 인간이 결혼을 하는 종으로 진화했다고 본다. 반면 침팬지는 결혼을 하지 않는다. 그들의 성생활은 난교에 가깝다. 갈매기는 결혼을 한다. 따라서 이런 면에서는 갈매기 연구가 침팬지 연구보다 인간의 심리를 이해하는 데 더 도움이 될 수 있다. 갈매기와 인간에 대한 상사 연구를 통해 인간 심리를 더 깊이 이해할 수 있는 것이다.

상동이든 상사든 두 종이 모든 면에서 완벽하게 똑같다는 이야기는 아니다. 이것은 뻔한 진리다. 따라서 다른 종에 대한 연구를 인간에게 무턱대고 "그대로 적용"하는 것은 바보 같은 연구 전략이다. 인간과 침팬지가 계통적으로 매우 가깝기에 비슷한 면이 아주 많지만 온갖 측면에서 차이가 있다. 인간은 수만, 수십 만 개의 어휘를 사용할 수 있으며 복잡한 문법을 통해서 생각을 매우 정교하게 표현할 수 있다. 침팬지에게 수화를 가르치는 것이 어느 정도 성공을 거두기는 했지만 인간의 언어에 비하면 매우 소박한 수준이다. 인간의 부성애는 대단한 수준이지만 침팬지의 경우 부성애라고 볼 수 있는 것을 찾기 힘들다. 진화심리학자들이 인간 심리를 다룰 때 다른 종에 대한 연구를 언급하는 경우가 많다. 하지만 다른 종의 특정한 형질이 인간과 같거나 비슷하다고 선험적으로 결론 내리고 출발하지는 않는다. 그런데도 전방욱은 진화심리학자들이 동물 연구를 인간에게 "그대로 적용"한다고 비판하고 있다. 도대체 어떤 진화심리학자가 그랬다는 건가? "암컷 사마귀가 섹스 파트너를 잡아먹도록 진화했으니까 인간 여자도 그렇게 진화했을 거야", "수사자가 무리를 차지한 이후에 기존 새끼들을 모두 죽이도록 진화했으니까 인간 남자도 재혼 후에 기존 아이들을 모두 죽이도록 진화했을 거야"라는 식으로 무작정 외삽을 한다고 진화심리학을 비판하는 것이라면, 정방욱은 지구에 사는 진화심리학자가 아니라 자기 머릿속에 사는 진화심리학자를 비판하는 것이다. 허수아비만 열심히 때리고 있는 것이다.

어떤 진화심리학자도 다른 동물에 대한 연구 결과를 들이대면서 "따라서 인간도 그렇게 진화했음에 틀림없다"고 우기지 않는다. 어떤 종에 대한 연구에서 힌트를 얻어 비슷한 형질이 인간에게도 있을 것이라고 추정할 수는 있을 것이다. 하지만 그런 추정도 결국은 객관적 검증을 거쳐야 과학계에서 인정받을 수 있다는 점은 누구나 알고 있다.

만약 다른 종의 연구에서 힌트를 얻어서 가설을 만드는 것을 두고 무리한 외삽이라고 시비를 거는 것이라면 "그대로 적용"한다고 비판해서는 안 될 것이다. 물론 다른 종의 연구에서 힌트를 얻는 것에 시비를 거는 것 자체가 문제다. 과학자가 가설에 대한 힌트를 다른 동물에 대한 연구에서 얻든, 인공 지능 연구에서 얻든, 신화나 종교 경전에서 얻든, 소설이나 시에서 얻든, 다섯 살짜리 꼬마의 말에서 얻든 문제될 것은 없다. 되도록 엄밀한 개념을 쓰고, 논리적 일관성에서 벗어나지 않도록 노력하고, 객관적 검증 절차를 거치기만 하면 된다. 가설의 성공 여부는 그 "출신"이 아니라 객관적 검증에 달려 있다.

〈참고문헌〉

『찰스 다윈, 한국의 학자를 만나다』, 최종덕 지음, 휴머니스트, 2010.

4장. 자연선택과 이기적 유전자

가. 자연선택 이론은 동어반복에 불과한가

과학철학자 칼 포퍼는 자연선택 이론 또는 진화 이론을 두고 검증 가능한 과학 이론이 아니라 메타자연학적(metaphysical, 형이상학적) 연구 기획(research program)이라는 말을 남겼다. 그는 자연선택 이론이 동어반복(tautology)에 불과하다고 말하기도 했다. 하지만 나중에 이 문제에 대한 생각을 바꾸었다. 여기에서 포퍼의 생각을 상세히 추적할 생각은 없다. 궁금한 사람은 〈참고 문헌〉에 소개된 「Popper's shifting appraisal of evolutionary theory(진화 이론에 대한 포퍼의 변화하는 평가)」를 읽어보면 될 것이다. 동어반복 개념에 대해 철학적으로 깊이 파고들지도 않겠다.

자연선택과 관련하여 동어반복이니 검증 불가능이니 하는 이야기가 나오는 이유가 있다. 어떤 면에서 보면, 자연선택 이론은 너무나 단순하면서도 뻔한 이야기에 불과해 보인다. "다윈의 불독"이라고 불린 토마스 헉슬리(Thomas Henry Huxley)는 "이런 것도 생각해 내지 못하다니 나는 얼마나 끔찍한 바보인가(how extremely stupid not to have thought of that)"라고 말했다고 한다.

자연선택의 핵심은 다음과 같다.

전제: 어떤 개체군(population)의 형질에 변이가 있다고 하자. 그리고 그 변이의 양상이 번식(또는 유전자 복제)에 영향을 끼친다고 하자. 즉, 어떤 형질이 다른 형질보다 번식에 더 도움이 된다고 하자. 그리고 그 변이가 적어도 부분적으로는 유전된다고 하자.

결론: 그러면 여러 세대를 거치면서 번식에 더 도움이 되는 형질이 퍼지기

마련이다. 그 형질을 갖춘 개체가 더 많아지기 마련이다. 또는 그 형질을 만들어내는 유전자가 퍼지기 마련이다.

동어반복이라는 비판을 받는 이유는 무엇인가? 전제에 등장하는 "어떤 형질이 다른 형질보다 번식에 더 도움이 된다"가 결론에 등장하는 "그 형질을 갖춘 개체가 더 많아지기 마련이다"가 결국 같은 말처럼 보이기 때문이다. 번식에 도움이 되는 것이 결국 더 잘 번식된다는 이야기니까 똑 같은 말이 반복되는 것처럼 보인다. 결국 아무 것도 설명하지 못하는 것처럼 보인다.

검증 또는 반증이 불가능하다는 평가를 받는 이유는 무엇인가? 동어반복이든 아니든, 위에서 제시한 자연선택 이론은 너무나 뻔한 이야기로 보인다. 전제가 성립하면 당연히 결론도 성립한다. 따라서 경험 또는 관찰을 통해 입증/반증되는 문제가 아닌 것처럼 보인다. 수학에서는 공리(axiom) 체계에서 출발하여 기본적인 추론 과정을 거쳐서 정리(theorem)를 증명해낸다. 그 과정이 너무 명확해 보여서 관찰을 통해 입증하거나 반증할 필요가 없어 보인다. 자연선택 이론에서도 전제에서 결론이 추론되는 과정이 너무 명확해 보여서 관찰을 통해 입증하거나 반증할 필요가 없어 보인다. 따라서 수학이 경험 과학이 아니듯이 자연선택 이론도 경험 과학이 아닌 것처럼 보인다. 수학이나 자연선택 이론에 가치가 없다는 뜻은 아니다. 경험 과학에 속하느냐 선험적 학문에 속하느냐에 대한 판단이다.

만약 다윈이 자연선택 이론을 정립하면서 위에서 제시한 "자연선택의 핵심"에 대한 말만 했다면 경험 과학이 아니라 선험적 학문에 속한다는 평가도 일리가 있다고 생각한다. 하지만 다윈은 더 많은 이야기를 했다. 다윈은 지구상에서 일어난 진화를 해명하고 싶어서 자연선택 이론을 제시한 것이다. 이것은 뉴턴과 아인슈타인이 이런 저런 수식들을 제시하면서 우주의 물리 현상을 해명하고자 했던 것과 마찬가지다. 만약 그들이 수식만 달랑 제시했다면 그것은 수학일 뿐이며 경험 과학이라기보다는 선험적 학문에 속한다. 하지만 그 수식을 물리학적으로 해석하는 순간 경험 과학이 된다.

다윈은 위에서 제시한 "자연선택의 핵심"이 지구상의 생물에 적용된다고 보았다. "어떤 개체군의 형질에 변이가 있다고 하자"라는 전제를 살펴보자. 만약 지구상에 있는 생물 종의 모든 개체들 사이에 변이가 전혀 없다면 자연선택 이론은 지구에 적용될 수 없을 것이다. 만약 모든 인간들이 모든 면에서 똑 같다면 자연선택 이론을 인간에게 적용될 수 없을 것이다. 다윈은 같은 종에 속하는 생물이라 하더라도 변이가 있다고 주장했다. 이것은 관찰을 통해서 입증/반증될 수 있는 명제다.

다윈은 지구상 생물들 사이에 존재하는 변이들이 적어도 부분적으로는 유전된다고 주장했다. 자식이 부모를 닮는 경향이 있다는 것이다. 변이가 있다 하더라도 자식이 부모를 닮는 경향이 전혀 없다면 자연선택 이론이 적용될 수 없다. 물론 부모가 자식을 닮는 경향이 있다는 명제도 경험적으로 검증될 수 있다.

다윈은 변이가 고갈되지 않는다고 보았다. 하지만 왜 고갈되지 않는지에 대해서는 정확히 밝혀내지 못했다. 게다가 다윈이 염두에 둔 유전 이론이 옳다면 변이가 고갈되기 쉽다. 다윈은 물감이 섞이는 것과 비슷한 방식으로 유전이 일어난다고 보았다. 흑인과 백인이 결혼을 해서 자식을 낳으면 중간 정도 피부색이 되는 것을 떠올리면 될 것이다. 이런 식으로 유전이 일어난다면 세대가 지나면서 변이가 고갈되기 쉽다.

이 문제는 DNA라는 유전 물질이 발견되면서 말끔히 해결되었다. DNA는 알파벳과 비슷해서 물감을 섞을 때처럼 "중간 색"이 되지는 않는다. 그렇기 때문에 변이가 쉽게 고갈되지 않는다. 게다가 복제 오류로 돌연변이가 계속 생긴다. 이것은 변이의 원천이다. 변이가 고갈되면 자연선택이 계속될 수 없다. 변이가 고갈되기 전까지만 자연선택이 일어나고 그 이후에는 자연선택이 일어날 수 없다. 왜냐하면 자연선택은 변이를 전제하기 때문이다. 변이의 고갈 문제도 관찰을 통해 검증될 수 있다.

뉴턴이 수식을 제시하면서 "이 수식이 우주에 존재하는 질량, 속도, 힘, 거리 등에 적용된다"라는 말까지 덧붙인다면, 수학이라는 선천적 학문의 영역에서 과학이라는 경험적 학문으로 "변신"하게 된다. 마찬가지로 다윈이 자연선택 이론을 제시하면서 "이 이론이 지구상의 생명에 적용된다"라는 말까지 덧붙인다면 경험적 학문이 되는 것이다. 즉 관찰을 통한 검증이 가능한 학문이 되는 것이다. 자연선택 이론에서 매우 중시되는 개체군 유전학에는 수학적 모형(mathematical model)들이 등장한다. 수학적 모형 자체만 보면 수학의 영역에 속할 뿐 경험 과학이 아닌 것 같다. 하지만 그 수식들을 지구상에서 진화하는 실제 생물들에 적용하는 순간 개체군 유전학은 경험 과학이 된다.

이제 동어반복 문제에 대해 살펴보자. 번식에 도움이 되는 것이 결국 더 잘 번식된다는 이야기만 보면 동어반복처럼 보인다. 하지만 진화학자들이 자연선택을 다루면서 달랑 여기까지만 이야기하는 것은 아니다. 어떤 형질이 번식에 도움이 되는지에 대해 구체적으로 다룬다.

성욕 강도의 남녀 차이가 자연선택으로 진화했다는 가설을 살펴보자. 여자에 비해 남자의 성욕이 선천적으로 더 강하다는 가설이다. 진화심리학계의 의견에 따르면, 그렇게 진화한 이유는 섹스가 여자보다 남자에게 더 큰 번식 이득을 주기 때문이다. 왜 섹스를 할 때 남자가 더 큰 이득을 얻는가? 여기에서 진화심리학자들은 로버트 트리버스(Robert Ludlow Trivers)의 부모 투자 이론을 끌어들인다. 인간은 포유류이며 여자가 임신을 한다. 남자가 한 달 동안 여자 10명과 섹스를 하면 최대 10명을 임신시킬 수 있다. 반면 여자가 한 달 동안 남자 10명과 섹스를 해도 자기 혼자 임신할 수 있을 뿐이다. 따라서 섹스를 통해 대체로 남자가 더 큰 번식 이득을 얻는다. 따라서 상대적으로 더 강렬한 성욕이 남자의 번식에 도움이 되는 것이다.

위에서 제시한 성욕에 대한 진화 가설 또는 자연선택 가설은 절대 동어반복이 아니다. 그리고 경험적 검증이 가능한 명제를 포함하고 있다. 예컨대 "여자가 임신을 한다"는 입증/반증이 가능한 명제다. 얼핏 보면 이것은 여자의 정의에 불과해 보인다. 임신을 하는 쪽이 여자니까 여자가 임신을 한다는 말은 뻔한 진리가 아닌가? 그렇지 않다. 통상적으로 생물학계에서 암수를 정의할 때는 어떤 생식 세포를 만들어내는지를 따진다. 난자를 만들어내면 암컷이고 정자를 만들어내면 수컷이다. 포유류에 속하는 인간은 난자를 만들어내는 여자가 임신을 한다고 알려져 있다. 이것은 너무 뻔한 얘기지만 엄연히 실증이 가능한 명제다. 해마의 경우에는 오히려 수컷이 "임신"을 한다. 진화생물학자들과 진화심리학자들은 "어떤 형질이 번식에 도움이 되는가?"에 대해 구체적으로 따진다. 이런 형질이 이런 이유 때문에 저런 형질보다 번식에 더 도움이 된다는 식으로 가설을 세운다. 그렇기 때문에 동어반복도 아니고 검증 불가능한 것도 아니다.

버스는 일반 진화 이론(general evolutionary theory)이 어떻게 반증될 수 있는지에 대해 이야기한다.

원리적으로는 일반 진화 이론을 반증할 수 있는 관찰들이 있다. 만약 과학자들이 자연선택의 작용이라고 보기에는 너무 짧은 기간(예컨대 7일)에 만들어진(created) 복잡한 생물 형태를 관찰한다면, 일반 진화 이론이 틀렸음이 증명된 셈이다. 만약 과학자들이 오로지 다른 종의 이익을 위해 기능하는 적응들을 발견한다면, 일반 진화 이론이 틀렸음이 증명된 셈이다. 만약 과학자들이 동성 경쟁자들의 이익을 위해 기능하는 적응들을 발견한다면, 일반 진화 이론이 틀렸음이 증명된 셈이다(Darwin, 1859; Mayr, 1982; Williams, 1966).
(『진화심리학』, 86~87쪽[영어판 42쪽])

복잡한 생명체가 7일 만에 만들어지는(created, 창조되는) 것이 관찰된다면 일반 진화 이론이 반증되는 것일까? 아니다. 우리보다 과학기술이 훨씬 발전한 외계인이, 또는 먼 미래에 우리 후손이 복잡한 생명체를 7일 만에 만들어낸다고 해서 일반 진화 이론이 반증되는 것은 아니다. 그렇게 창조된 생명체가 어떤 면에서는 순전히 다른 종을 위해 봉사한다 하더라도 일반 진화 이론이 무너지지는 않는다.

일반 진화 이론은 자연선택 이론을 포함한다. 지구의 진화학자들은 여기에 "지구상의 적응적 복잡성(adaptive complexity)은 자연선택의 산물이다"라는 명제를 덧붙인다. 일반 진화 이론을 지구상의 생물에 적용한 것이다. 설사 지구상의 모든 생물을 외계인이 창조했다 하더라도 일반 진화 이론이 무너지는 것은 아니다. "외계인이 자연선택에 의해 생겨났으며 그 외계인이 인간을 창조했다"라는 가설은 일반 진화 이론과 모순되지 않는다. 다만 이 가설을 뒷받침할만한 실증적 증거가 사실상 없을 뿐이다. 버스는 "우주에 지금까지 존재했던 모든 복잡한 생물과 앞으로 존재하게 될 모든 복잡한 생물은 자연선택의 직접적 산물이다"라는 명제를 일반 진화 이론에 포함시키려는 걸까? 물론 개념이야 정의하기 나름이지만 이런 식으로 "일반 진화 이론"을 정의한다면 적어도 내 눈에는 뭔가 이상해 보인다.

〈참고 문헌〉

『진화심리학: 마음과 행동을 탐구하는 새로운 과학』, 데이비드 버스, 이충호 옮김, 최재천 감수, 웅진지식하우스, 2012(4판).

『Evolutionary psychology: the new science of the mind』, David M. Buss, Pearson, 2012(4판).

「Popper's shifting appraisal of evolutionary theory」, Mehmet Elgin & Elliott Sober, 「HOPOS: The Journal of the International Society for the History of Philosophy of Science」, 2017.

나. 진화심리학자들은 왜 유전자 표류와 돌연변이에 주목하지 않나

스티븐 로즈(Steven Rose)는 진화심리학자들에게 진화에는 자연선택과 성선택(sexual selection) 말고도 다른 것들이 개입된다고 설교한다. 진화심리학자들이 자연선택과 적응에만 목을 매는 모습이 딱해 보인다는 투다.

자연선택은 진화적 변화의 유일한 양식이 아니다. 다윈은 다원론자였다. 벤턴(Benton)과 굴드(Gould)가 되풀이해서 지적했듯이, 그는 자연선택이 진화적 변화의 유일한 동력이 아니라고 말할 정도로 매우 세심했다. 그는 성신택 개념을 (앤 포스토-스털링Anne Fausto-Sterling이 언급한 온갖 문제들과 함께) 만들어냈는데, 이것은 진화심리학 이론가들이 자연선택 말고 자신의 신전에 포함시킬 준비가 되어 있는 유일한 과정이다. 다른 과정들이 작용함을 인정하기 위해 라마르크주의자가 될 필요는 없다. 중립 돌연변이, 창시자 효과(founder effect), 유전자 표류, 굴드의 전용(exaptation, 轉用, 굴절적응), 도버(Dover)의 채택적응(adoption) 등의 존재가 그림을 풍부하게 만든다.
(「Alas, poor Darwin」, 259쪽)

하지만 진화심리학자들은 그 정도는 이미 다 알고 있다. 데이비드 버스가 쓴 진화심리학 교과서를 보자.

> 첫째, 진화적 변화의 원인에는 자연선택과 성선택만 있는 것이 아니다.
> 예를 들어, 어떤 개체군의 유전적 구성에 생기는 무작위적 변화로 정의되는 유전자 표류라는 과정 때문에 일부 변화가 일어날 수 있다. 무작위적 변화는 돌연변이(유전 과정에서 DNA가 무작위로 변하는 것), 창시자 효과, 유전적 병목(genetic bottleneck)을 포함해 여러 과정을 통해 일어난다.
> (『진화심리학』, 36쪽[영어판 8쪽])

그런데도 불구하고 진화심리학자들이 구체적 가설을 세울 때는 (거의) 항상 자연선택에 대해서만 이야기한다. 이런 심리기제가 과거의 저런 환경 때문에 자연선택에 의해 진화했다는 식이다. 왜 진화심리학 가설에 돌연변이나 유전자 표류가 등장하지 않을까? 진화에서 돌연변이와 유전자 표류도 중요한 역할을 한다고 이야기하면서 실제로 가설을 만들 때는 그것을 무시한다면 언행불일치 아닌가?

자연선택은 진화의 필연적 측면이고 돌연변이와 유전자 표류는 우연적 측면이다. 여기에서 "필연/우연"의 의미를 엄밀하게 따질 생각은 없다. 돌연변이나 유전자 표류가 우연적으로 일어난다는 말을 우주의 근본적 물리 법칙을 초월한 우연이라는 뜻으로 쓴 것도 아니고 양자역학적 우연이라는 뜻으로 쓴 것도 아니다. 진화생물학의 분석 수준에서는 종잡기 힘들다는 뜻일 뿐이다. 여기에서 "필연"은 신은 주사위 놀이를 하지 않는다는 말을 남긴 아인슈타인이 염두에 둔 절대적 결정론이라는 뜻으로 쓴 것이 아니다.

우연은 서로 상쇄되는 경향이 있기 때문에 큰 힘을 발휘하지 못할 때가 많다. 여론조사를 생각해 보면 이해하기 쉽다. 표본을 뽑을 때 우연적 요인 때문에 실제 비율에 비해 여당 지지자들이 야당 지지자들보다 더 많이 뽑힐 수 있다. 특히 표본의 수가 작으면 그런 식으로 생기는 오차가 상당히 클 수 있다. 하지만 표본의 수가 어느 정도 이상 크면 여론조사가 전체 국민의 의견을 상당히 정확히 반영할 가능성이 매우 높다. 물론 여기에는 무작위 표본 추출, 100% 응답률, 정직한 답변 등이 가정되어 있다. 여기까지만 생각하면 우연적 요인을 무시해도 될 것 같다. 왜냐하면 대체로 자연선택은 아주 아주 아주 많은 개체들 사이에서 일어나기 때문이다.

하지만 문제가 그리 단순하지는 않다. 우연이 서로 상쇄되는 경향이 있긴 하지만 우연의 효과가 모종의 방식으로 "축적"되어 엄청난 힘을 발휘할 가능성도 무시할 수 없기 때문이다. 이것을 극적으로 보여주는 것이 나비 효과다. 북경에 있는 나비의 날갯짓 하나가 미국에서 나타나는 허리케인의 양상을 바꿀 수도 있다. 기상 현상에서 나비 효과가 일어날 수 있다면 진화에서 일어나지 말라는 법은 없다. 당시에는 대수롭지 않아 보였던 돌연변이나 유전자 표류가 먼 미래의 진화 양상을 엄청나게 바꿀 수도 있을 것이다. 조지 윌리엄스(George Christopher Williams)가 어딘가에서 진화와 관련하여 나비 효과를 언급한 것을 읽은 기억이 있긴 한데 찾아내지는 못했다.

진화심리학자들이 돌연변이나 유전자 표류를 끌어들인 가설을 세우지 않는 이유는 무엇인가? 이것은 기상학자들이 전 세계 나비들의 날갯짓을 관찰하지 않는 것과 같은 이치다. 북경에 있는 나비의 날갯짓 하나가 미국에서 나타나는 허리케인의 양상을 바꾸었다고 하자. 하지만 기상학자가 그 인과사슬을 파헤치는 것은 사실상 불가능하다. 이것은 신의 영역이다. 돌연변이나 유전자 표류가 나비 효과로 이어져서 진화의 양상을 엄청나게 바꿀 수도 있을 것이다. 하지만 진화학자가 그 인과사슬을 파헤치는 기상학자가 나비의 날갯짓에서 출발하여 허리케인까지 추적하는 것만큼이나 어려워 보인다. 그렇기 때문에 그런 방향의 연구를 포기하는 것이다. 반면 자연선택의 경우 상당히 정확한 분석이 가능할 때가 많다.

진화심리학계에서 돌연변이나 유전자 표류를 끌어들인 가설을 세우지 않는다고 시비를 거는 사람들에게는 이렇게 응수하고 싶다. 자신 있으면 당신이

한 번 해 보라고. 자연선택을 끌어들인 진화심리학 연구에 대해서도 "과거 환경에 대해서는 정확히 알 수 없다"면서 검증이 불가능하다느니, 그럴 듯한 이야기 만들기에 불과하다느니 떠드는 사람들이 훨씬 더 알기 어려운 것들을 끌어들여서 연구하라고 다그친다면 뭔가 대단히 이상하다.

〈참고 문헌〉

『진화심리학: 마음과 행동을 탐구하는 새로운 과학』, 데이비드 버스, 이충호 옮김, 최재천 감수, 웅진지식하우스, 2012(4판).

『Escaping evolutionary psychology』, Steven Rose, 『Alas, poor Darwin: arguments against evolutionary psychology』, Hilary Rose & Steven Rose 편집, Vintage, 2001.

『Evolutionary psychology: the new science of the mind』, David M. Buss, Pearson, 2012(4판).

다. 이해관계와 설계의 의미

리처드 도킨스의 『이기적 유전자』를 무찌르는 쉬운 길이 있다. 이기적이기 위해서는, 이익을 추구하기 위해서는, 이해관계에 따라 행동하기 위해서는 욕망 또는 욕심이 있어야 한다. 하지만 유전자는 욕망하는 주체가 아니다. 따라서 "이기적 유전자", "유전자의 입장에서 본 이득/손해", "유전자의 이해관계"와 같은 표현은 말도 안 된다. 이렇게 어리석은 말을 하는 도킨스는 바보다.
하지만 도킨스나 그의 용법을 따르는 진화학자들이 욕심 사나운 "DNA 요정"의 존재를 믿을 만큼 미신적이지는 않다. 이것은 현대 물리학자들이 원자가 더 이상 쪼개지지 않는다고 믿을 만큼 무식하지는 않은 것과 마찬가지다.

〈자연선택의 의한 설계〉 또는 〈자연선택에 의한 "설계"〉라는 표현을 쓰는 진화생물학자들이 많다. 진화생물학자들은 "자연선택 요정"이 있어서 생물의 기관을 설계한다고 믿지 않는다. 그럼에도 불구하고 "설계"라는 단어를 쓰는 이유는 무엇인가? "설계"에 따옴표를 붙여서 쓰는 사람과 그렇지 않은 사람을 나누어서 살펴볼 필요가 있다.

따옴표파는 자연선택을 의인화한다. 인간이 시계를 설계하듯이 자연선택이 눈을 설계했다는 식이다. 의인화했기 때문에 따옴표를 붙인다. 코스미디스 & 투비는 따옴표를 쓰지 않는데 설계 개념을 통상적인 의미와는 다르게 정의한다. 통상적으로 "설계"는 지적인 존재가 특정한 목적을 염두에 두고 그에 맞게 어떤 것의 구조를 생각해내는 것을 뜻한다. 반면 코스미디스 & 투비는 설계 개념에서 "지적인 존재"와 "생각"을 제거했다. 어떤 목적(또는 기능)에 부합하는 구조가 만들어지는 과정을 설계라고 본다. 설계는 지적인 존재가 할 수도 있고 자연선택처럼 "자동적으로" 일어날 수도 있다. 이런 식으로 개념을 새로 정의하면 자연선택을 의인화한 것이 아니기 때문에 "설계"를 따옴표로 묶을 필요가 없다.

"이해관계"도 마찬가지로 새로 정의할 수 있다. 통상적으로 "설계" 개념에서 "생각할 수 있는 주체"를 전제하듯이 "이해관계" 개념에서는 "욕망하는 주체"를 전제한다. "생각"을 제거하고 설계 개념을 재정의할 수 있듯이 "욕망"을 제거하고 이해관계 개념을 재정의할 수 있다. 유전자가 더 잘 복제되는 방향을 두고 "유전자의 이해관계"라고 말할 수 있다. 자본주의 경제에 대해 논할 때 돈을 얻으면 이해관계에 부합하고 돈을 잃으면 이해관계에 부합하지 않는다고 표현할 수 있듯이, 자연선택에 대해 논할 때 유전자가 더 잘 복제되면 이해관계에 부합하고 잘 복제되지 않으면 이해관계에 부합하지 않는다고 표현할 수 있는 것이다. 그리고 이해관계에 부합하는 방향으로 행동하는 것을 이기적이라고 말할 수 있을 것이다. 만약 이해관계를 이런 식으로 재정의한다면 유전자의 이해관계나 유전자의 이기성에 대해서도 말할 수 있다. 이 책에서 나는 통상적이 의미와는 다르게 재정의된 "이해관계", "설계" 개념을 썼다. 그렇기 때문에 따옴표로 묶지 않았다.

왜 유전자의 이해관계에 대해 말할 때 복제가 많이 되는 쪽이 이득이고 그 반대가 손해라고 보는가? 왜 그 반대로 정의하지 않는가? 그 이유는 그것이 진화의 방향이기 때문이다. 어떤 유전자자리(locus, 유전자좌)에 유전자 B만 있었다고 하자. 그런데 돌연변이로 R이 새로 생겼다고 하자. B는 피부색을 파란색으로 만들고 R은 빨간색으로 만든다. 그런데 R이 점점 많아져서 결국에는 B가 모두 사라졌다고 하자. 그 종이 사는 환경에서는 빨간색 피부가 파란색 피부보다 생존에 유리했기 때문이다. 그러면 그 종은 피부색이 파란색에서 빨간색으로 진화한 것이다. 유전자 수준에서 보면 R이 B보다 더 잘 복제된 것이다. 유전자가 잘 복제되는 방향이 곧 진화의 방향인 것이다.

이로써 "이기적 유전자"라는 표현의 의문점이 깔끔히 해결되었다고 생각하면 안 된다. 골치 아픈 문제가 또 있지만 여기에서 다루지 않았을 뿐이다. "이해관계"나 "이기적 유전자"와 같은 표현은 일반인이 무언가를 이해했다는 착각을 불러일으키기 쉽다. 수리 진화생물학(mathematical evolutionary biology) 전문가는 그런 표현이 담긴 구절을 보면 그에 대응하는 "개체군 유전학의 모형이나 수식"을 떠올릴 수 있다. 반면 비전문가는 엉성하게 이해하거나 오해하기 십상이다. 그런 표현을 볼 때 개체군 유전학의 모형이나 수식을 떠올릴 수 없다면 자신이 오해하고 있을 가능성이 있다는 불안감을 품어야 한다.

⟨참고 문헌⟩

『이기적 유전자(The selfish gene)』, 리처드 도킨스 지음, 홍영남 & 이상임 옮김, 을유문화사, 2018(40주년 기념판).

라. 왜 이기적 유전자론인가: 유전자 수준 자연선택의 중요성

자연선택을 여러 수준에서 파악할 수 있다. 유전자 수준의 자연선택도 있고, 개체 수준의 자연선택도 있고, 집단 수준의 자연선택도 있다. 그런데 진화심리학자들, 특히 산타바바라 학파는 유전자 수준의 자연선택에 초점을 맞출 때가 많다. "이기적 유전자"라는 "섹시한" 명칭이 가리키는 것을 파고들어가 보면 결국 "유전자 수준의 자연선택"이 나온다. 그리고 이것을 수학적 모형이나 컴퓨터 시뮬레이션으로 파헤치는 것을 개체군 유전학이라고 한다.

유전자 수준의 자연선택이 자연선택의 전부인가? "진화"를 "유전자자리에서 일어나는 대립유전자(allele)의 비율 변화"로 진화를 정의한다면 유전자 수준의 자연선택이 자연선택의 전부가 될 것이다. 하지만 진화를 반드시 그런 식으로 좁게 정의해야 할 근본적 이유는 없다. 유전자의 숫자가 변하는 것도 진화다. 즉 유전자자리 자체가 생기고 없어지는 것도 진화다. 또한 유전자 수준의 진화만 있다고 보는 것도 문제다. DST(developmental systems theory, 발달 체계 이론) 지지자들이 이 점을 줄기차게 이야기해왔다. 나는 맞는 말이라고 본다. 유전자 수준의 진화에 대한 연구가 진화학의 전부가 되어서는 안 된다. 유전자와는 독립적으로 일어나는 자연선택을 충분히 상상해 볼 수 있다. 다음의 가공적 사례는 『Cycles of contingency(우발성의 순환)』에 나오는 것을 약간 수정한 것이다. DST 지지자들이 유전자 수준의 진화가 진화의 전부가 아님을 역설한 책이다. 어떤 포유동물의 장 안에 세균 A 또는 B가 산다고 하자. 어렸을 때 어머니의 똥을 먹는 습성이 있어서 자식이 어머니로부터 그 세균을 물려받는다. 이 세균들이 그 동물의 소화에 기여한다. 그 동물 중 절반 정도에는 A만 살고, 나머지 절반 정도에는 B만 산다. 그런데 A가 B보다 소화를 훨씬 더 잘 도와준다. A를 품고 있는 개체는 B를 품고 있는 개체에 비해 소화를 더 효율적으로 시키기 때문에 더 잘 생존할 것이다. 따라서 세월이 흐르면서 A를 품은 개체들의 비율이 점점 늘어날 것이다. 나는 이 과정을 자연선택으로 불러도 이상할 것이 없다고 본다. 그런데 이런 자연선택 과정은 유전자(DNA) 수준과는 독립적으로 일어날 수 있다.

나는 유전자 수준의 진화가 진화의 전부라고 보아서는 안 된다고 본다. 하지만 유전자 수준의 자연선택에 초점을 맞추어 연구하려는 이기적 유전자론에도 공감한다. 유전자 수준의 자연선택에 초점을 맞추어야 할 이유가 있기 때문이다. 개체군 유전학은 진화 연구에 엄청난 도움이 된다. 수학적 모형이나 컴퓨터 시뮬레이션을 통해 엄밀하게 연구할 수 있다는 장점이 있다. 자연선택의 양상을 정량적으로 이해할 수 있는 것이다. 직관적으로 따질 때보다 훨씬 더 깊이 있고 정확하게 이해할 수 있다. 정량적 모형은 직관의 한계를 뛰어넘는 데 도움이 된다.

아모츠 자하비(Amotz Zahavi)가 핸디캡 원리를 처음 제시한 논문 「Mate selection(짝 선택)」에서는 관련된 문제를 직관적으로 다루었다. 애매하거나 헷갈리기 짝이 없다. 당시에 많은 진화생물학자들이 핸디캡 원리를 높이 평가하지 않은 데는 이런 이유도 있었던 것 같다. 앨런 그레이픈(Alan Grafen)과 여러 수리 진화생물학자들이 개체군 유전학 모형들을 제시하면서 훨씬 덜 애매하고 덜 헷갈리게 되었다. 그러면서 핸디캡 원리가 진화생물학계에서 인정받게 되었다고 한다. 수학과 개체군 유전학을 충분히 익히지 못한 사람에게는 그레이픈의 논문이 외계어로 보이겠지만, 전문가라면 그런 수학적 모형이 직관의 한계를 극복하는 데 큰 도움이 된다는 점에 동의할 것이다.

포괄 적합도(inclusive fitness) 이론 또는 친족선택 이론의 근저에도 개체군 유전학의 수학적 모형이 놓여 있다. 친족선택은 특히 진화심리학계에서 매우 중요시하는데 유전자 수준의 자연선택을 고려하지 않고는 그것을 이해하는 것이 불가능해 보인다. 개체 수준에서 포괄 적합도(inclusive fitness) 개념으로 분석하면 된다고 주장할 사람이 있을지 모르겠다. 하지만 포괄 적합도 개념 자체가 유전자 수준의 분석 덕분에 탄생할 수 있었다. 따라서 포괄 적합도 개념을 쓰는 순간 유전자 수준의 분석에 의존하는 것이다.

컴퓨터가 발전하면서 수학적 모형 대신 컴퓨터 시뮬레이션을 써서 유전자 수준의 자연선택을 연구하기도 한다. 특히 수학적 모형을 적용하기에는 너무 복잡할 때 시뮬레이션을 쓴다. 수학적 모형과 컴퓨터 시뮬레이션에는 장단점이 있다. 수학적 모형의 수식은 그 의미를 인간이 이해할 수 있다. 수식을 이해할 수 있는 진화학자라면 왜 그런 방향으로 자연선택이 일어나는지 이해할 수 있는 것이다. 반면 시뮬레이션의 경우에는 왜 그런 결과가 나오는지 인간이 이해하기 힘들거나 불가능할 때가 많다. "왜 그런지는 잘 모르겠지만 시뮬레이션을 돌려보니 이런 결과가 나온다"라고 말할 수밖에 없을 때가 많은 것이다. 하지만 수학적 모형을 만드는 것이 너무 어렵다면 적어도 당장은 시뮬레이션으로 만족할 수밖에 없다. 매개변수(parameter)를 충분히 폭넓게 설정했는데도 특정한 패턴이 일관되게 나온다면 상당히 신뢰할 수 있을 것이다.

이기적 유전적 요소(selfish genetic element) 또는 유전체내 갈등(intragenomic conflict)은 또 다른 면에서 유전자 수준의 자연선택이 중요함을 보여준다. 이기적 유전적 요소 때문에 개체의 번식(포괄 적합도까지 고려하더라도)에 해로운 방향으로 자연선택이 일어나기도 한다. 진화심리학계를 이끌어왔던 코스미디스 & 투비도 『Cytoplasmic inheritance and intragenomic conflict (세포질 유전과 유전체내 갈등)』라는 논문을 발표하여 이기적 유전자 요소에 대한 연구에 기여했다. 이기적 유전적 요소에 대해 제대로 공부하려면 어렵고 두꺼운 『Genes in conflict(갈등하는 유전자들)』를 읽어야 할 것이다. 나는 이기적 유전적 요소를 끌어들인 진화심리학 가설을 본 기억이 없다. 하지만 『Genes in conflict』를 읽으면 유전자 수준의 자연선택을 깊이 이해하는 데 큰 도움이 된다고 생각한다. 진화심리학을 공부하면서 헤매지 않으려면 이기적 유전자론 또는 유전자 수준의 자연선택에 대해 충분히 이해해야 한다. 이것을 이해하지 못하면 친족선택 이론이나 부모 투자 이론 같은 중간수준 이론들에 대해 온갖 방식으로 오해하기 쉽다. 그러면 엉터리 진화 가설에 매혹되는 일이 많을 것이다.

이기적 유전적 요소의 가상 사례를 들어보겠다. 암수의 비율이 대략 50:50 정도 되도록 진화하는 경향이 있으며 여기에는 그럴 만한 이유가 있다. 그런데 어떤 포유류 개체군에서 무슨 이유에선가 암컷이 훨씬 많다고 하자. 다른 조건들이 같다면, 개체 번식 또는 포괄 적합도의 측면에서 볼 때, 이런 상황에서는 수컷을 많이 낳는 것이 좋은 전략이다. 왜냐하면 평균적으로 볼 때 수컷 한 마리가 암컷 한 마리보다 자식을 더 많이 남기기 때문이다. 이런 이유 때문에 세포핵에 있는 유전자의 입장에서는 수컷을 많이 낳는 것이 좋은 전략이다. 하지만 미토콘드리아에 있는 유전자의 입장에서는 암컷을 많이 낳는 것이 좋은 전략이다. 왜냐하면 수컷이 만드는 정자에는 미토콘드리아가 들어가지 않기 때문이다. 따라서 세포핵에 있는 유전자와 미토콘드리아에 있는 유전자의 이해관계가 충돌한다. 모종의 이유 때문에 미토콘드리아의 유전자의 "뜻대로" 자연선택이 일어날 수도 있을 것이다. 적어도 이론적으로는 가능하다. 이기적 유전적 요소의 실제 사례들에 대해서는 『Genes in conflict』를 참조하라.

진화심리학은 유전자 환원론이라는 비판을 많이 받는다. 한편으로는, 인간의 발달에는 환경도 중요한데 모든 것을 유전자가 결정한다고 보는 유전자 결정론이라는 비판을 받는다. 다른 한편으로는, 유전자 수준의 자연선택이 자연선택의 전부가 아닌데도 전부라고 착각한다는 비판을 받는다. 둘 다 잘못된 비판이다. 환경은 아무 역할도 못하고 유전자가 몽땅 결정한다고 주장하는 진화심리학자는 없다. 산타바바라 학파 진화심리학자들이 유전자 수준의 자연선택에 집중하는 것은 사실이다. 하지만 그것이 진화의 전부라고 보기 때문이 아니다. 개체군 유전학이 진화심리학 연구에 큰 도움이 되기 때문이다. 아직 진화심리학자들이 응용할 만큼 획기적인 진전이 비유전자 유전(non-genetic inheritance) 연구에서 일어나지 않은 것 같다. 친족선택 이론에 버금가는 대단한 성과가 비유전자 유전과 관련하여 발표된다면 진화심리학자들은 그것을 응용하지 않을 이유는 없다.

"유전자가 유전의 전부는 아니다"라는 DST 지지자들의 주장은 이기적 유전자론과 모순되지 않는다. 진화심리학자가 이기적 유전자론을 적용하면서 연구할 때는 "유전자가 표현형에 중대한 영향을 끼친다"라는 전제만 있으면 그만이다. 그리고 유전자가 표현형에 중대한 영향을 끼친다는 점을 부정할 21세기 생물학자는 없다.

⟨참고문헌⟩

「Biological signals as handicaps」, Alan Grafen, 「Journal of theoretical Biology」, 1990.

「Cycles of contingency: developmental systems and evolution」, Susan Oyama, Paul E. Griffiths & Russell D. Gray 편집, Bradford Books, 2001.

「Cytoplasmic inheritance and intragenomic conflict」, Leda Cosmides & John Tooby, 「Journal of Theoretical Biology」, 1981.

「Genes in conflict: the biology of selfish genetic elements」, Austin Burt & Robert Trivers, Belknap Press, 2006.

「Mate selection: a selection for a handicap」, Amotz Zahavi, 「Journal of Theoretical Biology」, 1975.

「Transgenerational epigenetic inheritance」, ⟨Wikipedia⟩.

마. 홍적세와 사냥채집 사회의 중요성

홍적세(Pleistocene)는 약 1,808,000년 전부터 약 11,550년 전까지의 기간을 일컫는다. 현재를 홍적세에 포함시키기도 하지만 진화심리학자가 홍적세라는 용어를 쓸 때는 최근 만 년 정도는 제외한다. 11,550년 전부터 현재까지의 기간은 따로 현세(Holocene, 충적세, 홀로세)라고 부른다. 진화심리학에서는 11,550년이라는 정확한 숫자는 큰 의미가 없다. 홍적세와 현세의 정확한 경계가 중요한 것이 아니라, 대략 1만 년 전쯤에 농경과 목축이 시작되었으며 인간 사회가 그 때문에 급속하게 변했다는 점이 중요하다. 그 전에는 인류가 사냥채집 사회에서 살면서 진화했다.

진화심리학자들이 현대인을 "홍적세에 진화하여 현대 환경에서 살아가는 사람"으로 묘사할 때가 많다. 이 말은 그리 정확하지 않으며 여러 오해로 이어졌다. 하지만 이 말에도 일말의 진실이 담겨 있다. 1만 년은 역사학자의 관점에서 보면 대단히 긴 기간이다. 지난 1만 년 동안 인간의 사회, 역사, 제도, 풍습, 문화, 문명, 기술, 학문, 예술은 온갖 형태를 띠며 변화했으며 발전했다. 지난 1백 년 동안 일어난 인류의 변화만 해도 엄청나다. 하지만 인간을 연구하는 진화학자의 입장에서는 1만 년도 그리 긴 기간이 아니다. 진화에서 중요한 것은 절대적인 시간이 아니라 세대 수다. 1만 년은 바이러스 같이 세대가 매우 짧은 종에게는 매우 긴 기간이지만 인간처럼 느리게 번식하는 종에게는 그리 긴 기간이 아니다. 한 세대를 25년이라고 계산하면 불과 400 세대밖에 안 된다. 데이비드 불러(David J. Buller)는 홍적세가 아니라 현대의 적응적 문제(adaptive problem)에서 출발해서 마음을 연구해야 한다고 주장한다. 불러의 용법에서, 소문자로 쓴 "evolutionary psychology"는 넓은 의미의 진화심리학 즉 진화생물학을 적용한 심리학을, 대문자로 쓴 "Evolutionary Psychology"는 좁은 의미의 진화심리학 즉 산타바바라 학파를 가리킨다.

따라서 홍적세가 끝난 이후에 적응적인 심리적 진화가 일부 일어나서 현대인이 홍적세 조상과 심리적으로 다르게 되었을 가능성이 압도적으로 크다. 현대인이 진화적으로 유래 없는 도시 서식지에서 생존하고 번식하기 위해 애쓰는, 프레드 플린스톤(Fred Flintstone)과 윌마 플린스톤(Wilma Flintstone) 같은 홍적세 사냥채집민에 불과하다고 생각할 이유가 전혀 없다. 만약 인간 마음의 적응적 구조에 대한 역공학(reverse engineering)을 하고자 한다면, 홍적세 조상의 적응적 문제에서 시작하려는 것은 (불가능함은 물론이고) 실수라고 봐야 할 것이다. 마음의 진화한 구조에 대한 역공학을 하려면, 지금 여기에 있는 진짜 사람들이 생존과 번식에 영향을 끼치는 결정을 내릴 때, 거기에 어떤 이점이 있는지 살펴보는 것에서 시작하는 것이 가장 좋다. 4장에서 보게 되겠지만, 그렇게 할 때 우리가 발견할 것 같은 심리적 적응들은 진화심리학자(Evolutionary Psychologist)들이 기대하는 것과는 다른 형태일 것이다.
(『Adapting minds』, 112쪽)

지난 1만 년 동안의 진화를 완전히 무시해서는 안 된다. 그렇다고 사냥채집 사회의 환경이 아니라 현재의 환경에서부터 출발해야 한다는 주장은 말도 안 된다. 자연선택에 의한 적응은 과거의 진화 역사를 반영할 수밖에 없다. 따라서 현재의 환경이 아니라 과거의 환경을 따져야 한다. "낫모양 적혈구(sickle-cell, 겸형 적혈구) 빈혈증"이나 "성인의 젖 소화 능력(lactase persistence)" 관련 진화에 대해 연구할 때도 과거 환경을 살펴야 한다. 다만 그 과거라는 것이 지난 수백, 수천 년이라는 점에서 수십 만, 수백 만 년 전의 사냥채집 사회 시절을 따지는 것과는 차이가 있을 뿐이다.

현재의 환경에서 출발하면 선천적 심리기제들에 대해 어떤 추정을 하게 될까? 좀 희화화된 사례들이긴 하지만, 과거 사냥채집 사회의 환경이 아니라 현대 산업 사회의 환경에서 출발하여 진화적 추론을 하면 어떤 문제가 생길 수 있는지 실감할 수 있을 것이다.

A. 현대 사회에서 번식을 가로막는 주요 장애 중 하나는 피임이다. 따라서 콘돔 공포증이나 다른 형태의 "피임 회피 기제"가 존재할 것이다.

B. 정자 은행을 통해 달랑 정자만 제공하고도 자식을 볼 가능성이 생겼다. 따라서 남자에게 "정자 은행 예금(?) 본능"이 존재할 것이다.

C. 콘돔이나 피임약을 잘 사용하면 임신 가능성을 거의 0%로 줄일 수 있다. 따라서 아내가 콘돔 또는 피임약을 쓰고 외간 남자와 섹스를 할 때는 남자가 질투를 별로 하지 않을 것이다.

지구에서 진화는 지난 수십억 년 동안 꾸준히 일어났으며 그 역사가 모두 중요하다. EEA(environment of evolutionary adaptedness, 진화론적으로 적응한 환경)는 사안별로 따로 따져야 한다. 인간의 EEA를 홍적세와 무작정 동일시해서는 안 된다. 인간의 눈과 시각 회로의 기본 구조는 홍적세 훨씬 이전에 이미 완성된 상태였다. 시각 기제의 기본 구조가 어떤 식으로 진화했는지 해명하려면 수천 만 년 또는 수억 년 전으로 거슬러 올라가서 당시 환경에 대해 논해야 한다. 지난 수백 만 년의 진화 역사는 침팬지의 시각 기제와 인간의 시각 기제 사이의 차이를 규명하고 싶은 경우에나 중요하다. 어쨌든 인간의 심리를 연구할 때 최근 200만 년 정도의 진화 역사를 연구하는 것에는 특별한 의미가 있다. 인간의 심리를 제대로 규명하기 위해서는 인간과 다른 동물들의 공통점도 살펴야 하지만 차이점도 따져야 한다. 특히 인간의 가장 가까운 친족 종인 침팬지와 갈라진 이후인 지난 600만 년 동안을 연구해야 한다. 홍적세에 대한 연구의 중요성을 이런 맥락에서 이해할 수 있다.

〈참고 문헌〉

『Adapting minds: evolutionary psychology and the persistent quest for human nature』, David J. Buller, Bradford Books, 2006.

바. 진화심리학자들이 지난 1만 년 동안의 진화를 완전히 무시하나

힐러리 로즈(Hilary Rose) & 스티븐 로즈는 진화심리학이 지난 1만 년 동안의 진화 즉 농업과 목축이 시작된 이후의 진화를 무시한다고 비판한다.

우리 종의 유아기인 약 10~60만 년 전의 기간 동안에 최종적인 진화적 형태를 갖춘 인간 본성의 보편적 특성들의 기초 위에서 인간 행동의 모든 측면들을, 따라서 문화와 사회도 설명한다고 진화심리학은 주장한다. 따라서 진화심리학의 관점에서 볼 때, 홍적세 동안 진화했으며 그 주창자들이 '인간 마음의 설계구조'라고 기술하는 것은 고정되어 있으며, 그 이후에 어떤 의미 있는 변화가 일어나기에는 충분한 시간이 흐르지 않았다. 이 설계구조에서 어떤 주요한 수선(修繕, repair)도, 확장도, 개장(改裝, refurbishment)도 없었으며, 선사 시대 이후의 미시적이거나 거시적인 환경 변화(contextual changes)가 진화적 적응으로 이어졌음을 암시하는 어떤 것도 없다. 세대 수가 많지 않았는데도 가축화된 동물들-소, 개, 그리고 다윈이 총애했던 비둘기까지-이 인간의 인위선택에 의해 막대하게 변했다는 점을 고려해 볼 때, 이런 주장의 극단적인 성격을 숙고해 볼 가치가 있다. 실제로, 다윈의 섬이라고 할 수 있는 갈라파고스 군도의 되새(finch)의 경우, 그랜트 부부(Grants)가 수십 년 동안 연구한 바에 따르면, 기후 변화에 대한 반응으로 새의 부리와 먹는 습관에 의미 있는 변화를 만들어내기에는 [인간의] 도움을 받지 않은 자연선택만으로도 충분했다. 새와 짐승이 된다면 왜 인간은 안 되는가?
(『Alas, poor Darwin』, 1쪽~2쪽)

그리고 실제로 그런 진화심리학자가 있다. 앨런 밀러(Alan S. Miller) & 가나자와 사토시(Satoshi Kanazawa)는 현대인이 1만 년 전 조상들과 "똑 같은 진화한 심리 기제들(the same evolved psychological mechanisms)"을 지니고 있다고 이야기한다. "똑 같은"이라는 단어까지 썼음에 주목하자.

진화론적 시간 척도로 보면 1만 년은 아주 짧은 기간이다. 1만 년은, 그 기간 동안 일어난 일들에 대응하기 위해 우리의 몸이 변화하기에는 전혀 충분한 시간이 아니다. 이것은 특히 우리가 느리게 성숙하고 번식하는 것에 비해 환경이 너무 빠르게 변해왔기 때문이다. (인간이 성숙해서 번식할 준비를 갖추기 위해서는 약 20년이 걸린다. 불과 20년 전만 해도 군대나 과학계에 있지 않은 사람들 중 대다수에게는 인터넷이나 휴대 전화는 세상에 없는 것이나 마찬가지였음을 상기하라.) 다른 말로 하자면, 우리는 1만 년도 더 이전에 우리 조상들에게 있었던 것과 똑 같은 진화한 심리기제들은 여전히 지니고 있다.
(『처음 읽는 진화심리학』, 38쪽[영어판 21쪽])

하지만 가나자와와 같은 진화심리학자가 있다고 해서 지난 1만 년의 진화를 완전히 무시하는 것이 진화심리학계의 전반적 의견이라고 보면 안 된다. 진화심리학계를 주도해온 코스미디스 & 투비가 이 문제에 대해 어떻게 썼는지 살펴보자.

인간의 뇌를 구성하는 프로그램들은 우리의 조상인 사냥채집민들이 경험한 환경과 선택압에 의해 진화적 시간에 걸쳐 조각되었다(진전 2와 4). 각각의 진화한 프로그램이 존재하는 이유는, 그 프로그램이 인간의 진화 역사 동안 나타났던 대안적인 프로그램들에 비해 우리 조상들의 생존과 번식을 더 잘 촉진하는 행동을 만들어냈기 때문이다. 진화심리학자들이 사냥채집민의 삶을 강조하는 이유는 진화 과정이 느리기 때문이다. 약간이라도 복잡한 프로그램을 만들기 위해서는 수백(hundreds) 세대가 필요하다. 산업 혁명 이후의 기간-심지어 농업 혁명 이후의 기간도-은 약간이라도 복잡한 새로운 신경계산적(neurocomputational) 프로그램들이 자연선택되기에는 너무 짧은 기간이다.

주6) 양적인 유전자 변이에 의한 단순하고 일차원적인 형질(예컨대, 키가 커지거나 작아지는 것)은 더 적은 시간 안에 조절될 수 있다(Tooby & Cosmides, 1990b를 보라). 게다가 질병(예컨대 말라리아), 새로운 음식원(가축화된 동물의 젖)과 같은 것들이 만들어내는 강렬한 선택압은 어떤 대립유전자들의 빈도를 수 세기 만에 급격히 끌어올릴 수 있다.
(『진화심리학 핸드북 1』, 46쪽[영어판 19~20쪽])

그들은 복잡한 심리기제가 새로 진화하기에는 1만 년이 너무 짧은 기간이라고 말했다. 반면 키가 커지거나 작아지는 것과 같은 진화는 일어날 수 있었다고 보았다. 이 말을 심리적 측면에 적용해 보자면, 질투 기제와 같은 복잡한 심리기제가 새로 생기기에는 1만 년은 너무 짧은 기간이지만 질투의 정도가 커지거나 작아지는 진화는 일어날 수 있다는 얘기다. "진화심리학자들이 지난 1만 년 동안의 진화를 어느 정도 무시한다"와 "진화심리학자들이 지난 1만 년 동안의 진화를 완전히 무시한다"를 구분해야 한다.

진화에는 다양한 양상이 있다. 복잡한 기관이 새로 생기는 경우도 있지만,

기관이 퇴화하는 경우도 있고, 기관의 크기, 생김새, 성능이 약간 달라지는 경우도 있다. 복잡한 기관이 생기는 경우에 비해 그런 기관의 퇴화는 훨씬 짧은 기간에도 일어날 수 있다. 시계와 같은 정교한 구조를 새로 만들기는 어려워도 순식간에 때려 부술 수 있는 것과 같은 이치다. 수십 세대의 진화로 복잡한 심리기제가 새로 생기기는 불가능해 보인다. 하지만 이미 존재하던 심리기제의 특성이 유의미하게 바뀌는 것은 가능할 것이다.

코스미디스 & 투비는 말라리아와 동물 젖에 대해 언급했다. 아프리카의 일부 지방에는 낫 모양 적혈구 빈혈증이 만연한다. 그 지방에서는 얌(yam) 농업 때문에 모기의 서식처가 크게 늘어나서 말라리아의 위험이 커졌다고 한다. 어떤 유전자가 한편으로는 낫 모양 적혈구 빈혈증을 일으키지만 다른 한편으로는 말라리아에 대한 저항력을 높이기 때문에, 그 지방에서 그 유전자가 상당히 많아진 것으로 보인다.

성인의 젖 소화 능력은 인간 개체군마다 상당히 다르다. 목축에 크게 의존했던 문화권에서는 성인이 되어서도 열량의 많은 부분을 포유동물의 젖에 의존했을 것이다. 그런 문화권에서는 성인의 젖 소화 능력이 다른 문화권에 비해 생존에 더 도움이 되었을 것이다. 실제로 그런 문화권의 성인들은 대체로 젖을 더 잘 소화한다. "성인의 젖 소화 능력"이 자연선택에 의해 문화권에 따라 다르게 진화했기 때문인 듯하다.

밀러 & 가나자와에 따르면 지난 1만 년 동안 인류가 처한 환경이 너무나 불안정했기 때문에 자연선택이 일어날 수 없었다.

> 거의 모든 상황에서, 자연선택이 이루어지려면 아주 많은 세대에 걸쳐 환경이 안정적이고 변화가 없어야 한다. …
> 약 1만 년 전에 농경이 출현한 이후에, 그에 뒤따라서 인간 문명이 탄생한 이후에 인간이 자연선택이 작용할 수 있는 안정적인 환경 속에 있어본 적은 없다.
> (『처음 읽는 진화심리학』, 44쪽[영어판 25~26쪽])

환경이 변화무쌍하다고 자연선택이 일어나지 않는 것은 아니다. 형질의 차이가 번식의 차이로 이어지고 그런 형질이 적어도 부분적으로 유전된다면 자연선택은 일어나기 마련이다. 하지만 환경의 변화가 너무 심해서 종잡기 힘들다면 자연선택 이론을 적용해서 진화론적 추론을 하기 어려울 것이다. 자연선택이 일어났어도 그것을 제대로 연구하기 힘들다는 얘기다. 물론 어떤 현상을 연구하기 힘들다고 해서 그 현상이 존재하지 않게 되는 것은 아니다.

지난 1만 년 동안 인류가 진화했던 환경은 그 이전의 사냥채집 사회보다 변화와 변덕이 훨씬 심했다. 그렇다 하더라도 상대적으로 안정된 측면이 없었던 것은 아니다. 왜 일부 문화권에서는 성인이 젖을 잘 소화할 수 있도록 진화했을까? 일부 문화권에서 목축을 수백, 수천 년 동안 꾸준히 해서 성인들이 동물의 젖을 먹었기 때문일 것이다. 만약 모든 문화권의 음식 섭취 패턴이 도무지 종잡을 수 없을 정도로 지극히 변덕스러워서 올해에는 동물 젖에 많이 의존하고, 내년에는 동물 젖을 전혀 먹지 않는 식이었다면, 성인의 젖 소화 능력이 문화권마다 유의미한 패턴을 그리도록 자연선택이 일어나지는 않았을 것이다.

과거 환경에 수백, 수천 년 동안 지속되는 상대적으로 안정된 측면이 있었다면 진화학자들이 그 측면에 주목해서 진화론적 추론을 할 수 있다. 유럽의 흑사병 범유행(汎流行, pandemic)처럼 짧은 기간 안에 인구의 상당 부분이 질병으로 사망하는 경우에는 선택압이 대단히 크다. 그런 경우에는 백 년 동안에도 눈에 띄는 규모의 자연선택이 일어날 수 있으며 과학자들이 그것을 어느 정도 정확히 규명할 수도 있을 것이다.

지난 1만 년 동안 인간 심리에 상당한 수준의 진화가 일어났다는데도 진화심리학자들이 그것을 무시한다고 비판하는 사람이라면 인종의 진화에 대해 한 번 생각해 볼 필요가 있다. 인종 분화는 20만 년 전까지 거슬러 올라간다. 1만 년 동안에 인간 심리에 상당한 수준의 진화가 일어났다면 20만 년 동안에는 더 큰 수준의 진화가 일어났을 것 같다. 그런데도 심리적인 면에서 인종 간 차이가 진화했을 리 없다고 단언한다면 자가당착이다.
지난 1만 년 또는 20만 년 동안 인류의 진화를 파고들면 인간 개체군 또는 인종마다 성격이나 지능이 다르게 진화했다는 결론으로 나아가기 쉽다. 그런 이야기를 하면 온갖 방면으로부터 "과학의 탈을 쓴 인종주의 이데올로기"라는 비난을 받을 것이 뻔하며 실제로도 그랬다. 어쩌면 이런 이유 때문에 진화심리학자들이 겁을 먹고서 연구를 회피하는지도 모른다.

〈참고 문헌〉

「1장. 진화심리학의 이론적 기초」, 존 투비 & 레다 코스미디스, 『진화심리학 핸드북 1: 기초』, 데이비드 M. 버스 편집, 김한영 옮김, 아카넷, 2019(2판).

『처음 읽는 진화심리학: 데이트, 쇼핑, 놀이에서 전쟁과 부자 되기까지 숨기고 싶었던 인간 본성에 대한 모든 것』, 앨런 S. 밀러 & 가나자와 사토시 지음, 박완신 옮김, 웅진지식하우스, 2008.

「On the evolution of lactase persistence in humans」, Laure Ségurel & Céline Bon, 『Annual Review of Genomics and Human Genetics』, 2017.

「Introduction」, Hilary Rose & Steven Rose, 『Alas, poor Darwin: arguments against evolutionary psychology』, Hilary Rose & Steven Rose 편집, Vintage, 2001.

「Malaria continues to select for sickle cell trait in Central Africa」, Eric Elguero 외, 『Proceedings of the National Academy of Sciences of the United States of America』, 2015.

「The theoretical foundations of evolutionary psychology」, John Tooby & Leda Cosmides, 『The handbook of evolutionary psychology, volume 1: foundation』, David M. Buss 편집, Wiley, 2016(2판).

『Why beautiful people have more daughters: from dating, shopping, and praying to going to war and becoming a billionaire』, Alan S. Miller & Satoshi Kanazawa, Perigee, 2008.

사. 남자와 여자는 서로 다른 환경에서 진화했다

남자와 여자가 신체적으로 꽤나 다르게 진화했다는 점은 명백하다. 생식기의 구조가 크게 다르다. 다른 면에서도 상당한 차이가 있다. 남자는 여자에 비해 덩치가 약간 크며 근육의 차이는 그보다 훨씬 큰데 이것은 자연선택의 결과로 보인다. 얼굴 생김새도 상당히 달라서 얼굴만 보고 남녀를 상당히 정확히 구분할 수 있다. 사춘기가 되면 여자의 유방이 커진다. 남자는 성대가 변해서 여자보다 저음을 낸다. 진화심리학계에서는 남녀가 정신적으로도 상당히 다르게 진화했다고 본다. 남자와 여자가 서로 다른 환경에서 진화했기 때문에 자연선택의 결과도 달랐다고 보는 것이다.

얼핏 생각해 보며 남자와 여자는 사실상 같은 환경에서 진화한 것 같다. 남자는 화성(Mars)에서 진화하고 여자는 금성(Venus)에서 진화한 것이 아니다. 남자는 바다 속에서, 여자는 지상에서 살았던 것도 아니다. 둘 다 지상에서 살았을 뿐 아니라 남녀가 한 부족을 이루며 살았다. 하지만 같은 대상이 주변에 있다 하더라도 주체가 누구냐에 따라 그 의미가 달라질 수 있다. 인간에게 똥은 피해야 할 더러운 대상이다. 반면 똥파리와 쇠똥구리에게는 삶의 터전이거나 귀중한 자원이다. 같은 대상이라 하더라도 종에 따라 생존 및 번식과 관련된 함의가 다를 수 있는 것이다.

같은 종에 속하는 구성원이라 하더라도 어떤 대상의 의미가 크게 다르게 다가올 수 있다. 남자의 입장에서 보자. 짝짓기 시장(섹스, 연애, 결혼)에서 다른 남자들은 나의 경쟁자다. 반면 여자의 입장에서 보면 남자들은 섹스 파트너 후보 또는 남편 후보다. 어떤 부족에서 젊고 건강한 미혼 남자 한 명이 사고로 죽었다고 하자. 다른 남자들의 입장에서 볼 때는 경쟁자 한 명이 사라진 것이다. 반면 여자들의 입장에서 볼 때는 남편 후보 한 명이 사라진 것이다. 사냥채집 사회에서 주로 남자가 동물을 사냥했으며 여자가 식물을 채집했다. 남자가 사냥을 했다면 동물이 남자에게 더 중요했을 것이다. 여자가 채집을 했다면 식물이 여자에게 더 중요했을 것이다. 꽃은 열매의 전조다. 꽃에 주목한다면 열매를 얻는 데 도움이 된다. 이런 이유 때문에 여자가 남자보다 꽃에 더 주목하도록 진화했을 가능성이 있다. 여자가 그렇게 진화했기 때문에 남자보다 꽃을 더 좋아하는지도 모른다. 잘 익은 열매와 꽃은 노랑색, 분홍색, 빨강색일 때가 많다. 이것은 여자의 색으로 통하기도 하는데 여자가 이런 색을 남자보다 더 좋아하도록 진화했기 때문일 수도 있다.

남자의 뇌는 남자의 몸속에 있는 반면 여자의 뇌는 여자의 몸속에 있다. 남자 자신의 신체는 남자에게 매우 중요한 환경이다. 물론 여자 자신의 신체도 여자에게 매우 중요한 환경이다. 이것은 자연선택의 관점에서 볼 때 막대하게 중요하다. 미혼 남녀가 있다고 하자. 사랑하지도 않는 사이이며 결혼할 생각도 전혀 없는데 어쩌다 섹스를 해서 임신으로 이어졌다고 하자. 임신은 여자가 한다. 임신한 여자는 짝짓기 시장에서 인기가 떨어질 것이다. 따라서 여자는 임신하지 않았을 때에 비해 열등한 남자와 결혼하거나 자식을 혼자 키워야 하는 상황에 부닥치기 쉽다. 반면 하룻밤 정사로 여자가 임신한다면, 남자는 번식의 측면에서 볼 때 땡 잡은 것이다. 유전적 자식을 거의 공짜로 얻기 때문이다. 그렇게 생긴 자식은 임신한 여자, 그 여자의 부모나 형제, 그 여자의 남편이 키워줄 것이다. 이런 남녀의 신체 환경 차이에서 시작하여 여자가 남자보다 섹스를 더 신중하게 하도록 진화했다는 가설을 세울 수 있다.

부부에게 친자식이 한 명 있다고 하자. "친자 확인 검사"에서 "친자"는 유전적 자식을 뜻하지만 여기에서는 "친자식"을 일상적 의미로 썼다. 아버지가 유전자 검사를 한 다음에나 친자식으로 인정하는 것은 아니다. 친자식은 남자와 여자에게 다른 의미로 다가온다. 여자의 입장에서 볼 때 친자식은 확실히 유전적 자식이다. 자기 뱃속에서 태어났기 때문이다. 반면 남자의 입장에서 볼 때 친자식이 유전적 자식인지 여부가 약간이라도 불확실하다. 만약 아내가 바람을 피웠다면 친자식이 유전적 자식은 아닐 수 있다. 이런 이유 때문에 친자식에 대한 모성애가 부성애보다 강하도록 진화했다는 가설을 세울 수 있다.

많은 페미니스트들은 남녀의 정신이 사실상 같도록 진화가 일어났다고 생각한다. 그들 중 상당수는 1천 만 년 전에 우리 직계 조상 암컷과 수컷이 정신적인 면에서 선천적으로 상당히 달랐다는 것을 인정할 것 같다. 그렇다면 우리가 오랑우탄, 고릴라, 침팬지와 갈라진 이후에 인류 계열에서만 남녀가 정신적으로 수렴하는 방향으로 진화했다는 얘기가 된다. 남자와 여자가 서로 다른 환경에서 진화했는데도 정신이 수렴하는 방향으로 진화해서 선천적 남녀 차이가 사실상 사라졌다면 대단히 희한한 일이다. 희한한 일은 또 있다. 페미니스트들에 따르면 역사와 문화가 후천적 남녀 차이를 만들어냈는데 그 패턴이 진화론적으로 추론되는 것과 부합할 때가 많다. 남자가 여자보다 섹스에 더 집착하며 모성애가 부성애보다 강하도록 만드는 문화가 만들어졌는데, 이것은 위에서 제시한 진화론적 추론과도 부합하며 다른 포유동물들의 일반적 경향과도 부합한다.

〈참고 문헌〉

「Biological components of sex differences in color preference」 Anya C. Hurlbert & Yazhu Ling, 「Current Biology」 2007.

아. 과거 환경과 현재 환경의 차이: 포르노, 비만, 콘돔, 친자 확인 검사

진화는 과거 환경에서 일어난 일이다. 현재 환경은 지금까지 일어난 진화와 무관하다. 인간이 어떤 식으로 진화했는지 알아내기 위해서는 현재 환경을 완전히 무시하고 과거 환경만 살펴야 한다. 인간은 현재 환경이 아니라 과거 환경에 적응했기 때문이다. 물론 현재 환경이 과거 환경과 어떤 면에서는 완전히 똑 같고 어떤 면에서는 상당히 비슷하기 때문에 현재 환경을 살펴보면서 과거에 일어난 진화를 연구하는 것이 나쁜 연구 전략은 아니다. 타임머신이 없는 세상에서 과거 환경을 재구성하기 위해서는 현재 환경을 참조할 수밖에 없다. TV에서 맛있어 보이는 음식이 보이면 우리는 군침을 흘린다. 군침은 음식을 먹기 위한 준비 과정으로 진화했을 것이다. 하지만 TV 속 음식은 먹을 수 없다. 따라서 군침을 흘리는 것은 낭비다. 그런데도 왜 우리는 TV 속 음식 때문에 군침을 흘리는 걸까? 이런 현상을 이해하기 위해서는 현재 환경과 과거 환경의 차이에 주목해야 할 것 같다. 인간이 TV가 있는 환경에서 살아온 세월은 아주 짧다. 진화의 관점에서 보면 무시해도 될 정도다. 인간이 TV가 없는 환경에서 진화했다고 봐도 무방한 것이다.

TV, 컴퓨터, 비디오가 없던 환경에서 인간이 먹음직한 음식을 "고해상도"로 보았다면 그것은 진짜 음식이었다. 따라서 군침으로 먹을 준비를 하는 것이 적응적(adaptive)이었을 것이다. TV처럼 음식을 생생하게 보여주는 매체가 많은 환경에서는 "진짜로 내 앞에 있어서 내가 먹을 수 있는 음식"과 "TV 속에 있어서 내가 먹을 수 없는 음식"을 구분하는 것이 의미가 있지만, 그런 매체가 없는 환경에서는 그런 구분이 쓸모없다. 이런 이유 때문에 인간의 군침을 조절하는 심리기제에는 "진짜 음식"과 "TV 속 음식"을 구분하는 능력이 없는 것이라고 추정해 볼 수 있다.

남자가 포르노를 보고 발기하거나 쿠퍼액(Cowper's fluid)을 흘리는 것도 비슷하게 설명할 수 있다. 컴퓨터 모니터에 뜨는 포르노 속 여자와 섹스를 할 수는 없다. 남자는 이것을 잘 알고 있다. 그렇지만 발기도 하고 쿠퍼액도 흘린다. 그 이유는 무엇인가? 남자가 비디오나 컴퓨터가 있는 환경에서 진화한 세월은 진화심리학적 관점에서 볼 때에는 무시해도 될 정도로 짧다. 컴퓨터나 비디오가 없는 환경에서 여자가 홀딱 벗고 민망한 자세를 취하는 모습을 "고해상도"로 보았다면 그것은 진짜 내 앞에 있는 여자였다. 따라서 섹스를 준비하는 것이 남자의 입장에서는 적응적이었을 것이다. 그런데 현대 환경에서는 컴퓨터도 있고 포르노도 있다. 남자는 마음만 먹으면 젊고 예쁜 여자가 벗은 모습을 매일 볼 수 있다. 이런 환경에서는 과거 환경에서 진화한 섹스 관련 심리기제들이 오작동할 수 있다.

잠깐 "오작동"의 의미에 대해 이야기해 보겠다. 오해의 소지가 있기 때문이다. 오작동은 여러 가지 의미로 쓸 수 있다. 우선 인간이 설계한 장치와 관련하여 두 가지 의미만 살펴보자. 첫째, 장치 자체가 고장 난 경우. 둘째, 장치 자체는 멀쩡하지만 설계자의 의도와는 다른 맥락에 놓여 있기 때문에 원래의 기능(목적)과는 매우 다른 양상으로 작용하는 경우. 신체 기관이나 심리기제도 비슷하다. 기관이나 기제 자체가 고장 난 경우도 있지만 그 기관이나 기제가 진화한 환경과는 다른 환경에 놓여 있기 때문에 기능을 제대로 발휘할 수 없는 경우도 있다. TV 속 음식을 보고 군침을 흘리거나 모니터 속 포르노를 보고 쿠퍼액을 흘리는 것을 두고 후자의 의미로 오작동이라고 부를 수 있을 것이다.

과거 환경과 현재 환경의 차이가 현대 사회에 만연한 비만을 설명해 줄 수 있을지도 모른다. 살을 빼기가 왜 그렇게 어려운가? 사냥채집 사회에서는 몸을 많이 움직일 수밖에 없었다. 그리고 먹을 것을 구하기가 지금보다는 훨씬 어려웠다. 때로는 굶주림이 큰 위협이었을 것이다. 이런 이유 때문에 인간은 상당히 악착같이 지방을 몸에 축적하도록 진화한 것 같다. 그런데 현대 사회에서는 극빈층이 아니라면 먹을 것을 구하기가 너무 쉽다. 게다가 직종에 따라서는 몸을 많이 움직이지 않아도 된다. 이런 환경 차이 때문에 인간이 비만에 걸리기 쉬운 것인지도 모른다.

현대 사회에서는 콘돔 같은 피임 수단을 써서 스스로 번식을 엄청나게 제한하고 있다. 이것은 번식 경쟁의 측면에서 볼 때는 미친 짓이다. 왜 인간은 이런 식으로 유전자 복제를 스스로 제한할까? 인간은 콘돔이 없는 환경에서 진화했다. 그래서 콘돔에 속수무책으로 "당하는" 것인지도 모른다. TV 속 음식과 모니터 속 나체에 당하듯이. 효과적인 피임 수단이 사실상 없는 환경에서는 "자식을 낳고 싶다"와 같은 욕망이 필요 없었다. 강렬한 성욕과 자식 사랑으로 충분했다. 섹스를 꾸준히 하면 임신으로 이어지기 마련이었으며, 그렇게 출산한 아기를 몹시 사랑하기에 정성껏 돌보기 마련이었다. 그런데 콘돔이 있는 환경에 사는 사람에게 "자식을 낳고 싶다"라는 강렬한 욕망은 없고 강렬한 성욕만 있다면 콘돔을 끼고 섹스를 실컷 하면서도 자식을 안 낳을 수 있다.

콘돔이 있는 환경에서는 자식 사랑 기제가 역설적으로 번식을 가로막는 것 같다. 자식 사랑 기제가 진화한 이유는 뻔하다. 자식을 잘 돌보아야 유전자가 잘 복제된다. 자식 사랑 때문에 부모는 자식이 잘 되길 바란다. 그런데 자식을 많이 낳을수록 자식 한 명에게 돌아가는 투자는 작아질 수밖에 없다. 특히 인기 대학에 합격하려는 희망을 품고 자식에게 학원비나 과외비를 엄청나게 투자하고 "좋은 학군"에서 아파트를 구하기 위해 기를 쓰는 한국 사회에서는 부유층이 아니면 이것이 큰 문제가 될 수 있다. 이런 이유 때문에 피임이 가능한 현대 한국 사회에서는 부부가 자식을 한두 명밖에 안 낳는 경우가 많은 것 같다. 자식을 이전보다 훨씬 적게 낳는 것이 현대 사회의 일반적 특징이지만 한국 사회의 저출산은 유별나다.

전중환은 "현대 사회의 저출산이 매우 부적응적이며 현대 환경과 과거 환경의 차이 때문에 이런 행태가 나타난다는 가설"을 별로 좋아하지 않는다. 전중환은 그런 부조화 가설에는 심각한 문제점이 있다고 주장한다.

> 부조화 가설은 상당히 설득력 있게 들리지만, 몇 가지 심각한 문제점을 지니고 있다. 첫째, 출산율의 급락은 19세기 초 프랑스에서 처음 시작되었는데, 이때는 효과적인 피임 기구가 널리 대중화되기 한참 이전이다. 게다가 현재 아프리카의

여러 나라에서는 피임 기구를 쉽게 구할 수 있음에도 불구하고 저출산 현상이 아직 나타나지 않고 있다. 둘째, 이 가설은 대체 왜 현대에 들어서 효과적인 피임 기구가 새로이 발명되어 사람들에게 큰 인기를 끌었는지, 그리고 왜 하필이면 부유한 계층으로부터 특히 더 사랑을 받았는지에 대한 근본적인 설명을 제공해 주지 못한다.
(『오래된 연장통』, 252쪽)

또한 피임을 하면서 한두 명만 길러 내는 것이 적응적이라는 가설을 호의적으로 소개한다.

배울 지식도 많지 않았고 직업 선택의 폭도 적었던 과거의 농경 사회와 달리, 현대의 경쟁적인 시장 경제 사회에서는 오랜 기간 학교에서 다양한 지식이나 기술을 습득함으로써 나중에 큰 경제적 부를 얻을 수 있다. 이처럼 각 가정이 자녀의 경쟁력 확보를 위한 경쟁에 발 벗고 나서면서 한 자녀에게 부모가 투자하는 자원량이 급등함에 따라, 결국 자식 수를 희생하면서 우수한 자식을 한두 명 길러 내는 전략이 현대의 환경에서는 적응적이라고 많은 진화생태학자들이 이야기한다.
(『오래된 연장통』, 253~254쪽)

자연선택은 번식 경쟁이다. 그런데 당장 자식을 몇 명 낳는지가 중요한 것이 아니라 자식에서 손자, 증손자, 고손자로 이어지는 자손들의 수가 중요하다. 자식을 아무리 많이 낳아도 그 자식들이 어른이 되기 전에 모두 죽어서 손자를 한 명도 남기지 못한다면 망한 셈이다. 따라서 자식을 최대한 많이 낳는 전략이 최적이라고 보기 힘들다. 다른 조건들이 같다면 자식을 적게 낳을수록 자식 1명당 들어가는 부모의 투자가 크기 때문에 어른이 될 때까지 생존할 확률도

대체로 높아지고 생존한 자식이 대체로 더 우월할 것이다. 따라서 자식의 양과 질을 종합적으로 고려해야 최적 전략에 이를 수 있다.

그런데 전중환은 현대 사회에서 "우수한 자식을 한두 명 길러 내는 전략"이 적응적이라고 생각하는 듯하다. 이것은 말도 안 된다. 간단한 산수를 통해 왜 그런지 보여줄 수 있다. 자식을 2명만 낳는 전략과 10명이나 낳는 전략을 비교해 보자. 논의의 편의상 2명만 낳았을 때는 자식이 어른이 되기 전에 사망할 확률이 1%이며 10명이나 낳았을 경우에는 10%라고 하자. 그렇다면 생존할 확률은 각각 99%와 90%다. 따라서 자식을 2명만 낳았을 경우 1.98명이 어른이 될 때까지 생존하며 10명이나 낳았을 경우 9명이 생존한다. 사망률의 차이가 무려 10배나 남에도 불구하고 자식을 많이 낳는 쪽이 훨씬 큰 성과를 거둔다.

물론 이것은 "어른이 될 때까지 생존하는 자식의 수"만 따져 보았을 때의 얘기다. 그렇게 자라서 어른이 된 자식들이 자식들을 얼마나 낳는지까지 고려해야 한다. 만약 1.98명이 9명보다 무지막지하게 우월해서 한 명당 자식을 5배 이상 낳는다면 전세는 역전될 것이다. 하지만 전중환도 지적했듯이 현대 사회에서는 사회경제적 지위가 높아보았자 자식을 훨씬 더 많이 낳지는 않는다.

> 그 결과, 과거 농경 사회에서는 부유층일수록 자식들을 더 많이 두었지만, 현대 산업 사회에서는 재산과 자식 수 사이에 아무런 상관관계가 없거나 심지어 반비례하기까지 한다.
> (『오래된 연장통』, 250쪽)

따라서 손자 세대까지 따져보아도 전세는 역전되지 않는다. 더 정확하게 계산하려면 증손자, 고손자, 그 이후의 세대까지 고려한 골치 아픈 수학적 모형이나 컴퓨터 시뮬레이션이 필요하겠지만 "우수한 자식을 한두 명 길러 내는 전략"

보다는 그보다 훨씬 더 많이 낳는 전략이 현대 사회에서는 훨씬 더 적응적임을 보여주기에는 충분하다고 본다.

현대 복지 국가에서 사는 여자의 입장에서 볼 때, 임신 가능한 시기에 피임을 전혀 하지 않고 시도 때도 없이 섹스를 해서 자식을 최대한 많이 낳은 다음에 고아원에 버리는 행태가 최적 전략에 가까워 보인다. 30년 동안 2년에 한 번씩 자식을 낳으면 15명 정도는 낳을 수 있다. 고아원에서 자라도 어른이 되기 전까지 생존할 확률이 90%는 넘을 것이다. 심지어 생존 확률이 50%밖에 안 되어도 "우수한 자식을 한두 명 길러 내는 전략"보다는 훨씬 나은 전략이다. 고아원에서 자라서 상대적으로 교육 수준이 낮아도 번식의 관점에서는 별로 상관이 없다. "현대 산업 사회에서는 재산과 자식 수 사이에 아무런 상관관계가 없거나 심지어 반비례하기까지" 하기 때문이다.

남자가 회사에 출근했다가 중요한 문서를 놓고 와서 집에 갑자기 왔다. 그런데 아내가 우유 배달부와 침대에서 뒹굴고 있다. 이럴 때 남자는 질투 때문에 폭발한다. 이런 상황에서 우유 배달부가 콘돔을 착용하고 있다는 것을 발견했다고 해도 질투가 갑자기 엄청나게 작아지지는 않는다. 그 이유도 남자가 콘돔이 없는 환경에서 진화했다는 점에서 찾을 수 있을 것 같다. 아내가 외간 남자와 섹스를 할 때 남자가 질투를 하도록 진화한 이유는 아내가 외간 남자의 자식을 임신하면 남편이 막대한 번식 손해를 보기 때문일 것이다. 콘돔을 쓰면 임신 확률이 극히 낮다. 하지만 콘돔이 없는 환경에서 진화한 남자의 질투 기제에 "콘돔을 썼으면 질투를 훨씬 덜 하라"와 같은 "명령어"가 존재할 수는 없을 것이다.

여자가 좋은 유전자(good gene, 우수한 유전자)를 얻기 위해 때로는 바람을 피우도록 진화했다는 것이 진화심리학계에서는 정설로 통한다. 남편이 열등하다면 우월한 남자와 섹스를 해서 그 남자의 자식을 임신하는 것이 여자에게 좋은 전략일 수 있다. 그런데 콘돔을 쓰면 임신이 안 된다. 그런데도 여자는 왜 바람을 피우면서 콘돔을 쓸까? 이것도 여자가 콘돔이 없는 환경에서 진화했다는 점으로 설명할 수 있을 것 같다. 콘돔이 없는 환경에서 여자가 진화했기 때문에 여자의 외도 기제에 "좋은 유전자를 얻기 위해 바람을 피울 때는 콘돔을 쓰면 안 된다"와 같은 "명령어"가 존재할 수는 없었을 것이다.

인간은 앞으로 다시 볼 것 같지 않은 이방인에게도 친절할 때가 많다. 낯선 도시에서 다시는 볼 것 같지 않은 할머니가 큰 곤경에 처한 것을 보았을 때 사람들은 보통은 도움을 준다. 도움을 주는데 그리 큰 희생을 치르지 않아도 되는 경우라면. 도움을 주는 사람이 남자라고 하자. 할머니를 임신시킬 수 없기 때문에 할머니를 돕는 행위가 남자에게 짝짓기 이득으로 이어지기 힘들다. 서로 모르는 사이이기 때문에 할머니가 남자의 선행을 남자의 주변 사람들에게 소문내줄 가능성도 매우 낮다. 따라서 남자의 선행은 번식의 관점에서 볼 때 비합리적으로 보인다. 사냥채집 사회라는 환경을 고려해 보면 이런 현상을 상당히 그럴 듯하게 설명할 수 있다. 원시 사회에서 남자가 어떤 할머니를 만났다면, 그 할머니는 남자의 선행이나 악행에 대해 남자의 지인들에게 소문을 내 줄 수 있는 사람일 가능성이 높았을 것이다.

남자가 술집에서 낯선 남자와 시비가 붙어서 싸우다가 심지어 살인까지 하는 경우도 있다. 이것도 낯선 할머니에 대한 친절과 비슷한 방식으로 설명할 수 있을지 모른다. 과거 환경에서 남자가 다른 남자에게 기가 눌리면 부족 내에서 지위가 낮아질 것이다. 이것은 온갖 번식 손해로 이어질 수 있다. 이런 이유 때문에 남자가 다른 남자와의 지위 경쟁에 몹시 민감하도록 진화했을 것이다. 원시 사회에서 남자가 어떤 남자를 만났다면 그 남자와 앞으로도 상호작용할 가능성이 매우 높았을 것이다.

현대 사회에서는 친자 확인 검사를 통해 유전적 자식인지 여부를 사실상 100% 확실하게 알아낼 수 있다. 그렇게 검사를 해서 10살짜리 아들이 사실은 우유배달부의 유전적 자식임이 밝혀졌다고 하자. 그렇다고 해서 아들에 대한 남자의 사랑이 의붓자식에 대한 사랑 수준으로 추락할까? 아닌 것 같다. 영화나 드라마를 보면 이런 상황에서 남자가 "그래도 이 아이는 내 자식이야"라고 말할 때가 많다. 여전히 남자는 그 아이를 유전적 자식에 버금갈 정도로 사랑하는 것이다. 이것 역시 친자 확인 검사가 없던 시절에 남자가 진화했다는 점으로 설명할 수 있을 것이다. 과거에는 자식이 유전적 자식인지 여부를 확실히 알아낼 길이 사실상 없었다. 따라서 자식 사랑 기제 속에 "유전자 검사를 통해 유전적 자식이 아님을 확실히 알아냈다면 사랑을 대폭 줄여라"와 같은 "명령어"가 진화하기는 힘들었을 것이다.

코스미디스&투비는 생물을 적합도-최대화자(fitness-maximizer)라기보다는 적응-실행자(adaptation-executer)로 보아야 한다고 주장했다. 여기에서 적합도는 포괄 적합도를 뜻한다. 적합도-최대화자는 "유전자 복제 또는 개체의 번식을 최대화하는 주체"라는 뜻이다. 반면 적응-실행자는 "과거에 진화한 적응들 즉 심리기제들을 그냥 실행하는 주체"라는 뜻이다. 그것이 심리기제들이 현재 환경에서 적합도를 최대화하든 적합도에 재를 뿌리든 그냥 실행된다는 말이다. 리처드 도킨스는 자연선택을 "눈먼 시계공(blind watchmaker)"이라고 불렀다. 자연선택은 과거에 일어났다. 자연선택의 산물인 심리기제는 과거 환경에서 대체로 번식에 도움이 되었을 것이다. 그것이 현재 환경에서는 번식에 도움이 될 수도 있고 안 될 수도 있다. 이것은 현재의 환경이 과거와 얼마나 비슷한지에 달렸다. 만약 두 환경이 서로 매우 다르다면 번식의 관점에서 보면 엉뚱한 결과로 이어질 수도 있다. 심리기제가 일단 과거에 진화한 이후에는, 현재 환경에서 그것이 어떤 결과로 이어지든 그냥 물리 법칙에 따라 작동할 뿐이다. 그것이 현재 환경에서도 반드시 적응적으로 작동하도록 인도해 주는 신은 없다.

〈참고 문헌〉

『오래된 연장통: 인간 본성의 진짜 얼굴을 만나다』, 전중환, 사이언스북스, 2010(증보판).

5장. 적응과 기능

가. 기능과 효과

생리학자들은 기관의 기능을 밝히려고 노력해 왔고 지금까지 엄청난 성과를 얻었다. 심장의 기능은 피를 온 몸에 공급할 수 있도록 펌프질하는 것이며, 허파의 기능은 공기 중에 있는 산소를 얻어내는 것이며, 간의 기능은 독성물질을 처리하는 것이며, 눈의 기능은 가시광선으로부터 주변 환경에 대한 정보를 얻는 것이다.

생리학자들은 인체의 온갖 기관에는 쓸모 또는 목적이 있다는 점을 직관적으로 짐작했으며 그것을 기능이라고 불렀다. 인간이 만든 물건에 쓸모가 있듯이 인간의 신체를 구성하는 "부품"들에도 쓸모가 있다고 본 것이다. 종교가 지배했을 때는, 미리 기능을 염두에 두고 인간이 물건을 설계하듯이 신이 인간의 각 기관들을 설계했다고 믿었다. 당시 사람들의 관점에서 볼 때, 생리학자가 해야 할 일은 신이 도대체 무슨 기능을 염두에 두고 여러 기관을 설계했는지 밝히는 것이었다.

인간이 만든 물건의 경우에는 그 목적이 무한히 다양할 수 있다. 칼만 하더라도 사람을 살리는 데 쓰이는 의료용 칼도 있고, 음식을 요리하는 데 쓰이는 부엌칼도 있고, 사람을 죽이는 데 쓰이는 사무라이칼도 있다. 신이 인간을 창조한 이유에 대해서는 의견이 분분했지만 신체의 각 기관의 기능을 생존이나 번식과 연결시키는 것이 생리학자들 사이에서 대세였던 것 같다. 자연선택 이론이 나오기 전에도 학자들은 상식과 직관에 바탕을 두고 이것을 어느 정도 파악하고 있었다. 생리학자들은 각 기관이 생존이나 번식에 어떤 식으로 도움이 되는지 밝히려 했다.

다윈의 『종의 기원』 이후에는 각 기관의 기능이 왜 생존과 번식을 향하는지를 이론적으로 밝힐 수 있게 되었다. 자연선택의 핵심은 번식 경쟁이다. 생존이 중요한 이유는 잘 생존해야 대체로 더 잘 번식할 수 있기 때문이다. 일개미와 같은 예외가 있긴 하지만, 자연선택의 관점에서 볼 때 동물이 아무리 잘 생존하더라도 번식과 담을 쌓고 산다면 망한다.

신체를 구성하는 기관들과 관련하여 "쓸모", "목적", "기능" 개념을 자연선택 이론에 바탕을 두고 정리할 수 있게 되었다. 조지 윌리엄스는 『적응과 자연선택』에서 기능과 효과(effect)를 구분하는 것이 중요하다고 역설했다. 공학, 생리학, 진화생물학, 사회학에서 기능 개념이 여러 가지 의미로 쓰인다. 여기에서는 진화생물학에서 기능 개념을 어떤 의미로 쓰는지 살펴볼 것이다.

시계는 온갖 효과를 발휘한다. 시계를 보면 시각을 알 수 있다. 시계가 시각을 알려주는 효과를 발휘하는 것이다. 둥그런 벽시계는 깔고 앉을 수도 있다. 의자로서 효과를 발휘할 수도 있는 것이다. 몹시 화가 날 때 그 벽시계를 집어 던지면 그 시계가 박살나면서 화가 약간은 풀리는 효과가 나타날 수도 있다. 그 시계가 박살나면서 요란한 소리라는 효과를 낼 수도 있다. 박살난 그 시계가 엄청나게 비싸다면 엄청난 후회라는 효과로 이어질 수도 있을 것이다. 그 벽시계로 사람을 세게 내리친다면 출혈이라는 효과로 이어질 수도 있다.

이런 효과들 중 일부는 유용성이다. 시계는 시각을 알아내는 데 유용하다. 시계를 의자로 쓴다면 의자로써 쓸모가 있다. 시계로 사람을 때릴 때는 무기로써 쓸모가 있다. 그런데 여기에서 나열한 여러 가지 유용성들 중에 "시각 알리기"만 시계가 존재하는 이유와 시계의 구조가 왜 그런지 설명해 준다. 즉 시계의 기원을 설명해 준다.

의자의 기능은 사람이 앉는 것이다. 화가 난 사람이 의자로 다른 사람을 때려서 아프게 할 수도 있다. 하지만 사람을 때려서 아프게 하거나 부상을 입히는 것은 의자의 기능이 아니다. 의자를 설계한 사람이 그것을 염두에 두지 않았기 때문이다. 마찬가지로 코의 기능은 안경을 얹어놓는 것이 아니다. 코를 설계한 자연선택에게 안경 얹기는 "고려 대상"이 아니었다. 인간 코의 오똑한 모양의 기원은 안경 말고 다른 곳에서 찾아야 한다.

인간의 몸속에 있는 지방은 온갖 효과를 발휘한다. 지방이 있으면 기근의 시기에 에너지원으로 쓸 수 있기 때문에 더 잘 버틸 수 있다. 지방이 축적되면 몸무게가 늘어난다. 몸무게가 늘어나면 날쌔게 행동하는 데 방해가 되며 같은 거리를 이동할 때 에너지가 더 많이 소모된다. 사자가 인간을 잡아먹을 때 인간의 지방은 사자의 에너지원이 된다. 엉덩이에 있는 지방을 얼굴에 이식하면 더 젊어 보이는 효과로 이어진다.

이런 효과들 중 일부는 유용성이다. 지방은 인간이 기근의 시기에 더 잘 생존하는 데 도움이 된다. 인간의 지방은 인간을 잡아먹는 사자의 생존에 쓸모가 있다. 엉덩이의 지방은 지방 이식에 쓸모가 있다. 그런데 여기에서 나열한 유용성들 중에서 "인간이 기근의 시기에 더 잘 생존하는 데 도움이 된다"만 지방의 존재 이유와 지방의 구조를 설명해 준다. 즉 지방의 기원을 설명해 준다. 이럴 때 "지방의 기능은 '기근의 시기에 더 잘 생존하는 것'이다"라고 말할 수 있다. 이것이 진화생물학적 의미의 기능이다.

만약 공학에서 기능 개념을 진화생물학과 비슷하게 쓴다면 "시계의 기능은 '시각 알리기'이다"라고 말할 수 있다. 하지만 이렇게 기능 개념을 비슷하게 쓰더라도 공학과 진화생물학에는 차이가 있을 수밖에 없다. 시계는 인간이 의식적으로 설계해서 만든다. 반면 인간의 지방은 자연선택에 의해 설계되었다. 인간은 온갖 목적을 염두에 두고 물건을 설계해서 제작할 수 있다. 반면 자연선택에서 "목적"은 그렇게 다양할 수 없다. 유전자 복제 또는 개체 번식과 같은 것만 목적으로 상정될 수 있다. 집단선택론자라면 여기에 집단의 번성 또는 집단의 번식을 추가할 것이다.

진화생물학의 기능 개념은 인간의 미적, 도덕적, 사회적 가치와는 독립적이다. 어떤 형질이 유전자 복제나 개체 번식에 도움이 되는 효과를 발휘했기 때문에 자연선택에 의해 진화했다면 그 효과가 바로 그 형질의 기능이다. 그 효과가 사람들이 보기에 추하거나 사악해도 기능은 기능이다.

진화생물학의 기능 개념과 비슷한 것을 도구에 적용하는 경우를 살펴보자. 고문 도구의 기능은 무엇인가? 고문 도구는 용의자에게 고통을 줌으로써 자백을 하도록 만드는 데 유용하다. 용의자에게 고문 도구를 써서 극심한 고통을 주면 자백할 가능성이 높아진다. 거짓 자백을 하는 경우도 많지만 어쨌든 자백이다. 이것은 고문의 효과인 동시에 기능이다. 고문에 반대하는 사람이라면 고문 도구에 대해 논하면서 "유용성"이나 "쓸모"라는 말을 쓰는 것 자체가 불편할 수 있다. 고문처럼 백해무익한 것에 대해 어떻게 유용성을 논할 수 있단 말인가? 하지만 고문 도구가 왜 존재하는지, 고문 도구의 구조가 왜 그렇게 생겼는지 해명하고자 한다면 고문과 관련된 도덕적 가치를 일단 제쳐 두어야 한다.

진화심리학에서도 마찬가지다. 강간의 기능은 무엇인가? 남자가 여자를 강간하면 임신시킬 수 있다. 이로써 남자는 번식 이득을 얻을 수 있다. 이런 이유 때문에 강간이라는 행동 또는 강간을 만들어내는 심리기제가 자연선택으로 진화했다면, 여자를 임신시키는 것이 그 기능이다. 여자를 임신시키는 데 유용했기 때문에 강간이 진화한 것이다. 이에 대해 강간처럼 사악한 행동에 대해 어떻게 유용성을 논할 수 있냐고 비판하는 것은 인간 심리를 파헤치는 데 도움이 안 된다.

〈참고 문헌〉

『적응과 자연선택: 현대의 진화적 사고에 대한 비평(Adaptation and natural selection: a critique of some current evolutionary thought)』, 조지 C. 윌리엄스 지음, 전중환 옮김, 나남출판, 2013.

『종의 기원(On the origin of species by means of natural selection, or the preservation of favoured races in the struggle for life, 1판)』, 찰스 로버트 다윈 지음, 장대익 옮김, 최재천 감수, 다윈 포럼 기획, 사이언스북스, 2019.

나. 목적론과 인과론

사람의 몸속에 지방이 존재하면 기근의 시기에 더 잘 생존하는 데 도움이 된다. "지방의 존재"가 원인이고 "더 잘 생존하기"가 결과(효과)다. 이것은 인과론적 설명이다. 그런데 진화생물학자들은 "더 잘 생존하기"가 "지방의 존재"를 설명해 준다고 주장한다. "더 잘 생존하기"라는 목적 또는 기능을 위해 지방이 존재한다는 얘기다. 얼핏 보면 원인과 결과가 뒤바뀐 것 같다. 원인이 결과를 설명해야 하는데 결과가 원인을 설명하는 것 같다. 인과의 방향이 거꾸로 된 것 같다. 목적을 끌어들여서 무언가의 존재나 구조를 설명하는 목적론은 뭔가 이상해 보인다. 공학의 사례에서 시작해 보자. 시계가 존재하면 시각을 알 수 있다. 시계의 구조가 원인이고 "시각 알리기"는 결과다. 위에서 "시각 알리기"가 시계의 기원을 설명해 준다고 말했다. 어떻게 결과가 원인을 설명해 줄 수 있단 말인가? 시각 알리기라는 목적을 끌어들여서 시계라는 수단의 존재와 구조를 설명하는 목적론은 어떻게 인과론과 조화를 이룰 수 있나?

이것을 가능하게 하는 것은 시계를 설계해서 만든 인간의 존재다. 인간은 욕망하는 주체인 동시에 생각할 줄 아는 주체다. 시각을 알고 싶다는 욕망을 품은 인간은 그것을 가능하게 하는 시계를 설계해서 만들 수 있다. 인간의 뇌 속에서 일어나는 정보 처리 덕분에 인간은 시각 알리기라는 목적을 염두에 두고 시계라는 구조를 설계할 수 있다. 한편으로는 시계의 존재라는 원인이 시각 알리기라는 결과로 이어진다. 하지만 이것이 전부는 아니다. 다른 한편으로는 시각 알리기라는 목적이 시계라는 결과로 이어진다. 시각 알리기라는 목적이 인간의 뇌에서 원인으로 작용하여 시계 설계라는 결과로 이어질 수 있기 때문에 이것이 가능하다. 이런 식으로 공학의 기능론(functionalism) 또는 목적론은 인과론과 조화를 이룰 수 있다.

이번에는 지방에 대해 살펴보자. 한편으로는 지방의 존재가 원인이 되어 "기근의 시기에 더 잘 생존하기"라는 결과로 이어진다. 하지만 이것이 전부는 아니다. "기근의 시기에 더 잘 생존하기"라는 기능(목적)이 자연선택에 의해 지방의 존재라는 결과로 이어질 수 있다.

설명의 편의를 위해 매우 거칠게 단순화해서 지방의 진화에 대해 살펴보겠다. 과거에 어떤 유전자자리에 대립유전자 A와 B가 있었다고 하자. A는 지방을 축적하도록 만들고 B는 지방을 축적하지 않도록 만든다. 어떤 유전자가 더 잘 복제되었을까? A를 품고 있는 사람들은 지방을 축적한 덕분에 기근의 시기에 B를 품고 있는 사람들보다 평균적으로 더 잘 생존할 수 있었을 것이다. 그 덕분에 A가 더 잘 복제되었을 것이다. 이것은 지방을 축적하는 방향으로 진화가 일어났다는 뜻이다. 이런 식으로 "기근의 시기에 더 잘 생존하기"라는 기능(목적)이 원인으로 작용하여 지방 축적 기제의 진화라는 결과로 이어질 수 있다. 이렇게 진화생물학의 기능론 또는 목적론은 인과론과 조화를 이룰 수 있다.

공학의 기능론에서는 기능(목적)이 있으면 모종의 신비로운 과정을 거쳐서 어떤 물건이 존재하게 된다고 이야기하지 않는다. 지적인 주체인 인간이 "목적(쓸모)"과 "물건의 존재"를 인과론적으로 연결해 준다. 인간 뇌에서 일어나는 정보 처리 과정이 "목적"과 "물건의 존재"를 인과적으로 연결해 주는 것이다. 진화생물학의 기능론도 비슷하다. 기능이 있으면 모종의 신비로운 과정을 거쳐서 어떤 신체 기관이나 심리기제가 존재하게 된다고 이야기하지 않는다. 자연선택이 "기능"과 "신체 기관이나 심리기제의 존재"를 인과론적으로 연결해 준다. 공학의 목적론과 진화생물학의 목적론은 인과론에 바탕을 둔 과학적 목적론이다. 학자에 따라 진화생물학의 기능론을 목적론에 포함시키기도 하고 그렇지 않기도 한다. 이것은 "목적론" 개념을 어떻게 정의하느냐에 달렸다. 나는 기능론도 포함하도록 목적론 개념을 폭넓게 쓸 것이다. 지적인 주체에 의한 의식적 설계를 목적론의 필수 조건으로 보지 않을 것이다.

깐깐한 과학자들과 철학자들이 목적론을 의심의 눈초리로 보는 일이 많았다.

그 이유는 무엇인가? 인간의 눈을 예로 들면서 살펴보자. 눈은 왜 존재하는가? "빛을 이용해서 주변 환경에 대한 정보를 얻기 위해"는 목적을 끌어들인 설명이다. 눈이 있어서 앞을 볼 수 있으면 인간에게 온갖 방면에서 이롭다는 점은 명백하다. 하지만 눈이 존재하는 이유를 설명하겠다고 나선 사람이 "빛을 이용해서 주변 환경에 대한 정보를 얻기 위해"만 달랑 대고 더 이상은 해명할 필요 없다고 생각한다면 심각한 문제가 있다. 이것은 나쁜 목적론이다.

가난한 사람 P에게 10억 원이 생긴다면 아주 좋을 것이다. 그렇다고 해서 돈이 뿅 하고 생기지는 않는다. P에게 10억이 생겼을 때 그에 대한 설명으로 "10억이 P에게 큰 쓸모가 있으니까"만 댄다면 납득할 사람이 없을 것이다. "P가 사업을 해서 대박을 터뜨렸다", "P가 은행을 털었다", "P가 복권에 당첨됐다"와 같은 이야기가 인식론적으로 납득할 만한 설명이다. 물론 이런 가설이 옳은지 여부를 실증적으로 검증해야겠지만 적어도 가망성 있는 가설로 인정받을 수는 있을 것이다. "10억이 P에게 큰 쓸모가 있으니까"만 댄다면 아예 가설로도 인정받기 힘들다. 왜냐하면 인과론의 기본 구조를 갖추지 못했기 때문이다.

과거에 많은 이들이 "인간을 몹시 사랑하는 신이 인간에게 눈을 만들어 주어서 앞을 볼 수 있도록 배려했다"라는 식으로 주장했다. 그러면 무신론자는 "왜 오징어에 없는 맹점이 인간에게 있나? 신이 인간보다 오징어를 더 사랑했나?"라고 비꼴 수 있었을 것이다. 신이 인간을 창조했다고 굳게 믿는 사람이라면 "인간을 몹시 사랑한 신이 인간에게 겸손을 가르치기 위해 결함 있는 눈을 선물해 주었다"라고 답했을지도 모른다. 현대 과학계에서 이런 식의 목적론은 인정받지 못한다. 그 존재 자체가 매우 의심스러운 요정, 악마, 신 등을 끌어들인 설명이기 때문이다. 이것도 나쁜 목적론이다.

반면 위에서 소개한 공학의 기능론과 진화생물학의 기능론은 목적 또는 기능을 끌어들이면서도 인과론에 충실하다. 남자의 질투 기제에 대해 진화심리학자들은 "아내의 자궁을 되도록 독점하기 위해"라는 목적론적 설명을 내놓는다.

여기까지만 보면 나쁜 목적론으로 보일 수도 있다. 하지만 "과거에 질투를 해서 아내의 자궁을 되도록 독점하려고 했던 남자가 그렇지 않았던 남자에 비해 자궁 독점 덕분에 더 잘 번식했기 때문에 질투 기제가 자연선택으로 진화했다"라는 식으로 설명을 구체화하면 적어도 형식적으로는 좋은 목적론 또는 과학적 목적론이다. 자연선택을 끌어들인 이런 설명이 얼마나 옳은지는 객관적으로 검증해야겠지만 인과론적 설명을 위한 기본 구조를 갖추었기 때문이다. 목적에 맞는 구조가 왜 존재하는지 파헤칠 생각도 하지 않거나 요정을 끌어들여 설명하는 것보다는 훨씬 낫다.

성욕을 두고 "종 보존 본능(species preservation instinct, 종족 보존 본능)"이라고 말하는 것을 여러 곳에서 보았다. 이것은 무슨 뜻인가? 여기에서 종 보존 본능은 성욕의 효과를 말한 것인가, 기능을 말한 것인가? 만약 단순히 효과를 말한 것이라면 틀린 말이 아니다. 성욕이 있으면 종 보존에 도움이 된다. 하지만 이것은 성욕의 기원에 대한 설명이 아니다. 그냥 성욕에 그런 효과가 있다고 말한 것일 뿐이다.

만약 종 보존 본능이 성욕의 기능이라는 말을 하고 싶었다면 얘기가 달라진다. 과거에 성욕이 종 보존이라는 효과를 발휘했기 때문에 자연선택으로 성욕이 진화했다는 뜻이다. 또는 과거에 성욕이 종 보존이라는 효과를 발휘했기 때문에 성욕이 퇴화하지 않았다는 뜻이다. 21세기 진화생물학계의 전반적 의견에 따르면 이것은 틀린 말이다. 성욕이 진화한 이유는 또는 성욕이 퇴화하지 않은 이유는 성욕이 유전자 복제 또는 개체 번식에 도움이 되었기 때문이지 종 보존에 도움이 되었기 때문이 아니다.

다. 고전적 합리성과 생태적 합리성: 강간은 합리적인가 또는 정상인가

강간이 합리적인가, 아니면 비합리적인가? 강간은 정상인가, 아니면 비정상인가? 강간이 합리적이거나 정상이라고 말하는 것을 두고 여성혐오적 발언이라고 비판할 페미니스트가 많을 것 같다. 어떻게 강간이 합리적 행동일 수 있나? 어떻게 강간이 정상적 행동일 수 있나? 그들은 이렇게 반문할 것이다. 이런 질문에 제대로 답하기 위해서는 우선 합리성/비합리성, 정상/비정상의 의미부터 명확히 해야 한다. 어떻게 정의하느냐에 따라 답이 달라질 수 있기 때문이다. 합리성은 여러 가지 의미로 쓰인다. 정상의 기준은 여러 가지다.

고전적 합리성(classical rationality)과 생태적 합리성(ecological rationality)을 대비하는 것이 도움이 될 것 같다. 고전적 합리성이 20세기 주류 경제학에서 중대한 역할을 해 온 합리적 선택 이론(rational choice theory)을 가리키기도 하지만, 여기에서는 수백 년, 수천 년 전으로 거슬러 올라가서 "고전적"이라는 단어를 쓸 것이다. 고전적 합리성을 진리 개념과 관련지어서 쓸 수 있다. 진리 또는 합리성 개념은 인식론이나 과학철학에서도 쓰이지만 때로는 도덕철학에서도 쓰인다. 인식론적 합리성은 칸트의 순수 이성과 비슷하고, 도덕철학적 합리성은 칸트의 실천 이성과 비슷하다고 보면 될 것 같다.

인식론은 세상을 정확히 이해하는 것과 관련 있다. 우선 세상을 제대로 이해하는 것이 가능한지 따져야 한다. 제대로 이해하는 것이 가능하다고 믿는 인식론자들은 어떻게 해야 세상을 되도록 정확히 이해할 수 있는지 살핀다. 인식론적 회의론(epistemological skepticism)은 세상을 정확히 이해하는 것이 불가능하다고 보는 입장이다. "진리"는 빛 좋은 개살구일 뿐 실제로 추구할 수 있는 것이 아니다. 양자역학이나 점성술이나 세상에 대한 주관적 의견에 불과하다는 점에서 거기서 거기다. 그렇다면 세상을 이해하는 합리적 방식을 정립하려는 시도는 무의미하다. 객관론(objectivism)은 여러 의미로 쓰이는데 여기에서는 인식론적 회의론에 대립하는 입장을 인식론적 객관론(epistemological objectivism)이라고 부르겠다. 인식론적 객관론자는 합리적 방법론을 통해 진리에 가까워질 수 있다고 본다.

자연과학계에서는 인식론적 객관론이 지배한다. 물리학자들이 과학적 방법론을 통해 정립한 양자역학이 인식론적 측면에서 볼 때 점성술사들의 점성술 이론(?)보다 우월하다고 본다. 상대성 이론이 뉴턴 물리학보다 우월한 이론임이, 즉 진리에 더 가까운 이론임이 충분히 입증되었다고 본다. 나는 인식론적 객관론자다. 과학자들의 방법론이 대체로 합리적이라고 생각한다. 반면 미신, 종교, 사이비과학의 소위 "진리 추구" 방식은 비합리적이라고 생각한다. 인식론적 객관론자들은 합리적 방법론을 통해 진리 추구가 가능하다고 본다. 진리 개념을 명시적으로 쓰기를 거부하더라도 대략 비슷한 것을 염두에 둔다. 이것이 인식론적 측면에서 본 고전적 합리성이다.

도덕철학적 입장을 가리키는 용어에는 도덕적 절대론(moral absolutism), 도덕적 허무론(moral nihilism), 도덕적 실재론(moral realism), 도덕적 주관론(moral subjectivism), 도덕적 상대론(moral relativism), 도덕적 회의론(moral skepticism), 도덕적 보편론(moral universalism), 도덕적 객관론(moral objectivism) 말고도 많이 있다. 게다가 학자마다 그 의미를 다르게 쓰기도 하기 때문에 대단히 복잡하고 헷갈린다. 여기에서는 이 중에서 도덕적 객관론과 도덕적 주관론을 내 나름대로 대충 정의해 보겠다.

도덕철학에서는 무엇이 도덕적으로 옳고 그른지 따진다. 도덕적 객관론에 따르면 객관적 "도덕 진리"가 있으며 합리성을 통해 도덕적 진리에 가까워질 수 있다. 인식론적 객관론자가 사실의 영역에 객관적 진리가 있다고 보는 것과 마찬가지로 도덕적 객관론자는 당위의 영역에 객관적 진리가 있다고 본다. 인식론적 객관론자가 합리성을 통해 "사실에 대한 진리"에 다가갈 수 있다고 보는 것과 마찬가지로 도덕적 객관론자는 합리성은 통해 "당위에 대한 진리"에 다가갈 수 있다고 본다. 반면 도덕적 주관론자는 세상에 도덕적 진리 따위는 없으며 개인의 도덕적 취향 또는 도덕적 입장이 있을 뿐이라고 생각한다. 나는 도덕적 주관론자다. 근본적인 수준에서는 무엇이 도덕적으로 옳은지 합리성을 통해 가릴 수 없다고 본다. 하지만 도덕철학에서도 합리성을 어느 정도 적용할 수 있으며 적용해야 한다고 본다. 도덕적 객관론자라면 고전적 합리성이 인식론에 적용되는 정도로 도덕철학에 적용된다고 볼 것이다. 도덕적 주관론자라면 도덕철학 문제에 고전적 합리성이 적용되는 데에는 커다란 한계가 있다고 볼 것이다.

생태적 합리성은 어떻게 하면 현상을 정확히 해명할 수 있는지를 따지지도 않고 무엇이 도덕적으로 옳은지를 따지지도 않는다. 합리성을 전혀 다른 방식으로 정의한다. 어떤 수단이 어떤 목적의 달성에 얼마나 효율적이고 효과적인지를 따진다. 어떤 수단이 합리적인지 여부는 목적을 무엇으로 상정하는지에 따라 다르다. 러닝머신 위에서 달리는 것은 합리적인가? 만약 장소 이동이 목적이라면 대단히 비합리적이다. 반면 다이어트가 목적이라면 상당히 합리적일 수 있다. 진화학자들의 주된 관심 중 하나는 자연선택이다. 자연선택 이론을 목적론적으로 해석할 때 유전자 복제 또는 개체 번식이 목적으로 상정된다. 진화심리학적 맥락에서 생태적 합리성을 따질 때는 생각, 느낌, 감정, 행동, 심리기제가 유전자 복제 또는 개체 번식에 얼마나 도움이 되는지 살펴본다. 여기에서 환경이 매우 중요하다. 겁이 많아서 다른 동물을 보고 도망갈 때가 많은 토끼가 있다고 하자. 토끼의 이런 심리나 행동은 합리적인가? 토끼를 잡아먹는 맹수가 많은 환경에서는 합리적이다. 반면 순한 초식동물만 사는 환경에서는 비합리적이다. 강간은 합리적인가? 인식론적 합리성 개념에 비추어 볼 때 이 질문은 무의미하다. 강간은 진리 추구를 위한 행동이 아니기 때문이다. 도덕철학적 합리성의 측면에서 보면 어떨까? 칸트 같은 도덕적 객관론자라면 이 질문이 유의미하다고 볼 것이다. 그리고 합리성 또는 이성에 비추어 보아 나름대로 곰곰이 생각해 본 이후에 "합리적이다" 또는 "비합리적이다"라는 답을 내 놓을 것이다. (거의) 모든 칸트주의자들이 강간은 비합리적이라는 판결을 내릴 것 같다. 칸트주의자의 입장에서 볼 때 "강간은 비합리적이다"와 "강간은 부도덕한 행위다"는 비슷한 말이다. 나는 도덕적 주관론자다. 따라서 나는 "강간은 합리적인가?"라는 질문이

도덕철학의 측면에서 무의미하다고 본다. 나는 고전적 합리성 개념에 비추어 볼 때 "강간은 합리적인가?"라는 질문이 무의미하다고 생각한다.

그렇다면 생태적 합리성에 비추어 본다면 어떨까? 진화심리학자들은 과거 환경에서 남자가 강간을 함으로써 유전자 복제 또는 개체 번식을 잘 할 수 있었는지 여부를 따진다. 강간을 통해 여자를 임신시킬 수 있다. 그러면 남자는 번식 이득을 본다. 하지만 강간을 하다가 여자의 남편, 아버지, 오빠로부터 보복을 당할 수 있으며 평판이 떨어질 수 있다. 그러면 남자는 번식 손해를 본다. 따라서 강간 자체를 상정해 놓고 합리적인지 여부를 따지는 것은 별로 의미가 없다. 어떤 패턴의 강간은 대체로 번식에 도움이 되기 때문에 합리적일 것이다. 다른 패턴의 강간은 대체로 번식에 해를 끼치기 때문에 비합리적일 것이다. 또한 같은 패턴의 강간이라 하더라도 환경에 따라 합리성 여부가 달라질 수 있다.

어쨌든 일부 진화심리학자들은 생태적 합리성 개념에 비추어 볼 때 강간이 합리적일 수 있다고 본다. 적어도 특정한 패턴의 강간은 합리적일 수 있다고 본다. 또는 그런 패턴을 만들어내는 심리기제가 합리적일 수 있다고 본다. "강간이 합리적이다"라는 말에 분노하는 사람이 많을 것이다. 그들은 왜 분노하는가? 그들의 생각은 대략 이런 것 같다.

강간은 나쁘다.
합리성은 좋다.
그런데 진화심리학자들은 때로는 강간이 합리적일 수 있다고 말한다.
진화심리학자들은 강간이 좋다고 생각하기에 합리적이라고 말하는 것이다.
그러니 어찌 분노하지 않을 수 있나?

이런 식의 추론(?)의 문제점은 영역 또는 교권(敎權, magisterium)을 함부로 넘나든다는 점에 있다. "강간은 나쁘다"는 도덕적 영역의 판단이다. 진화심리학자들이 강간을 두고 합리적이라고 말할 때는 도덕적 판단을 내리는 것이 아니다. 유전자 복제라는 목적에 비추어 볼 때 강간이라는 수단이 도움이 된다는 이야기일 뿐이다.

생태적 합리성을 범죄자의 행동에 적용해 보자. 이 때 범죄자의 목적은 범죄를 통해 이득을 챙기면서도 경찰한테 잡히지 않아서 처벌을 면하는 것이라고 하자. 생태적 합리성에 비추어 볼 때 범죄자가 어떻게 행동하는 것이 합리적인지를 범죄학자가 연구하기도 한다. 그래야 범죄자의 행동을 잘 예측해서 검거 확률을 높일 수 있기 때문이다. 이것을 두고 다음과 같이 추론(?)하는 것이 말이 되나?

> 범죄는 나쁘다.
> 합리성은 좋다.
> 그런데 범죄학자들은 특정한 패턴의 범죄가 합리적이라고 말한다.
> 범죄학자들은 범죄가 좋다고 생각하기에 합리적이라고 말하는 것이다. 그러니 어찌 분노하지 않을 수 있나?

범죄에 생태적 합리성 개념을 적용하면 범죄를 더 잘 이해할 수 있기에 범죄를 더 잘 예방하고 범죄자를 더 잘 검거할 수 있다. 마찬가지로 강간을 더 잘 예방하고 강간범을 더 잘 검거하기 위해서는 강간을 하는 남자의 심리와 행동을 더 잘 이해해야 한다. 일부 진화심리학자들은 그러기 위해 생태적 합리성을 강간에 적용한다고 이야기한다.

물론 그런 공익적 목적을 염두에 두지 않더라도 생태적 합리성을 강간에 적용하는 것은 이론적으로 흥미로운 일이다. 누구는 강간을 당해서 지옥 속에서 살고 있는데 그것을 이론적 흥미의 대상으로 삼는 것에 기분 나빠할 사람이 있을지도 모르겠다. 그런 사람이라면 과학적 흥미 또는 이론적 흥미 때문에 암 연구를 하는 생리학자도 비난해야 할 것이다. 누구는 암 때문에 지옥 속에서 살고 있는데 이론적 흥미 때문에 암 연구를 하다니. 암 연구는 오직 암 치료라는 고상한 목적을 위해서만 해야 하는데 말이다.

강간 연구든 암 연구든 범죄 연구든 한 가지 분명한 점이 있다. 연구 동기가 이론적 흥미 때문이든 공익을 위한 것이든 연구 방식이 과학적이어야 대체로 정확한 연구 결과로 이어진다. 그리고 정확한 연구에 바탕을 두어야 강간 관련 정책이든, 암 예방법이든, 암 치료법이든, 범죄 관련 정책이든 대체로 나은 결과로 이어질 것이다. 아무리 고상한 목적으로 무장했더라도 현상을 제대로 해명하지 못해서 엉터리 이론에 바탕을 둔 정책을 펼친다면 재앙으로 이어질 수 있다.

진화심리학자들만 강간에 생태적 합리성 개념을 적용하는 것은 아니다. 얼핏 보면 안 그럴 것 같지만, 많은 페미니스트들이 강간에 생태적 합리성 개념을 적용한다. 다만 상정하는 목적이 다르고 "합리성"이라는 용어를 명시적으로 언급하지 않을 때가 많을 뿐이다. 진화심리학계에서는 남자가 어떻게 강간해야 유전자 복제를 최대화할 수 있는지를 따진다. 즉 유전자의 복제(유전자의 재생산 reproduction) 또는 개체의 번식(reproduction)이 목적으로 상정된다. 반면 페미니스트들은 남자가 어떻게 강간해야 여성 억압을 잘 할 수 있는지를 따진다. 즉 여성 억압(또는 가부장제 재생산)이 목적으로 상정된다. 일부 진화 심리학자들이 "남자는 여자를 임신시켜서 번식을 도모하기 위해 강간한다"라는 식의 목적론적 설명을 내 놓는다면, 일부 페미니스트들은 "남자는 여자에게 굴욕감을 안겨 줌으로써 여성 억압을 도모하기 위해 강간한다"라는 식의 목적론적 설명을 내 놓는다. 일부 진화심리학자들이 강간이 유전자 복제에 효과적인 전략이라고 본다면, 일부 페미니스트들은 강간이 여성 억압에 효과적인 전략이라고 본다.

강간이 유전자 복제라는 목적 또는 여성 억압이라는 목적에 효과적이라는 면에서 좋은 전략 또는 합리적 전략인지 여부는 실증적으로 따져야 할 것이다.

하지만 "좋은 전략" 또는 "합리적 전략"이라는 말에서 "좋은" 또는 "합리적"이라는 단어에 집착하면서 진화심리학 또는 페미니즘이 강간을 정당화한다고 비판한다면 완전히 헛다리짚은 것이다.

이번에는 정상성(normality) 개념에 대해서 살펴보자. 강간은 정상인가? "정상"을 "도덕적으로 바람직함"으로 정의한다면 사실상 모든 이들이 강간이 비정상이라고 볼 것이다. 하지만 진화심리학자들은 그런 식으로 "정상"을 정의하지 않는다. 어떤 형질이 자연선택을 통해 인류 표준(또는 남자 표준, 여자 표준, 아기 표준, 사춘기 남자 표준)으로 자리 잡을 때 정상이라고 말한다. 일부 진화심리학자들은, 강간하는 것에 전문화된 심리기제가 남자들의 표준으로 자리 잡았다고 본다. 이것을 "강간 실행 기제"라고 부르자. 만약 강간 실행 기제 가설이 옳다면, 그리고 어떤 남자의 강간 실행 기제가 고장 나지 않은 상태로 작동하여 강간을 했다면, 어떤 의미에서는 그 강간이 정상이라고 말할 수 있을 것이다.

강간이 정상이라는 말에 분노하는 사람은 "정상" 개념과 "도덕적으로 바람직함"을 동일시하는 듯하다. 하지만 위에서도 지적했듯이 진화학적 맥락의 정상성은 도덕적 바람직함과는 상관이 없다. 어떤 형질이 유전자 복제 또는 개체 번식에 도움이 되었기에 자연선택 과정에서 다른 형질들을 모두 밀어내고 인류 표준으로 자리 잡았다는 말일 뿐이다.

만약 강간 실행 기제 가설이 옳다면, 정상적인 강간 실행 기제는 과거 환경에서 유전자 복제에 도움이 될 만한 강간 행동을 하도록 만드는 경향이 있었을 것이다. 돌연변이가 생겨서 남자가 다른 면에서는 다 정상인데 강간 실행 기제만 고장 난 형태로 발달한다고 하자. 그 남자의 강간 실행 기제는 희한하게 생겨서 어떤 상황에서도 강간을 하지 않도록 만든다고 하자. 이것은 비정상적 강간 실행 기제다. 남자 표준으로 자리 잡은 정상적 강간 실행 기제와는 매우 다르기에 비정상이다. 하지만 내가 보기에는 도덕적으로는 그 남자가 정상적인 강간 실행 기제를 장착한 남자들보다 더 바람직하다. 나는 "상황에 따라서는 강간을 하는 것"보다는 "어떤 상황에서도 강간을 절대 하지 않는 것"이 도덕적으로 더 바람직하다고 본다.

⟨참고문헌⟩

「The classical conception of rationality」, Monika Walczak, 『The Paideia archive: twentieth World Congress of Philosophy』, 1998.

「Ecological rationality」, ⟨Wikipedia⟩.

「Ecological rationality and its contents」, Peter M. Todd, Laurence Fiddick & Stefan Krauss, 『Thinking and Reasoning』, 2010.

「Ethical subjectivism」, ⟨Wikipedia⟩.

「Moral universalism」, ⟨Wikipedia⟩.

「Philosophical skepticism」, ⟨Wikipedia⟩.

「Rational choice theory」, ⟨Wikipedia⟩.

라. 합리적 이성과 비합리적 감정?

불교적 세계관에 따르면 모든 인간의 마음속에는 부처가 있어서 진정한 깨달음을 얻을 수 있는 잠재력이 있다. 하지만 오욕칠정이 그것을 가로막는다. 오욕은 재물욕(財物慾), 명예욕(名譽慾), 식욕(食慾), 수면욕(睡眠慾), 색욕(色慾)을 말하며, 칠정은 희(喜, 기쁨), 노(怒, 분노), 애(哀, 슬픔), 낙(樂, 즐거움), 애(愛, 사랑), 오(惡, 미움), 욕(欲, 욕망)을 말한다. 이것은 기독교적 세계관과 통하는 면이 있다. 영혼은 신의 형상에 따라 창조되었다. 그런데 육욕이 영혼을 교란하여 인간의 생각이 혼탁해진다. 좀 더 현대적으로 표현하자면, 감정이나 욕망이 이성이나 합리성을 가로막는다.

예쁜 여자가 옆에 있으면 남자는 수학 문제를 잘 못 푼다. 여자에 대한 욕망이나 감정이 이성의 작동을 방해한다고 해석할 수 있을 것이다. 성욕 때문이든 분노 때문이든 몹시 흥분하면 차분하고 냉정하게 생각하기 힘들다. 그러면 진리 추구에 방해가 된다. 고전적 합리성에 비추어 볼 때 감정은 장애물로 작용할 때가 많다. 예로부터 여자가 남자보다 비합리적이라고 생각하는 이들이 많았다. 여자가 남자에 비해 동물적이며 감정적이기 때문에 이성이 부족하다고 보았다. 여기에도 감정이 이성이나 합리성의 대척점에 있다는 생각이 깔려 있다. 20세기 심리학자들은 인간이 온갖 방면에서 인지 편향(cognitive bias), 사고 왜곡, 자기기만에 빠진다는 점을 실험과 관찰을 통해 설득력 있게 보여주었다. 이런 현상을 "소망적 사고(wishful thinking)"로 설명하기도 한다. 소망이 생각을 왜곡한다는 것이다.

생태적 합리성 개념을 인간 심리에 적용하면 어떨까? 먼저 생존에 대해 살펴보자. 자연선택은 기본적으로 번식 경쟁이지 생존 경쟁이 아니다. 물론 생존이 번식에 도움이 될 때가 많다. 일단 자신이 생존해야 자신의 자식을 남길 가능성이 대체로 높기 때문이다. 하지만 항상 그런 것은 아니다. 때로는 부모가 자신의 목숨을 희생하면서 자식을 구하는 것이 자기 자신의 번식에 도움이 된다.

마찬가지로 자연선택은 기본적으로 번식 경쟁이지 진리 경쟁이 아니다. 물론 진리 추구가 번식에 도움이 될 때가 많다. 자신과 주변 사람들과 주변 환경에 대해 정확히 알수록 그 지식에 바탕을 두고 번식에 유리한 행동을 선택할 수 있다. 뱀에 독이 있다는 것을 안다면 독사에 물려서 죽는 사태를 피할 가능성이 높다. 따라서 인간이 많은 경우에 정확한 지식을 추구하도록 진화했으리라 기대할 만하다.

하지만 진리 추구가 때로는 번식에 방해가 된다. 당장 섹스를 할 기회가 생겼는데 남자가 진리 추구를 위해 열심히 생각만 하고 있다면 섹스 기회를 날릴 가능성이 높아진다. 예쁜 여자 옆에서 남자가 수학 문제를 잘못 푸는 현상은 이런 식으로 생태적 합리성을 끌어들여 설명할 수 있다. 쫄쫄 굶고 있는 상황에서 맛있는 음식이 앞에 있는데 세상의 이치에 대해 심사숙고하느라 먹지 않는 인간은 원시 환경에서 생존율이 떨어졌을 것이다. 근처에 사자가 있을 때는 진리 추구보다는 당장 자신과 가족의 목숨을 지키는 일에 집중하는 것이 자신의 몸속에 있는 유전자의 복제에 도움이 된다.

게다가 자기기만이 번식에 도움이 될 수도 있다. 자신의 능력과 인간성을 어느 정도 과장하면 우정 시장이나 결혼 시장에서 인기를 끌어올릴 수 있다. 도덕적 논쟁이 벌어질 때 자신이나 자기편에 유리한 방향으로 실상을 왜곡하면 논쟁 승리에 도움이 될 수 있다. 따라서 상황에 따라 인간이 자기기만에 빠지도록 진화했다고 해도 그리 이상할 것이 없다. 고전적 합리성에 비추어 볼 때는 자기기만이 비합리적이지만 생태적 합리성에 비추어 볼 때는 때로는 합리적일 수 있다.

진화심리학 이전에는 철학자들과 심리학자들이 주로 고전적 합리성에 비추어 보면서 인간 심리에 대해 고찰했다. 그러면서 인간의 비합리성을 한탄했다. 진화심리학자들이 생태적 합리성 개념을 끌어들이면서 인간이 의외로 합리적이라는 점을 깨닫게 되었다. 인간이 진화했던 과거 환경에서 어떤 식으로 생각하고 느끼고 행동하면 더 잘 번식할 수 있을지에 대해 고려해 보면 비합리성을 가리키는 온갖 사례들에 합리성이 숨어있음을 깨달을 수 있다.

아내가 바람을 피웠을 가능성이 높다는 것을 의미하는 중대한 정보를 접한 남자는 질투 감정에 사로잡힌다. 그런 남자는 차분하게 수학 문제를 풀기 힘들다. 남자는 다른 방면에서 정보를 수집하려 한다. "아내의 외도"와 관련되는 것 같은 과거 기억을 자신도 모르게 뒤지게 된다. 아내가 바람을 피우고 있는지 여부를 더 정확히 알아내는 것은 과거 환경에서 남자의 번식에 매우 긴요했을 것이다. 그렇기 때문에 남자는 질투 상황에서 아내의 외도와 관련된 정보를 수집하도록 진화했다는 가설을 세워 볼 수 있을 것이다. 미적분을 잘 해야 인기 대학에 갈 수 있다. 위상수학이나 상대성 이론에 대해 깊이 숙고하는 것이 수학계나 물리학계에서 출세할 수 있는 길이다. 하지만 이런 것들은 원시 사회의 번식과는 상관없는 일이었다. 아내가 바람을 피우는 것 같으면 그에 대한 정보를 열심히 수집하는 것이 번식에 도움이 되었을 것이다.

복수심은 합리적인가? 자식을 죽인 원수에게 통쾌하게 복수했다고 해서 죽은 자식이 살아 돌아오는 것은 아니다. 이것은 영화에 흔히 등장하는 대사다. 과거의 사건은 복수의 성공 여부에 영향을 받지 않는다. 이런 면에서 복수는 낭비로 보인다. 그렇다면 복수심은 비합리적인가? 좀 더 생각해 보면 복수심의 합리성이 눈에 들어온다. 복수는 미래와도 관련이 있다. 무슨 일을 당해도 복수를 하지 않는 사람은 만만해 보인다. 반면 당한만큼 꼭 돌려주는 사람은 만만하지 않다. 남들에게 봉으로 보이면 온갖 방면에서 손해를 볼 수 있다. 이런 이유 때문에 복수심이 진화했다면 복수심이 그렇게 비합리적인 것은 아니다.

〈참고문헌〉

「Why interacting with a woman can leave men "cognitively impaired"」, Daisy Grewal, 「Scientific American」, 2012.

마. 기성 사회학의 기능 개념에 대한 불만

많은 사회학자들이 기능을 두 가지로 분류한다. 하나는 이로운 쪽이며 긍정적 기능(positive function) 또는 순기능(eufunction)이라고 부른다. 다른 하나는 해로운 쪽이며 부정적 기능(negative function) 또는 역기능(dysfunction)이라고 부른다. 이로움/해로움에 대해 판단하기 위해서는 기준이 필요한데

학자마다 제각각이다. 사회 구성원의 욕구 만족이 기준일 수도 있고, 사회의 유지 또는 번성 또는 조화가 기준일 수도 있고, 도덕적 가치가 기준일 수도 있다. 도덕적 가치가 기준이라면 사람마다 기준이 상당히 다를 수 있다.

조폭의 사례를 따져보자. 만약 조폭 구성원들의 욕구가 기준이라면 갈취, 폭행, 살인, 강간, 마약 판매 등으로 구성원들의 금전적 욕구, 성적 욕구, 보복 욕구 등을 만족시킬 수 있으니까 조폭의 행태를 순기능으로 분류할 수 있을 것이다. 하지만 조폭에게 당하는 사람들의 입장에서 보면 그것은 역기능일 것이다. 착취, 억압, 마약 등에 반대하는 도덕적 입장에서 보더라도 역기능일 것이다. 이렇게 같은 현상이라 하더라도 기준에 따라 순기능으로 분류될 수도 있고 역기능으로 분류될 수도 있다. 페미니스트라면 가부장제 이데올로기가 재생산되는 것을 가족의 역기능이라고 보겠지만 "남자는 하늘"을 외치는 사람이라면 순기능으로 볼 것이다.

나는 사회의 어떤 제도, 관습, 문화가 어떤 효과들을 발휘하는지 연구하고 그것을 특정 기준에 따라 순기능과 역기능으로 분류하는 것이 무의미하다고 생각하지 않는다. 특히 도덕적 기준에 비추어 보아 순기능과 역기능을 분류하는 것은 실천적으로 큰 의미가 있다. 자신이 지지하는 도덕 체계에 비추어 볼 때 어떤 사회 제도가 더 나은지를 가릴 수 있기 때문이다. 도덕 체계가 비슷한 사람들이 모였다면 순기능과 역기능에 대한 연구에 바탕을 두고 합리적 토론을 통해 어떤 사회 제도가 더 나은지 평가할 수 있을 것이다.

하지만 이런 식의 기능론은 어떤 사회 제도가 존재하는 이유와 그 사회 제도의 형태가 왜 그런지에 대한 인과론적 설명이 아니다. 이런 식으로 기능 개념 쓰는 학자라면 자신의 연구가 제도의 기원을 설명하는 데 있지 않음을 명시할 필요가 있다. 그러지 않으면 혼동을 일으킬 수 있다. 진화생물학이나 진화심리학을 연구할 때 효과와 기능을 구분하는 것이 중요하다는 점을 위해서 언급한 적 있다. 사회학에서도 마찬가지다. 기능 개념을 끌어들일 때 그것이 단순히 효과를 기술(description, 서술)하려는 것인지 아니면 진화학자들의 기능 개념처럼 기원을 설명하려고 하는 것인지 명확히 해야 한다.

많은 사회학자들이 기능 개념을 쓰면서 단순히 효과를 기술하는 것에서 멈추지 않는다. 그들은 명시적이든 암묵적이든 목적론적 설명을 시도한다. 어떤 사회 현상의 기원을 설명하려 하는 것이다. "가족의 기능은 사회구성원의 재생산이다"라는 명제를 제시하면서 "가족에는 사회구성원의 재생산이라는 효과가 있다"라는 주장만 하는 것이 아니라 "사회구성원의 재생산을 위해 가족이 존재한다", "사회구성원의 재생산이라는 목적(기능)이 가족의 기원을 설명해 준다"라는 주장까지 하는 셈이다. 이런 식으로 목적 또는 기능을 끌어들여 설명하고 싶다면 자신이 목적론적 설명을 시도한다는 점을 명시적으로 밝히는 것이 좋다. 그런데도 많은 사회학자들이 기능 개념을 쓰면서 효과에 대한 기술일 뿐인지 목적론적 설명인지 명시적으로 밝히지 않아서 혼란을 부추기는 것 같다.

그리고 목적론적 설명을 의도했다면 그것이 어떤 인과론적 골격을 갖추었는지도 명시하는 것이 좋다. 그냥 목적론만 제시하고 그것을 인과론적으로 풀어쓰지 못한다면 나쁜 목적론이라는 의심을 받아도 싸다. "가족의 기능은 사회구성원의 재생산이다"라고 말하면서 목적론적 설명을 의도했다면, "사회구성원의 재생산"이라는 기능이 원인으로 작용하여 어떤 인과 사슬을 거쳐서 "가족의 존재와 구조"라는 결과로 이어졌는지 명시하는 것이 좋다. 공학의 기능 개념에서는 지적 설계(intelligent design) 즉 "뇌에서 이루어지는 정보 처리"가 그런 인과 사슬의 핵심이다. 진화생물학의 기능 개념에서는 자연선택에 의한 설계가 그런 인과 사슬의 핵심이다.

사회구성원의 재생산이라는 기능이 가족의 존재 이유를 설명해준다고 이야기하면서도 어떤 인과 사슬도 제시하지 않는다면, 인과론의 기본 골격도 제시하지 않으면서 인과론이라고 우기는 셈이다. 나는 많은 사회학자들의 기능론에는 이런 문제가 있다고 생각한다. 물론 진화심리학자들의 목적론적 설명이 옳은지 여부는 험난한 실증 과정을 통해서 가려야 한다. 하지만 실증을 따지기에 앞서 인과론의 기본 골격을 갖추었는지부터 살펴야 한다. 진화심리학자들의 기능론은 적어도 인과론의 기본 골격을 갖추었다. 그들이 기능론적 가설을 제시할 때는 이런 식으로 자연선택이 일어나서 저런 심리기제가 만들어졌다고 말한다. 만약 사회학자가 다음과 같이 생각한다면 이것은 제대로 된 인과론이 아니다.

가족은 사회구성원을 재생산하는 효과를 발휘한다.
나는 사회가 존속했으면 좋겠다고 소망한다.
그래서 가족이 존재한다.

사회학자가 "사회가 존속했으면 좋겠다는 나의 희망이 가족을 만들어냈다"라고 믿는다면 대단한 과대망상이다.
아래와 같이 신, 악마, 요정을 끌어들여도 현대 과학계에서는 나쁜 목적론이라는 평가를 받는다. 이런 설명을 받아들이는 21세기 과학자는 없다고 봐도 무방하다.

가족은 사회구성원을 재생산하는 효과를 발휘한다.
신은 사회가 존속했으면 좋겠다고 소망한다.
그래서 신이 가족을 설계했다.

소방서의 기능은 무엇인가? 소방서의 기능이 "화재 시 불을 끄고 인명을 구조하는 것"이라고 말할 수 있을까? "화재 시 불을 끄고 인명을 구조하는 것"은 소방서의 기원에 대해 설명해 주는 걸까? 그것은 왜 소방서가 존재하는지 설명하고 왜 소방서의 구조가 그런지 설명할 수 있을까? 나는 그렇다고 생각한다.

인간에게는 자신과 사랑하는 사람의 인명과 재산을 보호하고자 하는 욕망이 있다. 그리고 화재가 일어날 때 어떻게 해야 효과적으로 불을 끄고 인명을 구조할 수 있는지에 대해 상당히 정확히 알 수 있을 정도로 인간은 상당히 똑똑하다. 인간은 불을 잘 끄고 인명을 잘 구할 수 있도록 소방서를 설계할 수 있다. 따라서 사회를 구성하는 수많은 인간들의 뇌 속에 있는 "화재 시 불을 끄고 인명을 구조하기"에 대한 생각(목적)이 원인이 되어 소방서의 설계라는 결과로 이어질 수 있다. 나는 실제로도 이런 이유 때문에 소방서가 존재한다고 생각한다. 인간이 "시각 알리기"라는 목적을 염두에 두고 시계를 설계해서 만들듯이 "화재 시 불을 끄고 인명을 구조하기"라는 목적을 염두에 두고 소방서를 설계해서 만든다는 얘기다. 이것은 기능론이자 목적론이자 인과론적 설명이다. 이런 인과론적 설명에서 지적 설계가 핵심 역할을 한다. 시계가 기계 공학의 영역에 있다면 소방서는 사회 공학의 영역에 있다. 기계 공학이든 사회 공학이든 공학자들은 어떤 목적에 도움이 되는 구조를 설계한다.

다시 가족의 기능에 대한 논의로 돌아가 보자. 사람들이 사회구성원 재생산이라는 목적을 염두에 두었기 때문에 가족을 이루면서 사는 걸까? 사람들이 "내가 가족을 이루면서 자식을 낳아 기르지 않으면 사회가 조만간 사라지겠군"이라는 걱정 때문에 결혼을 하고 자식을 낳나? 그런 사람이 있더라도 대단히 드물 것이다. 누군가 사회 유지라는 목적을 염두에 두고 "인간은 결혼을 해야 한다"라는 생각을 사람들에게 심어주었나? 그랬을 것 같지도 않다.

사람들이 결혼을 하는 주된 이유는 다른 곳에 있다. 사랑하는 사람과 한 집에서 살고 싶어서, 사랑스러운 자식을 같이 키우고 싶어서, 결혼을 안 하면 다른 사람들이 보는 시선이 안 좋아서, 부모가 결혼을 해야 재산을 물려준다고 해서. 그렇다면 사회구성원 재생산은 가족의 효과일 뿐이지 기능은 아니다. 이것은 종 보존이 성욕의 효과일 뿐이지 기능은 아닌 것과 마찬가지다.

진화심리학자들은 가족이 존재하는 이유를 "사회구성원을 재생산하기 위해"

라는 식으로 설명하지 않는다. 여자가 남자와 결혼해서 자식을 낳아 기르는 이유는 무엇인가? 원시 사회에서 자식을 혼자 키웠던 여자에 비해 남편의 도움을 받아서 같이 키웠던 여자가 더 잘 번식했기 때문에 여자의 연애 감정이나 질투가 진화했다고 본다. 또한 가족을 이루어서 아내와 자식을 돌보는 "아빠 전략"도 썼던 남자가 섹스만 하고 자식을 전혀 돌보지 않는 "카사노바 전략"만 썼던 남자에 비해 더 잘 번식했기 때문에 남자의 연애 감정, 질투, 부성애가 진화했다고 진화심리학자들은 생각한다.

인간 가족은 남자의 연애 감정, 여자의 연애 감정, 남자의 질투, 여자의 질투, 부성애 등이 상호작용하여 나타나는 결과일 뿐이다. 여기에서 모성애를 빼먹은 이유는 인간 가족에서 모성애가 하찮다고 생각하기 때문이 아니라 인간 가족과 침팬지 가족의 차이를 부각하기 위해서다. 인간 가족은 대개 어머니, 아버지, 자식으로 이루어져 있다. 반면 침팬지나 오랑우탄의 가족은 어머니와 자식으로만 이루어져 있다. 부성애는 찾아보기 힘들다.

많은 사회학자들이 기능 개념을 쓸 때 유기체에 비유한다. 그들은 흔히 기능론자라고 불린다. 위에서는 "기능에 대한 연구" 또는 "기능 개념을 끌어들인 이론"이라는 의미로 기능론이라는 용어를 썼는데 여기에서는 갈등론(conflict theory)과 대비되는 학파를 가리키는 의미로 기능론이라는 용어를 썼으니 주의해야 한다. 굳이 용어를 만들어내자면, "효과-기능론"은 사회의 제도, 관습, 문화의 효과를 기술하며, "목적-기능론"은 기능 개념을 끌어들여 목적론적 설명을 시도하며, "유기체-기능론"은 갈등론과 대비되는 학파다. 기능론자는 조화와 협동에 초점을 맞추는 반면 갈등론자는 경쟁과 갈등에 초점을 맞춘다.

사회를 유기체에 비유하는 기능론자들의 주장은 대략 이렇다. 인간이라는 유기체의 심장, 허파, 간과 같은 기관들이 서로 긴밀하게 협동하여 유기체의 생존과 번식에 기여하듯이 사회라는 유기체의 가족, 학교, 경찰, 정부, 소방서, 언어와 같은 제도, 관습, 문화들이 서로 긴밀하게 협동하여 사회의 유지 또는 번성 또는 조화에 기여한다. 여기에는 목적론적 설명이 깔려 있다. 유기체의 생존을 위해 심장이 존재하듯이 사회의 유지를 위해 가족이 존재한다는 식이다. 유기체(동물 개체)보다는 개미나 흰개미의 군락(colony)에 비유하는 것이 더 적절할지도 모른다. 인간 사회가 많은 인간들로 이루어져 있듯이 개미 군락도 많은 개미들로 이루어져 있다. 그런데 군락은 놀랍도록 일사불란하다. 군락의 번식 성공(군락의 번식 가능 개체의 번식 성공)을 위해 그렇게 일사불란하게 행동한다고 해석하는 것이 생물학계의 대세다. 개미 군락을 초유기체(superorganism)이라고 부르기도 한다.

군락이 그렇게 놀라운 조화와 협동을 보여주는 이유는 무엇인가? 일꾼(worker)은 번식할 수 없다(예외가 있기 때문에 여기에서 제시한 것보다 더 복잡한 논의가 필요하다). 그렇다면 번식 가능한 수컷(drone)과 차세대 여왕(queen)을 위해 봉사하는 것이 그들이 자신의 유전자를 후세에 전달할 수 있는 유일한 길이다. 왜 일꾼이 번식을 하지 않도록 또는 번식을 하지 못하도록 진화했는지에 대해서도 설명해야 더 온전한 설명이 될 것이다. 개미의 경우에는 단수배수성(haplodiploidy, 반수배수성)이라는 독특한 번식 체계를 끌어들여 설명하기도 하지만 이런 설명은 단수배수성 번식 체계가 아닌 흰개미에는 적용되지 않는다. 그리고 단수배수성이 어떤 역할을 했다면 왜 단수배수성이 진화했는지도 해명해야 더 온전한 설명이 될 수 있다. 번식 개체와 비번식 개체로 나뉘어져 놀라울 정도로 조화로운 집단을 이루는 것을 진사회성(eusociality)이라고 하는데 여기에서 진사회성의 진화에 대해 깊이 파헤칠 수는 없다. 궁금하다면 〈참고 문헌〉에 소개된 논문들에서 시작하는 것도 괜찮을 것 같다.

많은 사회학자들이 인간 사회를 유기체 또는 초유기체에 비유하지만 여기에는 심각한 문제가 있다. 사회를 구성하는 수많은 인간들이 "신체를 구성하는 심장이나 허파"처럼 또는 "군락을 구성하는 일개미"처럼 전체를 위해 일방적으로 희생할 것이라고 기대하기는 힘들다. 심장에 있는 유전자는 스스로 복제하여 다음 세대로 이어질 수 없다. 정자나 난자를 통해서만 그것이 가능하다. 이것은 일꾼에 있는 유전자가 번식 가능한 형제(sibling, 동기同氣)를 통해서만 다음 세대로 이어질 수 있는 것과 마찬가지다. 따라서 심장이 몸 전체를 위해, 일꾼이 군락 전체를 위해 봉사하도록 자연선택에 의해 진화하기 십상이다.

반면 인간은 일개미와는 달리 스스로 번식할 수 있다. 따라서 사회 전체를 위해 일방적으로 희생하도록 진화하리라 기대하기 힘들다. 여기에서 유기체 또는 초유기체를 끌어들인 비유가 무너진다. 암과 같은 특수한 예외 상황이 아니라면, 심장은 허파와 갈등을 빚거나 경쟁하지 않는다. 일벌이 같은 군락에 소속된 수벌과 갈등을 빚거나 경쟁하지 않는다고 봐도 거의 무방하다. 고도의 협동과 조화가 지배한다. 반면 인간은 다른 인간과 온갖 방면에서 경쟁하고 투쟁한다. 이런 차이를 번식 이해관계로 설명할 수 있다는 것이 진화심리학계의 의견이다.

그리고 과학적 설명을 위해서는 비유에 만족해서는 안 된다. 비유를 통해 가설을 위한 아이디어를 얻을 수 있겠지만 제대로 된 과학 이론으로 인정받기 위해서는 인과 사슬을 명시하고 검증해야 한다.

〈참고 문헌〉

「Eusociality」, 〈Wikipedia〉.

「Haplodiploidy and the evolution of eusociality: split sex ratios」, Andy Gardner, João Alpedrinha & Stuart A. West, 『The American Naturalist』, 2012.
「Haplodiploidy and the evolution of eusociality: worker reproduction」, João Alpedrinha, Stuart A. West & Andy Gardner, 『The American Naturalist』, 2013.

「Haplodiploidy and the evolution of eusociality: worker revolution」, Andy Gardner, João Alpedrinha & Stuart A. West, 『The American Naturalist』, 2013.

「Structural functionalism」, 〈Wikipedia〉.

바. 군대, 교복, 강간의 기능은 무엇인가: 갈등론자의 기능론과 공유지의 비극

위에서는 가족의 기능에 대한 기능론자의 목적론적 설명에 대해 살펴보았다. 그런데 갈등론자도 목적론적 설명을 시도할 때가 많다. 그들이 기능이라는 용어를 명시적으로 쓰든 안 쓰는 기능론자의 목적론과 상당히 흡사하다. 기능론자는 "가족의 기능은 사회구성원 재생산이다"와 같은 순기능에 집중하는 반면 갈등론자는 "가족의 기능은 가부장제 이데올로기 재생산이다"와 같은 역기능에 초점을 맞춘다는 차이가 있긴 하다. 기능론자는 사회 전체, 국가 전체 또는 국민 전체를 위한 기능에 집중하는 반면 갈등론자는 특정 집단(남자들, 지배 계급, 자본가 계급, 백인)을 위한 기능에 집중한다.

군대의 기능은 무엇인가? 기능론자는 외부의 적으로부터 국가와 국민을 보호하는 것이라고 말한다. 갈등론자는 노동자, 농민, 노예와 같은 피지배 계급의 반란 즉 내부의 적으로부터 지배 계급을 보호하는 것이라고 한다. 나는 둘 다 일리가 있는 설명이라고 본다. 그리고 여기에 목적론을 끌어들이는 것도 일리가 있다고 본다.

다른 나라와 전쟁을 해서 대패하게 되면 사회의 꼭대기에 있는 사람부터 밑바닥에 있는 사람까지 대체로 손해를 본다. 외국의 간첩이나 앞잡이 노릇을 해서 이득을 챙기는 이들도 있겠지만 전체 국민들 중에 소수일 수밖에 없다. 따라서 외적에 맞서 국가를 방어한다는 목적과 관련하여 대다수 국민들의 이해관계가 일치한다. 이런 이유 때문에 외적에 맞서기 위해 군대가 필요하다는 점에 대다수 국민들이 동의할 것이다. 이것은 화재에 맞서기 위해 소방서가 필요하다는 점에 대다수 국민들이 동의하는 것과 마찬가지다. 그렇기 때문에 소방서나 군대에 세금을 쓰는 것 자체에 시비를 거는 국민이 별로 없는 것이다. 나는 이런 광범위한 동의가 군대가 존재하는 이유를 설명해 준다고 생각한다. 그리고 군인들이 사과나 바나나가 아니라 총이나 칼을 들고 전투에 참여하는 이유를 설명할 때 지적 설계를 끌어들이는 것이 정당하다고 본다. "외적의 군사적 침략에 맞서 국가를 보호하는 것"이라는 목적에 대한 국민들의 광범위한 동의가 군대의 존재를 설명해 준다. 이런 면에서 기능론자의 목적론적 설명은 기본적으로 옳다.

하지만 이것이 전부는 아니다. 국가가 비민주적일수록 소수 지배자들이 국가를 좌지우지할 수 있다. 이것은 군대의 경우에도 마찬가지다. 이런 사회에서는 지배 계급을 형성하는 사람들 사이에서 "피지배자들의 반란에 맞서 군대를 동원해야 한다"라는 목적에 대한 광범위한 동의가 존재할 수 있다. 만약 국가가 매우 비민주적이고 지배 계급의 광범위한 동의가 막강한 힘을 발휘한다면 "피지배자들의 반란에 맞서 지배 계급의 이해관계를 보호하는 것"이라는 목적이 군대의 존재와 구조에 대한 원인으로 작용할 수 있을 것이다. 이런 면에서 군대에 대한 갈등론자의 목적론적 설명에도 일리가 있을 때가 있다고 본다. 매우 비민주적인 국가라 하더라도 외적의 침략에 맞서야 한다는 전체 국민의 광범위한 동의가 없는 것은 아니다. 따라서 "외적의 침략에 맞서 국가를 보호하는 것"과 "피지배 계급의 반란에 맞서 지배 계급을 보호하는 것"이라는 두 가지 목적이 공존할 수 있을 것이다. 물론 이런 목적론적 설명이 얼마나 옳은지는 실증을 통해 검증해야 할 것이다. 어쨌든 목적론적 설명이 인과론의 기본 골격을 갖추었다는 점만큼은 인정해야 할 것이다.

교복의 기능은 무엇인가? 박남일의 『어용사전: 국민과 인민을 구별하지 못하는 사람을 위한 철학적 인민 실용사전』을 소개하는 글에는 교복에 대한 다음과 같은 구절이 있다.

> 저자는 '교복'을 학생에게는 굴레, 부모에게는 헛돈인 반면에 자본가들에겐 돈줄이고 국가에는 통제수단이 되는 것으로 정의한다. '스승'은 학교라는 상부 구조 영역의 고용인으로서 체제 유지의 이데올로기를 충실하게 전파하는 사람들로 규정한다.

교복에서 학생다움을 보려는 사람들이 있다. 정답이 있을 수 없는 학생다움을 기껏 복장으로나 판단하려는 얄팍한 수작이다. 저자 말마따나 요즘의 훌륭한 스승은 경쟁에서 이기는 법을 가르쳐 출세와 성공으로 인도하는 사람이다.
(「전경련 왈, '약육강식 자본주의'는 '조화 자본주의'」)

교복이 "부모에게는 헛돈인 반면 자본가들에게는 돈줄"이란다. 만약 교복 제도 하에서도 교복이 없을 때처럼 사복을 사는 데 돈을 많이 쓴다면 부모가 교복 비용을 추가로 부담해야 한다. 또한 자본가는 사복도 팔아먹고 교복도 팔아먹으니 교복이라는 제도가 돈줄이 될 수 있다. 하지만 학생들이 교복을 엄청나게 많은 시간 동안 입고 다닌다는 점을 고려해 볼 때, 교복 덕분에 대다수 학부모들이 사복 비용을 많이 절약할 것 같다. 이와 관련된 체계적 연구를 본 적은 없지만 많은 사람들이 교복 덕분에 학부모들이 자식들의 의복에 돈을 덜 쓰게 된다고 믿는다. 만약 실제로도 그렇다면 교복은 전체적으로 볼 때 자본가들의 돈줄에 오히려 방해가 된다.

하지만 정부는 86년 하반기 교복 착용 여부를 학교장 자율에 맡긴다. 사복을 입은 학생들이 탈선행위를 한다거나 고가의 사복을 구매하면서 가계 부담이 증가한다는 지적이 나왔기 때문이다.
(「[한국의 장수 브랜드] 50년간 회사 5번 바뀌어도 한우물…'힙합 교복' 만든 엘리트」)

교복이 "국가에게는 통제수단"이라고 했는데 여기에는 국가가 자본가를 위해 국민을 통제한다는 생각이 깔려 있는 것 같다. 군인에게 군복을 입혀서 복종 정신을 주입하듯이 학생에게 교복을 입혀서 복종 정신을 주입한다는 말인 것 같다. 자본가에게 잘 복종하는 노동자로 키우기 위해 교복을 입힌다는 얘기일 것이다.

위 인용문의 "탈선행위"에 대한 구절에서도 볼 수 있듯이 많은 교사들과 학부모들은 교복을 입힘으로써 술, 담배, 유흥업소 출입과 같은 탈선을 줄일 수 있다고 믿는다. 그리고 교복을 입히면 외모 치장에 신경을 덜 쓰게 된다고 믿는다. 상식적으로 생각해 볼 때, 이런 믿음은 현실을 어느 정도 반영하는 것 같다. 중고등학생이 교복을 입고 있으면 남들이 보는 앞에서 술, 담배를 하기는 더 부담스러워진다.

교복의 기능은 무엇인가? 국가 또는 자본가에게 더 잘 복종하도록 만드는 것인가? 아니면 딴 짓 안 하고 학교 공부를 열심히 하도록 만드는 것인가? 군대의 기능을 따질 때와 마찬가지로 여기에는 "얼마나 민주적인 국가인가"라는 문제가 달려 있다. 만약 지독하게 비민주적인 국가라면 순전히 국가의 지배자들 또는 자본가 계급의 의지에 따라 교복을 입힐지 여부가 결정될 것이다. 민주화된 국가일수록 학부모, 교사, 학생의 의견이 더 큰 영향을 끼칠 것이다. 21세기 대한민국은 상당히 민주화된 국가다. 따라서 학부모들 대다수가 못마땅하게 생각한다면 교복 제도가 유지되기 힘들 것이다.

교복과 관련하여 대다수 학부모들이 원하는 것은 무엇인가? 교복을 통해 자기 자식에게 복종 정신을 주입하여 미래에 자본가들에게 매우 순종적인 노동자가 되길 바라나? 그런 사람은 거의 없을 것 같다. 대다수 학부모들이 원하는 것은 중고등학교를 다니는 자식이 학교 공부를 열심히 해서 인기 대학 나와서 출세하는 것이다. 그리고 교복이 이런 면에서 도움이 된다고 믿기 때문에 교복 제도를 지지하는 것 같다. 나는 이것이 21세기 대한민국에서 교복 제도가 유지되는 중대한 이유라고 생각한다.

만약 복종 정신을 주입하는 것이 목적이라면 조기 교육을 위해 초등학생 때부터 교복을 입히는 것이 효과적일 것이다. 하지만 대한민국에서 초등학생은 교복을 의무적으로 입지 않는다. 탈선을 막고 학교 공부에 집중하도록 한다는 목적을 고려하면 초등학생에게는 왜 교복을 입히지 않는지 상당히 잘 설명된다. 중고등학생과 비교하면 초등학생이 술, 담배를 하는 경우는 매우 드물다. 게다가 초등학생은 굳이 교복을 입히지 않더라도 남들 앞에서 술, 담배를 하기가 힘들다. 아주 어리다는 것이 뻔히 보이기 때문이다. 반면 고등학생이 사복을 입으면 성인과 구분이 잘 안 될 때가 많다.

여기에서 "의도된-기능"과 "실제-기능"을 구분하는 것이 의미가 있다. 대다수 학부모들이 자식이 탈선하지 않고 학교 공부를 열심히 하기를 바란다고 하자. 그리고 대다수 학부모들이 교복이 탈선 방지와 학교 공부에 도움이 된다고 믿는다고 하자. 이 때문에 교복 제도가 유지되는 것이라면 "딴 짓 안 하고 학교 공부를 열심히 하도록 만들기"가 교복의 의도된-기능이다. 이것은 교복의 존재 이유를 설명해 준다.

만약 교복이 학교 공부에 실제로 상당한 도움이 된다면 "딴 짓 안 하고 학교 공부를 열심히 하도록 만들기"는 교복의 실제-기능이기도 하다. "화재 시 불을 끄고 인명을 구조하기"가 소방서의 의도된-기능인 동시에 실제-기능이라는 점은 명백하다. 소방서가 없을 때와 비교할 때 "화재 시 불을 끄고 인명을 구조하기"에 큰 도움이 된다. 굳이 연구할 필요도 없다. 반면 교복이 학교 공부에 얼마나 도움이 되는지는 그렇게 명백하지 않다. 따라서 의도된-기능이라는 점이 설사 명백하더라도 체계적인 연구를 하기 전에는 실제-기능이라고 단정해서는 안 될 것이다.

교복의 기능이 순종적인 노동자를 재생산해내는 것이라고 보는 이들은 이것이 교복의 의도된-기능인 동시에 실제-기능이라고 믿는 것 같다. 대한민국처럼 상당히 민주화된 국가에서 국가의 지배자들 또는 자본가 계급이 그런 의도를 품었다 하더라도 그런 의도를 담은 교복 제도를 사회에 강요할 수 있는지 의문이다. 게다가 교복이 실제로 복종 정신을 주입히는 상당한 효과를 발휘하는지도 의문이다.

강간의 기능은 무엇인가? 일부 페미니스트들은 "가부장제 재생산 또는 여성 억압을 위해 남자가 여자를 강간한다"라고 주장한다. 이것은 목적론적 설명이다. 기능이라는 용어를 명시적으로 쓰든 안 쓰든, 강간의 기능(목적)이 가부장제 재생산 또는 여성 억압이라고 보는 것이다.

페미니스트들은 남자들 전체로 이루어진 집단과 여자들 전체로 이루어진 집단을 상정할 때가 많다. 마르크스주의자들이 자본가들 전체로 이루어진 자본가 계급과 노동자들 전체로 이루어진 노동자 계급을 상정하는 것과 비슷하다. 가부장제 재생산이 강간의 기능이라고 보는 페미니스트들은 남자가 강간을 통해 여자에게 굴욕감을 줌으로써 가부장제가 재생산된다는 식으로 주장한다. 그리고 가부장제가 재생산되면 남자는 온갖 이득을 얻는다. 남자가 가부장제 유지라는 대의를 위해 강간을 한다는 설명이다.

공유지의 비극(tragedy of the commons)이나 용의자의 딜레마(prisoner's dilemma, 피의자의 딜레마, 죄수의 딜레마)를 살펴봄으로써 이런 설명의 문제점을 깨달을 수 있다.

혼란을 피하기 위해 잠시 "대의"라는 단어에 대해 이야기하고 넘어가야겠다. 국어사전에 따르면 "대의"는 "사람으로서 마땅히 지키고 행하여야 할 큰 도리"다. 여기에서는 그런 의미로 쓰지 않았다. 대의는 집단의 이익을 뜻하며 사익(개인의 이익)과 대비된다. 용의자의 딜레마에서는 범죄자 두 명으로 이루어진 집단이 상정된다. 여기에서 대의는 이 집단의 전체적 형량을 최소화하는 것이다. 죄를 지었다면 그 죄에 부합하는 형량을 선고받는 것이 사전적 의미의 대의에 맞겠지만 집단의 이익이라는 의미의 대의라면 형량 최소화가 대의일 수 있다. 마찬가지로 남자들 전체로 이루어진 집단이 가부장제로 이득을 얻는다면 가부장제를 유지 또는 강화하는 것을 대의라고 말할 수 있다. 자본가들의 대의와 노동자들의 대의가 매우 다를 수 있듯이 남자들의 대의와 여자들의 대의는 매우 다를 수 있다.

공유지의 비극과 용의자의 딜레마에서 대의와 사익이 충돌한다. 공유지의 비극에서는 다수로 이루어진 집단이 상정되는 반면 용의자의 딜레마에서는 두 사람으로 이루어진 집단이 상정되는 차이가 있다. 하지만 거기에 깔린 "논리"는 상당히 비슷하다. 여기에서는 공유지의 비극에 대해서만 살펴보겠다. 마을 사람들이 함께 쓰는 목초지가 있다. 여기에서 소에게 풀을 먹인다. 마을에 있는 모든 소들에게 풀을 실컷 먹이면 목초지가 고갈된다고 하자. 모두가 자기 집 소에게 풀을 실컷 먹이면 조만간 목초지가 고갈되어 마을에 있는 소들 대부분이 굶주리게 될 것이다. 그러면 모두가 손해를 본다. 따라서 목초지가 고갈되지 않도록 적당한 정도만 먹이는 것이 마을 전체로는 이득이다. 그런데 목초지가 매우 크고 소를 기르는 사람 수가 매우 많다면 개인의 결정이 목초지의 고갈 여부에 끼치는 영향은 매우 작다. 따라서 개인의 입장에서 보면 자기 집 소에게 실컷 먹이는 것이 좋은 전략이다. 그럼으로써 얻는 이득이 손해에 비해 크기 때문이다. 이런 식으로 공익이나 대의가 사익과 충돌한다. 사람들은 사익을 위해 공익을 희생하는 경향이 있기 때문에, 처벌과 감시가 없거나 부족한 상황에서는 목초지의 고갈이라는 공유지의 비극이 일어나기 쉽다.

"가부장제 유지를 위한 강간"의 경우에도 공유지의 비극을 적용할 수 있을 것 같다. 논의의 편의상 남자가 여자를 강간하면 가부장제의 유지에 도움이 된다고 가정하자. 하지만 남자 한 명이 가부장제의 유지에 끼치는 영향은 미미하다. 유권자 한 명의 투표가 대통령 선거 결과에 사실상 영향을 끼치지 못하는 것과 비슷하다. 남자가 강간을 하다가 들키면 처벌이나 보복을 당할 위험도 있고 평판도 떨어진다. 강간에는 비용이 따를 수 있다. 남자가 강간을 하다가 치를 수 있는 비용은 상당히 크다. 반면 남자 한 명이 강간을 통해 가부장제를 촉진함으로써 챙기는 이득은 미미하다. 만약 남자가 강간을 통해 얻는 것이 가부장제의 유지 또는 강화를 통해서 얻는 간접적 이득 밖에 없다면 강간은 밑지는 장사다.

약간 혼란스럽기 때문에 목초지 사례와 강간 사례에 대해 정리해 보겠다. 목초지 사례에서는 목초지 고갈을 막는 것이 대의다. 강간 사례에서는 가부장제의 유지 또는 강화가 대의다. 목초지 사례에서는 자기 집 소를 실컷 먹이는 것이 사익 추구다. 강간 사례에서는 강간을 자제함으로써 처벌 등을 피하는 것이 사익 추구다. 마을이 매우 크다면 자기 집 소를 실컷 먹여도 목초지 고갈에는 사실상 영향을 끼치지 않는다. 따라서 자기 집 소를 실컷 먹여서 얻는 사익이 자기 집 소를 덜 먹여서 목초지 고갈을 방지함으로써 얻는 사익보다 크다. 따라서 자기 집 소를 실컷 먹이는 이기적 행동이 사익 추구라는 기준으로 볼 때 합리적 전략이다.

사회가 매우 크다면, 남자 한 명이 강간을 아무리 열심히 하고 다녀도 가부장제 재생산에 끼치는 영향은 미미하다. 따라서 강간을 자제함으로써 얻는 사익(처벌, 보복, 평판 하락 등을 피할 수 있다)이 강간을 해서 가부장제를 강화함으로써 얻는 사익보다 크다. 따라서 강간을 자제하는 이기적 행동이 사익 추구라는 기준으로 볼 때 합리적 전략이다. 강간을 자제하는 것을 두고 "이기적"이라고 말하는 것이 황당해 보인다. 하지만, 강간을 통해 남자가 얻는 것이 가부장제의 유지 또는 강화로 얻는 간접적 이익 밖에 없다면 이런 식으로 묘사할 수 있다.

페미니즘에 오염되지 않은 사람들의 상식에 따르면 강간을 통해 남자가 주로 얻는 이득은 가부장제 강화가 아니라 성적 만족이다. 이것은 강간은 성욕과 무관하다는 일부 페미니스트들의 주장과 정면으로 충돌한다. 진화심리학의 세례를 받은 사람들은 강간을 통해 남자가 얻는 이득이 "여자를 임신시키기"라고 생각하기도 한다. 만약 남자의 심리에서 성욕이 매우 중요하다면 강간은 상당히 합리적 전략일 수 있다. 때로는 성적 만족이라는 이득이 처벌, 보복, 평판 하락이라는 비용보다 클 수 있기 때문이다. 만약 번식 경쟁에서 여자를 임신시키는 것이 매우 중요하다면 강간은 상당히 합리적 전략일 수 있다. 때로는 여자를 임신시켜서 얻는 번식 이득이 처벌, 보복, 평판 하락 등의 형태로 나타날 수 있는 번식 손해보다 클 수 있기 때문이다.

강간의 목적이 성적 만족 또는 임신시키기라는 목적론적 설명은 "사익을 추구하는 합리적 인간"을 상정해도 별 문제가 발생하지 않는다. 반면 강간의 목적은 성욕, 임신과는 무관하며 순전히 가부장제 강화라고 보는 페미니즘의 목적론적 설명이 성립하려면 공익(가부장제 강화를 통해 남자들 전체가 얻는 집단적 이익)을 위해 사익을 과감히 희생하는 매우 이타적인 인간을 상정할 필요가 있다.

인간이 그렇게 이타적이지는 않다고 보는 것이 상식이기도 하고 진화심리학계의 의견이기도 하다. 대다수 페미니스트들도 남자가 여자를 대할 때는 매우 이기적으로 행동한다고 생각하는 것 같다. 그렇다면 남자가 다른 남자들을 대할 때는 매우 이타적일까? 강간의 목적이 가부장제 유지라는 일부 페미니스트들의 설명이 성립하기 위해서는 남자들이 "남자들 전체로 이루어진 집단"을 위해 매우 자기희생적으로 행동한다고 가정해야 할 것 같다. 이런 면에서는 남자가 군락을 위해 매우 자기희생적으로 행동하는 일개미와 상당히 비슷하다는 것이다. 강간의 목적이 성적 만족이라는 상식적 설명과 강간의 목적이 임신시키기라는 진화심리학적 설명은 적어도 공유지의 비극이라는 문제에 부닥치지는 않는다. 반면 강간의 목적이 성욕, 임신과는 무관하며 가부장제의 강화라고 보는 일부 페미니스트들의 설명은 공유지의 비극이라는 난제를 해결해야 한다.

강간의 목적이 순전히 가부장제 재생산에 있다고 보는 페미니스트들은 영화 〈어벤져스: 인피니티 워〉에 등장하는 타노스 같은 희한한 악당을 가정하고 있다. 맬써스(Thomas Robert Malthus)주의자 타노스는 우주의 생명체 절반을 무작위로 죽임으로써 인구 문제를 해결하려 한다. 어떤 면에서 보면 그는 엄청난 대량 학살을 저지르는 악당이다. 하지만 그는 사익 추구를 위해 그러는 것이 아니다. 자신이 공익이라고 믿는 것을 위해 그런 짓을 저지르려 한다. 이런 면에서 그는 매우 이타적이며 자기희생적이다. 그는 자신이 추구하는 대의를 위해 사랑하는 딸까지 희생한다. 순전히 가부장제 강화를 위해 여자를 강간하는 남자는 타노스와 비슷한 "이타적 악당"이다. 대체로 인간은 그렇게 자기희생적이지 않다.

〈참고 문헌〉

「대의」, 〈표준국어대사전〉

「전경련 왈, '약육강식 자본주의'는 '조화 자본주의': [서평] 국민과 인민을 구별하지 못하는 사람을 위한 〈어용사전〉」, 정은균, 〈오마이뉴스〉, 2014년 5월 11일.

「[한국의 장수 브랜드] 50년간 회사 5번 바뀌어도 한우물…'힙합 교복' 만든 엘리트」, 문희철, 〈중앙일보〉, 2020년 1월 18일.

「Prisoner's dilemma」, 〈Wikipedia〉.

「Radical feminism on rape」, Igor Primorac, 「Journal for General Social Issues」, 1999.

「Tragedy of the commons」, 〈Wikipedia〉.

사. 적응과 부산물

어떤 심리 현상을 접할 때 진화심리학자들은 흔히 "적응인가, 아니면 부산물인가?"라는 질문을 던진다. 진화심리학자들이 적응과 부산물을 어떤 의미로 쓰는지 알아야 이 질문을 정확히 이해할 수 있다. 진화심리학자들이 쓰는 적응 개념은 진화생물학적 의미의 적응이다. 일상적 의미나 사회학적 의미와 비슷한 면이 있긴 하지만 확실히 구분할 필요가 있다.

적응을 이야기할 때 환경을 빼 놓을 수 없다. 신입 사원이 회사라는 낯선 환경을 접하는 경우에 대해 생각해 보자. 처음에는 회사의 물리적, 사회적 환경을 잘 몰라서 서툴게 행동하지만 시간이 흐르면서 점점 익숙해진다. 각 부서가 몇 층 어디에 있는지 몰라서 헤매기도 하던 사원이 이제는 건물 곳곳에 대해 빠삭하게 알게 된다. 동료 사원들의 성격, 관심사, 업무 능력을 파악하면서 점점 매끄럽게 회사 생활을 할 수 있게 된다. 일상적 의미의 적응은 이런 과정을 가리킨다.

자연선택은 생물이 자신이 처한 환경에 적응하는 과정이기도 하다. 여기에서 기준은 유전자 복제 또는 개체 번식이다. 해당 환경에서 유전자가 더 잘 복제되도록 하거나 개체가 더 잘 번식할 수 있도록 하는 형질이 자연선택된다. 이런 과정을 진화생물학에서는 적응이라고 부른다. 그리고 적응 과정으로 만들어진 산물도 적응이라고 부른다. 진화심리학계에서는 후자의 의미로 적응이라는 용어를 쓸 때가 많다. 어떤 심리기제가 과거 환경에서 유전자 복제 또는 개체 번식에 도움이 되었기 때문에 자연선택되었다면 그 심리기제는 적응이다. 어떤 심리기제의 특정한 측면이 과거 환경에서 유전자 복제 또는 개체 번식에 도움이 되었기 때문에 자연선택되었다면 그 특정한 측면도 적응이다. 적응은 자연선택의 직접적 산물이다.

적응을 하면 주체가 환경에 더 잘 대처하게 된다. 이것은 일상적 의미의 적응에도 진화생물학적 의미의 적응에도 적용된다. 하지만 둘 사이에는 차이가 있다. 일상적 의미의 적응은 한 사람의 일생 안에서 일어난다. 그리고 모종의 학습 과정이 그런 적응을 가능하게 한다. 반면 진화생물학적 의미의 적응은 여러 세대를 거쳐서 일어난다. 그리고 자연선택이 그런 적응을 가능하게 한다.

인간의 피는 빨간색이다. 왜 빨간색일까? 빨간색 자체가 과거 환경에서 인간 개체의 번식에 도움이 되었기 때문일까? 그렇지 않다고 보는 것이 진화학자들 사이에서는 대세다. 피의 기능 중 하나는 산소 운반이다. 그런데 척추동물의 피에서는 철이 산소 운반에 쓰인다. 반면 곤충의 피에서는 구리가 산소 운반에 쓰인다. 이런 이유 때문에 척추동물의 피는 빨간색이고 곤충의 피는 녹색이다.

과거 환경에서 피의 빨간색 자체가 척추동물의 번식에 도움이 되었고 피의 녹색 자체가 곤충의 번식에 도움이 되었기 때문에 피의 색이 서로 다른 것이 아니다. 어쩌다 보니 척추동물의 진화 과정에서는 철이 쓰이게 되었고 곤충의 진화 과정에서는 구리가 쓰이게 되었을 뿐이다. 그렇다면 피의 빨간색은 적응이 아니라 부산물 또는 부작용(副作用, side effect)이다.

국어사전에 따르면 "부작용"은 "어떤 일에 부수적으로 일어나는 바람직하지 못한 일"이다. 하지만 통상적으로 진화생물학에서 부작용이라는 용어를 쓸 때는 "바람직하지 못한"이라는 의미를 배제한다. 부작용은 번식에 도움이 될 수도 있고, 방해가 될 수도 있고, 별로 상관이 없을 수도 있다. 빨간색은 산소를 효과적으로 운반할 수 있는 적혈구의 구조에서 나온 파생물일 뿐이다. 빨간색 자체가 자연선택된 것이라면 빨간색도 적응이겠지만 그렇지 않다. 빨간색도 결국 자연선택의 산물이지만 직접적 산물이 아니라 간접적 산물이다.

그런데 전중환은 피의 빨간색이 적응이라는 참신한(?) 가설을 제시했다. 이것은 생물학계에서 정설로 통하는 설명과 충돌한다.

> 동물이든 식물이든 그 내부를 들여다보면 색깔다운 색깔은 거의 눈에 띄지 않는다. 물론 척추동물의 몸속을 흐르는 피를 예외로 들 수 있다. 그러나 피가 상처가 난 당사자에게 즉시 그 강렬한 핏빛을 드러내 사태가 얼마나 위급한지 알려 준다는 것을 살피면, 피의 검붉은 빛깔은 어떤 목적을 수행하기 위해 진화했음을 쉽게 추측할 수 있다.
> (『오래된 연장통』, 178쪽)

전중환은 인간을 비롯한 여러 동물들이 피를 빨간색으로 만들기 위해 무언가 생리적으로 투자한다고 추정하는 듯하다. 자신 또는 친족에게 "사태가 얼마나 위급한지 알려" 주려는 목적을 위해서 말이다. 전중환이 생물학계에서 상식으로 통하는 위의 설명을 몰라서 이렇게 쓴 걸까? 아니면 피의 빨간색이 적응이라는 주장을 담은 논문을 한 편이라도 본 걸까?

바둑, 체스, 바이올린, 양자역학, 위상수학, 자동차, 알파고, 우주왕복선 등은 적응인가, 부산물인가? 만약 과거 환경에서 바둑을 잘 두었던 우리 조상들이 그렇지 못했던 이들에 비해 바둑 실력 덕분에 더 잘 번식해서 바둑 두는 능력이 자연선택되었다면 바둑(또는 바둑 두는 능력, 바둑 기제)이 적응이라고 말할 수 있을 것이다. 하지만 그랬을 리 없다. 만약 과거 환경에서 자동차를 잘 만들었던 우리 조상들이 그렇지 못했던 이들에 비해 자동차 만드는 능력 덕분에 더 잘 번식해서 자동차 만드는 능력이 자연선택되었다면 자동차(또는 자동차 만드는 능력)가 적응이라고 말할 수 있을 것이다. 하지만 그랬을 리 없다. 바둑과 자동차는 부산물이다. 바둑이 어떤 심리기제들의 부산물인지 정확히 알려면 대단히 어려운 연구가 필요할 것이다. 몇 가지를 추정해 보자면, 바둑은 범용 학습 기제, 개념적 사고 기제, 시각 기제, 손 근육 조절 기제, 공간지각력 기제 등의 부산물일 것 같다.

자동차는 인간의 몸 밖에 있으니까 적응일 리 없고 당연히 부산물이라고 생각하는 사람도 있을 것 같다. 이렇게 생각하면 안 된다. 신체에 포함되는지 여부를 따져서 적응인지 가려서는 안 된다. 거미줄은 적응인가? 적응이라고 보는 것이 진화학계의 대세다. 과거 환경에서 사냥을 잘 할 수 있도록 거미줄을 만들었던 거미들이 그렇지 못했던 이들에 비해 잘 짜인 거미줄 덕분에 더 잘 번식했기 때문에 거미줄이 자연선택되었다고 보는 것이다. 자연선택은 신체 안에 있는 형질에만 영향을 끼치는 것이 아니다. 거미줄처럼 동물의 신체 밖에 있는 것도 자연선택으로 진화할 수 있다.

강간은 적응인가? 과거에 강간을 효과적으로 했던 우리 조상 남자들이 그렇지 못했던 이들에 비해 강간을 잘 한 덕분에 더 잘 번식했기에 강간 실행 기제가 자연선택된 걸까? 이에 대해 진화심리학자들의 의견이 여전히 분분하다.

한편에는 강간 실행 기제(또는 강간 행태)가 자연선택되었다고 추정하는 이들이 있다. 『A natural history of rape(강간의 자연사)』의 두 저자 중 한 명인 랜디 쏜힐(Randy Thornhill)이 대표적이다. 다른 한편에는 강간이 이런 저런 심리기제들의 부산물이라고 보는 진화심리학자들이 있다. 이 책의 다른 저자인 크레이그 파머(Craig T. Palmer)는 부산물 가설을 지지한다.

부산물 가설 지지자들은 이런 저런 선천적 심리기제들을 끌어들인다. 예컨대 남자에게 성욕 기제와 강제력 사용 기제가 진화했는데 이런 기제들이 함께 작용하여 때로는 강간을 하게 된다는 식으로 설명한다. 그런 설명이 옳다면 성욕 기제와 강제력 사용 기제는 적응인 반면 강간은 부산물 또는 부작용이다. 살인에 대해서도 의견이 갈린다. 데이비드 버스는 "살인 실행 기제"라고 이름 붙일 수 있는 적응이 진화했다고 보는 반면 그렇지 않다고 보는 진화심리학자들도 있다.

진화심리학자들은 "적응적(adaptive)"이라는 용어도 많이 쓴다. 얼핏 보면 "적응"과 "적응적"은 명사와 형용사라는 차이가 있을 뿐 사실상 같은 말 같다. 하지만 그렇지 않으니 주의해야 한다. "적응적"은 어떤 형질이 유전자 복제 또는 개체 번식에 도움이 된다는 뜻이다. "적응"은 과거 환경에서 대체로 적응적이었기에 자연선택된 형질을 뜻한다.

적응이 현재 환경에서도 적응적으로 작용하리라는 보장은 없다. 과거 환경과 현재 환경이 매우 다르다면, 과거 환경에서 대체로 적응적이었던 형질이 현재 환경에서는 매우 부적응적으로 작용할 수도 있다. 현대인들은 온갖 부적응적인 행동을 보인다. 젊고 건강한 사람이 자살하는 일이 상당히 많다. 대다수가 피임을 해서 자신의 번식 잠재력에 비해 훨씬 적은 자식을 낳거나 아예 낳지 않는다. 이런 행동들도 따지고 보면 여러 적응(자연선택으로 진화한 심리기제)들의 부산물이다. 그리고 그 적응들은 과거 환경에서 대체로 번식에 도움이 되었기 때문에 자연선택된 것들이다.

〈참고문헌〉

「부작용」〈표준국어대사전〉

「오래된 연장통: 인간 본성의 진짜 얼굴을 만나다」, 전중환, 사이언스북스, 2010(증보판).

「이웃집 살인마: 진화 심리학으로 파헤친 인간의 살인 본성(The murderer next door: why the mind is designed to kill)」, 데이비드 M. 버스 지음, 홍승효 옮김, 사이언스북스, 2006.

「A natural history of rape: biological bases of sexual coercion」, Randy Thornhill & Craig T. Palmer, MIT Press, 2000.

「Why do men rape? an evolutionary psychological perspective」, William F. McKibbin, Todd K. Shackelford, Aaron T. Goetz & Valerie G. Starratt, 「Review of General Psychology」, 2008.

아. 진화심리학은 범적응론인가

최종덕은 모든 것이 적응이라고 보는 적응만능주의는 문제가 있다고 지적한다. 데이비드 윌슨과 리처드 도킨스에 대해 비판하고 있지만 진화심리학도 겨냥하고 있다고 봐야 할 것이다. 그리고 "범적응론(panadaptationism)"과 "적응만능주의"가 동의어라고 봐도 될 것 같다.

그렇다면 적응으로서 진화를 설명하는 데이비드 윌슨을 다시 보기로 하죠. 그는 많은 진화생물학자들이 그러하듯이 진화의 현상을 전부 적응의 결과로 본단 말이죠. '다 그럴 만하니까 그러는 거다'라는 설명방식을 취한다면 어떤 현상도 적절한 설명을 만들 수 있을 거예요. 예를 들어 사람이 거짓말을 하는 현상도 진화론적으로 다 그럴 만하니까 거짓말하게 적응되었다는 식으로 설명하려는 태도를 말합니다. 이런 태도를 저는 적응만능주의라고 불러요. 저는 적응이 진화의 중요한 메커니즘이기는 하지만 그것이 모든 진화를 설명할 수 있다는 것은 지나친 일반화의 과욕이라고 생각합니다.
(『찰스 다윈, 한국의 학자를 만나다』, 207쪽)

진화론의 다양한 해석들 중에서 우리에게 잘 알려진 것이 도킨스와 윌슨의 책들일 겁니다. 저는 그런 입장이 마치 진화론 전체의 입장인 양 이야기되고 있다는 점을 조금은 반성해야 한다고 생각해요. 물론 그들의 입장이 주류이긴 하지만요. 그들의 입장은 모든 건 다 적응된 결과라는 거죠. 우리의 형질이나 성격도 적응된 결과이고, 우리의 코가 이렇게 높은 것도, 머리카락 색깔이 검은 것도, 손가락이 다섯 개인 것도 생명진화의 적응 결과라는 거예요. 이렇게 전부 적응주의로 진화론을 설명하는 태도죠. 그런 설명이 부분적으로는 맞긴 하지만, 모든 인간의 형질들을 적응주의의 결과로 설명하는 것은 과도한 해석이에요.
(『찰스 다윈, 한국의 학자를 만나다』, 406쪽)

진화심리학자와 최종덕이 이 문제에 대해 대화를 나눈다면 대략 다음과 비슷할 것 같다.

최종덕: 진화심리학계에서는 모든 것을 적응으로 보는데 이런 적응만능주의에는 심각한 문제가 있습니다.

진화심리학자: 그렇지 않아요. 동성애가 적응이라는 가설을 에드워드 윌슨이

제시한 적 있지만 진화심리학계에서 사실상 폐기되었어요.

최종덕: 진화심리학계에서는 모든 것을 적응으로 보는데 이런 적응만능주의에는 심각한 문제가 있습니다.

진화심리학자: 그렇지 않아요. 콘돔 사용이 적응적이라고 주장하는 진화심리학자가 없는 것은 아니지만 진화심리학계를 이끌고 있는 코스미디스 & 투비는 현대 복지 사회에서 콘돔을 사용하여 자식을 아예 낳지 않거나 1, 2명만 낳는 것이 지극히 부적응적이라고 주장합니다.

최종덕: 진화심리학계에서는 모든 것을 적응으로 보는데 이런 적응만능주의에는 심각한 문제가 있습니다.

진화심리학자: 그렇지 않아요. 양자역학, 위상수학, 알파고, 달착륙선, 바둑, 피아노가 자연선택의 직접적 산물인 적응이라고 주장하는 진화심리학자는 없어요.

최종덕: 진화심리학계에서는 모든 것을 적응으로 보는데 이런 적응만능주의에는 심각한 문제가 있습니다.

진화심리학자: 그렇지 않아요. 살인이나 강간과 관련하여 적응 가설을 지지하는 진화심리학자도 있지만 부산물 가설을 지지하는 진화심리학자도 있습니다.

최종덕: 진화심리학계에서는 모든 것을 적응으로 보는데 이런 적응만능주의에는 심각한 문제가 있습니다.

진화심리학자: 그렇지 않아요. 종교와 관련하여 적응 가설을 지지하는 진화심리학자도 있지만 부산물 가설을 지지하는 진화심리학자도 있습니다.

최종덕: 진화심리학계에서는 모든 것을 적응으로 보는데 이런 적응만능주의에는 심각한 문제가 있습니다.

진화심리학자: 그렇지 않아요. 진화심리학계에서는 언어 학습 기제가 적응이라고 보는 것이 대세지만 "아버지", "father"와 같이 언어권마다 다른 단어까지 적응이라고 주장하는 진화심리학자는 없습니다.

최종덕: 진화심리학계에서는 모든 것을 적응으로 보는데 이런 적응만능주의에는 심각한 문제가 있습니다.

진화심리학자: GG.

최종덕만 진화심리학자나 진화심리학에 친화적인 진화생물학자를 겨냥하여 범적응론이라고 비판한 것은 아니다. 영어권 학자들이 한 말을 되풀이했을 뿐이다. 특히 스티븐 제이 굴드(Steven Jay Gould)가 이 방면으로 유명하다. 코스미디스 & 투비는 진화심리학을 범적응론이라고 비판한 굴드에 대해 이렇게 썼다.

특히, 우리가 (회고적인 팡글로스주의자retrospective panglossian일지도 모르지만) 팡글로스적 범적응론자(panglossian panadaptationist)[『캉디드』의 등장인물 팡글로스는 안경을 위해 인간의 코가 오뚝하게 생겼다고 설명했다-

위험한 진화심리학 177

옮긴이]이며, 진화에 대한 중립 이론들(neutral theories)을 모르거나 우리의 연구에 사용하지 않으며, 부산물 가설들을 결코 고려하거나 검증하지 않으며, 부산물이나 제한(constraint)이 존재하며 그런 것이 유기체의 설계 어디에나 있다는 것을 모르며, 진화에서 흔히 작용하는 우발성(contingency)에 현혹되며[우발적으로 생긴 것을 자연선택으로 생긴 적응이라고 착각한다는 말인 듯하다-옮긴이], "검증할 수 없기"에 "비과학적"인 사후적 그럴 듯한 이야기(post hoc just so stories)를 지어내는 데 시간을 보내고 있다고, 굴드가 특별히 주장한다는 것을 영어를 읽을 수 있는 사람이라면 누구나 알 것이다. (「Letter to the Editor of The New York Review of Books on Stephen Jay Gould's "Darwinian Fundamentalism"(June 12, 1997) and "Evolution: The Pleasures of Pluralism"(June 26, 1997)」)

코스미디스 & 투비는 같은 글에서 다음과 같은 존 메이너드 스미스(John Maynard Smith)의 말을 인용했다. 메이너드 스미스는 굴드가 너무 한심하기에 학문적 논쟁과 관련해서는 그냥 무시하는 것이 상책이라고 썼다.

세계적인 진화생물학자들 중 한 명인 존 메이너드 스미스는 최근에 NYRB[The New York Review of Books]에서 스티븐 제이 굴드에 대한 날카롭게 대립하는 평가들에 대해 이렇게 요약했다: "그는 뛰어난 에세이들 때문에 생물학자가 아닌 사람들에게는 탁월한 진화 이론가로 여겨지게 되었다. 이와는 대조적으로, 내가 그의 저작에 대해 이야기해 본 진화생물학자들은, 그의 생각이 너무나 혼란스러워서 신경 쓸 가치가 거의 없지만, 적어도 창조론자들에 맞선 싸움에서 우리 편에 있기 때문에 공개적으로 비판해서는 안 된다고 보는 경향이 있다." (NYRB, 1995년 11월 30일, 46쪽).
(「Letter to the Editor of The New York Review of Books on Stephen

Jay Gould's "Darwinian Fundamentalism"(June 12, 1997) and
"Evolution: The Pleasures of Pluralism"(June 26, 1997)」

코스미디스 & 투비는 굴드가 의식적으로 사기를 치고 있다고 생각한다.

굴드의 글을 읽는 독자들 중 극소수만이 원래 출처를 실제로 들추어 볼 것이며, 나머지 모두는 따뜻한 인정으로 넘치고 믿을 만해 보이는 그의 페르소나 (persona, 가면)를 신뢰할 것이기 때문에, 역설적이게도 그가 무슨 주장을 하든 폭로될 가능성이 없이 안전하다는 것을, 엄청나게 인기 있는 작가인 그는 의식하고(conscious) 있다. 그는 이런 절연(insulation)을 파괴적인 효과가 나타나도록 이용한다. (굴드의 독자들 중 그의 이야기에만 노출된 99%처럼) 대화 중 한 쪽 편이 하는 말만 듣게 되는 사람이라면 누구나, 예컨대 굴드가 왜 그런 말을 했는지를, 그라이스(Herbert Paul Grice)적 의미에서 말이 되도록 만들기 위해[그라이스는 대화 격률(maxims of conversation)을 제시했다-옮긴이], 그 대화의 다른 쪽 편이 한 말이 무엇이었을지 자동적으로 재구성해낸다. 문학과 삶은, 듣는 사람들이 대화 내용 중에서 자기가 한 말만 들을 수 있다는 것을 알고 있는 비양심적인 사람이 그 상황을 이용해서 대화에 참여하는 다른 사람의 의견과 행위에 대해 완전히 잘못된 상을 조작해내는 사례들로 가득 차 있다.
(Letter to the Editor of The New York Review of Books on Stephen Jay Gould's "Darwinian Fundamentalism"(June 12, 1997) and "Evolution: The Pleasures of Pluralism"(June 26, 1997)」

학자 치고는 굴드의 지적 능력이 많이 떨어져서 "진화심리학은 범적응론이다" 라는 식의 말도 안 되는 이야기를 끝없이 반복했는지, 초인적 자기기만 능력(?)

때문에 그런 식으로 생각했는지, 의식적으로 사기를 쳤는지 여부를 내가 알 수도 없고 알 바도 아니다. 어쨌든 진화생물학과 진화심리학에 대해 조금만 공부해도 진화심리학이 범적응론과는 너무나 거리가 멀다는 것을 알 수 있는 데도 저명한 진화생물학자라는 굴드가 그런 말을 끝없이 되풀이한 것은 희한한 일이다. 의식적으로 사기를 쳤다는 의심을 받아도 싸다.

인간의 심리, 사회, 문화와 관련된 현상을 볼 때 진화심리학자들이 "적응인가, 아니면 부산물인가?"라는 질문을 던지고 그에 관련된 가설을 세우는 일이 많다. 하지만 어떤 경우에는 부산물임이 너무 확실하기 때문에 그에 대한 논문을 쓸 생각도 안 한다. 진화심리학자들이 부산물임이 확실하다고 생각하는 것들을 조금만 나열해 보겠다. 자동차, 자동차 운전, 컴퓨터, 컴퓨터 프로그래밍, 컴퓨터 게임, 우주왕복선, 알파고, 양자역학, 상대성 이론, 위상수학, 집합론, 바둑, 체스, 바이올린, 피아노, 경찰서, 소방서, 필로폰, 담배, SNS. 진화심리학자들은 아주 아주 아주 많은 것들을 적응 가설이 아니라 부산물 가설로 설명한다.

진화심리학자들이 이런 것들을 아무리 많이 나열해도 굴드나 최종덕 같은 이들은 진화심리학이 범적응론이라고, 부산물 가설을 무작정 무시한다고 비판한다. 강간이 적응인지, 살인이 적응인지에 대해 진화심리학계 내부에서 의견이 분분하다. 하지만 굴드나 최종덕 같은 이들은 진화심리학자들이 부산물 가설은 무시하고 적응 가설에만 목을 맨다고 비판한다.

진화심리학자들이 다른 학파들에 비해 적응 가설을 더 많이 지지하는 것은 사실이다. 대다수 진화심리학자들은 남자의 질투 기제, 여자의 질투 기제, 친족 인식 기제, 모성애 기제, 부성애 기제, 형제애 기제, 근친상간 회피 기제, 외모 평가 기제 등이 자연선택의 직접적 산물인 적응이라고 본다. 반면 여러 학파에서 이런 것들이 부산물이라고 본다. 이런 면에서 진화심리학은 상대적으로 적응론파이며 진화심리학에 적대적인 여러 학파들은 상대적으로 부산물론파다. 이것은 진화심리학이 다른 학파들에 비해 상대적으로 선천론을 선호하는 것과 일맥상통한다. 하지만 상대적으로 적응론이나 선천론을 많이 받아들인다고 해서 범적응론이나 생물학 결정론인 것은 아니다. B가 A보다 상대적으로 이기적이고 부도덕하다고 해서 B가 곧 사이코패스라고 결론 내려서는 안 되는 것은 아닌 것과 마찬가지다.

〈참고문헌〉

『찰스 다윈, 한국의 학자를 만나다』, 최종덕 지음, 휴머니스트, 2010.

「Cooperative principle」, 〈Wikipedia〉.

「Letter to the Editor of The New York Review of Books on Stephen Jay Gould's "Darwinian Fundamentalism"(June 12, 1997) and "Evolution: The Pleasures of Pluralism"(June 26, 1997)」, John Tooby & Leda Cosmides, 1997.

『A natural history of rape: biological bases of sexual coercion』, Randy Thornhill & Craig T. Palmer, MIT Press, 2000.

자. 진화심리학과 충돌하는 현상이 존재할 수 있나

진화심리학으로 설명할 수 없는 현상 또는 진화심리학과 정면으로 충돌하는 현상이 있다고 주장하는 이들이 있다. 이런 식이다. 동성애는 번식에 도움이 되지 않는데 동성애자들이 세상에 무시할 수 없을 정도로 존재하니 진화심리학은 잘못된 이론이다. 자살은 번식에 도움이 되기는커녕 엄청난 손해로 이어지는데 자살을 하는 사람들이 꽤나 많으니 진화심리학에는 한계가 있다. 대다수 현대인들은 콘돔과 같은 피임 수단을 써서 스스로 번식을 제한하는데 이것은 진화심리학적으로 설명할 수 없다.

"진화심리학과 충돌하는 현상"에 대해 이야기할 때 그 의미가 무엇인지 명확히 해야 한다. 다음 세 가지 중 하나일 가능성이 높다.

> A. 진화심리학 자체와 충돌하는 현상.
>
> B. 대다수 진화심리학자들이 지지하는 이론 또는 가설과 충돌하는 현상.
>
> C. 진화심리학계에서 제시된 적 있는 이론 또는 가설과 충돌하는 현상.

만약 진화심리학을 "진화론을 적용한 심리학"으로 정의한다면, 그리고 창조론이 아니라 진화론이 기본적으로 옳다면, 진화심리학과 정면으로 충돌하는 현상은 존재할 수 없다. 특정한 진화심리학 가설이나 이론과 충돌하는 현상은 존재할 수 있지만 진화심리학 자체와 충돌하는 현상은 존재할 수 없다. 이것은 특정한 물리학 가설이나 이론과 충돌하는 현상은 존재할 수 있지만 물리학 자체와 충돌하는 현상은 존재할 수 없는 것과 마찬가지다. 따라서 A는 성립할 수 없다.

만약 C를 의도했다면 이것은 과학계에서 늘 일어나는 일이다. 온갖 분야의 과학자들이 온갖 가설들을 제시하며 그 가설들 중 상당 부분은 설득력 있게 반증되어 결국은 폐기되거나 수정된다. 어떤 생물학자가 제시한 가설이 반증되었다고 해서 생물학이 문제라고 비판해서는 안 된다. 심지어 그 가설을 제시한 생물학자에게 문제가 있다고 비판해서도 안 된다. 어떤 과학자가 항상 옳은 가설만 제시할 수 있다면 신의 경지에 올랐거나 운이 겁나게 좋은 것이다. 항상 옳은 가설만 제시할 수 있는 초능력이 있다면 굳이 검증이라는 골치 아픈 과정을 거칠 필요도 없을 것이다.

B의 경우에는 어느 정도 의미가 있다. 대다수 진화심리학자들이 애지중지하는

이론 또는 가설이 반증되는 일이 생긴다면 진화심리학계는 약간이라도 타격을 받을 것이다. 만약 대다수 진화심리학자들이 잘 검증된 이론이라고 단언하는 것들 중 90% 이상이 확실히 반증된다면 진화심리학계는 조롱을 당해도 싸다. 자살, 콘돔, 동성애와 같은 현상이 진화심리학과 충돌한다고 보는 사람들의 생각을 따라가 보자. 그들은 왜 이런 현상이 진화심리학과 충돌한다고 생각하는 걸까? 여기에는 진화심리학에 대한 초보적인 오해가 깔려 있는 것 같다. 진화심리학자들은 과거 환경에서 대체로 번식에 도움이 되었던 형질이 자연선택된다고 주장한다. 그런데 이것이 진화심리학 비판자들의 손에서 "인간의 생각, 느낌, 행동은 항상 적응적이다"라는 주장으로 둔갑한다. 이번에도 허수아비 공격이다.

진화생물학 이론에 비추어 볼 때, 인간이 때로는 부적응적으로 행동한다고 해도 이상할 것이 하나도 없다. 자연선택은 여러 대안들 중에서 번식에 도움이 되는 형질이 선택되는 과정이다. 이런 과정을 통해 과학자들과 공학자들이 감탄할 만한 복잡함, 정교함, 교묘함에 이르기도 한다. 하지만 자연선택의 결과로 번식을 위한 완벽한 기제가 만들어질 것이라는 보장은 없다. 오징어에는 없지만 인간에게는 있는 맹점이 자연선택의 불완전함을 상징적으로 보여준다. 맹점이 있는 눈은 "바보 같은 설계"의 모범(?)이다. 인간의 눈은 한편으로 대단히 정교하고 복잡하다. 이것은 자연선택의 위대함을 잘 보여준다. 하지만 맹점과 같은 삽질도 포함되어 있다. 이것은 자연선택의 한계를 잘 보여준다. 어떤 형질이 자연선택될지 여부는 과거 환경에서 평균적으로 어떤 효과를 발휘했는지에 달렸다. 독사에게 물리면 큰 문제가 생기기 때문에 인간에게 뱀 공포 기제가 진화했다고 보는 것이 진화심리학계의 대세다. 모든 뱀이 독사는 아니다. 따라서 무작정 뱀을 두려워하는 것이 항상 적응적인 것은 아니다. 인간이 진화한 과거 환경에서도 뱀 공포 기제는 때로는 부적응적 결과로 이어졌을 것이다. 독 없는 뱀에 대한 공포를 유발하여 자원이나 기회를 낭비

한다면 번식에 손해를 끼치게 된다.

만약 과거와 현재의 환경이 많이 다르다면 과거에 대체로 적응적인 결과로 이어졌던 형질이 현재에는 상당히 또는 매우 부적응적 결과로 이어질 수 있다. 자연선택이 미래 환경까지 예측해서 그에 대비하도록 하지는 못한다. 과거의 진화 역사에서 번식에 대체로 도움이 되었던 형질이 선택될 뿐이다. 물고기가 지상에 나오면 곧 죽는다. 물고기의 아가미는 물속에서 산소를 얻도록 진화했기 때문에 공기 중에서 물고기가 얼마 버티지 못하고 죽는다고 해도 이상할 것이 없다. 마찬가지로 인간의 허파는 공기 중에서 산소를 얻도록 진화했기 때문에 물속에서 인간이 얼마 버티지 못하고 죽는다고 해도 이상할 것이 없다.

어떤 형질이 자연선택을 통해 인류 표준으로 자리 잡았다 하더라도 모든 인간이 그렇다는 뜻은 아니다. 진화심리학의 인간 본성론은 느슨한 본성론이다. 돌연변이 때문에 해당 형질이 비정상적으로 발달할 수 있다. 자연선택은 기존에 생긴 해로운 돌연변이를 솎아낼 수 있을 뿐이다. 해로운 돌연변이가 생기지 못하게 만들지는 못한다. 또한 해로운 돌연변이가 한 세대 만에 몽땅 솎아지지 않을 수도 있다. 임신 중에 어머니가 술, 담배, 마약을 많이 하면 기형아가 태어날 확률이 매우 높아진다는 사실은 잘 알려져 있다. 태어난 이후에 사고나 질병 때문에 신체나 뇌가 손상될 수도 있다. 이런 것들도 온갖 부적응적 생각, 느낌, 행동으로 이어질 수 있다.

많은 비판자들이 "이 형질의 경우 부산물 가설이 옳으니 진화심리학은 틀렸다", "이 형질의 경우 부산물 가설이 옳으니 진화심리학으로 설명될 수 없다"라고 생각하는 듯하다. 절대다수 진화심리학자들이 어떤 형질과 관련하여 적응 가설이 옳다고 굳게 믿고 있었는데 부산물 가설이 옳다는 것이 확실히 밝혀 졌다고 하자. 그렇다면 절대다수 진화심리학자들이 틀렸다는 것이 드러난 것이다. 위에서 말한 B의 사례이며 진화심리학자들에게 이런 일은 자랑거리가 될 수 없을 것이다.

하지만 A의 의미에서 진화심리학이 틀렸다거나 진화심리학으로 설명할 수 없는 것은 아니다. 인간은 진화의 산물이다. 따라서 모든 심리학 가설은 어느 수준에선가 반드시 진화심리학 가설을 포함해야 한다. 2장의 〈선천론과 후천론의 대립: 진화심리학은 다른 학파에 비해 더 많은 것이 선천적이라고 본다〉에서 살펴보았듯이 "선천적 질투 기제는 없다. 남자가 질투를 하는 이유는 질투를 하는 문화권에서 사회화되기 때문이다"라는 후천성 가설에도 진화 가설은 내포되어 있다.

진화심리학계에서는 질투 기제 자체가 자연선택의 직접적 산물인 적응이라고 본다. 반면 많은 페미니스트들은 그런 적응 가설을 거부한다. 범용 학습 기제가 가부장제 문화를 만날 때 질투하는 인간으로 사회화된다고 설명한다. 질투가 범용 학습 기제의 부산물이라고 보는 것이다. 이런 의미에서 페미니스트의 질투 가설은 부산물 가설이다. 그런데 창조론자가 아니라면 범용 학습 기제가 자연선택의 직접적 산물인 적응이라고 볼 수밖에 없다. 그렇다면 결국 페미니스트도 질투 현상을 진화심리학적으로 설명하고 있는 셈이다. 진화한 "범용 학습 기제"를 끌어들여서 질투를 설명하기 때문이다. 모든 심리학적 설명은 진화심리학적 설명일 수밖에 없다. 왜냐하면 진화심리학 가설을 적어도 하나는 내포할 수밖에 없기 때문이다. 돌멩이에게는 학습, 사회화, 문화가 존재할 수 없다. 학습, 사회화, 문화를 가능하게 하는 진화한 심리기제가 없기 때문이다.

차. 진화심리학은 자살을 어떤 식으로 설명할 수 있나

임원철은 "유전자의 관점에서 보면 자살은 전혀 설명이 되지 않는다"라고 주장한다.

> 모든 동물처럼 인간도 자신의 유전자를 다음 세대에 전달하도록 디자인되어 있다. 유전자의 관점에서 보면 자살은 전혀 설명이 되지 않는다. 청소년 때

자살은 자신의 유전자가 인류의 '유전자 풀'에서 완전히 사라지는 것을 의미한다. 유전자 풀(gene pool)은 어떤 생물집단 속에 있는 유전정보의 총량을 의미한다.

성인의 자살도 마찬가지다. 자녀를 제대로 돌볼 수 없게 돼 자신의 유전자가 사라질 위험에 처하게 된다. 이렇게 부정적인 행동이 아직 인간에게 남아 있다는 점은 정말 미스터리가 아닐 수 없다.

진화는 왜 인간의 마음에서 '자살 충동'을 솎아내지 못했을까. 어떤 이점이 있는 것일까. 진화심리학자들은 그동안 이 수수께끼를 풀려고 많은 노력을 쏟았지만 속 시원한 설명을 찾아내지 못했다.

(「인간은 왜 자살 할까?」)

자살은 사실 진화심리학자들에게도 미스터리다. 유전자의 관점에서 보면 인간의 자살은 전혀 설명되지 않는다. 인간을 비롯해 모든 동물은 자신의 유전자를 다음 세대에 전달하려고 노력한다. 그러나 자살은 자신의 유전자가 인류의 유전자풀(어떤 생물집단 속에 있는 유전정보의 총량)에서 완전히 사라지게 하는 행위다. 따라서 세월이 지나면 당연히 없어져야 한다. 그럼에도 불구하고 인류의 오랜 진화 동안 자살이 사라지지 않은 이유는 뭘까?

(「[데스크 칼럼] 황제펭귄의 군무」)

"진화심리학자들은 아직 자살을 제대로 설명하지 못한다"와 "자살은 진화심리학과 모순된다"를 구분해야 한다. "전혀"라는 단어까지 사용하여 "설명이 되지 않는다"고 이야기한 점과 "따라서 세월이 지나면 당연히 없어져야 한다"고 이야기한 점을 고려해 볼 때, 임원철은 자살이 진화심리학 또는 이기적 유전자론과 모순된다고 생각하는 것 같다.

생존해야 번식할 수 있다. 자살은 스스로 생존을 끝내는 것이다. 얼핏 생각해 보면 자살은 개체 번식 또는 유전자 복제에 해만 끼칠 것 같다. 모든 경우에 자살은 부적응적일까? 그렇지 않다. 때로는 자살이 번식 경쟁에서 도움이 될 수 있다.

자살이 때로는 자살하는 사람의 직계 자손의 번성에 도움이 될 수 있다. 매우 쇠약해져서 가족에게 짐만 될 뿐 가족을 돌볼 힘도 없고 섹스를 해서 여자를 임신시킬 가능성도 사실상 없는 할아버지가 있다고 하자. 그 할아버지가 자살한다면 그 할아버지의 직계 자손이 더 잘 번식할 수 있다. 왜냐하면 그 할아버지를 돌볼 시간에 자신의 번식을 위해 애쓸 수 있기 때문이다.

친족선택 이론에 따르면, 자연선택을 논할 때 직계 자손뿐 아니라 방계 자손(형제의 자손, 사촌의 자손 등)도 고려해야 한다. 몹시 허약해서 사산될 가능성이 사실상 100%인 태아가 있다고 하자. 그 태아가 당장 자살하는 경우와 몇 달을 더 버티다가 사산되는 경우를 비교해 보자. 어느 경우에 그 태아의 몸속에 있는 유전자의 복제에 도움이 될까? 몇 달을 더 버티다 사산되면 어머니의 자궁이 낭비되는 셈이다. 그러면 결국 그 태아의 동생들이 태어나서 번식하는 데 지장이 생긴다. 따라서 태아의 유전자의 입장에서 볼 때도 당장 자살해서 어머니의 부담을 덜어주는 것이 유리하다. 태아 자살 가설은 내가 생각해 냈다고 믿고 있으며 『페미니스트가 매우 불편해할 진화심리학』 중 〈내리사랑과 치사랑: 비용/이득 분석의 중요성〉에서 다룬 적 있다.

여기에서는 설명의 편의를 위해 극단적인 사례들을 살펴보았는데, 일반적인 논의를 위해서는 친족선택 이론의 핵심 수식인 해밀턴의 규칙(Hamilton's rule)을 적용해야 한다. 그래야 어떤 상황에서 자살이 유전자 복제 또는 개체 번식(포괄 적합도를 기준으로 볼 때)에 도움이 되는지 평가할 수 있다. 실제로 인간에게 자살 기제가 진화했는지 여부는 실증적으로 따져보아야 할 것이다. 어쨌든 자살이 번식 경쟁에서 도움이 되는 경우가 있다는 점은 이론적으로 볼 때 명백하다.

임원철은 "자살은 자신의 유전자가 인류의 유전자풀(어떤 생물집단 속에 있는 유전정보의 총량)에서 완전히 사라지게 하는 행위"라고 단언했는데 절대 그렇지 않다. 만약 자살 기제가 진화했다면 적어도 일부 자살은 "진화한 자살 기제의 작동"으로 설명될 수 있다. 번식 가망성이 극히 작을 정도로 쇠약한 노인, 병자, 장애인이 자살할 가능성이 훨씬 높다는 점은 자살 기제 가설과 부합한다. 하지만 자살 기제의 진화를 입증(또는 반증)하기 위해서는 아주 먼 길을 가야 한다.

자살은 우울증과 관련이 크다. 심각한 우울증에 걸린 사람을 보면 우울증이 번식에 도움이 될 것 같지 않다. 하지만 어느 정도 우울한 상태는 번식에 도움이 될지도 모른다. 이런 이유로 우울 기제가 진화했다고 믿는 진화심리학자들도 있다. 일이 심각하게 틀어졌을 때 세상에서 어느 정도 물러나서 무엇이 문제 인지 깊이 반추하도록 만드는 기제라는 가설이다.

인간은 바이러스에 맞서 싸우기 위해 자신의 체온을 올리도록 진화한 듯하다. 그런데 때로는 체온이 너무 올라가서 심각한 뇌 손상이 초래되기도 하고 심지어 죽기도 한다. 이럴 때 체온 상승 기제가 "폭주"했다고 말할 수 있을 것이다.

인간은 기근의 시기에 대비하여 지방을 축적하도록 진화한 듯하다. 현대 산업국에서는 과거에 비해 육체적으로 훨씬 덜 움직여도 된다. 그리고 먹을 것을 구하기가 너무 쉽다. 현대 사회에서 지방 축적 기제가 폭주하여 고도 비만에 이르기도 한다.

우울증으로 인한 자살에 대해서도 비슷한 가설을 상정해 볼 수 있다. 바이러스와 맞서 싸우기 위해 진화한 발열 기제가 폭주하여 때로는 번식에 해로운 결과로 이어지듯이, 과거 환경에서 도움이 되었기에 진화한 우울 기제가 폭주하여 심각한 우울증이나 심지어 자살로 이어진다는 가설이다. 여기에 과거 환경과 현대 환경의 차이를 끌어들일 수도 있을 것이다. 과거 환경과 현대 환경의 차이 때문에 지방 축적 기제가 폭주하여 고도 비만이 되는 일이 과거보다 훨씬 많듯이, 현대의 어떤 환경적 요인들 때문에 우울 기제가 폭주하는 일이 과거보다 훨씬 많을지도 모른다. 우울 기제의 진화를 끌어들인 설명도 진화심리학적 설명이다.

"자살 유전자"를 여러 가지로 정의할 수 있다. 자연선택으로 자살 기제가 진화했다고 가정해 보자. 자살 기제를 만드는 데 기여하는 유전자를 자살 유전자라고 부를 수 있을 것이다. 하지만 여기에서는 다른 의미로 쓰겠다. 같은 유전자자리에 있는 다른 대립유전자에 비해 자살 확률을 유의미하게 높이는 유전자를 자살 유전자라고 부르자.

어떤 자살 유전자가 젊고 건강한 경우에도 자살할 확률을 높인다고 하자. 그런 자살 유전자는 자연선택에 의해 제거될 수밖에 없을 것이라고 생각할 사람이 있을 것이다. 하지만 완전히 사라지지는 않을 수 있다. 여기에는 적어도 두 가지 이유가 있다.

첫째, 돌연변이는 계속 생긴다. 자연선택은 번식에 해로운 돌연변이가 생기는 것까지 막지는 못한다. 이미 생긴 해로운 돌연변이를 점차 제거할 수 있을 뿐이다.

둘째, 다면발현(pleiotropy) 때문에 자살 유전자가 자연선택으로 오히려 늘어날 수도 있다. 다면발현은 어떤 유전자가 여러 효과를 발휘하는 것을 말한다. 어떤 유전자 s가 있다고 하자. 이 유전자는 한편으로 자살 확률을 높인다. 하지만 다른 한편으로 똑똑해지도록 만든다. s는 "자살(suicide) 유전자"인 동시에 "똑똑함(smart) 유전자"인 것이다. 만약 자살 확률을 높여서 생기는 번식 손해에 비해 똑똑해져서 생기는 번식 이득이 대체로 크다면 s는 자연선택에 의해 오히려 늘어날 것이다.

사람들은 엄청나게 불행하거나 고통스러울 때 자살을 하는 경향이 있다. 자살을 하면 불행이나 고통이 사라진다는 점을 알기 때문이다. 인간에게는 쾌감을 추구하고 불쾌감을 회피하는 경향이 있다. 여기에서 "불쾌감"을 아주 넓은 의미로 썼다. 죄를 지었을 때 느끼는 죄책감, 자식이 죽었을 때 느끼는 괴로움까지 포함한다. 왜 인간은 이런 일에는 쾌감을 느끼고 저런 일에는 불쾌감을 느낄까? 왜 쾌감을 추구하고 불쾌감을 회피할까? 진화심리학계에서는 쾌감과 불쾌감과 관련된 심리기제가 자연선택으로 진화했기 때문이라고 본다. 이것을 쾌감-불쾌감 기제라고 부르자. 이 기제는 번식에 유익한 일이 생겼을 때는 쾌감을 느끼고 번식에 해로운 일이 생겼을 때는 불쾌감을 느끼도록 만든다.

적어도 일부 자살이 이 기제의 작동 때문이라면, 자살을 온전히 설명하기 위해서는 이 기제에 대한 진화심리학적 해명이 필요하다. 쾌감-불쾌감 기제는 더 잘 번식하라고 진화한 것이다. 하지만 이것이 자살로 이어져서 번식을 끝장낸다고 해도 크게 놀라서는 안 된다. 지방 축적 기제가 고도 비만으로 이어져서 수명을 단축한다고 해도 크게 놀라서는 안 되는 것과 마찬가지다.

〈참고 문헌〉

「[데스크 칼럼] 황제펭귄의 군무」, 임원철, 〈부산일보〉, 2013년 3월 21일.

「인간은 왜 자살 할까?: 주변 사람들에 삶에 대한 각성 촉발」, 임원철, 〈부산일보〉, 2008년 6월 9일.

「Evolutionary origins of depression: a review and reformulation」, Daniel Nettle, 「Journal of affective disorders」, 2004.

「The evolutionary puzzle of suicide」, Henri-Jean Aubin, Ivan Berlin & Charles Kornreich, 「International Journal of Environmental Research and Public Health」, 2013.

「Is killing yourself adaptive? that depends: an evolutionary theory about suicide」, Jesse Bering, 「Scientific American」, 2010.

「Pleiotropy」, 〈Wikipedia〉.

6장. 인지심리학과 심리기제

가. 사회생물학에서 진화심리학으로: 이미지 세탁인가, 이론적 차이인가

1970년대에 사회생물학자들은 인종주의자, 성차별주의자, 사이비과학자라는 비난을 뒤집어썼다. 사회생물학자로 분류되던 이들 중 일부가 1980년대에 진화심리학이라는 깃발을 내걸었다. 김환석에 따르면 사회생물학의 이미지가 나빠지자 후배 학자들이 진화심리학이라는 이름을 내걸었다.

예컨대 윌슨과 같이 하버드 대학의 생물학 교수였던 굴드와 르원틴은 사회생물학이 인간 사이의 차이를 문화와 사회 환경의 차이가 아니라 유전자의 차이에서 찾는 생물학적 결정론에 빠져 있으며, 이러한 결정론이 20세기 초의 사회다윈주의와 우생학 운동 그리고 현대의 지능지수(IQ) 검사 논쟁 뒤에 깔린 철학적 기반이었음을 지적했다. 더 나아가서 이들은 사회생물학이 성·인종·계급 사이의 불평등을 생물학적으로 정당화함으로써 서구의 신보수주의 운동에 봉사하는 정치적 성격을 지닌다고 주장했다. 사회생물학에 대한 비판이 끈질기게 지속되고 그 이미지가 좋지 않게 부각되자, 인간에 대한 사회생물학적 연구를 수행하던 후배 학자들은 1980년대 말에 새로운 프로그램을 출범시켰는데, 그것이 바로 '진화심리학'이다. 진화심리학은 성별을 제외하곤 인간 집단 사이에 기본적으로 유전적 차이가 없다는 입장을 취함으로써, 사회생물학이 빠졌던 논쟁을 피해 가고자 했다.
(『사회생물학 대논쟁』, 37~38쪽)

"진화심리학"이라는 새로운 간판을 통해 이미지 세탁을 하려고 한다는 비판이 상당히 많았던 듯하다. 코스미디스 & 투비는 이와 관련하여 다음과 같이 썼다. 그들은 사회생물학의 악화된 이미지 때문이 아니라 이론적, 방법론적 차이 때문에 "진화심리학"이라는 이름을 내걸었다고 주장하고 있다.

주5) 진화심리학이라는 용어가 그냥 사회생물학일 뿐이며, 사회생물학이 얻은 나쁜 정치적 평판(bad political press)을 피하려고 이름을 바꾼 것이라는 이야기를 우리는 가끔 읽었다. (전력을 볼 때given the record) 논쟁을 회피한다는 비난을 받는 것이 재미있는(amusing) 일이긴 하지만, 이런 주장은 역사적으로도 내용에서도(substantively) 틀렸다. 첫째, 진화심리학자들은 사회생물학(또는 행동생태학behavioral ecology, 또는 진화생태학evolutionary ecology)을 대체로 존중해왔으며 방어해왔다. 사회생물학은 현대 진화생물학의 가장 유익하고 세련된 분과였으며, 다양한 진화심리학자들이 그 문헌에 몸소 기여했다. 그럼에도 불구하고 진화를 행동에 어떻게 적용할 것인가를 둘러싼 길고 강렬한 논쟁들 때문에, 이론적, 실증적 기획이 명확히 이해될 수 있도록 만들기 위해서는 서로 눈에 띄게 대립하는 견해들에 서로 다른 이름표를 붙여야 한다는 점이 점점 더 분명해졌다. 1980년대에 마틴 데일리, 마고 윌슨, 도널드 시먼스, 존 투비, 리다 코스미디스, 그리고 데이비드 버스는 이 새로운 분야를 무엇이라 부를 것인가를 두고, 때로는 팜데저트(Palm Desert)에 있는 데일리 & 윌슨의 캥거루쥐 야외 연구지(kangaroo rat field site)에서, 때로는 산타바바라에서, 그리고 때로는 행동과학 고등연구소(Center for Advanced Study in the Behavioral Sciences)에서 많이 논의했다. 이 논의에 정치나 평판(press)은 끼어들지 않았다. 물론 우리는 똑 같은, 내용 없는(content-free) 인신공격성 공격들이 우리의 경력을 내내 따라다닐 것이라고 (올바르게) 예측했다. 우리가 논의했던 것은, 이 새로운 분야가 심리적/발달적 설계구조를 구성하는 적응들의 특징을 기술하는 것에 초점을 두고 있지만 사회생물학은 그렇게 하지 않는다는 점이었다. 사회생물학은 거의 항상 선택론적 이론들 (selectionist theories, 자연선택을 적용한 이론들)에 초점을 맞추었으며,

계산적 수준(computational level)에 대해 전혀 고려하지 않았고, 심리기제들을 지도화하는 것에 거의 관심이 없었다. 진화심리학은 다루는 내용과 이론적 입장 모두에서-사회생물학이 그것에 선행했던 행태학(ethology)과 상당히 다르고, 인지심리학이 행동론 심리학(behaviorist psychology, 행동주의 심리학)과 다른 것과 마찬가지로-사회생물학과는 단적으로 다르다. 그래서 각각에 새로운 이름이 필요했던 것이다.
(『진화심리학 핸드북 1』, 43~44쪽[영어판 18쪽])

사회생물학이 여러 사람들의 증오의 대상이 된 이유는 남녀 차이들 중 상당 부분이 선천적이라고 주장했으며, 외부인 혐오, 외도, 친족애, 질투, 근친상간 회피 등을 자연선택을 끌어들인 적응 가설로 설명하려 했기 때문이다. 그런데 진화심리학자들도 이런 면에서는 별 차이가 없다. 그리고 그 때문에 사회생물학과 마찬가지로 여러 사람들의 증오의 대상이 되고 있다.

소위 진보주의자들을 도발하는 가설들을 제시하는 면에서 진화심리학자들이 사회생물학자들에 비해 소심하거나 논쟁을 회피하는 것 같지는 않다. 코스미디스 & 투비도 지적했듯이 진화심리학자들은 사회생물학자들을 존중해왔으며 이데올로기적으로 민감한 주제들에 대해서도 대체로 과감하게 다룬다. 그들은 그런 주제들을 다루면서 생기는 이미지 타격에 크게 신경 쓰지 않는 것 같다. 이미지 타격에 별로 신경 쓰지 않는다면 이미지 세탁을 위해 굳이 새로운 명칭을 만들어낼 필요도 별로 없을 것 같다.

일부 진화심리학자들이 "사회생물학"에 달라붙은 나쁜 이미지를 피하고 싶어서 "진화심리학"이라는 단어를 선호했는지 여부를 내가 알 수는 없다. 어쨌든 진화심리학을 주도했던 사람들은 전혀 그렇지 않다고 주장하고 있다. 그리고 나는 그들의 주장이 틀렸다는 것을 보여주는 확실한 근거를 본 적 없다.

진화심리학자 두 명이 『A natural history of rape(강간의 자연사)』를 출간하여 수많은 사람들을 분노하게 했다. 그런 사람들이 모여서 낸 책이 『Evolution, gender, and rape(진화, 젠더, 그리고 강간)』다. 진화심리학이 이론적으로, 실증적으로, 방법론적으로 여전히 미숙하다는 비판에는 나도 동의할 수 있다. 하지만 대체로 그들은 비겁하거나 소심하지 않다. 그들은 수십 년 전의 선배들(사회생물학자들)이 그랬듯이, 남들이 뭐라고 하든 상관하지 않고 하고 싶은 말은 하고 산다. 그리고 여전히 그 때문에 수많은 사람들로부터 비판, 비난, 조롱을 당하고 있다.

다만 "인종의 진화"라는 주제는 예외로 보인다. 이 주제와 관련하여 진화심리학자들은 의식적으로든 무의식적으로든 소심해지는 것 같다. 이 문제에 대해서는 11장의 〈인종의 진화: 가나자와 사토시와 존 러쉬턴〉를 보라.

명칭 자체만 살펴보자. "사회생물학"은 생물학을 적용하여 사회성을 설명한다는 말이고, "진화심리학"은 진화론을 적용하여 심리를 설명한다는 말이다. 서로 꽤나 달라 보인다. 하지만 사회생물학자들이 염두에 둔 생물학은 주로 진화생물학이다. 따라서 "생물"과 "진화"는 사실상 같은 말이다. 사회생물학자들이 주로 동물의 사회성에 초점을 맞추고 진화심리학자들이 주로 인간의 심리에 초점을 맞춘다는 면에서 초점은 약간 달라 보인다. 하지만 사회생물학자들이 비사회적 심리 현상을 연구하지 않겠다고 선언한 것도 아니고 진화심리학자들이 인간만 연구하겠다고 선언한 것도 아니다. 따라서 넓은 의미의 사회생물학과 넓은 의미의 진화심리학은 모두 "진화론을 적용하여 인간과 다른 동물의 마음과 행동을 연구하는 학문"을 뜻하며 동의어라고 봐도 큰 무리가 없다.

산타바바라 학파 즉 좁은 의미의 진화심리학자들은 좁은 의미의 사회생물학에 불만이 있었다. 이 불만은 행동론(behaviorism, 행동주의 심리학)과 관련이 있다. 행동론은 동물에게 작용하는 자극과 동물이 보이는 행동을 연결시켜 설명하려 했다. 행동론자들은 동물의 뇌 속에 있는 신경망의 구조와 활성화 패턴에 대한 모형을 만들기를 지극히 꺼렸다. 그런 모형은 과학적일 수 없으며 프로이트가 들려준 이야기처럼 "환상적 이야기"를 넘어설 수 없다고 보았기 때문이다. 그들에 따르면, 뇌에서 일어나는 일은 직접 관찰할 수 없기에 알 수 없다. 따라서 직접 관찰할 수 있는 자극과 행동에 집중해야 과학적 해명으로 이어진다.

사회생물학자들이 행동론자들처럼 뇌에 대한 모형 만들기를 명시적으로 거부했던 것은 아니다. 하지만 계산의 수준, 인지의 수준, 정보 처리의 수준, 심리기제의 수준에 대한 가설을 명시적으로 세우는 것을 게을리 하고, 행동이나 행동 패턴에만 몰두하는 경향이 있었다는 것이 코스미디스 & 투비의 평가다. 그들은 진화심리학을 "인지심리학 + 진화생물학"이라고 규정하기도 했다. 인지심리학자들은 논리실증론(logical positivism, 논리실증주의)의 조잡한 버전에 집착한 행동론을 거부했으며, 정보 처리(또는 계산)의 "언어"로 뇌에서 일어나는 현상에 대한 모형을 만들어왔다. 코스미디스 & 투비는 인지심리학자들의 이런 전통을 충실히 계승해야 한다고 역설했다.

과학은 고정된 측면에 대한 지식을 통해 다양하거나 변화하는 현상을 설명하려 한다. 뉴턴의 중력 법칙과 운동 법칙의 수식은 변하지 않는다. 그런 변하지 않는 수식들을 적용하여 무수히 다양한 현상들을 설명한다. 물리 현상들은 어떤 수준에서는 너무나 변화무쌍하지만 그 속에는 질서가 있으며 뉴턴의 수식들이 그 질서를 파악한다. 상대성 이론과 양자역학의 수식들은 그 질서를 더 정교하게 파악한다.

인간의 행동은 너무나 다양하고 변화무쌍하다. 똥을 본 인간의 행동은 어떻게 나타날까? 대부분의 경우 똥을 더럽다고 느끼고 피한다. 하지만 온갖 다른 행동도 일어날 수 있다. 똥 속에 다이아몬드가 있다고 믿는다면 똥을 세심히 파헤칠 것이다. 동물학자라면 똥을 세심하게 관찰할 것이다. 미친 척 함으로써 무언가를 얻을 수 있다고 생각하여 똥을 먹는 경우도 있을 것이다. 똥이 자신의 소중한 정원에 있다면 피하지 않고 치울 것이다. 이런 현상들을 행동의 수준에서만 관찰하면 도무지 종잡을 수 없다. 반면 심리기제의 수준에 주목한다면 그 속에서 질서를 찾을 수 있다고 인지심리학자들은 주장한다. 행동보다 심리기제가 "고정된 측면"에 더 가깝기 때문이다.

산타바바라 학파는 이런 측면에서 인지심리학을 이어받아야 한다고 본다. 사회생물학자들은 "과거 환경의 이런 요인들 때문에 저런 행동(또는 행동 패턴)이 진화했다"라는 식의 가설을 세울 때가 많았다고 산타바바라 학파는 비판한다. 그보다는 "과거 환경의 이런 요인들 때문에 저런 심리기제가 진화했으며, 그 심리 기제에 어떤 정보가 입력되면 그 입력 값에 따라 그런 행동이 산출된다"라는 식의 가설이 더 낫다고 본다.

⟨참고문헌⟩

「생물학적 환원주의와 사회학적 환원주의를 넘어서」, 김환석, 『사회생물학 대논쟁』, 김동광, 김세균 & 최재천 엮음, 이음, 2011.

「1장. 진화심리학의 이론적 기초」, 존 투비 & 레다 코스미디스, 『진화심리학 핸드북 1: 기초』, 데이비드 M. 버스 편집, 김한영 옮김, 아카넷, 2019(2판).

『Evolution, gender, and rape』, Cheryl Brown Travis 편집, A Bradford Book, 2003.

『A natural history of rape: biological bases of sexual coercion』, Randy Thornhill & Craig T. Palmer, MIT Press, 2000.

「The theoretical foundations of evolutionary psychology」, John Tooby & Leda Cosmides, 『The handbook of evolutionary psychology, volume 1: foundation』, David M. Buss 편집, Wiley, 2016(2판).

나. 인지와 계산의 의미

스티븐 로즈에 따르면 마음/뇌 속에는 정보뿐 아니라 의미나 감정도 있다. 그렇기 때문에 정보 또는 인지에만 집착하는 진화심리학자들에게 문제가 있다는 것이다.

모듈이든 아니든, 마음/뇌를 인지적, '설계구조적(architectural)' 정보처리 기계에 불과할 뿐이라고 환원하는 것은 부적절하다. 뇌/마음은 정보만 다루는 것이 아니다. 그것은 살아 있는 의미와 관련이 있다. 『마음은 어떻게 작동하는가』에서 핑커는 발자국을 정보 전달의 사례로 든다. 그에 대한 내 응답은, 로빈슨 크루소(Robinson Crusoe)가 자신의 섬에 있는 모래밭에서 발자국을 발견하는 상황에 대해 생각해 보라는 것이다. 그는 우선 모래밭에 있는 자국을 발자국이라고 해석해야 한다. 그리고 자신의 것이 아님을 인식한다. 하지만 이것은 그에게 어떤 의미가 있을까? 마침내 대화도 나누고 교류도 할 수 있는 다른 인간을 만나게 되었다고 기대하면서 기뻐할 것인가? 그 인간이 위험할 수도 있기 때문에 두려워할 것인가? 오랜 세월 누리지 못했던 사회생활에 대한 기억을 떠올릴까? 발자국에 의해 전달된 시각 정보는 생각과 감정의 격랑 속에 휩싸이게 될 것이다. 여기서 핵심은 감정이다. 왜냐하면 뇌/마음을 컴퓨터와 구분할 수 있게 해 주는 핵심 특징은 컴퓨터와 달리 우리에게는 감정을 경험하는 능력이 있다는 점이기 때문이다. 실로 감정이 일차적이다. 이 때문에 다윈이 인지가 아니라 감정에 대한 책을 한 권 썼는지도 모른다.

감정 기제들과 감정을 드러내는 표정은 진화한 속성이며, 여러 신경과학자들이 감정 기제들에, 감정이 생존에 어떤 도움이 되는지에 상당한 관심을 기울였다. 따라서 진화심리학자들의 관심사에 이런 눈의 띄는 빈틈이 있다는 점은 더더욱 놀랍다. 하지만 그 이유는 심지어 그들도 감정 '모듈'에 대해 이야기할 수는 없기 때문일지도 모른다. 정서(affect)와 인지는 뇌와 마음의 모든 과정에서 불가분하게 얽혀 있으며 정보로부터 의미를 만들어낸다. 그리고 바로 이것이, 뇌가 컴퓨터가 아닌 또 하나의 이유다.
(『Alas, poor Darwin』 261~262쪽)

인지심리학자나 진화심리학자가 인지라는 용어를 쓸 때에는 두 가지 용법이 있다. 좁은 의미의 인지는 느낌, 쾌감, 불쾌감, 감정, 동기, 충동, 욕구, 욕망 등을 배제한다. 넓은 의미의 인지는 그런 것들까지 포함한다. 진화심리학계를 이끌고 있는 코스미디스 & 투비가 이 문제에 대해 뭐라고 썼는지 살펴보자.

원리적으로, 모든 현대 행동과학자들은 정보를 처리하는 어떤 기제든 계산론적 서술(computational description)이 있어야 한다는 점을 이해해야 한다. 여기에는 동기(motivation)를 처리하는 심리기제들도 포함되어야 한다. 예를 들어, 공포, 감사함, 근친에 대한 성적 거부감, 낭만적 사랑(romantic love, 연개감정), 죄책감, 분노, 성적 질투, 성적 매혹, 아름다움 지각, 또는 역겨움을 만들어내는 기제들은 모두 계산론적 용어들로 기술될 수 있어야 한다. 관련된 입력 값들, 표상(representation)들, 그것들에 적용되는 [정보처리] 절차들, [행동] 조절을 위한 출력 값(regulatory output)들을 그런 용어들로 명시해야 하는 것이다. 하지만 최근까지 거의 모든 인지과학자들은 이런 주제들이 자신의 연구 영역에 속한다는 것을 인정하지도 않았다.
(『진화심리학 핸드북 1』 92쪽[영어판 50쪽])

그들은 인지, 계산, 정보 처리를 사실상 동의어로 쓴다. 여기에서 "계산"이라는 용어를 보고 휴대용 계산기가 아니라 튜링 기계(Turing machine), 처치-튜링 테제(Church-Turing thesis), 계산 이론을 떠올려야 한다.

내가 아는 계산 이론 교과서 중에는 마이클 십서(Michael Sipser)의 『Introduction to the theory of computation(계산 이론 입문)』이 제일 쉬운 것 같다. 계산 이론을 본격적으로 공부해 보고 싶다면 이 책에서 시작하는 것도 괜찮아 보인다. 하지만 아무리 쉽게 썼어도 난이도가 고등학교 미적분을 훨씬 뛰어넘는다.

우리가 감정을 느끼는 것은 뇌에서 모종의 정보 처리를 하기 때문이다. 또는 뇌에 있는 모종의 신경망이 활성화되기 때문이다. 우리가 충동, 욕구, 욕망을 품는 이유는 뇌에서 모종의 정보 처리를 하기 때문이다. 우리가 의미를 이해하는 것 역시 뇌에서 모종의 정보 처리를 하기 때문이다. 이것이 인지심리학계의 의견이며 산타바바라 학파는 이것을 적극 이어받아야 한다고 주장한다. 따라서 마음/뇌 속에 인지, 계산, 정보뿐 아니라 감정, 욕망, 의미도 있다는 비판은 말도 안 된다. 마음/뇌 속에는 신경망 또는 뇌 회로뿐 아니라 감정, 욕망, 의미도 있다는 비판이 말이 안 되는 것과 마찬가지다. 감정, 욕망, 의미가 생기는 이유는 뇌 회로가 활성화되어 정보 처리가 이루어지기 때문이다. 좁은 의미의 인지(감각이나 추론)는 물리 법칙에 따라 작동하는 뇌 회로의 산물인 반면 감정, 욕망, 도덕성, 의미는 물리 법칙을 초월하는 영혼의 산물이라고 보는 이원론자라면 로즈와 같이 생각할 수 있을 것이다.

진화심리학에서 "감정 '모듈'에 대해 이야기할 수 없"다는 주장도 웃기다. 사랑, 질투, 역겨움, 분노와 같은 느낌이나 감정은 진화심리학의 단골 주제다. 이런 것들에 대해 진화심리학자들은 온갖 가설들을 제시했다. 진화심리학자들이 욕을 먹는 이유 중 하나는 그런 가설들이 많은 이들의 심기를 건드리기 때문이다. 예컨대 남자가 자기 아내의 자궁을 독점하기 위해 질투를 한다는 가설이 그렇다.

〈참고문헌〉

『마음은 어떻게 작동하는가: 과학이 발견한 인간 마음의 작동 원리와 진화심리학의 관점 (How the mind works)』, 스티븐 핑커 지음, 김한영 옮김, 동녘사이언스, 2007.

「1장. 진화심리학의 이론적 기초」, 존 투비 & 레다 코스미디스, 『진화심리학 핸드북 1: 기초』, 데이비드 M. 버스 편집, 김한영 옮김, 아카넷, 2019(2판).

「Church – Turing thesis」, 〈Wikipedia〉.

「Escaping evolutionary psychology」, Steven Rose, 『Alas, poor Darwin: arguments against evolutionary psychology』, Hilary Rose & Steven Rose 편집, Vintage, 2001.

『Introduction to the theory of computation』, Michael Sipser, Cengage Learning, 2012(3판).

「The theoretical foundations of evolutionary psychology」, John Tooby & Leda Cosmides, 『The handbook of evolutionary psychology, volume 1: foundation』, David M. Buss 편집, Wiley, 2016(2판).

「Theory of computation」, 〈Wikipedia〉.

「Turing machine」, 〈Wikipedia〉.

다. 인공지능과 본능맹

이세돌 9단만큼 바둑을 잘 두기는 대단히 어렵다. 천재적인 재능이 있어야 할 뿐 아니라 오랜 기간 동안 좋은 환경에서 열심히 바둑 수련을 해야 한다. 그런데 알파고 이후로 인공지능은 세계랭킹 1위를 가볍게 이기고 있다. 핸디캡 없이 인간이 최강 인공지능과 바둑을 둬서 이길 확률은 사실상 0%라고 보는 것이 대세다(나는 바둑판의 크기가 19×19보다 훨씬 크다면 인간이 이긴다고 믿고 있다). 이제 인간과 컴퓨터의 실력 차이가 2점이냐 3점이냐를 두고 논쟁하는 시대가 되었다. 인공지능 바둑 프로그램 카타고(KataGo)에 따르면, 2점 접바둑은 20집, 3점 접바둑은 33집의 위력이 있다. 인간이 컴퓨터와 바둑을 둬서 승률 50%가 되기 위해서는 컴퓨터가 20~30집 정도의 핸디캡을 안고 두어야 한다는 얘기다. 수십 년 전에는 신과 두어도 3점이면 비기거나 이길 수 있다고 생각하는 프로기사들이 많았다.

이세돌이 알파고에게 거의 완패하면서 조만간 인공지능이 인간의 직업을 몽땅 빼앗을 것이라고 걱정하는 사람들이 많이 생겼다. 이세돌처럼 세계 최강 전문성을 가진 사람도 인공지능 앞에서 무너지는데 그보다 전문성이 부족한 사람들의 직업이 당연히 위협받지 않겠느냐는 것이었다. 그런데 인공지능 업계에서는 "쉬운 것은 어렵고, 어려운 것은 쉽다"라고 농담반 진담반으로 이야기한다. 인공지능이 바둑을 "정복"하기 한참 전부터 떠돌던 이야기지만 바둑에도 적용할 수 있을 것이다. 인간이 바둑 세계챔피언처럼 바둑을 잘 두기는 엄청나게 어렵다. 그런데 이제는 인공지능 그것을 아주 쉽게 해내고 있다. 인간에게 매우 어려운 것이 인공지능에게는 꽤나 쉬울 수 있는 것이다. 이번에는 인간에게 쉬운 것에 대해 이야기해 보자. 눈을 떠서 앞을 보는 것은 아주 쉽다. 뭔가 애쓸 필요도 없이 그냥 눈만 뜨고 있으면 된다. 게다가 바둑처럼 열심히 공부할 필요도 없다. 갓난아기도 앞을 볼 줄 안다. 그런데 알파고 시대에도 여전히 인간처럼 앞을 잘 볼 수 있는 인공지능은 만들지 못하고 있다. 언어는 어떤가? 아이들은 몇 년 동안 언어를 쓰는 사람들과 어울려 지내기만 하면 자연스럽게 익힌다. 여전히 인간처럼 언어를 구사할 수 있는 인공지능은 개발하지 못했다. 인간에게는 아주 쉬워 보이는데도 인공지능으로 구현하기는 매우 힘든 것이다.

세계챔피언만큼 바둑을 잘 두는 것이 평범한 다섯 살짜리 꼬마처럼 앞을 보고 말을 하는 것보다 훨씬 어려워 보인다. 하지만 이것은 인간의 편견이다. 인간에게 엄청나게 정교하고 복잡한 시각 기제와 언어 학습 기제가 장착되어 있기 때문에 그것이 쉬워 보이는 것일 뿐이다. 그것들은 자연선택의 선물이다. 반면 자연선택이 인간에게 바둑 기제 또는 바둑 학습 기제를 선물하지는 않았다. 그래서 갓난아기는 바둑을 둘 수 없다. 또한 언어를 배울 때처럼 그냥 자연스럽게 프로기사 수준으로 학습되지 않는다. 이러니 인간이 느끼기에는 프로기사 수준으로 바둑 두는 것이 앞을 보거나 말을 하는 것보다 훨씬 어렵게 느껴진다.

객관적으로 볼 때, 시각과 바둑 중에 어느 쪽이 더 어려울까? 언어와 바둑 중에 어느 쪽이 더 어려울까? 무엇을 위한 정보 처리가 더 복잡하고, 정교하고, 교묘한 기제를 요구하는 걸까? 인공지능 개발이 인간의 느낌보다는 더 객관적인 기준이 될 수 있을 것 같다. 인공지능으로 구현하기가 더 어렵다면 상대적으로 더 어려운 과업이라고 볼 수 있는 것이다.

인간의 뇌에 매우 복잡하고, 정교하고, 교묘한 시각 기제가 이미 장착되어 있기에 앞을 보는 것은 아주 쉬운 것으로 느껴진다. 자연선택의 선물 덕분에 인간은 그 과업이 얼마나 어려운지에 대해 착각에 빠지기 쉽다. 이것을 진화심리학자들은 본능맹(instinct blindness, 인간의 본능이 얼마 정교하고 복잡한지를 보지 못하는 것)이라고 부른다. 인공지능으로 시각 기제를 제대로 만들어내려면 시각 기제에 필요한 모든 정보 처리 과정을 컴퓨터로 구현해야 한다. 그러면 그 과업이 얼마나 어려운지를 뼈저리게 느낄 수 있다. 본능맹에서 벗어날 수 있는 것이다.

인지심리학에서는 정보 처리에 초점을 맞춘다. 그리고 인지심리학의 배경에는 컴퓨터 과학이 있다. 인간이 만든 컴퓨터 하드웨어와 소프트웨어의 경우에는 어떤 식으로 정보가 처리되는지 세세하게 알 수 있다. 왜냐하면 그것을 인간이 설계했기 때문이다. 인지심리학자들은 자연선택이 설계한 심리기제에서 정보가 어떤 식으로 처리되는지 세세하게 밝히고 싶어 한다. 만약 그것을 해낼 수 있다면 컴퓨터로 구현할 수도 있을 것이다. 인공지능 개발이 가능한 것이다. 물론 인간이 뽐내는 어떤 지적인 능력을 구현하기 위해 반드시 인간의 뇌를 세세히 밝혀야 하는 것은 아니다. 인간만큼 또는 인간보다 바둑을 잘 두는 컴퓨터를 만들기 위해 인간이 바둑을 둘 때 뇌에서 어떤 식으로 정보를 처리하는지 세세하게 밝힐 필요는 없다. 실제로 우리는 여전히 인간이 바둑을 둘 때 뇌에서 어떤 일이 벌어지는지 잘 모른다. 그럼에도 인간보다 바둑을 잘 두는 알파고를 만들 수 있었던 이유는 알파고가 인간과는 매우 다른 방식의 정보 처리에 의존하기 때문이다.

인지심리학자는 인간의 심리에 대해 막연하게 생각하기보다는 정보 처리 과정을 세세하게 따지려 한다. 실제 인공지능을 개발하려는 프로그래머는 프로그램의 모든 세부 사항을 고려해야 한다. 프로그램에 중대한 "구멍"이 있으면 아예 작동하지 않기 때문이다. 어떤 능력에 필수적인 모든 "부품"들이 다 존재해야 인공지능이 제대로 작동할 수 있다.

인간의 정보 처리 능력의 세부 사항들에 집중하면 할수록 학습 가설을 더 의심하게 되는 경우가 많다. 학습해야 할 것이 얼마나 많고 복잡한지 깨달을 수록 실제 인간 사회에서 이루어지는 학습으로 그런 능력을 얻는 것이 더 불가능해 보이기 때문이다. 이것은 뒤에서 다룰 "자극의 빈곤(poverty of the stimulus)" 논거와 관련 있다. 어떤 능력에 필요한 정보 처리 과정의 복잡성에 비해 실제로 이루어지는 인간의 학습(자극) 과정이 빈약(빈곤)할 때 우리는 선천적 심리기제의 존재를 실감하게 된다. 세부 사항에 대해 더 많이 알게 될수록 "빈곤"의 정도를 더 뼈저리게 깨달을 수 있다. 인간의 정보 처리 능력에서 학습(후천성)이 차지하는 기여도가 적을수록 자연선택(선천성)의 기여도가 높다는 뜻이다. 즉 진화심리학적으로 해명해야 할 것이 많다는 뜻이다.

라. 대량 모듈성 테제가 논점인가

대량 모듈성 테제에 대해 본격적으로 공부하고 싶다면 우선 H. 클락 배럿(H. Clark Barrett) & 로버트 커즈번(Robert Kurzban)의 「Modularity in cognition (인지의 모듈성)」에서 시작해야 할 것 같다. 진화심리학자들이 이렇게 훌륭한 논문만 쓴다면 내가 진화심리학계를 그렇게 깔보지는 않을 것이다.

대량 모듈성 테제의 의미를 학자마다 다르게 쓰기 때문에 혼란이 일어날 수 있다. 일부 심리학자들은 마음을 중앙 처리(central process)와 주변 처리(peripheral process)로 나누면 연구에 큰 도움이 된다고 생각한다. 컴퓨터를 구성하는 여러 부품들 중에서 CPU와 메모리를 중앙 장치라고 본다면, 마우스, 키보드, 모니터, 프린터는 주변 장치다. 그들은 인간의 뇌도 이와 비슷하게 구분하려 한다. 개념적 사고, 학습, 추론, 기억 등은 중앙 처리로 분류하고, 감각과 근육 통제는 주변 처리로 분류하는 식이다.

여러 가지 주변 처리가 선천적 모듈들로 이루어져 있다는 점에 시비를 거는 21세기 심리학자는 사실상 없다. 선천적 시각 모듈, 선천적 청각 모듈 등이 자연선택에 의해 설계되었다는 점은 다들 인정한다. 이런 면에서는 논란이 별로 없다. 반면 중앙 처리의 경우에는 치열한 논쟁이 진행 중이다. 많은 학자들이 중앙 처리를 담당하는 모듈은 소수에 불과하다고 본다. 예컨대 개념적 사고 모듈, 범용 학습 모듈, 추론 모듈, 기억 모듈 등 손가락으로 꼽을 만하다고 본다. 반면 진화심리학자들은 중앙 처리로 분류될 수 있는 부분이 수백, 수천 개의 모듈들로 이루어져 있다고 본다.

일부 학자들은 대량 모듈성 테제를 "중앙 처리도 수많은 선천적 모듈들로 이루어져 있다고 보는 입장"으로 규정한다. 반면 중앙 처리와 주변 처리의 구분 자체를 못마땅해 하면서 대량 모듈성 테제를 "뇌가 수많은 선천적 모듈들로 이루어져 있다고 보는 입장"으로 규정하는 학자들도 있다. 나는 후자의 정의를 선호한다.

모듈 개념에 대해서도 여러 가지 의견이 있다. 제리 포더는 모듈 개념을 상당히 깐깐하게 정의한다. 여러 가지 조건을 통과해야 모듈로 인정받을 수 있다고 본다. 예컨대, 그는 정보 봉입(情報 封入, information encapsulation, 정보 캡슐화)을 모듈의 조건으로 댄다. 정보 봉입은 특히 객체 지향 프로그래밍 (object-oriented programming, 개체 지향 프로그래밍)에서 중시하는데 하나의 객체(object, class)가 특정한 변수(variable)들의 금고지기 역할을 해서 다른 객체들이 함부로 건드리지 못하도록 하는 것을 말한다. 하지만 비슷한 원리가 객체 지향 프로그래밍 이전에도 존중되었다.

스파게티처럼 복잡하게 얽히고설켜서 도무지 이해하기 힘든 프로그램을 스파게티 프로그램(spaghetti program)이라고 부른다. 그런 프로그램은 사람이 이해하기 힘들고 복잡하기 때문에 버그(프로그래머의 실수)가 끼어들기 쉽고 업그레이드할 때도 골치 아프다. goto문을 많이 사용해서 이리저리 점프하거나 전역 변수(global variable)를 많이 만들어서 온갖 모듈(프로시저 procedure, 함수function, 메쏘드method)들이 그 값을 설정할 수 있도록 한다면 스파게티가 되기 쉽다. 컴퓨터 프로그래밍에 대해 잘 모르는 독자는 이것이 무슨 소리인지 이해하기 힘들 것이다. 어쨌든 원리는 간단하다. 되도록 프로그램을 단순하고 질서정연하게 만들어서 사람이 이해하기 쉽게 하면 온갖 방면에서 유익하다.

인간의 뇌는 스파게티 프로그램과 얼마나 거리가 먼가? 예컨대, 정보 봉입이 얼마나 잘 되어 있나? "goto 문"과 비슷한 점프는 얼마나 적은가? 자연선택은 그 속성상 임시땜빵식일 때가 많다. 처음부터 심사숙고해서 설계한 이후에 진화가 일어나는 것이 아니다. 자연선택은 눈먼 시계공이다. 이전 세대에 존재하던 것을 조금씩 고쳐나가는 방식이다. 자연선택은 지적 설계가 아니라 시행착오다. 따라서 인간의 뇌가 『GOF의 디자인 패턴』과 같은 책을 사랑하는 프로그래머로부터 대단히 지저분한 프로그램이라는 평가를 받는다 해도 그리 이상할 것이 없다.

대다수 진화심리학자들은 포더처럼 여러 조건을 걸면서 모듈 개념을 쓰지 않는다. 그냥 부품과 비슷한 개념으로 쓴다. 자동차가 여러 부품들로 이루어져 있듯이 인간의 신체는 여러 부품(기관)들로 이루어져 있다. 인간의 뇌도 이와 다를 바 없을 것이다. 여러 심리 기관들 즉 심리기제들 또는 모듈들로 이루어져 있을 것이다.

하임리히 응급처치법(Heimlich maneuver)이 왜 필요한가? 때로는 인절미를 먹다가 기도가 막히기 때문이다. 왜 인절미가 때로는 기도를 막나? 인간의 호흡 기관과 소화 기관이 얽혀 있기 때문이다. 많은 생리학자들이 이것은 난잡한 설계라면서 자연선택을 "성토"한다. 맹점과 함께 바보 같은 설계의 모범(?)이라고 보는 것이다. 정보 봉입의 정신에 비추어 볼 때 이런 식의 얽힘은 어리석은 설계로 보인다. 그렇다고 해서 인간의 신체를 호흡 기관과 소화 기관으로 개념화하지 말아야 하나? 인간의 뇌가 정보 봉입을 얼마나 잘 하고 있는지는 미래에 차차 밝혀질 것이다. 어쨌든 정보 봉입이 잘 되어 있지 않다는 이유로 인간의 뇌를 여러 부품들로 개념화하지 말아야 한다고 주장한다면 뭔가 이상해 보인다.

이 장면에서 아인슈타인과 보어의 논쟁을 떠올려 볼 수도 있을 것이다. "신은 주사위 놀이를 하지 않는다(He[God] does not throw dice)"라는 아인슈타인의 말에 보어는 "신이 주사위를 가지고 뭘 하든, 당신이 뭔데 참견이야(Stop telling God what to do with his dice)"라고 응수했다고 한다. 신체 기관이든 정신 기관이든 자연선택의 설계는 감탄할 만한 구조를 만들기도 한다. 이것은 자연선택이 시행착오를 통해 무지막지하게 많은 경우의 수를 "검토"했기 때문이다. 하지만 자연선택은 맹점과 같은 바보 같은 설계도 선보인다. 이것은 자연선택이 근본적으로 임시땜빵식을 벗어날 수 없기 때문이다.

정리해 보자. 나는 중앙 처리와 주변 처리의 구분에 집착하지 않을 것이다.

또한 모듈을 정의하면서 포더처럼 깐깐하게 조건을 달지 않을 것이다. 이렇게 볼 때, 뇌 속에 있는 선천적 모듈의 수는 몇 개나 될까? 대량 모듈성 테제를 반대하는 사람들은 성욕, 식욕, 체온 유지와 같은 기본적인 욕구 모듈들, 개념적 사고, 학습, 추론, 기억과 같은 중앙 처리 모듈들, 시각, 청각, 후각과 같은 감각 모듈들, 여러 근육 통제 모듈들을 다 합쳐도 기껏해야 수십 개라고 주장한다. 대량 모듈성 테제에 따르면, 그 수는 수백 개, 수천 개 또는 그 이상이다. 인간의 신체가 수많은 모듈들로 이루어져 있으며 모듈마다 기능이 다르듯이 인간의 뇌도 수많은 모듈들로 이루어져 있으며 모듈마다 기능이 다르다는 것이다. 신체를 구성하는 여러 기관들이 자연선택의 직접적 산물이듯이 뇌를 구성하는 수많은 모듈들을 자연선택이 설계했다고 보는 것이다. 그렇다면 대량 모듈성 테제는 "자연선택이 설계한 뇌 회로의 수가 매우 많다고 보는 입장"이다. 얼핏 보면 대량 모듈성 테제는 진짜 논점처럼 보인다. 수많은 학자들이 대량 모듈성 테제를 명시적으로 거부한다. 그들은 선천적 모듈의 수는 소수에 불과하다고 주장한다. 하지만 대량 모듈성 테제를 일관성 있게 거부하는 학자들이 정말로 많이 있는지 의심스럽다. 대량 모듈성 테제를 명시적으로 거부하는 사람들이 아래에 나열한 선천적 심리기제 후보들에 대해 어떤 입장을 취할까?

1. 인간은 자신의 눈으로 갑자기 무언가가 날아오면 본능적으로 눈을 감는다. 이런 행동은 뇌에서 모종의 정보를 처리해서 눈꺼풀 근육에게 명령을 내리기 때문에 가능하다. 이런 행동을 일으키는 "위험 시 눈 감기 기제"는 자연선택의 직접적 산물인 적응이며 그 기능은 "갑자기 다가오는 물체로부터 눈을 보호하는 것"이다.

2. 먹음직한 음식을 보면 군침이 고인다. 시각 정보에서 시작하여 입에서

무슨 일이 발생하는 것이기 때문에 뇌의 정보 처리를 거쳤음이 분명하다. 이 "군침 기제"는 적응이며 그 기능은 "음식을 효과적으로 섭취할 수 있도록 준비하는 것"이다.

3. 구토 기제. 구토가 순전히 생리적 현상일 뿐 심리적 현상은 아니라고 생각하는 사람도 있을 것 같다. 하지만 구토를 효과적으로 하기 위해서는 여러 근육들을 적절하게 움직여야 하며 뇌에서 근육을 통제하지 않으면 그것이 불가능해 보인다. 이것은 뇌 어딘가에 "구토 회로"가 있다는 뜻이다. 구토 회로는 자연선택의 직접적 산물이며 그 기능은 "몸에 해로운 물질을 몸 밖으로 배출하는 것"이다.

4. 남자가 성적으로 흥분하면 생식기에서 쿠퍼액이 흘러나온다. 시각 회로를 통해 포르노 영상에서 오는 정보를 처리한 후에 쿠퍼액을 흘리는 것으로 보아 뇌에서 모종의 정보 처리가 일어나는 것이다. 이것은 섹스를 위해 준비하도록 하는 기능을 발휘하는 선천적 심리기제가 있기에 가능한 일이다. 여자가 성적으로 흥분하면 질에서 분비물이 나오는데 이것도 비슷하게 설명할 수 있다.

5. 영양가가 풍부한 음식을 섭취하는 데 도움이 되도록 단맛을 대체로 선호하도록 하는 심리기제가 진화했다.

6. 독성 물질을 덜 섭취하는 데 도움이 되도록 쓴맛을 대체로 싫어하도록 하는 심리기제가 진화했다.

7. 인간은 주기적으로 눈을 깜빡임으로써 눈이 건조해지는 것을 막는다. 이것이 가능한 이유는 "주기적 눈 깜빡임 기제"가 자연선택에 의해 진화했기 때문이다.

8. 하품 기제가 자연선택으로 진화했으며 그 기능은 "산소가 부족할 때 평소보다 공기를 더 많이 들이마시는 것"이다.

9. 재채기 기제의 기능은 바이러스를 몸 밖으로 배출하는 것이다.

10. 기침 기제의 기능은 가래를 몸 밖으로 배출하는 것이다.

11. 비명 기제의 기능은 위험을 널리 알리는 것이다.

12. 아기는 태어나자마자 울 수 있다. 이것이 가능한 이유는 선천적 울기 기제가 있기 때문이다. 그 기능은 "자신에게 문제가 생겼을 때 부모에게 알리는 것"이다.

13. 갓난아기가 젖을 빨 수 있는 이유는 선천적 빨기 기제가 있기 때문이다.

진화심리학을 싫어하는 사람들도 위에서 나열한 기제들이 자연선택의 직접적 산물인 적응이라는 점을 대체로 인정할 것 같다. 적어도 그런 기제가 진화했을 가능성이 상당히 크다는 점까지는 인정할 것이다.

위에 나열한 진화 가설들은 두 가지 의미로 "무해"하다. 첫째, 도덕적으로, 정치적으로, 이데올로기적으로 민감한 주제가 아니라는 면에서 무해하다. 둘째, 기존 사회과학자들과 인문학자들의 밥그릇에 타격을 주지 않는다는 면에서 무해하다. 그들은 위에서 제시한 가설들과 충돌하는 가설이나 이론을 거의 제시하지 않았다. 따라서 적응 가설이 옳다는 것이 드러나더라도 큰 문제가 생기지 않는다.

전문가들을 총동원하면 위에 나열한 것과 같은 무해한 진화심리학 가설들을 적어도 수백 개는 나열할 수 있을 것 같다. 그리고 진화심리학을 싫어하는 사람들도 그런 가설들을 보고 대체로 고개를 끄덕일 것이다. 그들은 몇 개의 감각 기제들, 몇 개의 근육 통제 기제들, 몇 개의 욕구 기제들, 일반적 학습 기제, 기억 기제, 추론 기제 말고도 엄청나게 많은 선천적 심리 기제들이 있다는 것을 결국은 인정하고, 더 이상 대량 모듈성 테제에 반대하지 않을 것 같다. 그들이 지금까지 대량 모듈성 테제에 반대해 온 것은 위에서 나열한 것과 같은 무해한 기제들이 아주 많다는 것을 생각해 보지 못했기 때문인 것 같다.

진화심리학에 적대적인 사람들이 쉽게 인정하지 않는 것은 질투 기제, 근친 상간 회피 기제, 강간 기제, 살인 기제, 갑질 기제, 외도 기제, 친족애 기제, 외모 평가 기제처럼 도덕적으로, 정치적으로, 이데올로기적으로 민감한 것인 동시에 기존 사회과학 및 인문학 이론과 충돌하는 것이다. 그렇다면 그들이 진짜로 거부하는 것은 대량 모듈성 테제가 아니라 이데올로기적으로 민감한 심리 현상에 대한 진화론적 설명이다. 또는 기존 이론들과 충돌하는 진화론적 가설이다.

후천론자들은 아주 이상한 입장을 취하는 것 같다. 자연선택이 이데올로기와 별로 상관없는 심리기제는 진화하게 만들 수 있는 반면 이데올로기와 밀접한 관련이 있는 심리기제는 진화하게 만들 수 없다고 보는 셈이기 때문이다. 또는 자연선택이 20세기 사회과학자들이나 인문학자들이 관심을 기울였던 주제와 상관없는 심리기제는 진화하게 만들 수 있는 반면 그런 주제와 관련된 심리 기제는 진화하게 만들 수 없다고 보는 셈이기 때문이다. 이데올로기의 신(god of ideology)이 옛날 옛적에 자연선택의 멱살을 잡으면서 "이런 식으로 진화하면 21세기 진보주의자들이 싫어하니까 나대지 마라!"라고 협박하는 장면을 떠올리면 될 것이다.

〈참고 문헌〉

『GOF의 디자인 패턴: 재사용성을 지닌 객체지향 소프트웨어의 핵심 요소(Design patterns: elements of reusable object-oriented software)』, 에릭 감마, 리처드 헬름, 랄프 존슨 & 존 블리시디스 지음, 김정아 옮김, 프로텍미디어, 2015.

『Bohr – Einstein debates』, 〈Wikipedia〉.

『Encapsulation (computer programming)』, 〈Wikipedia〉.

『Evolutionary psychology & the massive modularity hypothesis』, Richard Samuels, 『The British Journal for the Philosophy of Science』, 1998.

『Global variable』, 〈Wikipedia〉.

『Goto』, 〈Wikipedia〉.

『Modularity in cognition: framing the debate』, H. Clark Barrett & Robert Kurzban, 『Psychological Review』, 2006.

『Modularity of mind』, 〈Wikipedia〉.

『Niels Bohr』, 〈Wikiquote〉.

『Spaghetti code』, 〈Wikipedia〉.

마. 맥가이버칼과 개념적 사고: 인간성은 왜 그렇게 똑똑하고 유연한가

3장의 〈인간/동물 이분법〉에서 인간과 동물의 차이를 과장하는 전통적 인간관을 비판했다. 어떤 면에서는 인간도 동물의 한 종일 뿐이다. 인간이라고 해서 또는 인간의 직계 조상이라고 해서 물리 법칙을 초월할 수 있는 것은 아니다. 따라서 인류 계열도 자연선택의 원리를 초월해서 진화할 수는 없었다. 그럼에도 불구하고 인간에게는 특별한 면이 있다. 물론 각각의 종마다 특별한 면이 있을 수 있다. 코끼리의 코는 포유류 중에 대단히 희한하게 생겼다. 치타는 육상포유류 중에 가장 빠르다. 고래는 덩치가 엄청나게 크다.

하지만 인간의 특별함은 그야말로 특별하다. 알파고를 만들어내는 인간의 특별함은 코가 특이하게 생긴 코끼리의 특별함과는 차원이 다르다. 지구상 생물들 중에서 인간에게만 복잡한 생각을 전달할 수 있는 언어가 있다. 인간의 추상적 사고 능력은 다른 동물들이 꿈도 꿀 수 없이 복잡하고 정교한 것들을 생각해낼 수 있다. 오페라, 장편 소설, 위상 수학, 양자역학, 알파고, 화성 착륙선은 다른 동물들이 감히 흉내도 낼 수 없다. 인간이 이렇게 특별한 이유는 무엇인가? 인간은 왜 이렇게 똑똑한가? 인간은 왜 이렇게 유연하고 창조적인가? 이와 관련하여 여러 진화심리학자들이 맥가이버칼(Swiss army knife, 스위스 군용 칼) 비유를 꺼내든다. 맥가이버칼에는 여러 도구들이 장착되어 있다. 장착된 도구들이 많을수록 더 다재다능한 칼이다. 마찬가지로 인간이 다재다능하고 유연하고 똑똑한 것은 선천적 모듈의 수가 다른 동물들에 비해 더 많기 때문이다. 전중환은 본능이 많기 때문에 인간이 만물의 영장이 되었다고 주장한다.

> 이처럼 다양한 문제들을 대비하겠다고 칼이나 망치 하나 떡 하니 배낭 속에 던져 놓고 어떻게든 해결이 되겠지 기대하는 것은 어리석은 일이다. 병따개, 칼, 드라이버, 전선 피복 벗기개, 망치, 톱, 깡통 따개, 코르크마개 따개, 송곳, 핀셋 등등 구체적인 해결책들이 빠짐없이 장착된 맥가이버칼을 챙겨 넣어야 비로소 야외에서 융통성 있고 유연한 대처를 할 수 있다. 다시 한 번 인간은 다른 동물들보다 본능이 적어서가 아니라 훨씬 더 많은 덕분에 만물의 영장이 되었다.
>
> (『오래된 연장통』, 35~36쪽)

반면 진화심리학을 못마땅해 하는 학자들 중에는 범용 학습 기제, 추상적 사고 능력과 같은 영역-일반적(domain-general) 심리기제 덕분에 인간이 그렇게 똑똑하다고 보는 이들이 많다. 전중환은 위 인용문에서 인간의 뇌라는 "맥가이버칼"에 다른 동물들보다 더 많은 영역-특수적(domain-specific) 심리기제들이 있기 때문에 인간에게 뛰어난 융통성과 유연성이 있다고 주장한다. 나는 이 논점과 관련해서는 그렇게 주장하는 진화심리학자들과 의견을 달리한다. 인간이 다른 동물보다 똑똑한 것은 본능, 심리기제, 모듈이 더 많기 때문이 아니라 영역-일반적인 학습 기제나 사고 기제가 유별나게 발달했기 때문이라고 생각한다. 내가 특히 주목하는 것은 매우 "비대해진" 인간의 개념적 사고 기제이며 이것은 언어의 진화와 관련 있어 보인다.

데이비드 버스는 "일반적인 적응 문제" 같은 것은 없기에 영역-일반적 기제보다 영역-특수적 기제가 진화하기 쉽다고 주장한다.

> 적응적 문제는 거리 주소와 마찬가지로 구체적이다—저 뱀에 물리지 마라, 물이 흐르고 숨을 곳이 있는 서식지를 선택하라, 독이 있는 음식을 먹는 걸 피하라, 생식력이 좋은 짝을 선택하라 등등. '일반적인 적응적 문제' 같은 것은 없다 (Symons, 1992).
> (『진화심리학』, 100쪽[영어판 51쪽])

요약하면, 적응적 기제의 경우에 문제 특정성(problem specificity)이 일반성보다 선호되는 경향이 있는데, 왜냐하면 (1) 일반적인 해법은 유기체를 올바른 적응적 해법으로 안내하지 못하고; (2) 설사 효과가 있다 하더라도, 일반적인 해법은 너무 많은 오류들로 이어지기에 유기체에게 값비싼 비용을 치르게 하며; (3) "성공적인 해법"을 구성하는 것이 문제마다 다르기 때문이다.
(『진화심리학』, 102쪽[영어판 53쪽])

이와 관련된 논의를 제대로 하기 위해서는 우선 "영역-일반적"과 "영역-특수적"의 의미부터 살펴보아야 한다. 흔히 범용 학습 기제, 일반적 추론 기제, 추상적 사고 기제, 일반적 기억 기제 등은 영역-일반적 기제로 분류되며, 친족애 기제, 사랑(연애 감정) 기제, 우정 기제, 질투 기제, 도덕적 판단 기제, 근친상간 회피 기제, 시각 기제, 청각 기제, 후각 기제, 얼굴 인식 기제 등은 영역-특수적 기제로 분류된다.

범용 학습 기제가 영역-일반적이라고 여겨지는 이유는 무엇인가? 피아노 학습에도 쓰이고, 바둑 학습에도 쓰이고, 자동차 운전 학습에도 쓰이기 때문이다. 그런데 이런 식으로 따지면 시각 기제도 영역-일반적 기제로 분류할 수 있을 것이다. 짝짓기 대상을 볼 때도, 음식을 볼 때도, 맹수를 볼 때도, 태양을 볼 때도 쓰이기 때문이다. 물론 시각 기제는 청각도, 후각도, 촉각도 아닌 시각에 전문화되어 있다는 면에서 영역-특수적 기제다. 하지만 이런 식으로 따지면 범용 학습 기제도 영역-특수적 기제다. 시각도, 청각도, 성욕도, 근친상간 회피도, 기억도, 추론도 아닌 학습에 전문화되어 있기 때문이다. 어떤 측면에 초점을 맞추느냐에 따라 시각 기제나 범용 학습 기제를 영역-특수적 기제에 포함시킬 수도 있고 영역-일반적 기제에 포함시킬 수도 있는 것이다.

영역-일반적 기제가 진화하는 것은 아주 어렵거나 불가능하다는 버스의 말은 "울트라-영역-일반적" 기제에는 적용될 것이다. 어떤 선천적 심리 기제가 근친 상간, 친족애, 질투, 음식 감별, 시각, 후각, 기억, 추론, 추상적 사고, 미적분 학습, 수영 학습, 바둑, 피아노, C++ 프로그래밍, 교향곡 작곡, 소설 집필 등을 포함하여 상상할 수 있는 모든 것에 능통하다면 울트라-영역-일반적 기제라고 부를 수 있을 것이다. 이런 기제가 자연선택으로 진화할 수 있을 것 같지는 않다. 하지만 진화심리학에 적대적인 학자들 중에 이런 울트라-영역-일반적 기제를 상정하는 사람이 있나? 나는 못 봤다. 그들이 상정하는 영역-일반적 기제는 범용 학습 기제, 일반적 추론 기제, 추상적 사고 기제, 일반적 기억 기제 등이다.

이것들은 어떤 측면에서는 영역-일반적이지만 다른 측면에서 영역-특수적이다. 일반적 기억 기제는 섹스에 대한 기억도, 음식에 대한 기억도, 바둑에 대한 기억도, 영화 감상에 대한 기억도 저장한다는 면에서 영역-일반적이지만 추론도, 학습도, 추상적 사고도, 시각도, 청각도, 성욕도 아닌 기억을 전문적으로 다룬다는 면에서 영역-특수적이다. 그렇다면 그런 기제가 자연선택으로 진화하지 못할 것이라고 단정해서는 안 된다.

게다가 그런 선천적 기제들이 있다고 가정할 수밖에 없어 보이는 현상들이 있다. 바둑을 전문적으로 배운 프로기사는 초보자가 오랫동안 숙고해도 풀기 힘든 사활 문제를 순식간에 푼다. 전문 피아니스트는 악보를 처음 보더라도 즉석에서 연주할 수 있다. 타자를 아주 많이 쳐 본 사람은 자신이 쓰고 싶은 문장이 있으면 그냥 손가락이 "자동적으로" 움직여서 자판에 있는 글자들을 찾아간다. 이것이 가능한 이유는 바둑, 피아노, 타자에 전문화된 뇌 회로가 만들어지기 때문일 것이다.

온갖 분야에서 인간은 숙련 과정을 통해 뇌 회로 또는 심리기제 또는 모듈을 만들어내는 것 같다. 이것은 학습의 여러 양상 중 한 가지이며 이것을 가능하게 하는 기제를 "모듈 생성 기제"라고 부를 수 있을 것이다. 진화심리학계에서 모듈이라고 하면 자연선택의 직접적 산물인 선천적 심리기제를 뜻할 때가 많다. 나는 자연선택의 직접적 산물인 "선천적 모듈"과 모듈 생성 기제의 산물인 "후천적 모듈"을 구분해야 하며 둘 모두 모듈이라고 부를 수 있다고 본다. 모듈 생성 기제가 자연선택의 직접적 산물이라면 후천적 모듈은 자연선택의 간접적 산물이다.

다른 동물에게도 모듈 생성 기제가 있을지 모른다. 그렇다 하더라도 인간의 모듈 생성 기제에 비하면 초라한 수준이다. 나는 모듈 생성 기제와 같은 영역-일반적 기제 덕분에 인간이 대단히 다재다능하다고 본다. 물론 모듈 생성 기제는 다른 것들이 아니라 모듈 생성에 전문화되어 있다는 면에서는 영역-특수적 기제다.

인간은 온갖 방면에서 추상적으로 생각할 수 있다. 이것이 가능한 이유는 개념들을 구사할 수 있기 때문이다. 나는 추상적 사고와 개념적 사고를 동의어로 보아도 무방하다고 생각한다. 그리고 여기에는 언어가 깊이 관련되어 있는 것 같다. 언어 덕분에 다른 동물과는 달리 인간은 개념적 사고를 할 수 있다고 생각하는 사람들이 있다. 나는 인류 이전부터 개념적 사고를 할 수 있었기에 인간의 언어가 진화할 수 있었다고 본다. 이에 대해서는 제임스 허포드(James R. Hurford)의 언어의 진화에 대한 책을 보라. 〈참고 문헌〉에서 소개한 책들 중에서 『Origins of language(언어의 기원)』가 대중을 위한 축약판이니까 웬만하면 이 책부터 읽는 것이 좋을 것 같다.

인간의 개념적 사고 능력은 다른 유인원들과 비교해도 엄청나다. 나는 매우 비대해지고 정교해진 개념적 사고 능력이 인류의 높은 지능의 핵심이라고 추정하고 있다. 매우 영역-일반적인 "개념적 사고 모듈" 덕분에 인류가 그렇게 똑똑하다고 보는 것이다. 인간은 아주 다양한 주제에 대해 개념적으로 사고할 수 있다. 그 과정에서 새로운 것을 배우기도 한다. 이것은 학습의 여러 양상 중 한 가지다. 나는 개념적 사고가 도대체 무엇인지 제대로 밝혀낸다면 인간처럼 똑똑한 인공지능 즉 인공 인간지능artificial human intelligence(강한 인공지능strong artificial intelligence, 인공 일반지능artificial general intelligence)을 만들어낼 수 있다고 믿고 있으며 앞으로 이에 대해 깊이 연구해 보고 싶다.

〈참고 문헌〉

『오래된 연장통: 인간 본성의 진짜 얼굴을 만나다』, 전중환, 사이언스북스, 2010(증보판).

『진화심리학: 마음과 행동을 탐구하는 새로운 과학』, 데이비드 버스, 이충호 옮김, 최재천 감수, 웅진지식하우스, 2012(4판).

『Evolutionary psychology: the new science of the mind』, David M. Buss, Pearson, 2012(4판).

『The origins of grammar: language in the light of evolution 2』, James R. Hurford, Oxford University Press, 2011.

『Origins of language: a slim guide』, James R. Hurford, Oxford University Press, 2014.

『The origins of meaning: language in the light of evolution 1』, James R. Hurford, Oxford University Press, 2007.

7장. 진화심리학의 생산성: 사후적 설명만 쏟아내나

가. 진화심리학의 예측 능력에 대한 데이비드 버스의 자랑질

데이비드 버스 & 데이비드 슈미트(David P. Schmitt)는 남자가 여자보다 상대방의 외모에 신경을 더 쓴다는 점을 데이터 수집 이전에 진화론적 추론을 통해 예측했다고 자랑한다.

여자의 외모가 생식력(fertility)에 대한 풍부한 정보를 제공하기 때문에, 진화심리학자들은 온갖 문화권에 걸쳐서 남자들이 장기적 짝의 선택에서 여자들에 비해 외모를 더 가치 있게 여길 것이라고 데이터 수집 이전에 예측했다. 이것은 잠재적으로 반증 가능한 예측이며, 인간 짝짓기에 대한 이전의 어떤 비진화론적 이론에서도 제기되지 않았다(Buss 1987). 이 예측 이후로 전 세계의 37개 문화권에 대한 비교문화적 연구를 통해, 짝 선택에서 육체적 매력에 부여하는 중요성의 젠더(gender) 차이가 실제로 인간 보편적임을 발견했다(Buss 1989). 탄자니아의 하드자Hadza(Marlowe 2004)와 같은 전통적(traditional) 문화권들도 포함하여, 10개가 넘는 다른 문화권들에 대한 비교문화적 후속 연구가 이루어졌는데, 이런 젠더 차이의 보편성을 뒷받침했다.
(『Evolutionary psychology and feminism』, 776쪽)

하지만 남자가 여자의 외모에 무척 집착한다는 것은 옛날부터 상식이었던 것 같다. 진화론적 추론을 통해 그런 예측에 이르렀다는 주장도 의심스럽다. 오히려 상식에 들어맞도록 진화론적 추론을 끼워 맞췄다는 의심이 든다.
버스 & 슈미트에 따르면 여자의 외모를 보고 생식력에 대한 정보를 많이 얻을 수 있다. 여기까지는 좋다. 그런데 그들은 그렇기 때문에 여자의 외모가 더 중시되는 방향으로 인간이 진화했으리라 예측된다고 이야기한다. 하지만 남자의 외모를 보고도 남자가 얼마나 우월한지에 대한 정보를 많이 얻을 수 있을 것 같다. 남자의 외모가 중시되는 정도와 여자의 외모가 중시되는 정도를 비교하기 위해서는 "여자의 외모가 생식력에 대한 풍부한 정보를 제공"한다는 요인만 고려해서는 안 된다.
무려 5000회가 넘게 인용된 이전 논문에서 버스는 좀 더 그럴 듯한 분석을 내놓았다.

남자의 번식 성공과 비교할 때 여자의 번식 성공은 생식력 있는 짝들을 얻은 것과 덜 긴밀하게 연결되어 있다. 여자가 가치 있게 여기는 남자의 생식력은 사춘기 이후로 나이가 들면서 여자의 생식력에 비해 덜 급격히 감소한다. 따라서 외모를 통해 여자의 생식력만큼 정확하게 평가할 수 없다. 따라서 여자의 짝 선호에서 외모는 남자의 짝 선호에서보다 덜 중심적일 것이다. 이런 전제들은 과학적 예측들로 이어진다: 여자에 비해 남자가 잠재적 짝의 상대적 젊음과 육체적 매력을 더 가치 있게 여길 것이다. 왜냐하면 그것이 생식력 및 번식 가치(reproductive value)와 연결되어 있기 때문이다.
(『Sex differences in human mate preferences』, 2~3쪽)

여자는 폐경 이후에는 임신을 할 수 없다. 이 때문에 짝짓기 시장에서 여자의 젊음이 남자의 젊음보다 더 중요할 것 같다. 그리고 외모를 통해 얼마나 나이가 들었는지 어느 정도는 알 수 있다. 이것은 여자의 외모가 남자의 외모보다 더 중시되도록 만들 수 있는 요인이다. 하지만 이 요인 하나만 제시하고 분석이 끝났다고 생각한다면 대단한 오산이다.

암수의 외모가 뚜렷하게 다른 종에서는 대체로 수컷이 더 화려하다. 수컷들이 암컷들 앞에서 아름다움을 뽐내면 암컷들이 아름다운 수컷을 선택한다. 이것은 암컷이 수컷보다 부모 투자를 더 많이 하기 때문인 듯하다. 만약 수컷이 정액 말고는 부모 투자를 거의 하지 않는다면 암컷이 얼마나 우월한지 따지지 않고 최대한 많은 암컷을 임신시키려고 분투하는 것이 합리적 전략이다. 만약 암컷이 부모 투자를 막대하게 한다면 좋은 유전자를 얻기 위해 수컷의 상태들 면밀하게 평가하여 우월한 수컷하고만 섹스를 하는 것이 합리적 전략이다.

대다수 포유류 종에서는 수컷이 정액 말고 자식에게 투자하는 것이 거의 없어 보인다. 반면 인간 남자는 자식을 지극정성으로 돌볼 때가 많다. 하지만 평균적으로 볼 때 여자가 남자보다 부모 투자를 훨씬 더 많이 한다. 여자가 임신과 수유를 한다. 따라서 온갖 동물들의 일반적인 패턴을 고려해 볼 때 여자보다 남자의 외모가 더 중시될 것이라고 기대할 수 있다. 하지만 인간의 경우에는 그 패턴과는 반대로 보인다. 왜 그럴까? 여자의 젊음이 더 중요하다는 점을 지적한다고 해서 이 문제가 만족스럽게 해명되나? 두 요인이 서로 다른 방향을 가리킬 때는 골치 아픈 정량 분석이 필요한데 버스는 한 쪽 요인을 무시하는 아주 손쉬운 길을 택했다.

남자는 20세 여자들만 있을 때도 예쁜 여자가 못생긴 여자를 열심히 구분한다. 이것은 젊음이라는 요인이 여자의 외모에서 그렇게 절대적이지 않음을 암시한다. 장기 짝짓기와 단기 짝짓기의 구분도 중요하다. 단기 짝짓기의 경우에는 남자가 투자하는 것이 별로 없다. 만약 임신으로 이어지면 남자의 입장에서는 대박이다. 따라서 단기 짝짓기의 맥락에서는 남자가 여자의 외모에 거의 신경 쓰지 않도록 진화했으리라 기대할 만하다. 하지만 남자들은 창녀촌을 방문할 때도 나이트클럽에서 하룻밤 정사 상대를 고를 때도 여자의 외모를 대단히 따지는 것 같다. 버스가 제시한 진화론적 추론은 이런 현상을 제대로 설명하지 못한다.

버스가 제시한 진화론적 분석과 조너썬 고트샬(Jonathan Gottschall)의 논문을 비교해 보자. 고트샬은 여자의 외모가 중시되는 것은 수수께끼라고 이야기한다. 그러면서 버스보다 훨씬 더 조심스럽게 여자의 외모 중시되는 이유에 대한 추정을 내놓는다. 버스가 제시한 것처럼 진화론적 추론을 통해 쉽게 예측할 수 있는 것이 아니라고 본 것이다.

> 따라서, 인간 여자가 최소 부모 투자와 평균 부모 투자를 더 많이 한다는 점에 비추어 볼 때, 여자들 사이에서 육체적 매력의 압력이 더 강렬하다는 점은 오랫동안 진화론적 수수께끼로 여겨졌다.
> ("Greater emphasis on female attractiveness in Homo sapiens, 347쪽)

버스는 의붓부모(계부모)가 친부모에 비해 자식을 학대하거나 살해할 확률이 수십 배나 된다는 것을 보여준 데일리 & 윌슨의 연구를 소개한다.

> 데일리 & 윌슨은 "지금까지 확인된 바로는 계부모라는 것 그 자체가 아동 학대의 첫 번째로 강력한 위험 요인으로 남아 있다"고 결론지었다(Daly & Wilson, 1988, 87-88쪽). 물론 그런 발견들을 두고, "뻔하다"거나 "누구라도 예상할 수 있었다"라고 주장할 사람들도 있을 것이다. 그럴지도 모른다. 그러나 데일리 & 윌슨이 진화론적 렌즈를 들고 이 문제에 접근하기 전까지는, 아동 학대를 다루었던 수백 건의 연구들이 계부모라는 점을 아동 학대의 위험 요인으로

확인하는 데 실패했다는 사실에 주목해야 한다(Daly & Wilson, 2008). (『진화심리학』, 340쪽[영어판 218~219쪽])

포괄 적합도 이론에서 출발하면 인간이 유전적으로 가까운 친족을 더 사랑할 것이라는 예측으로 이어진다. 따라서 의붓부모에 비해 친부모가 자식을 더 사랑할 것이라고 예측할 수 있다. 그렇다면 의붓부모가 자식을 학대할 가능성이 더 높을 것이다. 데일리 & 윌슨의 연구는 실제로도 그렇다는 것을 보여주었다. 의붓부모와 함께 살면 학대당하거나 살해당할 가능성이 수십 배나 높았다. 학대에 대한 정보에는 불확실성이 클 수 있다. 왜냐하면 학대를 하고 순순히 털어놓는 사람이 별로 없기 때문이다. 그렇기에 그들의 연구에 큰 결함이 있다고 주장하는 이들도 있지만 수십 배나 되는 차이를 그런 불확실성으로 돌리기는 힘들어 보인다. 특히 선진 산업국에서 살인 사건이 일어나면 진범이 대부분 밝혀지기 때문에 정보의 불확실성이 수십 배의 차이를 설명할 수는 없이 보인다.

그런데 버스는 진화심리학 이론이 없었다면 의붓부모가 자식을 훨씬 더 많이 학대한다는 사실이 체계적 연구를 통해 밝혀지기 어려웠을 것이라는 투로 이야기하고 있다. 하지만 버스도 지적했듯이 의붓부모가 자식을 더 많이 구박한다는 것은 상식이었다. 〈신데렐라〉, 〈콩쥐팥쥐〉 같은 수많은 전래동화가 그런 상식을 반영한다. 진화심리학적 방법론에 정통해야 그런 상식을 체계적으로 검증하겠다는 생각을 할 수 있나?

이미 대중의 상식으로 오랜 기간 존재하던 것들을 진화심리학적으로 연구한 것을 두고 참신한 발견(novel discovery)이라도 한 것처럼 자랑하는 것은 꼴사납다. 이것은 과대포장이다.

〈참고 문헌〉

『진화심리학: 마음과 행동을 탐구하는 새로운 과학』, 데이비드 버스, 이충호 옮김, 최재천 감수,

웅진지식하우스, 2012(4판).

『Evolutionary psychology and feminism』, David Michael Buss & David P. Schmitt, 『Sex Roles』, 2011.

『Evolutionary psychology: the new science of the mind』, David M. Buss, Pearson, 2012(4판).

『Greater emphasis on female attractiveness in Homo sapiens: a revised solution to an old evolutionary riddle』, Jonathan Gottschall, 『Evolutionary Psychology』, 2007.

『Sex differences in human mate preferences: evolutionary hypotheses tested in 37 cultures』, David M. Buss, 『Behavioral and Brain Sciences』, 1989.

나. 진화심리학과 상식의 재발견

아주 오래 전부터 인간 본성에 대한 상식들이 있었던 것 같다. 과거와 현대의 온갖 문화권을 살펴보면 다음과 같은 것들이 그런 상식이었던 것 같다. 선천론이 직관 또는 상식의 형태로 존재했던 것이다.

1. "피는 물보다 진하다." 인간은 원래 가까운 친족을 챙기기 마련이다. 육촌 형제보다는 사촌 형제를 더 챙기고, 사촌 형제보다는 친형제를 더 챙기는 경향이 있다. 마찬가지로 오촌 조카보다는 친조카(삼촌 조카)를 더 챙기고, 친조카보다는 자식을 더 챙기는 경향이 있다.

2. "신데렐라"와 "콩쥐". 옛날이야기에서 계부나 계모는 구박하는 존재로 그려진다. 명목상으로는 부모자식 관계지만 "피가 섞이지" 않았기에 "진짜 부모

자식" 관계보다 원래 사랑이 훨씬 적다.

3. "계집애 같은 녀석(sissy)". 여자는 원래 남자보다 겁이 많다. 그래서 겁이 많은 남자는 계집애 같다는 놀림을 받는다.

4. 남자가 원래 여자보다 사납다.

5. "여자는 약하지만 어머니는 강하다." 모성애가 원래 부성애보다 강하다.

6. "남자는 늑대다." 남자가 원래 여자보다 섹스에 더 적극적이다.

7. 남자든 여자든 대다수는 원래 이성에게 성욕을 느끼는 경향이 있다.

8. 남자든 여자든 대다수는 원래 이성과 사랑에 빠지는 경향이 있다.

9. 남자는 배우자나 애인이 바람을 피우면 원래 질투를 한다.

10. 여자는 배우자나 애인이 바람을 피우면 원래 질투를 한다.

11. 남자든 여자든 늙으면 원래 짝짓기 시장에서 인기가 크게 떨어진다.

12. "남자는 영계를 좋아해." 짝짓기 시장에서 여자보다 남자가 원래 상대방의 젊음을 더 중시한다.

13. 짝짓기 시장에서 여자보다 남자가 원래 상대방의 외모를 더 중시한다.

14. "어떻게 인간의 탈을 쓰고 그럴 수가 있나?" 인간에게는 원래 양심이 있어서 어느 정도는 도덕적으로 산다.

15. "배은망덕한 놈". 친구가 배신하면 원래 화가 난다.

16. "제 눈의 들보는 안 보고 남의 눈의 티끌만 본다." 인간은 원래 자기에게 유리한 방향으로 자기기만에 빠지는 경향이 있다.

17. "시어머니 며느리 시절 생각 못한다." 지위가 높거나 힘이 센 사람은 원래 갑질을 하는 경향이 있다.

18. 근친상간 타부(taboo, 금기). 원래 모자, 부녀, 남매처럼 매우 가까운 사이일 때에는 상대에게 성욕을 느끼지 않으며 섹스에 대한 거부감을 느낀다.

20세기의 많은 지식인들과 학자들은 이런 대중의 상식을 무시했다. 설사 그런 성향이 나타나더라도 학습, 사회화, 문화, 역사의 결과일 뿐인데 사람들이 인간 본성이라고 착각한다는 것이다. 진화심리학자들은 선천론을 담고 있는 그런 직관과 상식을 애지중지하는 경향이 있다. 그런 상식과 부합하는 진화론적 추론을 생각해내려 한다. 그리고 많은 경우에 적어도 첫눈에는 그럴 듯해 보이는 진화론적 추론을 제시했다.

위에서 제시한 것들과 관련된 진화론적 추론을 아주 단순화해서 하나씩 살펴보자. 13번은 빠졌는데 실수로 빼먹은 것이 아니다. 데이비드 버스나 다른 진화심리학자들이 제시한 진화 가설이 내 눈에는 별로 그럴 듯해 보이지 않아서 일부러 뺐다.

1. 가까운 친족일수록 더 사랑하도록 진화한 이유: 친족선택 이론에 따르면 가까운 친족일수록 유전자를 더 많이 공유한다. 가까운 친족을 챙기면 결국 내 몸 속에 있는 유전자의 복제에 도움이 된다.

2. 의붓자식을 친자식보다 덜 사랑하도록 진화한 이유: 근친혼과 같은 예외적 상황이 아니면 의붓자식은 유전적으로 볼 때 사실상 남남이다. 여기에도 친족선택 이론을 적용할 수 있다.

3. 여자가 남자보다 겁이 많도록 진화한 이유: 여자가 임신과 수유를 한다. 그래서 여자의 부모 투자가 남자보다 훨씬 크다. 부모 투자 이론에 따르면 투자를 적게 하는 쪽(주로 수컷)이 더 모험을 하도록 진화하는 경향이 있다. 포유류 수컷은 모험적 전략을 통해 여러 암컷들을 임신시킴으로써 큰 번식 이득을 얻을 수 있다.

4. 남자가 여자보다 사납도록 진화한 이유: 3번과 비슷한 이유 때문이다.

5. 모성애가 부성애보다 강하도록 진화한 이유: 여자는 자신의 뱃속에서 태어난 아기가 자신의 유전적 자식임을 확신할 수 있다. 반면 아내의 자식이 남편의 유전적 자식인지 확실하게 알 수 없다. 이것은 남자가 "명목상 친자식"을 덜 사랑하도록 진화하게 만들 수 있는 요인이다. 남자는 바람을 피움으로써 여자보다 더 큰 번식 이득을 얻을 수 있다. 이것은 여자에 비해 남자가 자식 돌보기를 등한시하고 바람피우기에 더 많은 시간과 자원을 쏟도록 진화하게 만들 수 있는 요인이다.

6. 남자가 여자보다 섹스에 더 적극적이도록 진화한 이유: 남자가 단기간에 여자 10명과 섹스를 하면 최대 10명을 임신시킬 수 있다. 반면 여자의 경우 자기 혼자 임신할 수 있을 뿐이다. 대체로 남자가 섹스를 통해 여자보다 더 많은 번식 이득을 챙길 수 있는 것이다.

7. 이성에게 성욕을 느끼도록 진화한 이유: 이성과 섹스를 해야 자식을 낳을 수 있다.

8. 이성과 사랑에 빠지도록 진화한 이유: 이성과 결혼을 해야 잘 번식할 수 있다.

9. 남자가 질투를 하도록 진화한 이유: 아내가 외간 남자와 섹스를 하면 그 남자의 유전적 자식을 낳을 수 있다. 이것은 남편에게 막대한 번식 손실로 이어진다. 아내의 자궁을 남에게 빼앗긴 셈이기 때문이다. 아내가 다른 남자와 사랑에 빠지면 이혼으로 이어지기 쉽다. 이것은 대체로 남편에게 손해를 끼친다.

10. 여자가 질투를 하도록 진화한 이유: 남편이 외간 여자와 섹스를 하거나 사랑에 빠지면 가족 돌보기를 소홀히 하게 된다. 일부다처제 사회에서 남자가 다른 여자를 아내로 맞이하며 기존 아내가 손해를 본다. 남편이 다른 여자와 사랑에 빠지면 아내가 이혼을 당할 수 있다.

11. 늙은 사람이 짝짓기 시장에서 인기가 없는 이유: 여자의 경우 폐경 이후에는 임신을 할 수 없다. 원시 사회에서 남자든 여자든 노화가 많이 진행되면 자식을 잘 돌보기 힘들었다. 나이가 많은 남자일수록 정자에 돌연변이가 많이 쌓일 것이다.

12. 남자가 여자보다 짝짓기 상대의 젊음을 더 중시하도록 진화한 이유: 폐경 이후에 임신을 할 수 없는 여자와는 달리 남자의 생식 능력은 환갑 이후로도

지속되는 경우가 많다.

14. 양심이 진화한 이유: 비양심적인 사람과 친구가 되거나 결혼을 하면 내가 손해를 본다. 그래서 인간은 그런 사람을 회피하도록 진화했다. 이런 이유 때문에 비양심적인 사람은 우정 시장과 결혼 시장에서 인기가 떨어질 것이다. 인기를 얻기 위해서는 어느 정도는 양심적으로 살아야 한다.

15. 배신한 친구에게 화를 내도록 진화한 이유: 상부상조가 번식에 도움이 되기 때문에 우정이 진화했다(상호적 이타성). 그런데 친구가 나에게 도움을 받기만 하고 나를 도와줄 생각을 안 한다면 그 친구에게 계속 착취당하게 된다. 이럴 때 친구에게 화를 내서 친구의 행동 패턴이 바뀌도록 만들거나 아예 절교를 하는 것이 나의 번식에 이롭다.

16. 자기에게 유리한 방향으로 자기기만에 빠지도록 진화한 이유: 자신의 능력과 도덕성을 어느 정도 과대포장하면 우정 시장과 짝짓기 시장에서 자신의 인기를 올릴 수 있다. 이것은 과대광고가 상품 시장에서 통할 수 있는 것과 마찬가지다. 또한 이해관계가 충돌하는 상황에서 자신에게 유리한 방향으로 논쟁을 이끌 수 있다면 이득을 챙길 수 있다.

17. 지위가 높거나 힘이 세면 갑질을 하도록 진화한 이유: 육탄전 능력이든, 인기든, 인맥이든, 힘이 있다는 것은 남을 착취할 수 있는 능력이 있다는 뜻이다. 이럴 때 남을 착취함으로써 이득을 챙길 수 있다.

18. 근친상간을 회피하도록 진화한 이유: 근친상간으로 태어난 자식은 유해 열성 유전자 때문에 온갖 문제가 생길 가능성이 높다.

물론 그럴듯해 보이는 것과 과학적으로 잘 입증된 것 사이에는 엄청난 차이가 있다. 하지만 여기에서는 검증 문제를 제쳐 두기로 하자. 옛날부터 사람들이 마음속에 품어왔던 인간 본성에 대한 생각들 중 많은 것들이 진화론적 추론을 통해 그럴 듯하게 설명된다는 점 자체가 상당히 인상적이다. 물론 13번과 같은 예외가 있다.

버스 같은 "열혈" 진화심리학자들은 이런 것들에 대한 진화심리학 연구를 소개하면서 참신한 발견이라도 한 것처럼 과대포장한다. "남자는 영계를 좋아해"라는 상식에서 출발해서 "선천적으로 남자는 여자에 비해 짝짓기 상대의 젊음을 더 중시한다"라는 가설을 만들어낸 것을 두고 진화심리학 방법론을 동원한 참신할 발견이라 말하는 것은 민망해 보인다. 진화생물학을 전혀 몰라도 그런 가설은 충분히 생각해낼 수 있다.

하지만 다른 학파가 아니라 진화심리학계에서 이런 대중의 상식들에서 출발하여 선천성 가설들에 대한 대대적인 연구에 착수했다는 점을 간과해서는 안 될 것이다. 인간 본성에 대한 대중의 상식들 중 많은 것들이 진화론적 추론과 일맥상통한다는 점을 깨닫게 되면서 그런 연구들을 아주 많이 하게 되었다. 여기에서 나열한 사례들만 볼 때, 진화심리학적 방법론이 이전에는 생각지도 못했던 현상들의 발견으로 이어진 것은 아니다. 그렇다 하더라도 진화심리학의 방법론이 있었기에 이전 세대 학자들이 대수롭지 않게 생각했던 대중의 상식을 더 존중하게 되었다. 참신한 발견이라고 보기는 힘들지만 "상식의 재발견"이라는 평가 정도는 해줄 수 있을 것이다. 물론 상식의 재발견이라는 타이틀에 먹칠을 하지 않기 위해서는 진화심리학자들이 제시한 가설을 설득력 있게 입증해야 할 것이다.

어떤 패러다임, 거대 이론, 연구 기획의 생산성을 따질 때 "알려지지 않은 현상을 얼마나 발굴해내는가"도 중요하지만 "새로운 가설을 얼마나 많이 만들어내는가"도 중요하다. 상식의 재발견 사례에서는 알려지지 않은 현상을 발굴해냈다고 보기 힘들다. 하지만 이전에 없던 새로운 가설들을 제시했다는 점만큼은 인정해야 한다.

진화심리학 가설을 구조 가설(선천성 가설)과 기원 가설(진화 가설)로 나눌 수 있다. 구조 가설은 선천적 심리기제의 존재와 생김새에 대한 가설이다. 기원 가설은 선천적 심리기제가 언제, 왜, 어떻게 진화했는지에 대한 가설이다. "인간은 원래 가까운 친족을 먼 친족보다 더 사랑한다"는 구조 가설이다. "친족선택의 논리 때문에 인간이 가까운 친족을 더 사랑하도록 진화했다"는 진화 가설이다.

진화심리학자들이 제시한 구조 가설들 중에 상식의 재발견인 경우가 아주 많다. 이런 면에서는 참신하다고 보기 힘들다. 하지만 진화심리학자들이 제시한 기원 가설은 모두 다 새로운 가설이다. "인간은 원래 가까운 친족을 먼 친족보다 더 사랑한다"는 까마득한 옛날부터 상식으로 통했을 것이다. 반면 "친족선택의 논리 때문에 인간이 가까운 친족을 더 사랑하도록 진화했다"는 다윈이 자연선택 이론을 제시하기 전에는 생각해낼 수 없었다. 그리고 윌리엄 해밀턴(William D. Hamilton)이 친족선택 논문을 발표하기 전에는 친족애의 진화에 대해 지금보다 훨씬 애매하게 이야기할 수밖에 없었다.

진화심리학자들이 제시하는 진화 가설은 모두 다 새로운 가설이다. 무시할 수 없는 생산성이다. 물론 이것이 "진짜 생산성"인지 "무늬만 생산성"인지는 그 가설들이 얼마나 잘 입증되느냐에 달렸다. 만약 이런 진화 가설들이 몽땅 반증되어 폐기된다면 "실패하는 가설들만 잔뜩 만들어내는 웃기는 생산성"이라는 조롱을 당할 것이다.

〈참고 문헌〉

『The genetical evolution of social behaviour I, II』, William D. Hamilton, 『Journal of Theoretical Biology』, 1964.

다. 진화심리학의 참신한 발견들

한편에는 "상식의 재발견"을 "참신한 발견"으로 포장하려는 진화심리학 열광자들이 있다. 다른 한편에는 진화심리학이 참신한 발견을 전혀 하지 못하고, 사후적 설명, 임시방편적 설명, 끼워 맞추기식 설명만 쏟아낸다고 조롱하는 사람들이 있다. 정말로 진화심리학은 참신한 발견을 하지 못했나? 나는 그렇게 생각하지 않는다. 여기에서는 참신한 발견으로 분류될 수 있는 사례를 몇 가지만 소개하겠다.

허리는 날씬하고 엉덩이는 풍만한 여자가 짝짓기 시장에서 인기 있다. 진화심리학자들은 모래시계 몸매의 인기에 대한 가설들을 제시했다. 여기까지만 보면 상식의 재발견에 불과해 보인다. 왜냐하면 모래시계 몸매가 인기 있다는 것은 진화심리학 연구 이전에도 잘 알려져 있었기 때문이다. "남자는 원래 모래시계 몸매인 여자를 좋아해"라는 상식을 "남자는 모래시계 몸매인 여자를 선천적으로 선호한다"라는 선천성 가설로 다듬은 것을 두고, 또는 "남자는 모래시계 몸매인 여자를 선호하도록 진화했다"라는 진화 가설로 다듬은 것을 두고 경천동지할 참신한 발견이라도 한 것처럼 자랑한다면 민망하다.

하지만 조금만 더 깊이 들어가면 참신한 발견이 나온다. 왜 남자는 모래시계 몸매를 선호할까? 한편에는 그것이 문화적 구성물이라고 보는 후천론자가 있다. 다른 한편에는 그것이 자연선택의 직접적 산물이라고 보는 선천론자가 있다. 진화심리학계에서는 신체의 아름다움을 우월성과 연결시킨다. 남자가 우월한 여자를 아름답다고 느끼도록 진화했다는 말이다. 물론 여기에서 우월성의 기준은 번식 능력이다. 자식에게 좋은 유전자를 물려주고 임신, 수유, 자식 돌보기 등을 잘 하는 여자, 즉 우월한 자식을 많이 낳아서 잘 키울 수 있는 여자가 우월한 여자다.

데벤드라 싱(Devendra Singh)의 연구를 시작으로 진화심리학자들은 주로 두 가지 방향으로 연구를 진행했다. 첫째, 모래시계 몸매에 대한 선호가 인류 보편적으로 통하는 미의 기준인지 일부 문화권에서만 한정되는지 조사했다. 둘째, 모래시계 몸매와 우월성 사이에 상관관계가 있는지 살펴보았다.

지금까지의 연구를 보면 모래시계 몸매에 대한 선호가 인류 보편적인 것으로 보인다. 초창기에는 "남자는 허리-엉덩이 비율(waist-to-hip ratio)이 0.7 정도인 여자를 가장 선호한다"라는 가설이 제시되기도 했으나 이것은 일부 문화권에서 어느 정도 반증되었다. 하지만 그 문화권에서도 평균보다 모래시계 쪽인 여자가 선호되었다.

모래시계 몸매와 우월성의 상관관계에 대한 연구도 상당히 성공적인 결과로 이어졌다. 모래시계 몸매인 여자가 여러 측면에서 우월하다는 것이 실증적으로 밝혀진 것이다. 나는 이것을 참신한 발견으로 분류할 수 있다고 본다. 남자가 우월한 여자를 아름답다고 느끼도록 진화했다는 아이디어에서 출발하지 않았다면 모래시계 몸매와 우월성의 상관관계를 파고드는 연구로 이어지기 힘들었을 것이다.

진화심리학자들은 월경 주기 중 어느 시점에 있는지에 따라 여자의 심리가 상당히 달라지도록 진화했다고 본다. 월경 주기 중 언제냐에 따라 임신 확률이 크게 달라지기 때문이다. 여기에서 출발하여 여러 가지 가설들이 도출되었다. 여기에서는 세 가지만 살펴보겠다.

1. 여자가 가임기(월경 주기 중 임신 가능성이 높은 시기)에 강간을 당하면 더 큰 번식 손해를 본다. 따라서 여자가 가임기에는 강간당할 만한 상황을 더 피하도록 진화했다.

2. 여자가 좋은 유전자를 얻기 위해 바람을 피우는 전략을 쓰는 것이라면 되도록 가임기에 외간 남자와 섹스를 하는 것이 유리하다. 따라서 여자의 바람기가 가임기에 더 크도록 진화했다.

3. 가임기에는 임신 가능성이 높기 때문에 남자의 우월성이 다른 시기보다 더 중요하다. 결혼 상대를 고를 때는 신랑감의 우월성과 인간성(얼마나 이타적이고 도덕적인가)을 모두 고려하는 것이 좋다. 하지만 유전자만 얻는 것이 목적일 때는 인간성의 중요성은 상대적으로 작아지고 우월성의 중요성은 상대적으로 커진다. 이런 이유 때문에 가임기에 여자가 "우월한 남자"와 상관관계가 있는 특성에 더 주목하도록 진화했다.

이런 가설들에 대한 연구는 상당한 성공으로 이어졌다. 이것 역시 참신한 발견으로 분류할 수 있을 것 같다. 진화론적 추론이 없었다면 위와 같은 가설들을 생각해 내기 힘들었을 것이다.

친족에 대한 이타성이 근친도(degree of relatedness, 근연도)에 따라 달라진다는 점이 실증적으로 확인되고 있다. 물론 사촌 형제에 대한 사랑보다 친형제에 대한 사랑이 크다는 점은 이전부터 잘 알려진 상식이었다. 자식에 대한 사랑이 조카에 대한 사랑보다 크다는 점도 새삼스러울 것 없다. 여기까지는 참신한 발견이라고 보기 힘들다.

하지만 좀 더 구체적으로 파고들면 이야기가 달라진다. 여기에 부성 불확실성(paternity uncertainty) 문제가 개입된다. "어머니와 유전적 자식 사이의 근친도"는 "아버지와 유전적 자식 사이의 근친도"와 같다고 봐도 무방하다. 하지만 친자식이라고 불리는 아이가 아버지의 유전적 자식이 아닐 수 있다. 어머니가 바람을 피웠다면 외간 남자의 유전적 자식일 수 있는 것이다. 이 점까지 고려하면 "어머니와 자식(명목상 친자식) 사이의 평균 근친도"는 "아버지와 자식(명목상 친자식) 사이의 평균 근친도"에 비해 높다. 이런 점에서 출발하여 모성애가 부성애보다 강하도록 진화했다는 진화 가설로 이어질 수 있다. 하지만 여기까지도 상식의 재발견일 뿐이다.

약간 더 깊이 파고들어 보자. 이모와 조카(명목상 조카) 사이의 평균 근친도는 고모와 조카(명목상 조카) 사이의 평균 근친도에 비해 높다. 이모의 입장에서 보자. 조카는 언니 또는 여동생의 자식이다. 고모의 입장에서 보자. 조카는 오빠 또는 남동생의 자식이다. 그런데 오빠 또는 남동생의 아내가 바람을 피워서 외간 남자의 자식을 낳았다면 그 아이는 나의 유전적 조카가 아니다. 유전적으로 볼 때 나와는 생판 남남인 것이다. 따라서 다른 조건이 같다면 이모와 조카 사이의 사랑이 고모와 조카 사이의 사랑보다 클 것이라고 예측할 수 있다. "이모의 사랑이 고모의 사랑보다 크다"라는 상식은 어느 정도 있는 듯하다. 친근감을 표현하기 위해 "이모네 떡볶이"라는 간판을 다는 집은 상당히 많지만 "고모네 떡볶이"는 별로 없다. 식당에서 일하는 여자 종업원을 "이모"라고 부르는 경우는 많지만 "고모"라고 부르는 경우는 별로 없다. 따라서 진화심리학자가 이모의 사랑이 고모보다 크다는 점을 진화론적 추론에 바탕을 두고 예측한 이후에 실증적 근거를 얻었다고 해도 대단히 참신한 발견이라고 보기는 힘들다. 적어도 한국에서는 그렇다.

이번에는 조부모와 손자 사이의 관계를 살펴보자. 외할머니의 입장에서 보자. 손자는 나의 딸의 자식이다. 명목상 손자가 나의 유전적 손자임이 확실하다. 왜냐하면 내가 낳은 딸이 나의 유전적 자식임이 확실하며, 내 딸이 낳은 아이가 내 딸의 유전적 자식임이 확실하기 때문이다. 친할아버지의 입장에서 보자. 손자는 나의 아들의 자식이다. 여기에는 두 단계의 부성 불확실성이 개입된다. 나의 아들이 나의 유전적 자식임이 확실하지 않을 뿐 아니라, 나의 아들의 자식이 나의 아들의 유전적 자식임도 확실하지 않다. 친할머니와 외할아버지의 경우에는 한 단계의 부성 불확실성이 개입된다. 따라서 다른 조건이 같다면 외할머니와 손자 사이의 사랑이 가장 크고, 친할아버지와 손자 사이의 사랑이 가장 작고, 친할머니와 외할아버지의 경우에는 그 중간 정도일 것이라고 예측된다.

나는 외할머니의 사랑이 가장 크고, 친할아버지의 사랑이 가장 작고, 친할머니와 외할아버지의 사랑이 그 중간이라는 상식이 있었다는 얘기를 못 들어봤다. 그런 예측은 부성 불확실성에 바탕을 둔 진화론적 추론이 없었다면 생각해내기 힘들어 보인다. 진화심리학자들이 실제로 이와 관련된 연구를 했으며 상당한 실증적 근거를 얻었다. 나는 이것을 참신한 발견으로 분류할 수 있다고 본다. 나는 진화심리학에 본격적으로 입문하려는 이들에게 데이비드 버스가 편집한 2권짜리 방대한 핸드북 『진화심리학 핸드북 1, 2』를 꼭 읽어보라고 권한다. 이걸로도 만족하지 못하는 사람이 있다면, 토드 샤켈포드(Todd K. Shackelford) & 비비아나 위크스-샤켈포드(Viviana A. Weekes-Shackelford)가 편집한 무지막지하게 방대한 12권짜리 『Encyclopedia of evolutionary psychological science(진화심리과학 백과사전)』를 구입해서 평소에는 장식용으로 쓰고 가끔 흥미 있는 주제를 하나씩 펼쳐보면 될 것이다. 그리고 진화심리학자가 제기한 가설을 접할 때마다 "이것은 참신한 발견인가, 아니면 상식의 재발견인가?"라는 질문을 던져보는 것도 재미있을 것 같다.

〈참고문헌〉

『진화심리학 핸드북 1: 기초(The handbook of evolutionary psychology, volume 1: foundation)』, 데이비드 M. 버스 편집, 김한영 옮김, 아카넷, 2019(2판).

『진화심리학 핸드북 2: 통합(The handbook of evolutionary psychology, volume 2: integrations)』, 데이비드 M. 버스 편집, 김한영 옮김, 아카넷, 2019(2판).

『Adaptive significance of female physical attractiveness: role of waist-to-hip ratio』, Devendra Singh, 『Journal of Personality and Social Psychology』, 1993.

『Conditional expression of women's desires and men's mate guarding across the ovulatory cycle』, Steven W. Gangestad & Martie G. Haselton, 『Hormones and Behavior』, 2006.

「Differential investment behavior between grandparents and grandchildren: the role of paternity uncertainty」, David I. Bishop, Luther College, Brian C. Meyer, Tiffany M. Schmidt & Benjamin R. Gray, 『Evolutionary Psychology』, 2009.

「Discovery and confirmation in evolutionary psychology」, Edouard Machery, 『The Oxford handbook of philosophy of psychology』, 2011.

『Encyclopedia of evolutionary psychological science(12권)』, Todd K. Shackelford & Viviana A. Weekes-Shackelford 편집, Springer, 2021.

「Evolutionary theories and men's preferences for women's waist-to-hip ratio: which hypotheses remain? a systematic review」, Jeanne Bovet, 『Frontiers in Psychology』, 2019.

「Meta-analysis of menstrual cycle effects on women's mate preferences」, Wendy Wood, Laura Kressel, Priyanka D. Joshi & Brian Louie, 『Emotion Review』, 2014.

「Variations in risk taking behavior over the menstrual cycle: an improved replication」, Arndt Br□der & Natalia Hohmann, 『Evolution and Human Behavior』, 2003.

「Do women's mate preferences change across the ovulatory cycle? a meta-analytic review」, Kelly Gildersleeve, Martie G. Haselton & Melissa R. Fales, 『Psychological Bulletin』, 2014.

라. 예측(사전 예측)과 후측(사후 예측)

국어사전에서는 "예측"을 "앞으로 있을 일을 미리 헤아려 짐작함"이라고 정의하며, 영어사전에서는 "predict"를 "to say that (something) will or might happen in the future"라고 정의한다. 사전적 정의에 따르면, 미래에 일어날 일에 대해 미리 이야기해야 예측이다. 과거에 일어난 일에 대해 나중에 이야기하면서 예측이라고 주장하면 뭔가 이상해 보인다. 하지만 과학철학에서는 "예측"이라는 용어를 상당히 다르게 쓸 때가 많다.

이 책에서 예측과 관련하여 용어들을 어떤 의미로 쓸지 정리해 보겠다. "사전(事前) 예측"은 관찰이나 실험 이전에 예측하는 것을 말하고 "사후(事後) 예측"은 관찰이나 실험 이후에 예측하는 것을 말한다. 사전 예측이 반드시 미래에 대한 예측일 필요는 없으니 혼동하면 안 된다. 1억 년 전 과거에 일어난 일에 대해 오늘 예측을 하고, 그에 대해 내일 관찰을 했다면, 이것도 사전 예측이다. 아주 오래 전에 일어난 사건에 대해 관찰하는 것은 천문학에서 흔하다. 사전 예측은 알려지지 않은 현상에 대한 예측이고, 사후 예측은 알려진 현상에 대한 예측이다. 해당 사건이 이미 일어났는지 여부가 기준이 아니라 그 사건에 대한 정보가 이미 알려졌는지 여부가 기준이다.

과학이나 과학철학에서 "예측(prediction, 豫測)"은 적어도 세 가지 의미로 쓰일 수 있다. 매우 좁은 의미의 예측은 미래의 일에 대한 예측을 뜻한다. 약간 좁은 의미의 예측은 사전 예측을 뜻한다. 넓은 의미의 예측은 사전 예측과 사후 예측을 포괄한다. 영어로는 사후 예측을 "retrodiction" 또는 "postdiction"이라고 하며 "후측(後測)"으로 번역하기도 한다. "사후 예측"이라는 말 자체가 모순이 아닐까? 예측의 뜻에 "미리" 또는 "미래"가 들어 있는데 사건이 일어난 후에 이야기하는 것이, 게다가 그 사건에 대해 이미 알려진 이후에 이야기하는 것이 어떻게 예측이 될 수 있단 말인가?

사전 예측은 높이 평가하는 반면 사후 예측은 깔보는 사람들이 많다. 그들에 따르면, 미래에 일어날 일 또는 아직 알려지지 않은 일을 예측해서 적중한다면 대단한 일이다. 반면 이미 일어났을 뿐 아니라 사람들에게 잘 알려진 일에 대한 이야기를 예측이라고 부르는 것은 민망하다. 그것을 예측이라고 부르든 말든, 이미 잘 알려진 사실이라면 어떻게 일어났는지 "적중"했다고 해도 자랑거리가 될 수 없다.

왜 많은 이들이 사후 예측을 우습게 여기는지 살펴보자. 대한민국 국회의원 정원은 300명이다. 이번 국회의원 총선거를 통해 300명을 뽑는다고 하자.

어떤 점쟁이 A와 B가 나서서 누가 국회의원에 당선될지 300명을 모두 맞히겠다고 장담한다. 그런데 A는 선거 일주일 전에 맞히겠다고 하고, B는 선거 일주일 후에 맞히겠다고 한다. A와 B는 그냥 300명의 명단을 댈 뿐 그런 명단에 이르게 된 이유에 대해서는 아무 이야기도 들려주지 않는다. 그냥 계시를 받았다고만 주장한다. 결국 두 점쟁이는 300명의 명단을 댔고 모두 적중한다. 많은 사람들이 A의 능력에 감탄할 것이다. 엄청난 예지력이 있어서 미래에 일어날 일을 정확히 맞힐 수 있거나, 한 나라의 선거 결과를 자기 마음대로 조작할 수 있는 무지막지한 능력이 있거나, 상상할 수 없을 정도로 운이 좋은 것이다. 많은 선거구에서는 대단히 특별한 사건이 발생하지 않는 한 누가 당선될 지 뻔하다. 하지만 박빙인 선거구도 꽤 많기 때문에 300명을 다 맞혔다면 대단한 일이다.

사람들이 B에 대해서는 어떻게 생각할까? 대수롭지 않게 여길 가능성이 높다. 왜냐하면 이미 선거 결과가 다 알려진 일주일 후에 300명을 다 "맞히는" 것은 누구나 쉽게 할 수 있기 때문이다. 어떤 사건이 일어난 이후에, 게다가 그 사건에 대해 이미 널리 알려진 다음에 "예언"하는 것은 너무 쉽다. 특별한 능력이 없어도 누구나 할 수 있는 일이다.

예언가든 과학 이론이든 뭔가 특별한 능력이 있어야 사람들의 인정을 받을 수 있다. 누구나 할 수 있는 "사후 예언"만 한다면 신통한 예언가라는 평가를 받기는 글렀다. 마찬가지로 해당 과학 이론이 없어도 누구나 쉽게 알 수 있는 것만 맞힐 수 있는 과학 이론이라면 큰 주목을 받기 힘들다. 이것이 사후 예측이 때로는 조롱을 당하는 이유 중 하나다. 하지만 사후 예측에 대해서는 아직도 따져보아야 할 것이 남아 있다.

점쟁이 B는 사후 예언을 하면서 그런 예언에 도달한 이유를 전혀 대지 않았다. 이럴 때는 사후 예언이 아무리 정확하더라도 아무도 거들떠보지 않는다. 이번에는 물리학자의 사후 예측을 살펴보자. 물리학자 C, D, E가 뉴턴 물리학을 적용하여 일식이 몇 년도 며칠에 일어나는지 예측한다. C는 몇 년 후의 일식을 예측한다. 미래의 사건에 대한 예측이기에 매우 좁은 의미의 예측이다. C의 예측대로 몇 년 후에 일식이 일어났다. D는 수천 년 전에 일어났던 일식을 예측한다. 과거에 일어난 일이지만 아직 해당 일식에 대한 역사적 기록이 없는 사례이기에 이것도 사전 예측에 속한다. 그 날짜에 일식이 일어났음을 기록한 유물이 D가 예측을 발표한 이후에 발굴되었다. E는 몇 백 년 전에 일어난 일식을 예측한다. 여러 문화권에 그 일식에 대한 기록들이 있음이 이미 널리 알려져 있었다. 이미 잘 알려진 사건에 대한 예측이기에 사후 예측이다.

나는 C, D의 사전 예측 뿐 아니라 E의 사후 예측도 가치가 상당하다고 본다. E의 사후 예측에 대해 이야기하면서 "뉴턴 물리학이 이번 사후 예측에서는 쓸모가 없었다"라고 말할 수는 없다고 본다. C, D, E의 예측 사례 모두에서 예측에 이르는 과정은 사실상 같다. 세 예측 모두에서 뉴턴의 중력법칙과 운동법칙이 쓰인다. 세 예측 모두에서 지구, 달, 태양의 질량, 지구와 달 사이의 거리, 지구와 태양 사이의 거리와 같은 값들이 쓰인다. 세 예측 모두에서 본질적으로 같은 수학적 기법이 쓰인다. 물리학과 수학에 정통한 사람이라면 누구나 납득할 만한 절차를 거쳐서 예측이 이루어진다.

점쟁이 B의 사후 예측이 그 가치를 인정받지 못하는 이유는 B가 사기를 쳤을 가능성이 매우 높기 때문이다. B가 계시를 받아서 사후 예언을 한 것이 아니라 신문이나 인터넷에 나온 선거 결과를 뒤져보고 그냥 베꼈다고 사람들은 생각할 것이다. 반면 물리학자의 일식 예측에서는 과거에 대한 예측이든, 미래에 대한 예측이든, 아직 알려지지 않은 사건에 대한 예측이든, 잘 알려진 사건에 대한 예측이든, 물리학 이론과 수학적 기법을 투명하고 명확하게 적용해서 결과를 산출한다. 그렇기 때문에 잘 알려진 과거 사건에 대한 사후 예측이라 하더라도 무시당하지 않는 것이다. 잘 알려진 결과를 보고 그냥 베낀 것이 아니라 이론에서 출발하여 수학적 기법을 제대로 적용하여 결과를 얻었기에 무시할 수 없는 것이다.

〈참고 문헌〉

「예측」, 〈표준국어대사전〉

「predict」, 〈Dictionary by Merriam-Webster〉

마. 사후 예측과 임시방편적 설명

사후 예측의 경우에는 임시방편적 설명 또는 끼워 맞추기식 설명을 한다는 의심을 받기 쉽다. 어떤 원리에서 출발하여 정당한 추론 절차를 거쳐서 예측이라는 결과로 이어진 것이 아니라 이미 알려진 결과를 보고 그 결과에 들어맞도록 그럴 듯한 이야기를 만들어내는 것일 뿐이라는 비판이다. 사후 예측을 한 점쟁이 B는 그런 예측의 바탕이 되는 원리도 밝히지 않고 추론 절차도 밝히지 않았다. 그냥 계시를 받았다고 우겼다. 이럴 때 그가 계시를 받은 것이 아니라는 의심을 강하게 받는다. 선거 결과를 본 후에 그것을 그대로 말하면서 계시를 받았다고 둘러대는 것일 뿐이라고 의심할 수밖에 없다.

엉터리 물리학자 F가 일식 날짜에 대해 사후 예측을 했다고 하자. 그의 예측은 실제 역사적 기록과 일치했다. 하지만 그는 뉴턴 물리학과 수학에 기반을 두고 사후 예측을 한 것이 아니다. 역사적 기록을 보고 일식 날짜를 알아낸 것이다. 그러면서 물리학에 바탕을 두고 예측을 했다고 뻥을 친 것이다. 사후 예측의 경우에는 이런 식으로 거짓말을 하는 것이 가능해 보인다. 이것이 사후 예측이 사람들로부터 냉대를 받을 때가 많은 이유다. 사전 예측에서는 그런 식으로 뻥을 치는 것이 원천적으로 봉쇄된다.

하지만 사후 예측에서도 이론에서 출발하여 결과를 얻었는지 아니면 미리 결과를 보고 그것을 그대로 이야기한 것인지 가릴 수 있다. F에게 어떻게 일식에 대한 결과를 얻었는지 중간 과정을 제시하라고 요구하면 된다. F가 중간 과정을 제시하지 않는다면 의심을 받을 수밖에 없다. 그가 중간 과정을 제시했다면 물리학과 수학에 정통한 사람이 검토해 보면 된다. 그러면 뉴턴 물리학에서 출발하여 수학을 제대로 적용하여 결과를 얻은 것인지 아니면 결과에 들어맞도록 수식들을 끼워 맞춘 것인지 가려낼 수 있다.

나는 진화심리학자들이 제시하는 진화적 추론의 경우에도 비슷하다고 본다. 진화 원리에서 출발하여 정당한 추론 절차를 거쳐서 사후 예측을 한 것인지 결과에 들어맞도록 임시방편적 설명, 끼워 맞추기식 설명을 제시한 것인지 가릴 수 있다고 본다. 일식 예측의 경우에는 환상적인 정량분석이 있기에 사후 예측이라 하더라도 설득력이 매우 강력하다. 반면 진화심리학자가 그런 정도로 정밀한 정량분석을 할 수 있는 경우는 없다고 봐도 무방하다. 하지만 환상적 정량분석이 불가능하더라도 진화 원리에서 출발한 정당한 추론과 임시방편적 설명을 어느 정도는 구분할 수 있을 것이다.

〈진화심리학의 예측 능력에 대한 데이비드 버스의 자랑질〉에서 인용한 구절에서 버스 & 슈미트는 진화 원리에서 출발하여 여자의 외모가 더 중시된다는 예측에 이르렀다고 주장한다. 그들은 사전 예측이라도 되는 듯이 과대포장하지만 내가 보기에는 사전 예측보다는 사후 예측에 가깝다. 게다가 정당한 추론의 결과라기보다는 끼워 맞추기식 설명으로 보인다. 버스는 여자도 남자의 외모를 보고 남자의 상태에 대해 많은 정보를 얻을 수 있다는 점과 여자가 남자보다 부모 투자를 더 많이 한다는 점을 무시했다.

그렇다고 해서 진화론적 추론을 통해 여자의 외모가 더 중시된다는 예측이 나올 수 없다고 단정해서는 안 된다. 진화생물학 이론이 더 발전하고, 과거 인류가 진화한 환경에 대한 재구성이 더 정교해지면, 왜 인간의 경우에는 일반적인 패턴과 달리 여자의 외모가 더 중시되도록 진화했는지 충분히 해명할 수 있을지도 모른다. 하지만 지금은 진화심리학이 그런 경지에 이르지 못한 것 같다.

여자는 약하지만 엄마는 강하다는 말이 있다. 원래 모성애가 부성애보다 강하다는 것이 상식으로 통해왔다. 진화심리학자들은 이 상식을 진화심리학 가설로 정립했다. 인간의 모성애가 부성애보다 더 강하도록 진화했다는 것이다. 그렇게 진화했을 만한 이유가 있다.

첫째, 여자는 자신의 몸에서 태어난 자식이 자신의 유전적 자식임을 확신할 수 있다. 반면 남자는 아내의 자식이 남자 자신의 유전적 자식임을 확신할 수 없다. 친족선택 이론을 적용할 때 동물이 전지(全知, omniscience)하다고 가정해서는 안 된다. 초자연적 능력이 아닌 실제로 가능한 능력을 통해 자신의 친족임을 알 수 있어야 친족선택의 논리가 실제 진화에서 의미가 있다. 만약 자신의 자식임이 확실하지 않다면 확실할 때에 비해 덜 투자하는 것이 합리적이다. 이것은 부성애가 모성애보가 작도록 만들 수 있는 요인이다.

둘째, 남자는 바람을 피움으로써 여자보다 더 많은 번식 이득을 얻을 수 있다. 남자가 한 달에 여자 10명과 섹스를 하면 최대 10명을 임신시킬 수 있다. 막대한 번식 이득으로 이어질 수도 있는 것이다. 반면 여자가 단기간에 아무리 남자와 섹스를 해도 자기 혼자 임신할 수 있을 뿐이다. 남자가 바람을 피워서 더 많은 이득을 얻을 수 있기 때문에 바람을 피우기 위해 시간과 자원을 여자보다 더 많이 투자하도록 진화했을 가능성이 있다. 시간과 자원은 한정되어 있기에, 이것은 자식 돌보기를 여자보다 등한시하도록 진화했다는 뜻일 수 있다. 이것 역시 부성애가 모성애보다 작도록 만들 수 있는 요인이다.

셋째, 사냥채집 사회에는 분유가 없었다. 여자가 몇 년 동안 젖을 먹여야 아기가 생존할 수 있었다. 남자가 갓난아기를 저버려도 자식은 엄마에 의존해서 생존할 가능성이 꽤 있었다. 반면 여자가 자식을 저버리면 자식이 생존할 가망성이 매우 떨어졌을 것이다. 이것 역시 모성애가 부성애보다 강하도록 진화할 만한 요인이다.

물론 여기에서 언급하지 않은 모종의 요인이 위 요인들을 다 합한 것보다 더 클 가능성을 완전히 배제할 수는 없다. 하지만 그런 요인을 누군가가 제시한 것 같지는 않다. 이런 상황에서는 정량분석을 제시하지 않더라도 모성애가 부성애보다 강하게 진화했을 것 같다는 진화론적 추론을 적어도 잠정적으로는 받아들일 수 있을 것이다. 이런 추론은 여자의 외모가 더 중시되는 이유에 대한 버스의 진화론적 추론보다 훨씬 더 그럴 듯해 보인다. 그렇기 때문에 끼워맞추기식 설명이라는 비판을 훨씬 덜 받을 것이다.

1781년에 안데르스 요한 렉셀(Anders Johan Lexell)이 천왕성의 궤도를 계산하면서 그 전까지 항성 또는 혜성으로 생각되었던 천체가 행성으로 인정받게 되었다. 그런데 천왕성의 움직임이 수상했다. 뉴턴의 공식과 잘 들어맞지 않게 움직이는 것처럼 보였다. 천문학자들은 이것을 설명하기 위해 아직 알려지지 않은 행성이 있다고 가정했다. 위르뱅 르베리에(Urbain Le Verrier)와 존 쿠치 애덤스(John Couch Adams)가 서로 독립적으로 계산을 해서 그 행성이 있을 만한 위치를 예측했다. 그리고 그 위치의 근처에서 1846년에 해왕성이 발견되었다.

해왕성은 육안으로는 안 보이기 때문에 망원경이 발명된 이후에나 관측할 수 있었다. 1613년에 갈릴레오 갈릴레이(Galileo Galilei)가 이미 해왕성을 관측했다고 한다. 하지만 갈릴레이는 이것을 항성이라고 생각한 듯하다. 1846년 이전에 갈릴레이 말고도 여러 명이 해왕성을 관측하기는 했지만 천왕성 밖에서 태양을 공전하는 행성이라는 점을 알지는 못했다. 즉 해왕성이 "천왕성보다 바깥 궤도를 도는 행성"으로서 관찰되지는 않았다. 이런 면에서 해왕성의 위치 계산은 사후 예측이 아니라 사전 예측이라고 볼 수 있다. 뉴턴의 물리법칙에서 출발하여 가설적 행성의 위치를 계산했으며 그곳에서 해왕성을 발견함으로써 뉴턴 물리학의 강력함이 다시 한 번 드러났다. 명왕성도 비슷하게 발견되었다. 해왕성과 명왕성에 대한 사전 예측은 물리학이 얼마나 인상적인 성과를 이루어낼 수 있는지를 잘 보여준다.

르베리에는 1859년에 수성의 움직임이 수상하다는 점을 발견했다. 뉴턴의 법칙에 잘 들어맞지 않는 것처럼 보였다. 그는 천왕성의 이상해 보이는 궤도에서 출발하여 해왕성을 발견했을 때처럼 수성 근처에서 알려지지 않은 행성을 발견할 수 있을지도 모른다고 생각했다. 심지어 이 가설적 행성에는 벌컨(Vulcan)이라는 이름까지 있었다. 하지만 그런 식으로 문제가 해결되지 않았다. 다른 가설들도 나왔지만 뉴턴 물리학의 틀 속에서 이 문제는 해결되지 않았다.

1915년에 아인슈타인은 상대성 이론으로 이 문제를 해결했다. 뉴턴 물리학에서 출발하면 수성의 실제 궤도와는 상당히 다른 결과가 나오지만 아인슈타인 물리학에서 출발하면 수성의 실제 궤도와 상당히 잘 부합하는 결과가 나온 것이다. 수성의 궤도가 뉴턴의 공식과 잘 들어맞지 않는 것처럼 보인다는 점은 상대성 이론(특수 상대성 이론과 일반 상대성 이론)이 발표되고 그 이론에서 출발하여 수성의 궤도를 계산하기 전에 이미 알려져 있었다. 이런 면에서 상대성 이론을 적용하여 수성 궤도 문제를 해결한 것은 사후 예측으로 분류할 수 있을 것이다. 아인슈타인은 상대성 이론과 관련하여 사전 예측도 했다. 항성으로부터 오는 빛이 태양 근처를 지날 때 휘어진다고 예측한 것이다. 물론 아인슈타인의 공식을 이용하면 얼마나 휘어지는지도 계산할 수 있다. 태양 근처에 있는 별(정확히 말하면, 지구에서 볼 때 태양 근처에 있는 것처럼 보이는 항성)은 평상시에는 잘 보이지 않는다. 1919년 일식에 아써 에딩턴(Arthur Eddington)이 관측에 나섰다. 에딩턴이 이끈 팀은 관측 결과가 뉴턴의 이론에서 출발한 예측보다 아인슈타인의 이론에서 출발한 예측에 훨씬 더 잘 부합한다고 발표했다. 그러면서 아인슈타인 순식간에 전 세계적인 스타 물리학자가 되었다.

많은 사람들에게 수성 궤도 예측보다 일식 관찰에서 보인 상대성 이론의 능력이 훨씬 인상적이었던 것 같다. 수성 궤도의 경우에는 사후 예측인 반면, 일식 관찰의 경우에는 사전 예측이라는 차이점도 둘이 서로 다른 대접을 받은 이유였을 것이다. 그런데 수성 궤도의 경우에는 사후 예측이기 때문에 상대성 이론을 입증하는 증거로서 가치가 별로 없는 것일까?

나는 그렇게 생각하지 않는다. 내가 보기에는 여기에서는 사전 예측이냐 사후 예측이냐가 결정적으로 중요해 보이지는 않는다. 사전 예측이 훨씬 인상적이라는 점은 부인할 수는 없을 것이다. 하지만 이론에서 예측이 나오는 절차가 명료하고 투명하다면 사후 예측이라 하더라도 그 가치를 무시할 수 없다고 본다. 진화심리학자들이 사후 예측을 했을 때, 사후 예측이라는 이유만으로 무시하기보다는 그런 예측의 바탕이 된 진화 이론과 그런 예측이 나오게 된 추론 절차를 면밀하게 살핀 후에 평가해야 한다.

〈참고 문헌〉

「Arthur Eddington」, 〈Wikipedia〉.

「Discovery of Neptune」, 〈Wikipedia〉.

「Mercury (planet)」, 〈Wikipedia〉.

「Pluto」, 〈Wikipedia〉.

「Tests of general relativity」, 〈Wikipedia〉.

「Vulcan (hypothetical planet)」, 〈Wikipedia〉.

바. 진화심리학은 심리학 연구에 얼마나 도움이 되나

인간이 진화의 산물이기 때문에 진화심리학이 심리학 연구에 조금이라도 도움이 될 것이라는 점은 누구나 인정할 것이다. 하지만 많은 진화심리학자들은 여기에서 그치지 않고 진화심리학이 인간과학, 사회과학, 인문학의 혁명을 일으킬 것이라고 장담한다. 많은 학자들이 이에 대해서는 매우 회의적이다. 인간이 진화의 산물이기 때문에 진화생물학이 심리학 연구에 엄청나게 큰 도움이 될 수밖에 없다고 생각하는 진화심리학자들이 꽤 많은 것 같다. 이런 식의 논리가 성립한다면, 인간도 물리 법칙의 산물이기 때문에 물리학이 심리학 연구에 엄청나게 큰 도움이 될 수밖에 없다고 주장할 수도 있을 것이다. 실제로 물리학은 심리학에 도움이 된다. 신경원의 작동 방식에 대한 규명이 한 가지 사례다. 신경원이 어떤 식으로 작동하는지 밝히기 위해 생리학자들은 화학과 물리학의 원리를 적용했다. 그리고 화학의 원리들 중 상당 부분이 양자역학의 원리들로 환원되었다. 이런 식으로 물리학은 신경원 연구에 기여했다.

하지만 심리학 연구를 하겠다는 목표를 위해 상대성이론과 양자역학의 수식을 충분히 이해할 정도로 물리학을 공부하는 사람은 거의 없는 것 같다. 심리학자가 물리학을 깊이 이해하고 있다면 그냥 물리학자 겸 심리학자일 뿐이다. 뇌가 물리 현상이라는 이유만으로 물리학이 심리학에 큰 도움이 된다고 단언해서는 안 된다. 마찬가지로 뇌가 진화의 산물이라는 이유만으로 진화생물학이 심리학에 큰 도움이 된다고 단언해서도 안 된다. 진화생물학이 심리학에 큰 도움이 된다는 걸 보여주기 위해서는 "인간은 진화의 산물이다" 말고도 무언가가 더 필요하다.

지금까지 생리학의 발전은 진화생물학과는 독립적으로 이루어진 경우가 많았다. 인간은 진화의 산물인데 인간 생리학은 진화생물학의 도움을 크게 받지 않고도 대단히 발전했다. 그렇다면 인간이 진화의 산물이라 하더라도, 인간 심리학이 진화생물학의 도움을 크게 받지 않고도 대단히 발전할 수 있다고 이야기할 수 있지 않을까?

그런데 진화론이 생리학보다 심리학에 더 쓸모가 있을 만한 이유가 있다. 생리학에서는 각 "부품"의 존재, 구조, 기능을 알아내기가 상대적으로 쉽다. 이것은 자동차의 구조와 기능을 알아내기 위한 연구와 비슷하다. 외계인이 지구에 오자마자 자동차 한 대만 싣고 곧바로 자신이 사는 행성으로 돌아가 그 구조와 기능을 연구한다고 하자. 자동차 설계도를 본 적도 없고 자동차가 만들어지는 과정을 본 적도 없다. 자동차의 기원에 대해서는 모르는 것이다.

그래도 어렵지 않게 자동차의 구조와 기능을 추론해낼 수 있을 것이다. 대충 살펴보기만 해도 바퀴, 핸들, 와이퍼 같은 부품들을 알아볼 수 있다. 본격적으로 분해해 보면 엔진과 같은 부품의 구조를 알아낼 수 있다. 그리고 그 구조를 파악한다면 해당 부품이 어떤 기능을 하는지 그리 어렵지 않게 짐작할 수 있다. 인간을 해부해 보면 심장, 허파, 대장, 간과 같은 기관들을 쉽게 구분해 낼 수 있다. 육안과 현미경을 통해 그 구조를 파악한다면 해당 기관이 어떤 기능을 하는지 그리 어렵지 않게 추론해낼 수 있을 때가 많다. 성능 좋은 현미경으로 관찰하면 세포가 어떤 부품들로 이루어져 있는지 알아낼 수 있다.

심리학 연구는 컴퓨터 프로그램의 구조와 기능을 알아내기 위한 연구와 비슷하다. 외계인이 지구의 컴퓨터 한 대만 싣고 가서 연구하는 광경을 상상해 보자. 거기에 워드프로세서 프로그램이 하나 있다고 하자. 그 컴퓨터 속에는 C++이나 자바 같은 고수준 언어로 쓴 소스 코드는 없고 기계어로 된 실행 프로그램만 있다. 실행 프로그램을 대충 관찰해 보면 0과 1로 이루어진 아주 긴 문자열로 보일 뿐이다. 그것만 보고 그 프로그램이 도대체 무슨 부품(모듈)들로 이루어져 있는지 알아내기는 너무나 어렵다.

인간 뇌를 해부할 때도 비슷하다. 눈, 코, 귀, 혀는 대충 보기만 해도 구분이 된다. 반면 시각 담당 회로, 후각 담당 회로, 청각 담당 회로, 미각 담당 회로는 뇌를 해부한다고 해도 그렇게 쉽게 구분되지 않는다. 이럴 때 연구의 길잡이가 더 절실히 필요하다. 진화심리학계에서는 진화생물학의 원리들이 그런 길잡이 역할을 톡톡히 할 수 있다고 주장한다. 발견법으로 큰 쓸모가 있다는 것이다. 생리학에서는 생존과 번식에 대해 막연히 이해해도 대부분의 경우 큰 문제가 발생하지 않는다. 심장은 피를 순환함으로써, 간은 독성 물질을 처리함으로써, 허파는 공기 중에서 산소를 얻음으로써 생존에 도움이 된다. 난소는 난자를 만들어냄으로써 번식에 도움이 되며 자궁은 태아의 생존과 발달을 도움으로써 번식에 도움이 된다. 진화생물학을 깊이 공부하지 않아도 이 정도는 충분히 생각해 낼 수 있다. 어떤 기관이 어떤 역할을 해서 생존과 번식에 도움이 되었기에 자연선택되었는지 알아내기가 상대적으로 쉬운 것이다.

인간의 마음과 행동을 연구할 때는 그렇게 쉽지 않을 때가 많다. 친족을 돕는 행위를 생각해 보자. 친족 중에 자식을 돕는 행위가 번식에 도움이 된다는 점은 뻔하다. 그렇다면 조카를 돕는 행위는 어떨까? 조카는 자신의 직계 자손이 아니다. 이 점만 생각해 보면 조카를 돕기 위해 무언가를 희생하는 것은 자연선택의 기준으로 보면 헛수고에 불과해 보인다. 유전자 수준의 자연선택에 바탕을 둔 친족선택 이론에 따르면 그렇지 않다. 형제자매, 조카(형제자매의 자식), 부모, 삼촌, 사촌과 같은 가까운 친족을 돕는 것이 자신의 몸속에 있는 유전자의 복제에 도움이 된다.

친족선택 이론은 친족을 어느 정도 돕는 것이 유전자 복제에 가장 좋은지를 정량적으로 알려준다. 여기에는 근친도가 결정적으로 중요하다. 생존과 번식에 대해 막연하게 이해한 사람은 이런 것을 알기 어렵다. 친족선택을 제대로 이해하기 위해서는 개체군 유전학의 꽤나 어려운 수식까지 알아야 한다. 즉 진화생물학의 원리에 상당히 정통해야 한다.

남자든 여자든 섹스를 해야 번식을 할 수 있다. 하지만 섹스로 얻는 이득과 섹스를 하다가 볼 수 있는 손해는 남녀에 따라 상당히 다르다. 부모 투자 이론에 따르면 부모 투자를 상대적으로 적게 하는 남자가 섹스로 더 많은 이득을 본다. 부모 투자 이론을 모르더라도 "남자가 한 달에 여자 10명과 섹스를 하면 최대 10명을 임신시킬 수 있는 반면 여자가 한 달에 남자 10명과 섹스를 하더라도 자기 혼자 임신할 수 있을 뿐이다" 정도는 추론해낼 수 있다. 하지만 그런 주먹구구식 분석은 부모 투자 이론에서 출발한 체계적 분석에는 못 미친다.

친족이 아닌 사람에게 어느 정도로 이타적으로 행동하는 것이 자신의 번식에 유리할까? 얼핏 생각해 보면 사이코패스처럼 지극히 이기적으로 행동하는 것이 이득일 것 같다. 하지만 상호적 이타성 이론에 따르면 꽤나 이타적이고 도덕적으로 사는 것이 자신의 번식에 도움이 될 수 있다. 이런 식으로 진화생물학 원리에 대한 깊은 이해는 어떤 형질이 유전자 복제 또는 개체 번식에 도움이 될지에 대해 더 정확히 알 수 있게 해 준다. 즉 어떤 형질이 자연선택되었을지에 대해 더 정확히 짐작할 수 있게 해 준다. 이런 식의 짐작이 심리기제들의 구조를 파악하는 데 도움이 될 수 있다.

얼핏 생각해 보면 진화론이 생리학 발전에 거의 도움이 되지 않은 듯하다. 하지만 좀 더 자세히 살펴보면 도움이 되는 경우가 은근히 많다. 노화는 왜 일어날까? 노화는 생존에 방해된다. 오래 생존할수록 더 많이 번식할 수 있기 때문에 노화는 번식에도 방해되는 것처럼 보인다. 그런데도 인간을 포함한 온갖 동물들은 왜 늙는 걸까? 이것을 해명하는 것은 심장을 해부해서 그 구조와 기능을 추론해내는 것과는 차원이 다른 과업이다. 여기에 진화론에 대한 깊은 이해가 큰 도움이 될 수 있다. 폐경의 경우에도 마찬가지다. 폐경이 안 되고 계속 자식을 낳으면 더 잘 번식할 것 같은데 왜 인간 여자는 어느 정도 나이가 들면 왜 임신이 안 되는 걸까? 폐경과 노화에 대해서는 우선 『페미니스트가 매우 불편해할 진화심리학』 중 「상폐녀와 영계: 폐경과 노화의 진화」를 보라. 자궁 속에 있는 태아와 어머니 사이의 갈등에 대한 연구가 있다. 이것은 번식에 대한 막연한 이해로는 해명할 수 없는 현상이다. 그냥 자식을 위해 최선을 다해서 자궁 내 환경을 제공하는 것이 어머니의 번식에 유리할 것 같은데 어머니와 태아가 생리적 자원을 놓고 왜 서로 "싸운단" 말인가? 부모-자식 갈등에 대한 로버트 트리버스의 논문을 읽어보면 새로운 지평이 열린다.

진화생물학은 발견법으로 심리학에 가치 있는 역할을 할 수 있다. 자연선택으로 진화한 선천적 심리기제에 대한 가설을 세울 때 진화생물학 원리를 더 깊이 이해할수록, 과거 환경에 대해 더 정확히 재구성할수록 더 가망성이 큰 가설에 이를 수 있는 것이다. 진화심리학자들이 진화론적 추론을 통해서 아직 알려지지 않은 현상을 발견한 사례들을 앞에서 소개했다. 이것은 발견법으로서 진화심리학이 얼마나 가치 있는지 잘 보여준다.

상식의 재발견의 경우에는 진화심리학적 방법론이 발견법으로서 별로 힘을 쓰지 못하는 것 같아 보인다. 하지만 그렇지 않다. 인간 세계에 떠도는 수많은 상식들 중에서 어떤 것이 선천적 심리기제를 제대로 반영하고 어떤 것이 편견에 불과한지 가릴 필요가 있다. 진화생물학을 깊이 공부하면 이 방면에서 도움을 얻을 수 있다. 위에서 살펴보았듯이 "모성애가 부성애보다 강하다"라는 상식은 진화론적 추론과 잘 부합한다. 이를 통해서 모성애가 부성애보다 강하도록 진화했다는 가설을 세울 수 있었다.

적어도 한국에는 "여자는 질투의 화신"이라는 상식이 있다. 이 상식은 진화론적 추론과 잘 부합할까? 그렇지 않아 보인다. 아내가 바람을 피워서 외간 남자의 자식을 임신하면 남편은 막대한 번식 손실을 본다. 남편이 바람을 피워서 외간 여자를 임신시키는 경우에는 어떨까? 어차피 그런 일이 일어나도 아내의 뱃속에서 태어난 자식은 아내의 유전적 자식이다. 이런 면에서 아내의 외도가 남편의 외도보다 배우자에게 더 막대한 피해를 입힌다. 이런 요인만 따져보면 남자의 질투가 여자의 질투보다 더 강렬하도록 진화했으리라 기대할 만하다. 물론 질투에는 다른 요인들도 개입되기 때문에 문제가 그리 단순하지 않다. 어쨌든 "여자는 질투의 화신"이라는 상식은 진화론적 추론과 잘 부합하지 않아 보인다. 이런 식으로 수많은 상식들 중에서 옥석을 가릴 수 있다. 이런 면에서도 진화심리학의 방법론은 발견법으로서 가치가 있다.

"여자는 질투의 화신"이라는 상식에 대한 나의 추정을 제시해 보겠다. 여자의 질투가 남자보다 더 강렬한 것이 아니라면 왜 그런 상식이 자리 잡았을까? 나는 이것이 남자의 내숭과 관련 있을 것이라고 짐작하고 있다.

먼저 여자의 내숭에 대해 이야기해 보겠다. 아내가 바람을 피우면 남편이 외간 남자의 유전적 자식을 위해 희생하는 문제가 발생하지만 남편이 바람을 아무리 피워도 아내가 그런 피해를 보지는 않는다. 아내의 뱃속에서 태어난 자식은 아내의 유전적 자식이다. 이런 이유 때문에 여자의 정절이 남자의 정절보다 배우자에게 더 중요하다. 그래서 성적으로 자유분방한 여자는 그런 남자보다 결혼 시장에서 인기가 더 떨어지는 것 같다.

수많은 남자와 섹스를 하는 여자에게는 "걸레"라는 경멸 섞인 조롱이 따라다니는 반면 수많은 여자와 섹스를 하는 남자에게는 "영웅호색"이라는 훈장을 주기도 한다. 남자가 섹스에 더 적극적이도록 진화했다면 여자는 마음만 먹으면 많은 남자와 섹스를 할 수 있다. 반면 능력 없는 남자가 수많은 여자와 섹스를 하기로 굳게 마음먹는다고 해도 (성매매를 제외한다면) 그것이 가능해지는 것이 아니다. 능력이 있어야 많은 여자와 섹스를 할 수 있다. 이것이 "영웅호색"이란 표현에 "영웅"이라는 단어가 들어가는 이유인 듯하다.

이런 이유들 때문에 여자가 남자보다 "섹스 내숭"을 더 떠는 것 같다. 여자는 남자보다 자신의 성경험을 더 숨기는 경향이 있으며 섹스를 하고 싶어도 티를 덜 내는 것 같다.

이번에는 남자의 내숭에 대한 가설이다. 남자는 외도를 통해 막대한 이득을 얻을 수 있다. 자기 아내 말고 다른 여자들도 임신시킬 수 있기 때문이다. 이 때문에 남자는 아내가 우월하고 착한 경우에도 외도 유혹을 더 크게 받는 것 같다. 반면 우월한 남편을 둔 여자의 경우에는 외도를 할 진화론적 이유가 상대적으로 작다. 열등한 남편을 둔 여자가 좋은 유전자를 얻기 위해 때로는 바람을 피우도록 진화했다는 가설이 진화심리학계에서 인기 있다.

아내가 바람을 피운다면 남편이 열등하다는 뜻일 가능성이 상대적으로 높다. 남편이 바람을 피운 경우에는 아내가 열등하다는 뜻일 가능성이 상대적으로 낮다. 배우자가 바람을 피우는 것이 드러났을 때 여자보다 남자에게 더 창피한 일인 것이다. 이런 이유 때문에 남자가 "질투 내숭"을 더 떠는 것 같다. 남자는 질투를 하더라도 여자보다 티를 덜 내는 것이다. 남자의 질투는 "여자는 정절을 지켜야 한다"와 같은 규범처럼 도덕적으로 포장되는 일이 더 많은 것 같다. 남자의 질투가 더 강렬함에도 불구하고 티를 덜 내기 때문에 "여자는 질투의 화신"이라는 상식이 생겼는지도 모른다. 나는 이 가설을 내가 생각해 냈다고 믿고 있다.

진화론적 추론이 구조 가설을 생각해 낼 때 발견법으로서 어떤 가치가 있는지 살펴보았다. 이것은 근접 원인 규명과 관련 있다. 이제는 기원 가설에 대해 살펴보자. 진화 가설은 궁극 원인 규명과 관련 있다. 어떤 심리 현상이든 결국은 선천적 심리기제를 끌어들여 설명할 수밖에 없다. 질투 현상을 설명할 때 진화심리학자들은 선천적 질투 기제를 끌어들여 설명한다. 선천적 질투 기제가 없다고 보는 학자들은 질투의 원인을 학습이나 사회화에서 찾는다. 그런 식으로 설명하더라도 결국은 선천적 심리기제에 대한 가설에 의존할 수밖에 없다. 선천적 범용 학습 기제(또는 그와 비슷한 역할을 하는 선천적 심리기제)가 없다면 학습이 불가능하기 때문이다. 선천적 질투 기제든 선천적 범용 학습 기제든 자연선택의 산물이다. 따라서 그 기원을 밝히려면 진화 가설을 설정할 수밖에 없다. 어떤 심리 현상이든 온전한 설명을 위해서는 진화 가설을 제시하고 검증해야 하는 것이다.

진화심리학이 구조 가설에 대한 발견법으로 쓰일 때는 필수불가결하다고 볼 수 없다. 다만 무한한 가설 공간에서 덜 헤맬 수 있게 도움을 줄 수 있을 뿐이다. 진화론적 추론 없이 구조 가설을 만들 때 더 많이 헤맨다 하더라도 결국은 올바른 길을 갈 수도 있을 것이다. 반면 선천적 심리기제의 기원을 해명할 때는 진화심리학이 필수적이다. 진화 이론을 빼고 선천적 심리기제의 기원을 해명할 수는 없다.

기원 가설과 관련하여 진화심리학이 심리학에 얼마나 도움이 되는지는 진화심리학자들이 제시하는 선천적 심리기제의 구조 가설과 기원 가설이 얼마나 큰 성공을 거두느냐에 달렸다. 만약 진화심리학자들이 상정하는 남자의 선천적 질투 기제, 여자의 선천적 질투 기제, 선천적 근친상간 회피 기제, 남자의 선천적 강간 실행 기제, 여자의 선천적 강간 방어 기제, 선천적 도덕적 판단 기제 등이 실제로 자연선택의 산물인 선천적 심리기제라면 그런 선천적 심리기제의 기원에 대한 가설을 만들어내는 진화심리학의 생산성이 의미 있다. 반면 그런 선천적 심리기제들이 실제로는 없다는 것이 드러난다면, 그런 기원 가설과 관련된 생산성은 별로 의미가 없다. 이와 관련된 후천성 가설들이 옳다는 것이 드러난다면, 진화심리학은 선천적 범용 학습 기제의 해명에만 쓸모가 있으며, 질투, 근친상간 회피, 강간, 도덕성은 문화, 학습, 사회화, 역사를 끌어들여 해명해야 할 것이다. 상식의 재발견이든, 알려지지 않았던 현상의 발굴이든, 구조 가설이든, 기원 가설이든 진화심리학이 심리학에 얼마나 도움이 되는지는 결국 진화심리학자들이 제시하는 가설들이 얼마나 잘 입증되느냐에 달려 있는 것이다.

〈참고문헌〉

「상폐녀와 영계: 폐경과 노화의 진화」, 「페미니스트가 매우 불편해할 진화심리학」, 이덕하 지음, 인벤션, 2017.

「The evolution of reciprocal altruism」, Robert Trivers, 「The Quarterly Review of Biology」, 1971.

「Maternal-fetal resource allocation: co-operation and conflict」, Abigail L. Fowden & T. Moore, 「Placenta」, 2012.

「The origin of menopause: why do women outlive fertility?」, Tabitha M. Powledge, 「Scientific American」, 2008.

「Parental investment and sexual selection」, Robert Trivers, 「Sexual selection and the descent of man, 1871-1971」, Bernard Campbell 편집, 1972.

「Parent-offspring conflict」, Robert Trivers, 「American Zoologist」, 1974.

「Pleiotropy, natural selection, and the evolution of senescence」, George C. Williams, 「Evolution」, 1957.

8장. 진화심리학 가설의 검증 방법

가. 검증이 불가능하다면 틀릴 수도 없다

칼 포퍼는 반증 가능성이 과학과 사이비과학을 나누는 기준이라고 보았다. 나는 과학/사이비과학을 그런 식으로 정의하는 것에는 동의하지 않지만 반증 가능성 또는 검증 가능성이 과학에서 대단히 중요하다고 생각한다. 진화심리학 가설은 반증 또는 검증이 불가능하기 때문에 과학 가설로 인정할 수 없다고 주장하는 이들이 많다. 편의상 "진화심리학 가설"이라고 불러줄 수는 있겠지만 진짜 과학 가설이 아니라 사이비가설에 불과하다는 것이다. 그런데 진화심리학자들이 말도 안 되는 틀린 이야기를 할 때가 대부분이라고 주장하는 이들도 많다.

진화심리학을 겨냥한 이 두 가지 비판은 서로 충돌한다. 만약 진화심리학 가설의 검증이 불가능하다면 진화심리학자가 틀린 이야기를 할 수 없다. 틀렸다는 것은 반증되었다는 뜻이기 때문이다. 그런데도 필요에 따라 진화심리학 가설들은 대부분 또는 모두 검증이 불가능하다고 주장했다가 진화심리학 가설은 대부분 또는 모두 틀렸다고 주장하는 사람들도 꽤 있는 것 같다. 그러지 말자. 둘 중 하나만 하자. 케이크를 가지고 있으면서 동시에 먹을 수는 없다(You can't have your cake and eat it too). 케이크를 먹어치우면 사라진다.

위험한 진화심리학 253

진화심리학계에서는 질투를 위한 심리기제가 자연선택에 의해 진화했다고 본다. 반면 많은 페미니스트들, 마르크스주의자들, 사회학자들은 그런 심리 기제가 진화하지 않았다고 본다. 모종의 사회화나 학습에 의해 질투를 하게 된다는 말이다. 두 가설은 정면으로 충돌한다. 진화심리학계에서는 "선천적 질투 기제가 있다"라고 주장하고, 진화심리학에 적대적인 이들은 "선천적 질투 기제는 없다"라고 주장한다.

그런데 "선천적 질투 기제가 있다"가 검증 불가능하다면 "선천적 질투 기제는 없다"도 검증 불가능한 셈이다. 이것은 "지구의 질량은 달보다 크다"가 검증 불가능하다면 "지구의 질량은 달보다 작거나 같다"도 검증 불가능한 것과 마찬가지다. 따라서 진화심리학 가설들이 몽땅 검증 불가능하다고 말하고 싶다면 진화심리학 가설을 뒤집어 놓은 "선천적 질투 기제는 없다"와 같은 주장을 해서는 안 된다. "선천적으로 모성애가 부성애보다 강하다"라는 진화심리학 가설이 검증 불가능하다고 주장하고 싶다면 "모성애와 부성애의 차이는 순전히 후천적으로 생긴다"라고 주장해서도 안 된다.

나. 검증 불가능함을 어떻게 입증할 것인가

"진화심리학 가설은 검증 불가능하다"라고 단언하고 싶다면 이 명제를 확실하게 입증해야 한다. 도대체 "진화심리학 가설은 검증 불가능하다"라는 가설을 어떻게 입증할 것인가? "진화심리학에 대해서 쥐뿔도 모르는 내가 잠깐 생각해 보니 검증할 방법이 떠오르지 않는다"와 같은 것은 제대로 된 근거가 될 수 없다.

"남자의 질투 기제가 자연선택에 의해 진화했다는 가설은 검증 불가능하다"라는 가설을 입증하기 위해서는 현재까지 진화심리학자들이 "남자의 질투 기제가 자연선택에 의해 진화했다"라는 가설을 검증하기 위해 수행한 연구들이 몽땅 쓸모가 없었다는 것을 우선 보여주어야 한다. 게다가 미래의 과학자들이 무슨 수를 쓰더라도 검증이 불가능하다는 것까지 보여주어야 한다. 미래의 천재 과학자들이 지금보다 훨씬 발전한 과학과 기술에 바탕을 두고 시도할 수 있는 검증 절차가 몽땅 무의미할 것임을 도대체 어떻게 알아낼 수 있을까? 그런 것까지 알고 있다면 신의 경지에 올랐다고 봐야 할 것이다. 그럼에도 불구하고 진화심리학자들이 지금까지 어떤 연구를 했는지도 거의 모르는 이들이 확신에 차서 이런 과감한 주장을 하고 있다. 이 정도면 역대급 과대망상이다.

미래를 완전히 꿰뚫어 보는 능력이 없더라도 검증 불가능성에 대해 이야기할 수 있을 때가 있긴 하다. 적어도 두 가지 상황에서 그렇다.

첫째, 가설에 쓰인 개념이 지극히 애매하다면 검증 가능성이 원천적으로 봉쇄될 수 있다. 개념이 너무나 애매하다면 어떤 결과가 나오더라도 반증되었다고 볼 수 없을 것이다. 한의사가 "이 환자는 몸의 균형이 깨졌다"라고 이야기한다고 하자. 만약 "여기에서 말하는 균형이 도대체 무슨 뜻입니까?"라는 질문에 한의사가 "그냥 균형입니다. 뭘 굳이 정의를 하라고 그럽니까?"라고 말한다면 그 뜻이 너무나 애매하다. 이럴 경우 반증이 불가능해 보인다. 균형이 무슨 뜻인지 어느 정도 명확해야 그 환자의 몸의 균형이 깨졌는지 여부를 따질 것 아닌가?

한의학에서 말하는 오장은 간장, 심장, 비장, 폐장, 신장이다. 그런데 이것들은 현대 해부학에서 말하는 간장, 심장, 비장, 폐장, 신장과는 그 의미가 매우 다르다. 심장에 대한 한의학 가설을 심장에 대한 현대 의학에 비추어 보았더니 터무니없는 헛소리라고 하자. 그런 공격을 받으면 한의사들은 "한의학에서 말하는 심장은 서양 의학에서 말하는 심장과는 의미가 다릅니다"라고 응수한다. 그럼 한의학에서 말하는 심장은 도대체 무엇을 가리키는가? 이 질문에 대해 뜬구름 잡는 소리만 한다면 검증 불가능하다고 비판할 수 있을 것이다. 심장의 정의가 너무나 애매하다면 심장에 대한 가설을 반증할 수 없다.

둘째, 개념이 상당히 명확하더라도 개념이나 가설 자체에 검증 불가능성이 내포되어 있을 수 있다. "세상에는 우주가 361개 있다"라는 명제를 살펴보자. 여기에서 "우주"를 간접적으로 정의해 보자. 서로 다른 우주 사이에는 어떤 상호작용도 전혀 이루어지지 않는다. 따라서 우리 우주에서 다른 우주의 존재나 상태를 알아낼 수 있는 길은 전혀 없다. 그렇다면 다른 우주의 존재를 확인할 수 있는 검증의 길이 원천적으로 봉쇄된 것이다. "세상에는 우주가 361개 있다"의 의미가 상당히 명확함에도 불구하고 검증이 불가능하다.

"신이 세상을 361초 전에 창조했다"라는 명제를 살펴보자. 이 명제를 주장하는 사람에 따르면, 오래 전에 빅뱅이 일어나서 근본적인 물리 법칙에 따라 세상이 돌아갔던 것처럼 신이 모든 것을 조작해 놓았다. 예컨대, 오래 전에 공룡이 엄청나게 많이 살았다가 조류만 빼고 몽땅 멸종한 것처럼 화석들까지 만들어 놓은 것이다. 물론 신이기 때문에 이런 "증거 날조"는 완벽했다. 이럴 때 "약 200억 년 전에 빅뱅이 일어나서 근본적 물리 법칙에 따라 세상이 돌아갔다"라는 명제와 "신이 세상을 361초 전에 창조했다"라는 명제를 실증적으로 구분할 수 있을까? 없다고 봐도 될 것 같다. 그렇다면 "신이 세상을 361초 전에 창조했다"라는 가설은 검증이 불가능하다.

진화심리학 가설이 지극이 애매모호해서 검증이 불가능할 정도인가? 수학이나 물리학을 기준으로 보면 진화심리학 가설이 애매모호하기 짝이 없다고 이야기 할 수 있을지 모른다. 하지만 심리학의 다른 학파들이나 여러 사회과학 학파들에서 쏟아내는 가설보다 현저히 애매해 보이지는 않는다. 예컨대 "인간이 의붓자식보다 친자식을 더 사랑하도록 진화했다"는 꽤나 명료한 명제다. 의붓자식, 친자식, 사랑, 진화 등의 단어의 의미가 어느 정도 명확하다. "사랑"이 너무 애매하다고 보면 "이타성"으로 바꾸면 된다. 이타성에도 여러 가지 의미가 있어서 문제라면 이타성 개념을 더 명확하게 정의하면 된다. 그리고 진화심리학에서 쓰는 개념들이 너무 애매해서 검증이 불가능하다고 공격하는 사람은 거의 없는 것 같다.

"세상에는 우주가 361개 있다"라는 명제처럼 검증이 원천적으로 봉쇄되도록 하는 무언가가 진화심리학 가설에 내포되어 있나? 그것도 아니다. 진화심리학은 우리 우주와는 완벽하게 분리된 다른 우주에서 진화한 모종의 생물에 대해 연구하지 않는다. 지구상에서 진화한 동물, 특히 인간을 연구한다. 우리는 인간에 대해 온갖 실험과 관찰을 할 수 있다. 윤리적인 이유 때문에 어떤 형태의 실험들이 금지될 수도 있고, 돈이나 시간이 너무 많이 들기 때문에 사실상 못 하는 실험들도 많다. 하지만 이것은 과학철학에서 말하는 검증 불가능성과는 별개의 문제다.

미래에 발생유전학이 엄청나게 발전하면 진화심리학 가설들을 검증할 길이 열릴 수 있다. "아내가 바람을 피우면 남편이 번식 손해를 보기 때문에 남자의 질투 기제가 진화했다"라는 가설은 남자에게 선천적 질투 기제가 진화했다는 가설이다. 만약 어떤 유전자들이 어떤 식으로 상호작용하여 남자의 질투 기제가 만들어지는지 밝혀진다면 이 가설이 어느 정도는 입증된 셈이다. 물론 선천적 질투 기제 없이 남자가 질투를 학습하는 과정이 상세히 밝혀짐으로써 반증될 수도 있다.

다. 설계 논증: 페일리의 신의 존재 증명과 다윈의 자연선택

설계 논증(argument from design, 목적론적 논증teleological argument)의 기원은 아주 오래되었다고 한다. 하지만 여기에서는 윌리엄 페일리(William Paley, 1743~1805)의 『Natural theology(자연 신학)』에서부터 시작하겠다.

페일리는 시계를 예로 든다. 황야에서 시계를 하나 발견했다고 하자. 잘 작동하는 시계의 구조를 살펴보면 상당히 복잡하고 정교하다. 각 부품들은 시각(時刻)을 알리는 목적을 잘 수행하도록 서로 잘 맞물려 있다. 시계의 목적과 시계의 구조 사이에 아귀가 잘 맞는다. 페일리는 "이런 시계가 저절로 또는 우연히 생길 수 있을까?"라는 질문을 던졌으며 그럴 리 없다고 생각했다. 시계라는 특별한 구조에는 특별한 설명이 필요하다고 보았다. 복잡하고 정교한 구조 덕분에 어떤 목적을 잘 수행한다면 그 기원에는 뭔가 특별한 것이 있을 것이다. 우연의 일치라고 볼 수 없다. 지적인 존재인 인간 시계공이 시계를 의식적으로 설계했기 때문에 시계와 같은 복잡한 구조가 생길 수 있었다. 시계공이 시계를 만드는 것을 보지 못했어도 지적인 존재인 시계공을 가정할 수밖에 없다.

페일리는 이제 인간의 눈에 대해 이야기한다. 인간의 눈은 시계보다 더 복잡하고 정교하다. 각 "부품"들은 시각(視覺)이라는 목적을 잘 수행하도록 서로 잘 맞물려 있다. 현대 생리학을 참조하여 눈의 구조에 대해 조금만 살펴보자. 눈 전문가라면 이보다 훨씬 더 길고 상세한 이야기를 들려줄 것이다.

각막과 수청체가 투명하기 때문에 빛이 망막까지 도달할 수 있다. 각막과 수정체가 투명한 것은 우연의 일치인가?

수정체의 두께를 조절함으로써 초점을 맞출 수 있다. 수정체에 달린 근육이 두께를 조절할 수 있도록 생긴 것은 우연의 일치인가?

홍채는 빛의 양을 조절할 수 있도록 생겼다. 홍채가 그렇게 생긴 것은 우연의 일치인가?

망막에 있는 원추세포(cone cell, 원뿔세포)와 간상세포(rod cell, 막대세포)가 뇌에 연결되어 있어서 시각과 관련된 정보가 뇌에 전달될 수 있다. 그런 식의 연결이 존재하는 것은 우연의 일치인가?

이 모든 것들이 우연히 조합되어 시각이라는 기능을 잘 수행하도록 눈이 생겨 먹었다고 보기에는 너무나 이상하다. 이런 면에서 눈은 시계와 마찬가지로 아주 특별한 구조이며 특별한 구조에는 특별한 설명이 필요하다. 시계를 설계한 시계공이 있듯이 눈을 설계한 지적인 존재가 있어야 말이 된다는 것이 페일리의 결론이다. 그는 신이 바로 그런 지적인 존재라고 주장했다. 페일리는 이로써 신의 존재를 입증했다고 생각했다.

신을 끌어들인 페일리의 논증에는 심각한 문제가 있다. 눈처럼 교묘한 구조의 기원을 설명하기 위해 페일리는 지적인 존재인 신을 끌어들였다. 그런데 눈을 설계한 신은 눈보다 훨씬 더 교묘하게 생겼을 것 같다. 그렇다면 신의 기원은 무엇인가? 페일리의 방식을 그대로 적용한다면 신을 창조한 메타-신이 존재한다고 가정할 수밖에 없다. 그렇다면 메타-신의 기원은 무엇인가? 이번에는 메타-메타-신을 가정해야 한다. 그 다음에는 메타-메타-메타-신을 가정해야 한다. 페일리의 논증을 끝까지 밀어붙이면 이런 식으로 무한히 많은 신을 가정하게 된다. 나는 이런 식의 "설명"은 사이비설명에 불과하다고 본다. 아쉬울 때마다 "신이 그랬다" 또는 "메타-신이 그랬다"라고 이야기하는 것을 설명으로 인정할 수 없다. 이렇게 쉽게 설명이 된다고 생각한다면 세상을 너무 쉽게 살려는 것이다.

어쨌든 페일리의 논증은 신을 거부했던 당대의 유물론자들에게 커다란 난제를 던져주었을 것이다. 인간이 만든 가장 복잡하고 정교한 기계보다도 훨씬 더 복잡하고 정교하게 생긴 온갖 생물들을 "신의 창조"를 끌어들이지 않고 도대체 어떻게 설명할 것인가? 젊은 시절에 다윈은 페일리의 글을 읽었으며 설계 논증에 매혹되었다고 한다. 하지만 자연선택 이론을 발견하면서 페일리의 설계 논증을 반쯤은 거부하게 된다. 반쯤은 거부했다는 말을 뒤집어보면 반쯤은 여전히 받아들였다는 뜻이다. 그렇다면 다윈은 페일리의 주장 중 무엇을 거부하고 무엇을 받아들였나?

다윈 역시 시계나 눈처럼 어떤 목적에 부합하는 복잡하고 정교한 구조에는 특별한 설명이 필요하다고 생각했다. 저절로 또는 우연히 그런 구조가 생길 리 없다는 것이다. 이런 면에서 다윈은 설계 논증을 받아들였다. 하지만 다윈은 신이 의식적으로 눈을 설계했다고 생각하지는 않았다. 그에 따르면 자연선택이라는 특별한 과정이 특별한 구조인 눈을 설계했다. 이런 면에서 다윈은 페일리 생각을 거부했다. 다윈은 『종의 기원』에서 어떻게 자연선택이 눈처럼 교묘한 구조를 만들어낼 수 있는지 보여주려 했다. 어떤 목적에 잘 들어맞는 특별한 구조가 있는데 인간처럼 잘 알려진 지적인 존재가 만든 것이 아닐 때, 페일리는 그것이 신의 솜씨라고 보았고 다윈은 자연선택의 "솜씨"라고 보았다.

이제 설계 논증의 두 가지 의미에 대해 살펴보자. 첫째, 설계 논증은 "어떤 목적에 부합하는 복잡하고 정교한 구조에는 지적 설계(지적인 존재에 의한 설계)라는 특별한 설명이 필요하다"를 뜻할 수 있다. 위키피디아의 〈Teleological argument(목적론적 논증)〉 항목에는 이런 정의가 소개되어 있다. 둘째, 설계 논증은 "어떤 목적에 부합하는 복잡하고 정교한 구조에는 특별한 설명이 필요한데 지적 설계나 자연선택 같은 것들이 그 특별한 설명이다"를 뜻할 수 있다. 일부 진화학자들은 둘째 의미로 설계 논증이라는 용어를 쓴다. 나도 둘째 용법에 따를 것이다.

페일리는 시계의 복잡하고 정교한 구조는 인간이라는 지적인 존재의 설계를 가정해야만 설명할 수 있고 눈의 복잡하고 정교한 구조는 신이라는 지적인 존재의 설계를 가정해야만 설명할 수 있다고 보았다. 현대 진화학자들은 눈의 복잡하고 정교한 구조를 신을 가정하지 않고도 설명할 수 있다고 본다. 하지만 자연선택이라는 특별한 과정을 가정해야 한다고 생각한다. 시계를 인간이 설계했다는 점은 뻔하다. 논증을 할 필요도 없다. 따라서 첫째 의미의 설계 논증에서는 신(또는 외계인)이 주인공이며, 둘째 의미의 설계 논증에서는 자연선택이 주인공이다.

시계의 기원에 대해서는 잘 알려져 있지만 그래도 설계 논증과 관련하여 따져보는 것이 의미가 있다. 둘째 의미의 설계 논증에 따르면 시계와 같은 복잡하고 정교한 구조를 설명하기 위해서는 지적 설계나 자연선택을 끌어들여야 한다. 시계가 지적 설계의 산물임은 명확하다. 하지만 시계는 자연선택의 산물이기도 하다. 자연선택이 인간의 뇌를 설계했다. 또는 인간의 뇌 속에 있는 수많은 심리기제들을 설계했다. 그 심리기제들은 자연선택의 직접적 산물인 적응이다. 시계는 여러 선천적 심리기제들의 부산물이다. 결국 시계는 자연선택의 간접적 산물인 것이다. 따라서 시계는 지적 설계의 산물인 동시에 자연선택의 산물이다. 시계나 눈처럼 목적에 부합하는 복잡하고 정교한 구조를 설명할 수 있는 길이 지금까지 두 가지 밖에 제시되지 않은 것 같다. 첫째는 신, 외계인, 인간, 인공지능 같은 지적인 존재가 설계했다는 설명이고, 둘째는 자연선택이라는 무의식적, 자동적 과정의 직접적 산물인 적응이거나 간접적 산물인 부산물이라는 설명이다. 현대 과학계에서 신을 끌어들인 설명은 완전히 찬밥 신세다. 따라서 자연선택을 끌어들일 수밖에 없다. 지적 설계를 끌어들인 설명이라 하더라도 결국은 자연선택에 의존할 수밖에 없다. 인간만큼 똑똑한 인공지능에 의한 지적 설계라 하더라도 인공지능의 기원을 따지고 들어가면 결국 인간이나 외계인 같은 지적인 생물이 등장할 수밖에 없으며 자연선택이 인간이나 외계인을 설계했다고 볼 수밖에 없다. 복잡계(complexity system) 이론이 대안이라고 주장하는 사람도 있지만 자연선택과 결합되지 않고 복잡계 이론 혼자서 눈과 같은 구조를 설명할 수 있을 것 같지는 않다.

다윈 이후에 여러 진화생물학자들과 진화심리학자들이 설계 논증을 매우 중시했다. 설계 논증과 관련하여 가장 많이 인용되는 20세기 진화생물학자는 조지 윌리엄스인 것 같다. 윌리엄스는 1966년에 출간한 『적응과 자연선택』과 1996년에 출간한 『진화의 미스터리』에서 설계 논증에 대해 설명한다. 『진화의 미스터리』가 대중을 위해 쓴 책이니까 이 책부터 읽어보자. 윌리엄스를 진화생물학 영웅이라고 부르는 리처드 도킨스가 1986(초판)년에 출간한 『눈먼 시계공』은 그 제목부터 페일리를 떠오르게 한다. "시계공" 앞에 "눈먼(blind)"

이라는 단어가 있는데 자연선택이 지적 설계가 아니라 자동적 과정임을 나타내기 위해서다. 자연선택은 지적 설계가 아니기 때문에 미래를 내다볼 수 없다. 코스미디스 & 투비도 설계 논증에 대해 많이 다루었다.

자크 판크세프(Jaak Panksepp) & 줄스 판크세프(Jules B. Panksepp)는 신경학적 증거가 확실하지 않으면 진화심리학 가설이 검증되지 않는다고 주장한다.

> 우리를 포함하여 많은 연구자들은, 진화심리학이 최근에 '인간 본성'을 구성하는 뇌의 '기제들'을 밝혀내려고 시도하면서 인식론적 주장(epistemological agenda)을 너무 밀어붙이고 있다고 느낀다. 우리의 생각에 따르면, 그와 관련하여 종간 비교(cross-species)에서 얻은 증거, 신경-심리-행동적 증거와 온전히 대면하지 않는다면 그런 문제들은 해결될 수 없다.
> (「The seven sins of evolutionary psychology」, 108쪽)

> 신경과학적 연구와 강하게 결합되지 않는다면, 진화심리학 가설이 생물학적 실재를 반영하는 것인지, 도발적인 통계적 예측을 허용하는 발견법만을 반영하는 것인지 가릴 수 있는 신뢰할 만한 길이 없다.
> (「The seven sins of evolutionary psychology」, 109쪽)

설계 논증이 출동하면 어떨까? 눈과 같은 복잡한 구조를 볼 때 결국 자연선택을 끌어들일 수밖에 없다. 눈이 자연선택의 간접적 산물인 부산물이라고 보기는 힘들다. 따라서 적응 가설 말고는 대안이 없어 보인다. 즉 과거에 눈을 통해 앞을 잘 보았던 조상들이 그렇지 못했던 이들에 비해 눈 덕분에 더 잘 번식했기에 눈이 그렇게 복잡하고 정교하게 진화했다고 설명할 수밖에 없어 보인다. 망막에 맺힌 상에서 출발하여 색감이 있는 3차원 공간을 재구성해내는 뇌 속의 시각 회로는 어떤가? 시각 회로에 대한 신경학적 연구가 없더라도 시각 회로가 시각이라는 목적에 잘 부합하는 복잡하고 정교한 구조라는 점을 부정할 수 없을 것이다. 시각 회로가 범용 학습 기제의 산물이라는 식의 부산물 가설도 배제할 수 있다. 가시광선을 이용해서 앞을 보는 능력은 태교로 가르칠 수 있는 것이 아니다. 시각 회로와 같이 어떤 목적에 부합하는 복잡하고 정교한 구조에 대한 설명으로는 "자연선택의 직접적 산물인 적응이다"와 "자연선택의 간접적 산물인 부산물이다"밖에 없어 보이는데 부산물 가설은 배제된다. 그렇다면 적응 가설밖에 안 남는다. 굳이 신경학적 근거를 대지 않더라도 시각 회로가 자연선택의 직접적 산물인 적응이며 그렇기에 선천적 심리기제라는 점은 사실상 모든 과학자들이 인정하는 것 같다. 그리고 과학자들이 그렇게 생각하는 데는 설계 논증이 결정적 역할을 하는 것 같다.

내가 진화심리학 가설을 검증할 때 신경학적 증거를 수집하는 것을 도시락 씨들고 다니면서 말리겠다는 것이 아니다. 또한 특정한 진화심리학 가설을 검증하기 위해 그와 관련된 과거 환경을 재구성하기 위해 기를 쓰는 학자들에게 쓸데없는 짓을 하지 말라고 핀잔을 주려는 것도 아니다. 과학자들이 어떤 가설을 검증하기 위해 온갖 방면에서 증거를 수집하는 것은 바람직하다. 진화심리학계라고 해서 다를 바 없다.

하지만 때로는 눈이나 시각 기제처럼 설계 논증만으로도 적응 가설이 충분히 입증되었다고 인정받을 수도 있다. 어떤 목적에 부합하는 복잡하고 정교한 구조가 있다면, 그것이 저절로 또는 우연히 생길 수 있다고 생각하기 힘들다. 이럴 때는 그것이 자연선택의 직접적 산물이거나 간접적 산물이라고 볼 수밖에 없다. 만약 부산물 가설을 확실히 배제할 수 있다면 적응 가설이 옳다고 결론 내릴 수 있다.

목적에 부합하는 복잡하고 정교한 구조를 볼 때 자연선택의 산물이라고 생각할 수밖에 없다. 하지만 그 역은 성립하지 않기 때문에 주의해야 한다. 자연선택이 항상 목적에 부합하는 복잡하고 정교한 구조를 만들어낸다고 단정해서는 안 된다. 눈의 진화에 대해 생각해 보자. 인간의 눈은 지극히 복잡하고 정교하다. 하지만 처음부터 그렇지는 않았을 것이다. 아주 먼 과거로 거슬러 올라가면 매우 단순하고 조잡한 형태의 눈("눈"이라고 부르기도 민망할 것이다)이었을 것이다. 자연선택은 이전 세대의 형질을 조금씩 바꾸는 식으로 일어나기 때문에 복잡하고 정교한 구조 이전에 단순하고 조잡한 구조가 있을 수밖에 없다.

자연선택은 퇴화를 일으키는 힘이기도 하다. 정교한 눈이 있는 동물이 빛이 사실상 들어오지 않는 깊은 동물에서 진화하면 눈이 퇴화할 것이다. 퇴화를 통해 복잡하고 정교한 구조가 사라진다. 어떤 형질에 복잡하고 정교한 구조가 없다고 해서 자연선택의 산물이 아니라고 단정해서는 안 된다.

설계 논증을 적용할 때 부산물 가설을 무시하지 않는 것이 중요하다. 시계도 따지고 보면 자연선택의 산물이지만 적응이 아니라 부산물이다. 이 때 시계가 인간의 신체 밖에 있기 때문에 당연히 적응이 아니라 부산물이라고 생각해서도 안 된다. 동물의 신체 밖에 있어도 적응 가설이 적용될 때도 있기 때문이다. 거미줄은 거미의 몸 밖에 있지만 적응이다. 현대 진화학자들은 "과거 환경에서 거미줄을 잘 짠 거미가 그렇지 않은 거미에 비해 거미줄 덕분에 더 잘 번식해서 현재 형태의 거미줄이 자연선택으로 진화했다"라는 적응 가설이 옳다고 본다. 컴퓨터는 어떤가? 컴퓨터도 그 교묘함이 대단하다. CPU, 메모리, 하드 드라이브, 마우스, 키보드, 모니터 등이 잘 결합되어 어떤 일을 상당히 잘 해낸다. 그렇다고 컴퓨터가 적응인가? 과거 환경에서 컴퓨터를 더 잘 만들었던 인간이 컴퓨터 덕분에 더 잘 번식했기 때문에 컴퓨터가 자연선택에 의해 진화했나? 아니다. 컴퓨터나 알파고는 자연선택의 간접적 산물인 부산물이다. 시계, 컴퓨터, 알파고 등의 경우에는 부산물 가설이 옳다는 점이 확실하기 때문에 헷갈릴 일이 없다. 하지만 어떤 목적에 부합하는 복잡하고 정교한 구조가 있을 때 그것이 적응인지 부산물인지 불확실한 경우도 있을 수 있다. 이럴 때 무턱대고 적응이라고 단정해서는 안 된다. 적응 가설이 옳다고 주장하기 위해서는 무슨 근거로 부산물 가설을 배제할 수 있는지 먼저 짚고 넘어가야 한다.

〈참고 문헌〉

『눈먼 시계공: 진화론은 세계가 설계되지 않았음을 어떻게 밝혀내는가(The blind watchmaker: why the evidence of evolution reveals a universe without design)』, 리처드 도킨스 지음, 이용철 옮김, 사이언스북스, 2004.

『적응과 자연선택: 현대의 진화적 사고에 대한 비평(Adaptation and natural selection: a critique of some current evolutionary thought)』, 조지 C. 윌리엄스 지음, 전중환 옮김, 나남출판, 2013.

『종의 기원(On the origin of species by means of natural selection, or the preservation of favoured races in the struggle for life, 1판)』, 찰스 로버트 다윈 지음, 장대익 옮김, 최재천 감수, 다윈 포럼 기획, 사이언스북스, 2019.

『진화의 미스터리: 조지 윌리엄스가 들려주는 자연 선택의 힘(The pony fish's glow: and other clues to plan and purpose in nature)』, 조지 윌리엄스 지음, 이명희 옮김, 사이언스북스, 2009.

『Natural theology or evidences of the existence and attributes of the deity』, William Paley, R. Faulder, 1802.

『The seven sins of evolutionary psychology』, Jaak Panksepp & Jules B. Panksepp, 『Evolution and Cognition』, 2000.

『Teleological argument』, 〈Wikipedia〉.

라. 설계 논증: 입덧과 강간의 사례

과거에 고장, 교란, 장애, 병리, 비합리성으로 여겨지던 것이 진화론을 적용한 연구를 통해 전략, 기제, 적응, 합리성으로 재해석되는 경우가 많다. 감기에 걸리면 열이 나는 이유는 무엇인가? 이전에는 감기 바이러스 때문에 신체가 교란되어 생기는 증상으로 보는 학자들이 많았다. 그래서 해열제로 문제를 해결하려 했다. 이제는 바이러스에 맞서 싸우기 위해 체온을 올리는 전략을 쓰도록 인간이 진화했다는 가설이 힘을 얻고 있다.

이전에는 입덧을 병리 현상이라고 생각하는 학자들이 많았다. 예컨대, 임신으로 호르몬 불균형이 생겨서, 평소에 잘 먹던 것도 먹지 않으려 하고 툭 하면 구역질이나 구토를 하는 것이라고 설명했다. 마지 프로펫(Margie Profet)은 1988년에 「The evolution of pregnancy sickness as protection to the embryo against Pleistocene teratogens(홍적세의 기형발생물질로부터 배아를 보호하기 위해 진화한 입덧)」라는 논문에서 입덧에 대한 적응 가설을 제시했다. 그리고 1992년에 『The adapted mind(진화한 마음)』에 프로펫의 「Pregnancy sickness as adaptation(적응인 입덧)」이 실렸다.

입덧에 대한 논문이 진화심리학을 다룬 책에 실린 것을 이상하게 보는 사람도 있을 것 같다. 입덧은 생리 현상인데 왜 심리학 책에 실린단 말인가? 생각, 감정, 행동은 심리 현상이며, 구토, 재채기, 기침, 입덧 등은 생리 현상이라고 보는 것이 상식적 분류다. 하지만 6장의 〈인지와 계산의 의미〉에서 다루었듯이 넓은 의미의 인지는 뇌에서 이루어지는 정보 처리 과정 전체를 포괄한다.

음식 냄새를 맡고 헛구역질을 하는 입덧 사례를 살펴보자. 코에서 후각 관련 정보가 뇌로 전달된 후 가공된다. 그 후에 입덧과 관련된 모종의 정보 처리를 거쳐서 헛구역질과 관련된 근육 통제 정보가 뇌에서 신체로 전달된다. 이런 일들이 일어나는 이유는 무엇인가? 신경과학의 용어로 말하자면, 뇌에서 신경망이 활성화되기 때문이다. 인지심리학의 용어로 말하자면, 뇌에서 인지 또는 계산 또는 정보 처리가 일어나기 때문이다.

심리학을 "뇌에서 일어나는 정보 처리에 대한 학문"으로 정의한다면 입덧을 심리학에서 다루지 말아야 할 이유는 없다. 입덧은 심리 현상이자 생리 현상이다. 이것은 공포가 심리 현상이자 생리 현상인 것과 마찬가지다. 한편으로 공포는 뇌의 정보 처리 과정이다. 다른 한편으로, 공포 상태에 빠지면 심장이 빨리 뛰고 식은땀이 나는 것처럼 평소와는 생리적 상태가 달라진다.

프로펫은 입덧의 기능이 "여자가 먹을 수 있는 독성 물질로부터 태아를 보호하는 것"이라고 보았다. 인간에게는 독성 물질 방어 기제들이 있다. 똥이나 썩은 고기처럼 독성 물질이 많이 포함된 것을 볼 때 우리는 역겨움을 느낀다. 그리고 그런 것들은 되도록 먹지 않는 경향이 있다. 인간은 쓴 맛을 대체로 싫어하는데 독성 물질이 많을수록 쓴 맛이 많이 나는 경향이 있다. 이미 독성 물질을 많이 섭취했을 때 토하거나 설사를 함으로써 빠르게 몸 밖으로 배출한다. 그런데 태아는 성인보다 독성 물질에 더 취약할 수 있다. 따라서 임신부가 평소처럼 먹으면 태아에 문제가 생길 가능성이 상당히 높을 것 같다. 그래서 임신했을 때는 평소보다 음식을 더 가려 먹도록 여자가 진화했다는 것이다. 상당히 그럴 듯해 보이는 가설이다.

우선 입덧의 정의부터 살펴보자. 상식적 정의는 평소에 잘 먹던 음식 냄새를 맡고 구역질을 하거나 평소에 잘 먹던 음식을 먹은 후에 구토를 하는 것에 초점을 맞춘다. 프로펫은 더 넓게 정의한다. 평소에 잘 먹던 음식을 회피하는 경향까지 입덧에 포함시킨다. 따라서 구역질이나 구토 같은 요란하고 괴로운 경험을 하지 않더라도 회피 경향이 있으면 입덧이다.

이렇게 서로 다르게 정의하다 보니 입덧의 보편성과 관련하여 상당히 다른 결론에 이르게 된다. 입덧에 대한 이전 연구는 좁은 의미의 입덧 개념에 따라 수행할 때가 많았다. 그런 연구들에 따르면 대다수 문화권에서 입덧이 관찰되었지만 입덧이 없다고 알려진 문화권도 있다. 그리고 현대 산업국을 대상으로 한 연구에 따르면 입덧을 하는 사람의 비율은 90%를 넘지 않는다. 입덧 기제가 자연선택으로 진화한 여자의 본성인데 임신한 여자들 중에 10%가 넘게 입덧을 전혀 하지 않는다면 뭔가 이상하다. 입덧 개념을 넓게 정의하면 입덧을 하는 여자들의 비율이 더 높아질 것이다.

입덧에 대한 적응 가설을 어떻게 입증할 것인가? 여기에 설계 논증을 적용할 수 있다. 입덧에는 다음과 같은 특성이 있다.

첫째, 입덧을 하면 톡 쏘는 맛과 쓴 맛에 특히 민감해진다. 그래서 평소에 잘 먹던 음식도 못 먹게 된다. 통상적으로 톡 쏘는 맛과 쓴 맛은 독성 물질과 관계가 있다. 따라서 입덧을 하면 평소보다 독성 물질을 덜 섭취하게 된다.

둘째, 입덧을 하는 동안 후각이 예민해진다. 인간이 독성 물질을 가리는 데 후각도 사용한다는 점을 생각해 볼 때 이것은 의미심장하다.

셋째, 입덧의 "증상" 중 하나가 구토다. 구토로 독성 물질을 몸 밖으로 내보낼 수 있다. 평소보다 구토를 더 많이 하면 독성 물질을 소화 기관에서 덜 흡수하게 된다.

넷째, 입덧이 심한 사람은 그렇지 않은 경우에 비해 자연 유산을 덜 한다. 이것은 입덧으로 인한 음식 회피나 구토가 태아를 보호하는 데 실제로 도움이 됨을 암시한다.

다섯째, 입덧을 하는 기간은 기관발생(organogenesis) 기간과 어느 정도 일치한다. 독성 물질은 기관발생 시기에 특히 치명적이라고 한다. 기관발생은 임신한 지 대략 20일에서 56일 사이에 일어난다. 통상적으로 입덧은 임신한 지 2주에서 4주 사이에 시작해서, 6주에서 8주 사이에 절정을 이루며, 8주 이후에는 줄어들어서, 14주 이후에는 완전히 사라진다. 태아가 자라면서 독성 물질은 덜 치명적이게 되며 에너지가 더 많이 필요해진다. 독성 물질이 더 치명적이며 에너지가 덜 필요한 임신 초기에는 입덧을 많이 해서 독성 물질을 덜 섭취하는 데 집중하고, 독성 물질이 덜 치명적이고 에너지가 더 필요한 임신 후기에는 입덧을 적게 하거나 아예 하지 않아서 에너지 섭취에 집중하는 것은 좋은 전략으로 보인다.

여섯째, 지방이 어느 정도 축적되지 않으면 배란이 되지 않는다. 임신하더라도 지방이 어느 정도 이하로 줄어들면 자연 유산이 된다. 이것을 임신 초기에 입덧 때문에 음식 섭취량이 줄어들 것에 대비하기 위한 조치로 해석할 수 있다. 우리는 "입덧의 기간과 기관발생의 기간이 어느 정도 일치하는 것이 우연의 일치인가?", "입덧을 하면서 후각이 예민해져서 독성 물질을 더 잘 탐지할 수 있는 것이 우연의 일치인가?", "입덧을 할 때 독성 물질과 관련이 있는 톡 쏘는 맛과 쓴 맛에 특히 예민해지는 것이 우연의 일치인가?", "독성 물질을 몸 밖으로 내보내는 구토라는 '증상'이 하필이면 입덧을 할 때 심해지는 것이 우연의 일치인가?"와 같은 식의 질문을 던져볼 수 있을 것이다.

우연의 일치라고 보기에는 "입덧으로 인한 생리적, 심리적, 행동적 변화"가 "태아 보호"라는 목적과 너무 잘 부합하는 것은 아닌가? 우연의 일치라고 보기에는 너무 이상하다고 생각한다면 입덧이 자연선택의 산물이라고 결론 내릴 수 있을 것이다. 그런데 위에서 나열한 입덧의 "태아 보호 효과들"을 다른 생리기제나 심리기제의 부산물로 설명하기는 매우 어려워 보인다. 그렇다면 입덧이 태아를 보호하는 기능을 수행하도록 진화했다는 적응 가설이 설득력을 얻을 것이다. 데이비드 슈미트 & 준 필처(June J. Pilcher)는 「Evaluating evidence of psychological adaptation(심리적 적응에 대한 증거를 평가하기)」에서 입덧에 대한 적응 가설이 진화심리학에서 잘 입증된 사례들 중 하나라고 썼다. 감기에 걸렸을 때 증상을 완화하겠다고 무작정 해열제를 투여하는 것은 바람직한 치료법인가? 뇌 손상이나 사망에 이를 정도로 심각한 고열이라면 당장 체온을 내려야 할 것이다. 하지만 통상적인 감기의 경우에는 해열제를 투여하지 않는 것이 나은 치료 전략일 수 있다. 인체가 바이러스에 맞서 싸우기 위해 기껏 체온을 올렸는데 해열제로 다시 내린다면 바이러스에게 도움이 될 수 있기 때문이다.

실제로 해열제가 감기를 더 오래가게 한다고 한다.

입덧에 대해서도 비슷한 이야기를 할 수 있을 것 같다. 입덧을 한다고 무작정 식욕촉진제와 구토억제제를 처방하는 것이 좋은 치료 전략인가? 입덧 증상을 줄이려다가 기형아가 태어날 확률을 높일 수 있다. 물론 40도가 넘는 고열이 발생할 때는 체온을 낮추는 것이 바람직하듯이 지극히 심한 입덧의 경우에는 식욕촉진제나 구토억제제를 처방하는 것이 나을 수도 있을 것이다. 과학자들은 어느 음식에 어떤 독성 물질이 많은지에 대해 많은 것을 밝혀냈다. 임신부가 식욕촉진제나 구토억제제를 처방 받는 대신 그런 정보에 바탕을 두고 조심하여 음식을 섭취하는 길도 있다.

이번에는 강간에 대한 적응 가설에 대해 살펴보자. 남자가 때로는 여자를 강간함으로써 임신시키는 전략을 쓰도록 진화했다는 가설이다. 또는 "강간 실행 기제"라고 부를 수 있는 심리기제가 진화했다는 가설이다. 여기에도 설계 논증을 적용해 보자. 가해자도 피해자도 강간에 대해 솔직하고 상세하게 이야기하지 않는 경향이 있으며 실제로 강간을 하도록 만드는 실험을 할 수도 없는 노릇이기 때문에 강간에 대한 실증적 연구는 상당히 어렵다. 실증적 데이터가 크고 오염될 수 있다는 걱정은 제쳐 두고 설계 논증 자체에 초점을 맞추어 보자. 어떤 가상의 진화심리학자가 설계 논증을 적용하면서 다음과 같이 주장했다고 하자.

첫째, 여자를 임신시키는 것이 강간의 기능이라면 가임 연령 여자를 강간하는 것이 좋은 전략이다. 대체로 남자들은 아기, 어린이, 할머니보다는 가임 연령 여자들을 강간하는 경향이 있다.

둘째, 월경 주기 중 임신 가능성이 높은 가임기에 강간하는 것이 좋은 전략이다. 남자가 가임기인 여자를 강간할 확률이 그렇지 않은 시기에 강간할 확률보다 높다.

셋째, 남자가 강간을 하다 들키면 처벌을 당할 가능성이 있다. 따라서 남들이 없는 곳에서 강간하는 것이 좋은 전략이다. 남자들은 그런 식으로 강간을 하는 경향이 있다.

넷째, 강간당한 여자의 남편, 부모, 형제의 근력이나 권력이 막강하다면 강간한 남자가 보복을 당할 가능성이 높다. 따라서 가족이나 인맥이 부실한 여자를 강간하는 것이 좋은 전략이다. 남자들은 그런 식으로 강간을 하는 경향이 있다.

다섯째, 강간으로 여자를 임신시킨 후에 죽여 버린다면 번식의 측면에서 볼 때 헛짓에 가깝다. 따라서 강간을 할 때 필요 이상으로 폭력을 쓰지 않는 것이 좋은 전략이다. 강간 살해 사례가 없는 것은 아니지만 대단히 드물다. 대체로 남자들은 강간에 필요한 정도 이상으로 폭력을 쓰지 않는 경향이 있다.

위와 같이 나열한 후에 그 진화심리학자는 이 모든 것이 우연의 일치라고 보기 힘들다고 주장한다. 그러면서 강간 실행 기제가 자연선택의 직접적 산물인 적응임이 상당히 설득력 있게 입증되었다고 주장한다.

나는 위에서 나열한 모든 것들이 우연의 일치라고 보기 힘들다는 주장에는 동의한다. 따라서 자연선택을 끌어들여서 위에 나열한 현상들(논의의 편의상 현상 자체는 잘 입증되었다고 가정하자)을 설명해야 한다고 본다. 하지만 적응 가설이 옳다고 주장하기 전에 부산물 가설을 배제할 수 있는지 살펴야 한다. 남자가 강간할 때만 주로 가임 연령 여자를 선택하는 것은 아니다. 동의된 섹스의 경우에도 주로 가임 연령을 선택한다. 따라서 강간할 때 가임 연령 여자를 선택하는 것이 강간 실행 기제의 작동 때문이라고 해석할 수도 있지만 "성욕 조절 기제"의 작동 때문이라고 해석할 수 있다. 남자가 월경 주기 중 가임기인 여자를 강간할 확률이 높다는 것이 확실히 밝혀졌다고 하자. 하지만 동의된 섹스의 경우에도 마찬가지라는 것이 밝혀진다면, 그런 현상 역시 성욕 조절 기제의 부산물로 해석할 수 있다.

남자는 강간도 몰래 하지만 도둑질도 몰래 한다. 인간이 규범을 위반할 때는 대체로 남들이 보지 않을 때 한다. 따라서 남자가 강간을 남들 몰래 하는 것을 두고 강간에 전문화된 심리기제의 작동 때문이라고 단정할 수는 없다. 이것도 다른 심리기제의 부산물로 해석할 수 있다. 남자는 권문세가의 딸보다는 고아를 강간할 확률이 높다. 하지만 이것은 폭행의 경우에도 마찬가지다. 남자가 강간을 할 때 필요 이상으로 여자를 폭행하지 않는 경향이 있다. 하지만 남자가 강도짓을 할 때도 비슷하다. 위에서 나열한 것들만 보아서는 부산물 가설을 배제하기 힘들다. 따라서 적응 가설이 옳다고 결론 내려서는 안 된다.

위에 나열한 현상들은 강간 실행 기제를 가정하면 그럴 듯하게 설명된다. 즉, 적응 가설로 그럴 듯하게 설명된다. 하지만 위에 나열한 현상들은 성욕 조절 기제나 강제력 사용 기제 등을 가정해도 그럴 듯하게 설명된다. 강간이 성욕 조절 기제나 강제력 사용 기제의 부산물이라고 볼 수도 있는 것이다. 즉, 부산물 가설로도 그럴 듯하게 설명된다. 위에서 나열한 것만 봐서는 적응 가설과 부산물 가설 중 어느 쪽이 옳은지 가리기 힘들다.

남자의 입장에서 강간은 위험한 전략이다. 따라서 동의된 섹스의 경우보다 월경 주기 중 가임기일 때 강간을 더 집중적으로 하는 것이 유리하다. 강간을 할 수 있을 것 같은 상황에서 남자의 후각이 더 예민해져서 가임기 여부를 더 정확히 알아낼 수 있다면 도움이 될 것이다. 만약 그렇다는 것이 실증적으로 밝혀진다면 이것은 부산물 가설로는 설명하기 힘들어 보인다.

강간은 위험한 전략이기에 동의된 섹스보다 남자가 사정을 더 빠르게 하고 더 많이 하는 것이 좋다. 만약 그렇다는 것이 실증적으로 밝혀진다면 이것 역시 부산물 가설로 설명하기 힘들어 보인다. 이런 식으로 부산물 가설로는 설명하기 힘든 증거들을 수집해야 설계 논증으로 적응 가설을 입증할 수 있다. 나는 강간 실행 기제 가설과 관련하여 그런 증거들이 충분히 수집되었다고 생각하지 않는다.

〈참고문헌〉

「17장. 성적 강제」, 마크 허핀 & 닐 M. 맬러머스, 『진화심리학 핸드북 1: 기초(The handbook of evolutionary psychology, volume 1: foundation)』, 데이비드 M. 버스 편집, 김한영 옮김, 아카넷, 2019(2판).

「The adaptive value of fever」, Matt J. Kluger, Wieslaw Kozak, Carole Conn & Lisa R. Leon, 『Infectious Disease Clinics of North America』, 1996.

「Evaluating evidence of psychological adaptation: how do we know one when we see one?」, David P. Schmitt & June J. Pilcher, 『Psychological Science』, 2004.

「The evolution of pregnancy sickness as protection to the embryo against Pleistocene teratogens」, Margie Profet, 『Evolutionary Theory』, 1988.

「A natural history of rape: biological bases of sexual coercion」, Randy Thornhill & Craig T. Palmer, MIT Press, 2000.

「Pregnancy sickness: a biopsychological perspective」, Michael S. Cardwell, 『Obstetrical & Gynecological Survey』, 2012.

「Pregnancy sickness as adaptation: a deterrent to maternal ingestion of teratogens」, Margie Profet, 『The adapted mind: evolutionary psychology and the generation of culture』, Jerome H. Barkow, Leda Cosmides & John Tooby 편집, 1992.

「Pregnancy sickness: using your body's natural defenses to protect your baby-to-be」, Margie Profet, Da Capo Lifelong Books, 1997.

마. 설계 논증과 최적화: 진화심리학자들은 모든 것이 최적화되었다고 믿나

사막개미(desert ant)는 먹이를 찾으러 이 방향 저 방향으로 헤매고 다닌다. 그러다가 일단 먹이를 발견한 다음에는 그것을 가지고 직선 경로에 가깝게

집으로 돌아온다. 멀리서 눈으로 집을 보고 오는 것이라면 대단할 것이 없다. 하지만 개미에게 이것은 불가능해 보인다.

과학자들의 연구에 따르면, 개미가 직선으로 올 수 있는 이유는 추측 항법(dead reckoning)을 할 줄 알기 때문이다. 어느 정도 거리를 이동할 때마다 태양을 보고 "동서남북"을 파악하면서 자신이 집을 기준으로 어느 방향으로 얼마나 이동했는지 알아낸다. 그리고 그것들을 모두 "합해서" 자신이 집을 기준으로 어디에 있는지 알아내는 것이다. 개미가 진짜 태양을 볼 수 없도록 가리고 "가짜 태양"으로 개미를 "속였더니" 개미는 자기 집이 아니라 다른 곳으로 갔다. 개미가 간 곳은 과학자가 가짜 태양을 기준으로 추측 항법을 써서 계산한 개미집의 위치였다.

직선 경로는 최적화된 경로다. 에너지와 시간도 절약되고 포식자에게 잡혀 먹힐 위험도 적다. 무엇보다도 사막의 엄청나게 뜨거운 환경에 노출되는 시간을 줄일 수 있다. 하필이면 사막개미에게 추측 항법이라는 인상적인 능력이 진화한 이유는 뜨거운 사막 환경 때문인 듯하다. 추측 항법이 만만한 일이 아니기 때문에 사막개미에게 추측 항법을 할 수 있는 능력이 우연히 존재한다고 보기는 힘들다. 그렇다면 자연선택을 끌어들여 설명할 수밖에 없다.

이 사례에서 부산물 가설은 별로 설득력이 없어 보인다. 개미가 인간처럼 추측 항법을 학습했을 것 같지는 않다. 다른 부산물 가설도 생각해내기 힘들다. 따라서 "추측 항법 기제"라고 부를 수 있는 심리기제가 자연선택에 의해 설계되었다고 결론 내릴 수밖에 없어 보인다. 개미가 최적화에 가까운 능력을 보여준다는 점에서 출발하여 추측 항법 기제가 자연선택에 의해 설계된 적응이라는 결론에 이르렀다. 설계 논증에서 최적화가 논거로 쓰인 것이다.

어떤 새가 한 번에 낳는 알의 수가 4개라고 하자. 과학자들이 연구를 해 보니 알을 5개 이상이나 3개 이하 있을 때보다 4개일 때 가장 많은 새끼가 어른이 될 때까지 살아남았다고 하자. 원래 알이 4개 있는 둥지에 한두 개를 더 넣거나 한두 개

뺀 다음에 몇 마리가 어른이 될 때까지 살아남는지를 관찰할 수 있다. 실제로 낳는 알의 수가 과학자의 연구 결과 얻어낸 최적 값과 부합한다면 우연이라기보다는 자연선택의 직접적 또는 간접적 결과라는 결론에 이를 수 있다. 여기에서도 부산물 가설을 떠올리기는 쉽지 않아 보인다. 그렇다면 그 새가 최적 값인 "4개"를 낳도록 자연선택에 의해 진화했다는 적응 가설이 설득력을 얻을 것이다.

이것이 추측 항법을 할 줄 아는 사막개미의 사례만큼 인상적이지는 않다. 또한 생물의 번식에 대한 정량 분석은 너무나 복잡하기 때문에 오류가 끼어들 여지가 크다. 알을 낳는 데도 자원이 필요하고 어른이 된 자식이 얼마나 우월한지도 살펴야 하기 때문에 문제가 복잡하다. 유효 숫자 5자리 이상 정확히 예측하는 물리학의 환상적인 정량 분석에 비하면 "하필이면 최적 값에 가까운 4개의 알을 낳은 것은 우연인가?"라는 말은 설득력이 많이 떨어진다. 어쨌든 과학자가 이론적, 실증적 연구를 통해 추정한 최적 값과 실제 동물이 보이는 값이 부합한다면 설계 논증을 적용할 수 있을 것이다. 설계 논증은 눈이나 시각 기제의 사례처럼 대단히 설득력 있을 때도 있고 이 사례처럼 설득력이 상대적으로 떨어질 수도 있다.

생물이 모든 면에서 최적화되었다고 진화심리학자들이 무모하게 가정한다고 비판받기도 한다. 자연선택이 모든 면에서 완벽한 적응들을 만들어낸다고 가정한다는 것이다. 하지만 그 정도로 무모한 진화심리학자는 없다. 맹점이 있는 인간의 눈이 최적화된 형태라고 보는 저명한 진화심리학자는 한 명도 없어 보인다.

진화는 지적 설계와는 달리 처음부터 다시 시작할 수 없다. 이전 세대의 형태를 조금씩 바꿀 수 있을 뿐이다. 따라서 해당 기제가 처음 진화할 때 "잘못된" 길로 들어서면 그 길에서 벗어나기 힘들 때가 있다. 척추동물의 경우에는 눈이 처음 진화할 때 잘못된 길로 들어섰다. 망막에서 추출한 정보를 뇌로 보내려면 회선이 필요하다. 그 회선을 뽑을 때, 상이 맺히는 쪽이 아니라 반대쪽으로 뽑아야 맹점이 없게 되는데 그러지 않았다. 대단히 정교한 눈이 진화한 이후에 자연선택 과정을 통해 맹점이 없는 눈으로 바뀌는 것은 불가능에 가까워 보인다. 반면 오징어나 문어 같은 두족류의 눈에는 맹점이 없다. 눈이 처음 진화할 때 "올바른" 길로 들어섰기 때문인 것이다.

모든 형질이 최적화되었다고 믿는 "최적화 광신도"는 진화심리학자계에 없는 것 같다. 어쨌든 최적화 개념은 설계 논증에서 유용하게 쓰일 수 있다. 생물의 어떤 형질이 최적화와 가까울 때 그것은 적응의 징후다. 과학자는 최적 값이 무엇인지 이론적으로 추정할 수 있다. 그리고 그 추정 값과 실제 생물이 보이는 값이 얼마나 부합하는지 살펴볼 수 있다. 우연의 일치라고 보기 힘들수록 자연선택의 직접적 산물인 적응이거나 어떤 적응의 부산물일 가능성이 커진다. 물론 최적 값에 대한 과학자의 추정이 부정확할 수 있기 때문에 신중해야 할 것이다.

〈참고 문헌〉

「Calibration of vector navigation in desert ants」, Rüdiger Wehner, Matthew Collett & Thomas S. Collett, 「Current Biology」, 1999.

바. 자극의 빈곤

자극의 빈곤 논증에서는 입력 값(자극)과 결과를 비교한다. 오늘 통장에 1천만 원을 입금하고 잔금을 조회해 보니 1억1천만 원이라고 하자. 그렇다면 입금 전에 이미 1억 원이 있었다고 보아야 할 것이다. 입금액에 비해 잔금이 너무 많기 때문이다. 다른 말로 하자면, 잔금에 비하면 입금액이 너무 "빈곤"하기 때문이다.

시각의 사례에 대해 생각해 보자. 인간은 갓난아기 때부터 볼 수 있다. 시각 능력에는 여러 측면이 있다. 그 중 하나는 2차원 망막에 맺힌 상에서 출발하여 3차원 공간을 재구성해내는 것이다. 이것을 가능하게 하는 뇌 회로는 자연선택의 직접적 산물인 적응일까? 즉 선천적 심리기제일까? 아니면 학습, 사회화, 경험의 산물일까? 즉 후천적으로 생기는 걸까? 사실상 모든 과학자들이 시각 기제가 자연선택의 직접적 산물인 선천적 심리기제라고 본다. 과학자들이 이렇게 생각하게 된 데에는 자극의 빈곤 논증이 크게 기여한 것 같다.

바둑이나 장기의 경우, 우리는 학습 과정을 알고 있다. 처음에는 바둑의 쉬운 규칙부터 배운다. 바둑돌을 둘러싸면 잡을 수 있다. 점점 어려운 규칙을 배운다. 일본식 규칙에서는 "귀곡사궁은 죽음"이다. 그리고 축, 장문과 같은 쉬운 수법부터 시작하여 "회돌이 축" 같은 좀 더 어려운 수법을 배운다. 그러면서 바둑을 점점 더 잘 둘 수 있게 된다. 자극(바둑 학습 과정)과 결과(바둑 두는 능력) 사이에 대단한 격차가 없어 보인다. 결과와 비교해 볼 때 자극이 빈곤해 보이지 않는다.

그런데 시각의 경우에는 어떤가? 부모가 태교를 하면서 태아에게 2차원 상에서 3차원 공간을 어떤 식으로 재구성할 수 있는지 가르치나? 아니다. 그런데도 아이는 태어날 때부터 앞을 볼 수 있다. 능력에 비해 학습 자극이 너무나 빈곤하다. 그러니 "시각 처리와 관련된 선천적 지식" 또는 "시각 처리에 전문화된 선천적 심리기제"가 존재한다고 가정할 수밖에 없다.

"자극의 빈곤"이라는 용어는 노엄 촘스키(Noam Chomsky)가 1980년대에 만들어냈다고 한다. 하지만 그는 훨씬 전부터 자극의 빈곤 논증을 적용하면서 언어의 선천성을 역설했다. 물론 언어의 모든 면이 선천적이라는 바보 같은 주장을 한 것은 아니다. 단어의 발음 자체가 후천적이라는 점은 명백하다. 한국 사람들은 "사랑"이라고 말하고 미국 사람은 "love"라고 말하도록 유전자에 의해 결정된다고 믿는 학자는 없다. 언어 학습에 쓰이는 선천적 지식 또는 선천적 심리기제가 있기에 아이들이 언어 환경에 노출되기만 하면 특별히 노력하지 않아도 아주 빠르게 언어를 학습할 수 있다고 보는 것일 뿐이다.

촘스키의 언어학 이론을 많은 심리학자들이 받아들였지만 여전히 논란이 계속이 계속되고 있다. 한편으로는 진화심리학자/언어학자 스티븐 핑커처럼 언어의 선천성에 대한 촘스키의 이론을 촘스키보다 더 밀어붙이는 학자들도 있지만, 다른 한편으로는 언어의 선천성에 대한 촘스키의 논증에 심각한 문제가 있다고 지적하는 학자들도 많다.

2장의 〈탄생은 선천성의 기준이 아니다〉에서 지적했듯이 탄생할 때 나타나지 않는 능력이라고 해서 후천적이라고 단정해서는 안 된다. 그런데 태어날 때부터 나타나는 능력이라면 선천적일 가능성이 높다. 시각이 대표적 사례다. 인간은 태어나자마자 볼 수 있는데 자궁 속에 있을 때 시각에 대해 학습하는 것은 사실상 불가능해 보이기 때문이다. 2차원 망막에 맺힌 상에서 출발하여 3차원 공간을 재구성하는 법을 자궁 속에서 도대체 어떻게 학습할 수 있단 말인가? 색깔에 대해 자궁 속에서 어떻게 학습할 수 있단 말인가?

어떤 능력이 더 어린 나이에 나타날수록 학습을 끌어들여 설명하기가 어려워진다. 이럴 때 선천성 가설이 힘을 얻게 된다. 물론 태어나자마자 나타난다고 해서 다 선천적이라고 단정해서는 안 된다. 자궁 안에서도 학습은 가능하기 때문이다. 갓난아기도 모국어와 외국어를 어느 정도는 구분할 줄 안다는 것을 보여주는 실험이 있다. 자궁 안에서 앞을 볼 수는 없지만 소리는 들을 수 있다. 그리고 모국어와 외국어의 차이를 선천적으로 알 리는 없다. 어느 언어가 모국어가 되느냐는 순전히 후천적으로 결정된다. 태아가 모국어를 듣고 그 의미까지는 모르더라도 리듬 또는 억양을 어느 정도 익혔기 때문에 모국어와 외국어를 구분할 수 있게 되는 듯하다.

주시 시간 기법(looking time method)을 써서 아기들의 정신적 능력에 대해 많이 밝혀낼 수 있었다. 사람들은 자신이 좋아하는 대상일 때, 위험한 대상일 때, 이외의 결과가 나타날 때 오래 쳐다보는 경향이 있다. 주시 시간 기법은 아기들도 비슷할 것이라는 가정에 바탕을 둔 연구 방법이다. 예컨대 이런 식이다. 마술 트릭을 써서 물체가 난데없이 사라지거나 새로 생기는 것처럼 보여주거나 고체가 고체를 통과하는 것처럼 보여준다. 만약 갓난아기에게 물리 법칙에 대한 선천적 지식이 있다면 그런 현상을 보고 놀랄 것이다. 그러면 물리학적으로 평범한 현상보다 더 오래 쳐다볼 것이다. 실제로 실험을 해 보니 그런 결과가 나타났다.

갓난아기도 물리 법칙을 어기는 사례를 구분해낼 수 있는 능력을 보인다면 자극의 빈곤 논증을 적용하여 물리 법칙에 대한 선천적 지식이 있다고 결론 내릴 수 있다. 자궁 안에서 기본적인 물리 법칙에 대해 학습하는 것은 불가능해 보이기 때문이다. 갓난아기들도 매력적인 얼굴을 더 오래 쳐다본다는 것을 보여준 연구가 있다. 자궁 안에서 외모를 평가하는 법을 학습하기는 불가능해 보인다. 「Newborn infants prefer attractive faces(신생아도 매력적인 얼굴을 선호한다)」에서는 태어난 지 14~151 시간밖에 안 된 신생아에 대한 연구를 제시한다. 아기가 그렇게 짧은 기간 동안에 얼굴 매력을 평가할 수 있도록 학습할 수 있을 것 같지 않다. 그렇다면 얼굴 평가에 관련된 선천적 심리기제가 있다고 가정할 수밖에 없어 보인다.

〈참고 문헌〉

「Language experienced in utero affects vowel perception after birth: a two-country study」 Christine Moon, Hugo Lagercrantz & Patricia K. Kuhl, 「Acta Paediatrica」, 2012.

「Newborn infants prefer attractive faces」 Alan Slater, Elizabeth Brown,

Charlotte Von der Schulenburg, Marion Badenoch & George Butterworth, 『Infant Behavior and Development』, 1998.

『Physics for infants: Characterizing the origins of knowledge about objects, substances, and number』, Susan J. Hespos & Kristy Vanmarle, 『Wiley interdisciplinary reviews. Cognitive science』, 2012.

『Poverty of the stimulus』, 〈Wikipedia〉.

『Poverty of stimulus: unfinished business』, Noam Chomsky, 『Studies in Chinese Linguistics』, 2012.

사. 과거 환경에 대해 정확히 알 수 없다

진화심리학 가설이 검증 불가능하다고 비판하는 이들이 흔히 꺼내는 이야기가 있다. 이런 식이다. 타임머신이 만들어지지 않는 이상, 인류의 조상이 진화했던 과거 환경에 대해 정확히 알 수 없다. 타임머신 개발은 불가능하다. 따라서 과거 환경을 끌어들인 진화심리학 가설을 검증할 길은 없다.

정말 그런가? 타임머신이 없다면 우리가 정말로 과거에 대해 정확히 알 수 없나? 과거에 대해 정확히 알 수 없으니 과거에 대한 연구는 부질없다는 이야기가 옳다고 하자. 그렇다면 빅뱅 이후에 우주가 어떻게 변화했는지 재구성하려는 물리학자와 천문학자, 지구가 어떻게 생성되었고 변화했는지 재구성하려는 지구과학자와 지질학자, 지구상 생물들이 어떤 식으로 진화해왔는지를 재구성하려는 고생물학자, 인류의 조상들이 어떤 식의 변화를 겪었는지를 재구성하려는 고인류학자, 문자가 발명된 이후의 인류의 역사를 재구성하려는 역사학자에게 "당신은 쓸데없는 짓을 하고 있는 거야"라고 말해 주어야 할 것이다. 타임머신을 타고 다닐 수 없다는 점은 물리학자나 고생물학자나 진화심리학자나 마찬가지다. 과거의 모든 측면을 완벽하게 재구성해내는 것은 불가능하다. 하지만 과거에 대해 아주 많은 것을 매우 정확하게 또는 어느 정도 정확하게 재구성해낼 수 있다. 이것은 과학계에서 상식으로 통한다. 이런 상식이 우리 조상들이 진화했던 과거 환경에만 적용되지 않을 이유가 무엇이란 말인가? 우리 조상들의 진화와 관련하여 사실상 100% 확실하게 말할 수 있는 것들을 나열하자면 끝이 없다. 100만 년 전에도 물리 법칙은 오늘날과 같게 작동했다. 따라서 과거에도 오늘날과 마찬가지로 인간(또는 인간의 조상)이 높은 낭떠러지에서 떨어지면 심하게 다치거나 죽기 십상이었다. 100만 년 전에도 수학 원리는 그대로였다. 따라서 과거에도 동굴 속으로 곰이 4마리 들어가는 것을 보고 2마리가 나오는 것을 보았다면 동굴 속에 곰이 적어도 2마리가 있다는 뜻이었다. 100만 년 전에 여자와 섹스를 한 번도 못한 남자는 유전적 자식을 남길 수 없었다. 현대 사회에서는 인공수정 덕분에 섹스 없는 번식이 가능해졌지만 과거에는 그런 기술이 없었다. 100만 년 전에도 여자가 임신을 했다. 100만 년 전 우리 조상이 살았던 아프리카에는 사자나 치타와 같은 맹수들이 있어서 자칫하면 잡혀 먹힐 수 있었다. 100만 년 전에도 바이러스나 세균이 있어서 병에 걸릴 수 있었다. 100만 년 전에도 인간 갓난아기는 매우 무력한 상태라서 방치해 두면 조만간 죽을 수밖에 없었다. 100만 년 전에도 인간은 나이가 들면 점점 늙어서 결국 죽었다. 100만 년 전에도 인간이나 동물의 똥에는 바이러스, 세균, 기생충 등이 많아서 되도록 멀리했던 인간이 병에 덜 걸렸다. 100만 년 전에도 인간은 오랫동안 먹지 않으면 굶어 죽었다. 100만 년 전에도 식물이 만들어낸 독성 물질이 인간의 건강을 위협했다.

"사실상 100% 확실하게 말할 수 있"을 정도는 아니지만 과학 연구를 의미 있게 할 정도로 과거 환경에 대해 알아낼 수 있는 것들을 나열해도 끝이 없다. 확실성의 정도는 어떤 질문을 던지느냐에 따라 "100% 확실"에서 "완전한 암흑"에 이르기까지 스펙트럼을 이룬다. 과거 10만 년 전에도 인간이 결혼을 했을까? 결혼을 했다면 이혼율이 얼마나 되었을까? 이와 관련된 지식은 위에서 나열한 확실한 지식들에 비해 정확성이 떨어질 수밖에 없다. 이혼율을 알아내기 위해 현존 원시 부족을 연구하는 길이 있지만 과거의 평균과는 매우 다를 수 있다.

과거 환경에 대해 확실히 알아낸 것에서 출발한 진화심리학 가설은 불확실한 지식에서 출발한 진화심리학 가설에 비해 대체로 더 탄탄할 것이다. 과거 환경 중 알아내기 힘든 측면을 많이 내포한 가설일수록 대체로 검증하기도 어려울 것이다. 결국 이것은 진화심리학 가설 중에서 검증이 상대적으로 쉬운 것도 있고 어려운 것도 있다는 아주 뻔한 이야기로 이어질 뿐이다. 이것은 어떤 과학 분야에서나 마찬가지다.

진화심리학계에서 인기 있는 가설 하나를 살펴보자. 아내가 외간 남자와 섹스를 해서 임신하면 남편은 번식 손해를 본다. 아내의 자궁을 남에게 빼앗기는 셈이기 때문이다. 아내가 외간 남자의 아이를 임신하면 남편이 임신시킬 기회가 날아간다. 게다가 그렇게 해서 태어난 아이를 남편이 지극정성으로 돌본다면, 번식 경쟁이라는 측면에서 볼 때 대단한 낭비를 한 꼴이다. 그래서 남자에게는 질투 기제가 진화했다.

이 가설에는 과거 환경에 대한 가정들이 들어 있다. 논의의 편의상 30만 년 전의 과거를 상정해 보자. 그 때도 인간은 결혼을 하면서 살았을까? 30만 년 전에 인간들이 결혼을 하면서 살았음이 사실상 100% 확실하다고 주장하기는 힘들다. 하지만, 남편과 아내가 있다고 가정할 때, 아내가 외간 남자와 섹스를 하면 임신으로 이어질 수 있었다는 점은 사실상 100% 확실하다

   아. 모든 것을 설명할 수 있으니 진화심리학은 반증이 불가능하다고?
로버트 리처드슨(Robert C. Richardson)은 어떤 관찰 결과가 나오더라도 그것에 들어맞는 적응 가설을 만들어낼 수 있다고 이야기한다. 따라서 적응 가설은 반증 불가능하다는 것이다.

내가 앞에서 이야기했듯이, 사춘기가 지난 여자의 생식력을 반영하여 남자가 성적으로 매혹되도록 설계되었다고 시먼스는 제안했다(Symons, 1992). 더 젊은 여자를 좋아하는 남자가 장기적으로 더 나은 번식 산출을 낼 것이라고 추정된다는 것이다. "실증적" 결과가 달랐다 하더라도 똑 같은 정도로 방어할 만한 적응론적 시나리오(adaptationist scenario)가 존재한다는 점에 그리피쓰(Griffiths)는 주목한다: 남자가 더 나이든 여자를 선호한다면, 더 나이든 여자가 엄마로서 검증되었다는 점을 지적하면서 그 때문에 남자가 더 "성숙한" 여자에 더 매혹되는 것이라고 "설명"할 수 있다. 여러모로 이것은 적응적 사고방식(adaptive thinking)에게 큰 골칫거리다. 사실상 모든 실증적 가능성에 들어맞는 적응적 시나리오(adaptive scenario)가 있다.
("Evolutionary psychology as maladapted psychology」, 143쪽)

논의의 편의상 "사실상 모든 실증적 가능성에 들어맞는 적응 시나리오가 있다"는 리처드슨 말이 옳다고 가정해 보자. 리처드슨은 이것을 진화심리학의 반증 불가능성과 연결시킨다. 어떤 결과가 나오더라도 그것에 들어맞는 적응 시나리오를 만들어낼 수 있으니 진화심리학은 반증이 불가능하다는 이야기를 하고 싶은 것이다.

리처드슨은 반증에 대해 희한한 방식으로 접근한다. 물리학의 사례를 들어서 리처드슨의 말에 어떤 문제가 있는지 살펴보겠다. 7장의 〈사후 예측과 임시 방편적 설명〉에서 일식 관찰에 대해 다루었다. 뉴턴 물리학과 아인슈타인의 상대성 이론 중에 어느 쪽이 진리에 더 가까운지 알아내기 위한 관찰이었는데 뉴턴의 공식이 아니라 아인슈타인의 공식이 예측한 결과와 부합했다. 좀 과장해서 말하면, 이 관찰 직후에 뉴턴 물리학은 폐위(廢位)되었다. 뉴턴 물리학이 대단히 강력한 이론이라서 여전히 여러 방면에서 활약하고 있지만 왕좌는 아인슈타인의 상대성 이론에게 빼앗겼다. 일식 관찰은 물리학 이론 또는 가설이 어떻게 장렬하게 "전사"할 수 있는지를 잘 보여주었다. 반증의 모범 사례인 것이다.

이 때 "사실상 모든 실증적 가능성에 들어맞는 적응 시나리오가 있다"는 식으로 이야기하는 리처드슨이 출동하면 어떨까? 일식 관찰이 뉴턴 물리학에는 들어맞지 않지만 상대성 이론에는 들어맞으니까 물리학이 반증 불가능하고 주장할 것 같다. 리처드슨에게 일관성이라는 것이 있다면.

물리학의 반증 가능성을 따질 때는 "어떤 관찰 결과가 특정 가설을 반증할 수 있는가?"를 살펴야 한다. 일식 관찰 결과를 통해 뉴턴 물리학이 반증되었다. 이것은 물리학의 반증 가능성을 잘 보여준다. 이것이 상식적인 과학철학이다. 그런데 리처드슨처럼 따진다면, 상상해 낼 수 있는 모든 물리학 가설들을 염두에 두어야 한다. 그 모든 가설들 중에 특정 관찰 결과와 들어맞는 가설이 하나도 없어야 반증이 된 것이라고 말할 수 있는 것이다.

어떤 진화심리학자가 "사춘기 직후인 여자가 앞으로 낳을 수 있는 자식 수가 가장 많으니까 남자가 그 연령대를 아내 후보감으로 가장 선호하도록 진화했다"라는 가설을 제시했다고 하자. 그런데 여러 연구를 통해 남자가 그 연령대를 가장 선호하지는 않는다는 결과가 나왔다고 하자. 그렇다면 적어도 그 가설은 어느 정도 반증된 셈이다. 그런데 리처드슨은 해당 연구 결과가 들어맞는 적응 가설을 생각해낼 수 있다는 점을 들면서 진화심리학이 반증 불가능하다고 주장한다.

어떤 물리학자가 가설 H1을 제시하고 그것을 검증하기 위해 실험을 했는데 H1과는 정면으로 모순되는 결과가 나왔다고 하자. 그래서 그 물리학자는 H1을 폐기하고 실험 결과와 들어맞는 H2 가설을 제시한다. 이것을 두고 물리학 가설은 반증이 불가능하다고 비판해서는 안 된다. 어떤 과학 분야든 특정 가설이 어떤 실험에 의해 반증되었을 때 그것을 폐기하고 그 실험에 부합하는 새로운 가설을 만들어내는 것은 당연한 절차다. 진화심리학이라고 다를 바 없다.

적응 시나리오 S1이 어떤 연구에 의해 반증될 때 그 연구와 부합하는 적응 시나리오 S2를 제시한다고 해서 진화심리학이 반증 불가능하다고 비판하는 것은 말도 안 된다.

많은 진화심리학자들이 짝짓기의 맥락에서 남자가 선천적으로 선호하는 나이가 있다고 본다. 또는 그런 나이와 상관관계가 있는 여자의 외모 특성을 선호하도록 남자가 진화했다고 본다. 어떤 진화심리학자가 "남자는 25세 정도인 여자를 가장 매력적으로 느끼도록 진화했다"라는 가설을 제시했다고 하자. 여자가 25세 정도일 때 임신 확률과 아기가 건강하게 태어날 확률이 가장 높기 때문에 남자가 그 정도 나이를 가장 선호하도록 진화했다고 그 진화심리학자는 주장한다. 연구 결과 25세 정도인 여자가 가장 인기 있다는 결과가 나온다면 그 진화심리학자는 행복할 수 있을 것이다.

그런데 "남자는 35세 정도인 여자를 가장 매력적으로 느낀다"라는 관찰 결과가 나왔다고 하자. 그러자 그 진화심리학자는 "여자가 35세 정도가 되어야 육아와 사회생활에 대한 경험이 충분히 쌓인다. 그보다 어리면 경험이 너무 부족해서 문제며 그보다 나이가 많으면 생리적 능력이 급속히 떨어져서 문제다. 그래서 남자가 35세인 여자를 가장 매력적이라고 느끼도록 진화했다"라고 가설을 수정한다.

이번에는 다른 시나리오를 살펴보자. 연구 결과 15세 정도인 여자가 가장 인기 있다는 결과가 나왔다고 하자. 그러자 그 진화심리학자는 "사춘기인 여자와 결혼을 해야 폐경에 이르기까지 자식을 가장 많이 낳을 수 있기 때문에 남자가 15세인 여자를 가장 매력적이라고 느끼도록 진화했다"라고 가설을 바꾼다.

리처드슨은 진화심리학자들이 연구 결과에 따라 이런 식으로 가설을 바꾸는 것에 불만이 있는 것 같다. 위에서 지적했듯이 연구 결과에 따라 기존의 적응 가설을 폐기하고 수정된 적응 가설 또는 매우 다른 적응 가설을 제시하는 것 자체는 문제될 것이 없다. 이것을 두고 진화심리학이 반증 불가능하다고 비판하는 것은 터무니없다.

여기에서 문제는 해당 진화심리학자가 가설을 세울 때 서둘렀다는 점에 있다. 짝짓기 맥락에서 여자의 번식 가치(reproductive value)를 따질 때 온갖 요인들이 개입될 수 있다. 상식적으로 생각해 볼 때, "현재 임신, 수유 능력이 얼마나 되는가?", "육아 경험이 얼마나 풍부한가?", "앞으로 자식을 몇 명이나 낳을 수 있나?" 등이 매우 중요한 요인일 것 같다. 그런데 처음에 그 진화심리학자는 "현재 임신, 수유 능력이 얼마나 되는가?"만 고려해서 가설을 만들었다. 가설을 만들 때 중요해 보이는 요인들을 나열하고 가능하다면 정량분석을 해야 한다. 정량분석이 불가능에 가깝다면 그것을 인정하고 조심스럽게 가설을 제시해야 한다. 어쨌든 자신의 예측과 다른 결과가 나왔을 때 이전에 생각하지 못했던 요인들까지 고려해서 가설을 다듬는다면 이전보다 일보 전진했다고 칭찬 받을 만하다. 이것을 두고 반증 불가능성을 들먹이면서 비판해서는 안 된다.

리처드슨은 "사실상 모든 실증적 가능성에 들어맞는 적응 시나리오가 있다"고 말한다. 정말로 그런가? 모든 문화권의 남자가 80대 여자를 가장 선호한다는 연구 결과가 나온다면 적응 시나리오는 무너졌다고 봐야 할 것이다. 폐경이 한참 지나서 절대 임신할 수 없는 여자를 짝짓기 맥락에서 가장 선호하도록 남자가 진화했다는 적응 가설은 말도 안 되기 때문이다. "현재 임신, 수유 능력이 얼마나 되는가?", "육아 경험이 얼마나 풍부한가?", "앞으로 자식을 몇 명이나 낳을 수 있나?"에 대한 정량분석이 불가능하더라도, 80대 여자를 가장 선호하도록 진화했다는 결론으로는 절대 나아갈 수 없다. 만약 모든 문화권의 남자들이 80대 여자를 가장 선호한다는 결과가 나온다면 남자가 짝짓기 맥락에서 선천적으로 선호하는 나이가 있다는 적응 가설 자체를 폐기하고 부산물 가설로 갈아타야 할 것이다.

제리 코인(Jerry A. Coyne)은 부산물 가설이 모든 것을 설명하기 때문에 반증 불가능하다고 이야기한다. 부산물 가설은 아예 과학적 가설도 아니라는 것이다.

부산물 가설의 진짜 문제는 진부하다(banality)는 점이다. 그것은 인간에 대한 모든 것을 설명한다. 우리는 진화 역사의 산물이기 때문에 우리에게 존재하는 것과 우리가 하는 것 모두에 대해 진화론적 설명을 제시할 수 있다. 예를 들어, 자연선택의 산물인 뇌가 있다는 점으로부터 기원하지 않는 행동은 전혀 없다. 이로써 진화론적 수문들(水門, floodgates)이 열린다. 바이올린 연주? 창조성, 능란한 손, 학습 능력의 부산물이다. 우표 수집? 자원을 얻고 환경에 있는 것들을 분류하려는 진화한 욕망들의 부산물이다.
하지만 쏜힐 & 파머의 단언에서 볼 수 있듯이, 이런 설명들은 치명적으로 뻔하다(trivial):

생물의 어떤 특성을 고려하든 진화론을 적용할지 여부는 질문거리도 되지 않는다. 합당한 질문은 "진화 원리를 어떻게 적용할 것인가?"밖에 없다. 이것은 인간의 모든 행동에-심지어 성형 수술, 영화의 내용, 사법 체계, 패션 경향과 같은 부산물들에도-해당된다. (12쪽)

만약 쏜힐 & 파머가 강간을 복부 성형술, 〈타이타닉(Titanic)〉과 함께 "진화적" 현상에 포함시키길 원한다면, 신(또는 다윈)의 축복이 있기를. 입양(자식 돌보기의 부산물), 자위행위(통제할 수 없는 성sexuality의 부산물), 수간(바로 앞과 마찬가지), 성직자의 독신 생활(이것은 종교의 부산물인데, 종교 자체도 아무도 이해하지 못하는 모종의 진화한 특성의 부산물이다)도 거기에 집어넣을 수 있을 것이다. 물론 자위행위, 입양, 수간, 독신 생활의 흥미로운 점은 부적응적(maladaptive) 형질이라는 것이다: 그런 것들은 유전자를 후세로 전달할 확률을 낮추기에 자연선택에 의해 선호되었을 리 없다. 그리고 살인,

폭행, 강도와 같이 성과 관련 없는 범죄들—진화의 다른 부산물들—도 잊지 말아야 한다.

방금 논의한 문단의 핵심 구절은 "진화론을 적용할지 여부는 질문거리도 되지 않는다"이다. 이것은 부산물 가설이 모든 과학적 이론을 정의하는 특성—반증가능성(falsifiability), 즉 어떤 가능한 관찰에 의해 반증될 가능성—을 결여하고 있음을 명시적으로 인정하는 것이다. 반증 불가능한 이론은 과학 이론이 아니다. 그것은 동어반복이거나 신조(信條, article of faith)다. 부산물 이론은, 강간이 진화적 병리 현상(evolutionary pathology)이며 남자의 성과 공격성의 간접적 결과라는 견해를 정당화할 수 있을지 모른다. 그리고 부산물 이론은, 강간이 남자가 여자를 지배하고 굴욕을 주는 방식일 뿐이라는 페미니즘적 견해 또한 정당화할 수 있을지 모른다. 이처럼 부산물 가설을 반증할 수 있는 상상 가능한 관찰이 전혀 없기 때문에 부산물 가설을 거부해야 한다.

("Evolution, gender, and rape", 176~177쪽)

반증 불가능성과 관련된 코인의 비판은 리처드슨의 비판과 비슷하다. 다만 리처드슨은 적응 가설에 초점을 맞추었고 코인은 부산물 가설에 초점을 맞추었다는 차이가 있다. 코인도 리처드슨처럼 반증 가능성 개념을 희한하게 쓰고 있다. 부산물 가설 B1이 관찰이나 실험 결과와 심각하게 충돌한다면 B1은 반증된 셈이다. 물론 B1을 제시했던 진화심리학자가 부산물 가설 B2를 제시할 수는 있을 것이다. B2가 반증되면 B3를 제시할 수도 있다. 이런 식으로 부산물 가설을 수도 없이 만들어낼 수 있다. 그렇다고 부산물 가설이 반증 불가능하다고 말할 수 있나?

상식적인 과학철학에 따르면 부산물 가설 B1도 반증될 수 있고, 부산물 가설 B2도 반증될 수 있고, 부산물 가설 B3도 반증될 수 있다면 부산물 가설은 반증 가능한 것이다. 과학자들이 상상해낼 수 있는 부산물 가설들이 모두 다 어떤 현상과 심각하게 충돌할 때만 부산물 가설이 반증 가능하다고 주장하는 저명한 과학철학자나 과학자는 거의 없을 것 같다.

부산물 가설은 코인의 생각만큼 진부하지 않다. 부산물 가설 B1, B2, B3 중에 어느 것이 옳은지 가리는 것이 왜 진부한가? 또한 적응 가설과 부산물 가설은 영합 게임 관계를 이룬다. 남자의 질투에 대한 적응 가설과 부산물 가설에 대해 살펴보자.

적응 가설: 아내가 외간 남자와 섹스를 해서 임신하면 남편은 엄청난 번식 손해를 본다. 이 때문에 남자는 아내가 바람을 피울 때 질투를 하도록 진화했다. 선천적 질투 기제가 남자의 뇌 속에 존재하는 것이다.

부산물 가설: 남자에게 선천적 질투 기제는 없다. 남자가 질투를 하는 이유는 질투 문화권에서 사회화되었기 때문이다. 질투는 "범용 학습 기제"나 다른 심리 기제의 부산물이다.

남자의 질투와 관련하여 적응 가설이 옳다면 적어도 위에서 제시한 형태의 부산물 가설은 틀린 것이다. 따라서 부산물 가설이 모든 것을 설명한다는 주장에는 문제가 있다.

진화심리학자들이 어떤 현상에 대한 설명으로 적응 가설 A1, A2, A3와 부산물 가설 B1, B2, B3, B4를 제시했다고 하자. 이 가설들 중에 어느 것이 실증적 연구와 가장 잘 부합하는지 따지는 것은 결코 진부하지 않다. 만약 그 가설들 모두가 실증적 연구와 심각하게 충돌해서 모두 폐기했다 하더라도 완전히 헛짓을 한 것은 아니다. 왜냐하면 상상할 수 있는 모든 가능성들 중 일부를 제거하는 성과를 얻었기 때문이다.

만약 진화심리학자들이 "인간 심리 현상은 모두 자연선택의 산물이다. 그것은 자연선택의 직접적 산물인 적응이거나 간접적 산물인 부산물이다"라는 말만 했다면 이 명제는 반증이 불가능하다. 뻔한 진리니까. 하지만 진화심리학자가 특정한 적응 가설 A 또는 특정한 부산물 가설 B를 제시했다면 그것은 반증 가능한 명제다. 창조론은 틀렸고 인간이 진화의 산물이라는 명제가 옳다고 가정할 때, "모든 인간의 생각, 느낌, 행동을 결국 진화론적으로 설명할 수밖에 없다"라는 명제는 뻔한 진리이기에 반증이 될 수 없다.

하지만 이것이 반증되지 않는다고 해서 "남자의 질투는 진화한 질투 기제 때문이다"라는 가설이 반증되지 않는 것은 아니다. 또한 "인간의 자살 대부분은 진화한 우울 기제의 부산물이다"라는 가설이 반증되지 않는 것도 아니다. "인간의 생각, 느낌, 행동은 뇌 속에서 일어나는 정보 처리의 산물이다"라는 인지심리학의 일반 명제가 반증되지 않는다고 해서 남자의 질투에 대한 어떤 인지심리학자가 제시한 "질투 기제 모형(질투 기제에서 이런 입력 값들을 받아서 저런 식으로 정보를 처리하여 그런 출력 값들이 산출한다)" 가설이 반증 불가능한 것은 아닌 것과 마찬가지다.

힐러리 로즈는 자연 선택으로 엄마가 아기를 죽이는 것도 설명하고 보호하는 것도 설명한다는 점에 불만을 품고 있다. 모든 것을 설명하기 때문에 아무 것도 설명하지 못한다는 것이다.

하지만 데일리 & 윌슨을 비판할 필요도 없다. 왜냐하면, 존 호건(John Horgan)이 지적했듯이, 그들을 존경한다고 공개적으로 밝힌 스티븐 핑커가 영아살해에 대한 자신의 적응론적 이론을 제시함으로써 윌슨-데일리 테제에 남아 있는 약간의 그럴듯함도 완전히 날려 버렸기 때문이다. 먼저 존경에 대해 이야기해 보자. 1997년에 〈뉴욕 타임즈 매거진(New York Times Magazine)〉에서 여러 인기 있는 지식인들에게 두 번 읽은 책을 알려달라고 하자, 핑커는 데일리 & 윌슨이 쓴 『살인』을 언급했다. 하지만 그 이후로 핑커가 〈뉴욕 타임즈 매거진〉에 기고한 글에서 여자가 자신이 낳은 신생아를 죽이는 문제에 대해 논의했는데, 최소한의 자원밖에 없을 때는 그런 행동이 적응적 반응(adaptationist response, 글자그대로 번역하면 "적응론적 반응"이다)일 수 있다는 자신의 견해를 밝혔다. 통상적으로 신생아에 대한 어머니의 보호를 이끌어내는 심리 모듈이지만, 궁핍한 환경의 도전에 부닥쳤을 때는 스위치가 꺼질 수도 있다고 그는 주장했다. 이 지점에서 진화론적 적응론의 추론(evolutionary adaptationist reasoning)은 우스꽝스러운 모순적 명제(absurd Catch-22 proposition)로 이어진다: 살인과 보호가 모두 진화적 선택(evolutionary selection, 자연선택)에 의해 설명된다. 이런 식으로 쓰인다면 자연선택은 모든 것을 설명하기에 아무 것도 설명하지 못한다. (『Alas, poor Darwin』, 122~123쪽)

어떤 물리학자가 쇠구슬이 떨어지는 것을 중력과 부력으로 설명하는 장면을 떠올려 보자. 부력보다 중력이 크기 때문에 쇠구슬은 아래로 떨어진다. 그 물리학자는 헬륨을 채운 풍선이 위로 올라가는 것도 중력과 부력으로 설명한다. 중력보다 부력이 크기 때문에 위로 올라간다. 회오리바람이나 강력한 자기장과 같은 다른 요인이 있다면 이야기가 복잡해지지만 여기서 굳이 그런 이야기를 할 필요는 없을 것이다. 로즈가 그 물리학자의 설명을 듣는다면 중력과 부력이 떨어지는 것도 설명하고 올라가는 것도 설명하기 때문에 아무 것도 설명하지 못한다고 비판할 것 같다.

어떤 심리학자가 식욕 조절 기제에 대해 설명하는 장면을 상상해 보자. 식욕 조절 기제는 위의 상태에 대한 정보를 받아들인다. 위가 비어 있다면 배고픔을 느끼기 쉽고 그러면 먹으려는 충동이 생기는 경향이 있다. 위가 차 있으면 포만감을 느끼기 쉽고 그러면 먹지 않으려고 하는 경향이 있다. 로즈는 식욕 조절 기제가 먹으려는 경향도 설명하고 먹지 않으려는 경향도 설명하기 때문에 아무 것도 설명하지 못한다고 비판할 것 같다.

어떤 사람이 TV에 대해 이야기하는 장면을 떠올려 보자. 그에 따르면 TV 스위치를 켜면 TV가 켜진다고 한다. 그리고 TV 스위치를 끄면 TV가 꺼진다고 한다. 로즈가 출동한다면, 스위치를 끌어들여서 TV가 켜지는 것도 설명하고 꺼지는 것도 설명하기 때문에 아무 것도 설명하지 못한다고 주장할 것이다. 스위치는 TV가 켜지거나 꺼지는 것과 아무 상관이 없다. 그것은 그 사람이 만들어낸 황당한 가설일 뿐이다.

〈참고문헌〉

『살인: 살인에 대한 최초의 진화심리학적 접근(Homicide)』, 마틴 데일리 & 마고 윌슨 지음, 김명주 옮김, 어마마마, 2015.

「Colonising the social sciences?」, Hilary Rose, 『Alas, poor Darwin: arguments against evolutionary psychology』, Hilary Rose & Steven Rose 편집, Vintage, 2001.

『Evolutionary psychology as maladapted psychology』, Robert C. Richardson, A Bradford Books, 2007.

「Of vice and men: a case study in evolutionary psychology」, Jerry A. Coyne, 『Evolution, gender, and rape』, Cheryl Brown Travis 편집, A Bradford Book, 2003.

자. 진화심리학이 순환 논증에 의존하나

진화심리학자들은 과거 환경에서 시작하여 현재의 인간 본성에 대해 추정한다. 또한 현재의 인간 본성에서 시작하여 과거 환경에 대해 추정한다. 이 때 추정의 출발점이 되는 과거 환경이나 현재의 인간 본성에 대한 정보가 불확실할 때도 많다. 두 가지 예만 들어보겠다. 하나는 뱀 공포 기제이고 다른 하나는 남자의 질투 기제다.

어떤 진화심리학자 E가 인간에게는 뱀 공포 기제가 진화했다고 주장한다. 진화심리학 회의론자 S가 그 근거를 대라고 말한다. 그러자 E는 다음과 같은 진화론적 추론을 제시한다.

전제: 과거 우리 조상들이 진화했던 환경에는 독사가 무시할 수 없을 정도로 많이 있었다.

추론: 독사가 있는 환경에서는 뱀 공포 기제가 있는 사람이 그렇지 않은 사람보다 더 잘 번식할 수 있다.

결론: 인간에게는 뱀 공포 기제가 진화했다.

과거 우리 조상들이 진화했던 환경에 독사가 무시할 수 없는 정도로 많이 있었다는 것을 어떻게 아느냐고 S가 묻는다. 그러자 E는 다음과 같은 진화론적 추론을 제시한다.

전제: 인간에게는 선천적 뱀 공포 기제가 있다.

추론: 독사가 전혀 또는 거의 없는 환경에서 뱀 공포 기제가 진화했을 리 없다.

결론: 과거에 우리 조상들이 진화했던 환경에는 독사가 무시할 수 없을 정도로 많이 있었다.

E는 남자의 질투 기제가 진화했다고 주장한다. S가 그 근거를 대라고 하자 E는 다음과 같은 진화론적 추론을 제시한다.

전제: 과거 우리 조상들은 결혼을 하면서 살았다.

추론: 아내가 외간 남자와 섹스를 할 때 질투를 하는 남자가 그렇지 않은 남자보다 더 잘 번식할 수 있다.

결론: 남자에게는 질투 기제가 진화해서 아내가 바람을 피우면 질투를 한다.

과거 우리 조상들이 결혼을 하면서 살았다는 것을 어떻게 아느냐고 S가 묻는다. 그러자 E는 다음과 같은 진화론적 추론을 제시한다.

전제: 남자에게는 선천적 질투 기제가 있어서 아내가 바람을 피우면 질투를 한다.

추론: 일반침팬지처럼 결혼을 하지 않는 종에서 수컷의 질투는 아내를 향하지 않는다. 자신보다 지위가 낮은 수컷이 암컷과 섹스를 하면 질투를 한다. 반면 인간의 질투는 애인이나 아내를 향한다. 우리 조상들이 결혼을 하지 않았다면 그런 식의 질투가 진화했을 리 없다.

결론: 과거 우리 조상들은 결혼을 하면서 살았다.

E는 순환 논증을 쓰고 있다. 우리 조상들이 과거에 결혼을 했다는 것이 불확실하니 근거를 대라니까 남자의 선천적 질투 기제를 그 근거로 댄다. 남자의 질투 기제가 진화했다는 것이 불확실하니 근거를 대라니까 우리 조상들이 과거에 결혼을 했다는 것을 그 근거로 댄다. 뱀 공포와 관련해서도 사정이 비슷하다. 진화심리학자들이 이런 식으로 순환 논증을 쓴다고 비판하는 사람들이 있다. "우리 조상들은 결혼을 하면서 살았다"와 "남자에게는 질투 기제가 진화해서

아내가 바람을 피우면 질투를 한다"라는 가설에 대한 근거를 위와 같은 식으로만 댄다면 순환 논증이라는 비판을 피하기 힘들 것 같다. 그런데 진화심리학자들이 "우리 조상들은 결혼을 하면서 살았다"라는 가설의 근거를 달랑 "남자에게는 선천적 질투 기제가 있어서 아내가 바람을 피우면 질투를 한다"만 제시하나? 그렇지 않다.

진화심리학계에서는 인간이 사냥채집 사회에서 결혼을 하면서 살았다는 근거를 "남자의 질투" 말고도 여러 가지 댄다.

첫째, 남녀가 사랑에 빠진다. 이것은 인간이 결혼을 하는 종임을 암시한다.

둘째, 인간에게는 강력한 부성애가 있다. 침팬지와 같이 결혼을 하지 않는 종에서는 부성애를 감지하기 힘들다. 있다 하더라도 인간의 부성애와는 비교도 할 수 없을 정도로 빈약하다.

셋째, 인간과 고릴라의 고환은 침팬지에 비해 매우 작다. 이것은 질 내에서 일어나는 정자 경쟁(sperm competition)이 덜 치열했다는 뜻이다. 침팬지처럼 난교에 가까운 성생활을 하면 질 내에서 여러 수컷들의 정자들이 상대적으로 더 치열하게 경쟁한다. 침팬지 수컷들은 그런 경쟁에서 정자 물량 공세로 우위를 점하기 위해 큰 고환을 진화시킨 듯하다. 결혼을 하는 종에서는 질 내 정자 경쟁이 덜 치열하다. 작은 고환은 결혼을 암시한다.

넷째, 현존 사냥채집 사회들을 보면 결혼을 하고 산다.

남자의 질투가 학습의 산물이 아니라 진화의 산물이라는 근거는 무엇인가? 진화심리학자들은 과거에 우리 조상들이 결혼을 하면서 살았다는 점만 근거로 대나? 아니다. 남자의 질투가 인류 보편적이라면 진화 가설이 힘을 얻을 것이다. 진화심리학자들은 온갖 문화권의 질투를 연구함으로써 진화 가설을 뒷받침하려 한다.

아내가 바람을 피워서 임신하면 남편은 아내의 자궁을 외간 남자에게 빼앗긴 셈이다. 반면 남편이 바람을 피워서 외간 여자가 임신하더라도 아내가 "자궁을 빼앗긴 남편"만큼 큰 손해를 보지는 않는다. 이런 이유 때문에 남자의 질투는 여자의 질투보다 섹스에 더 초점을 맞추도록 진화했다고 많은 진화심리학자들이 믿는다. 그리고 그것을 실증적으로 입증하려 한다. "남자에게는 질투 기제가 진화해서 아내가 바람을 피우면 질투를 한다"라는 가설을 입증하기 위해 진화심리학자들은 온갖 근거들을 찾아 헤맨다. 진화심리학자들이 찾아낸 여러 근거들이 얼마나 확실한지에 대해 시비를 걸 수는 있을 것이다. 하지만 이런 진화심리학자들이 순환 논증을 범하고 있다고 볼 수는 없다.

뱀 공포 기제의 경우도 마찬가지다. 과거 우리 조상들이 진화한 환경에 독사가 있다는 근거를 "인간에게는 선천적 뱀 공포가 있다" 말고도 댈 수 있다. 고생물학 연구를 통해 우리 조상들이 살았던 환경에 독사가 있었는지 살펴볼 수 있다. 인간에게 선천적 뱀 공포 기제가 있다는 근거를 "과거 환경에 독사가 있었다" 말고도 댈 수 있다. 인간이 다른 대상보다 뱀을 빠르게 탐지한다는 것을 보여준 연구가 있다. 뱀 공포의 인류 보편성을 연구할 수도 있다. 우리와 가까운 영장류 종들의 뱀 공포를 연구할 수도 있다.

〈참고 문헌〉

「Emotion drives attention: detecting the snake in the grass」, Arne Öhman, Anders Flykt & Francisco Esteves, 「Journal of Experimental Psychology: General」, 2001.

「Evolution and human fatherhood」, Adam H. Boyette & Lee T. Gettler, 「The Oxford handbook of evolutionary psychology and behavioral endocrinology」, Lisa L. M. Welling & Todd K. Shackelford 편집, 2019.

「Sex differences in jealousy in evolutionary and cultural perspective: tests from the Netherlands, Germany, and the United States」, Bram P. Buunk, Alois Angleitner, Viktor Oubaid & David M. Buss, 「Psychological Science」, 1996.

9장. 프로이트와 진화심리학

가. 감정과 욕망의 심리학: 많이 닮아 보이는 진화심리학과 정신분석

정신분석에는 온갖 유파가 있다. 지크문트 프로이트(Sigmund Freud) 이후로 빌헬름 라이히(Wilhelm Reich), 자크 라캉(Jacques Lacan), 오토 랑크(Otto Rank), 알프레트 아들러(Alfred W. Adler), 칼 융(Carl Gustav Jung), 멜라니 클라인(Melanie Klein), 안나 프로이트(Anna Freud), 에리히 프롬(Erich Seligmann Fromm) 등 저명한 정신분석가들은 나름대로 독창적인 이론을 내세웠다. 진화심리학과 정신분석의 공통점과 차이점을 제대로 살펴보기 위해서는 정신분석의 여러 유파들을 다 파고들어야 할 것이다. 하지만 누가 뭐래도 정신분석의 창시자는 프로이트다. 그리고 프로이트는 자신의 개념과 이론에 대해 상당히 명료하고 알기 쉽게 서술했다. 개인적으로 나는 프로이트의 글을 제일 많이 읽어보았으며 책도 한 권 번역했다. 여기에서는 프로이트를 중심으로 살펴볼 것이다.

프로이트는 아주 많은 글을 남겼다. 정신분석에 입문하기를 별로 권하고 싶지는 않지만 프로이트에 대해 알고 싶은 사람에게 그의 책을 몇 권 추천하겠다. 『정신분석 강의』와 『새로운 정신분석 강의』에서 프로이트는 자신의 개념과 이론을 전반적으로 알기 쉽게 설명했다. 『일상생활의 정신 병리학』은 프로이트의 글 중에 가장 쉬운 측에 속하면서도 정신분석이 어떤 것인지를 잘 보여준다. 이 책부터 읽는 것이 가장 편할 수도 있다. 『꿈의 해석』은 그의 대표작이다. 내가 번역한 『끝낼 수 있는 분석과 끝낼 수 없는 분석』은 상당히 전문적인 내용들이 많아서 읽기에 까다롭긴 하지만 번역의 질 면에서 추천하겠다. 프로이트를 나보다 한국어로 더 정확히 번역한 사람이 있다는 소식은 들어보지 못했다. 데이비드 버스는 프로이트와 진화심리학 사이의 공통점에 주목했다.

예리한 독자라면 으스스할 정도로 낯익다는 느낌이 들 것이다. 프로이트는 본능들을 두 가지 주요 부류로 나누었는데, 이것은 다윈이 제시한 두 가지 주요 진화 이론들과 거의 정확하게 대응한다. 프로이트의 생명 보존 본능들은 많은 이들이 "생존 선택(survival selection)"이라고 부르는 다윈의 자연선택 이론과 대응한다. 성 본능들에 대한 프로이트의 이론은 다윈의 성선택 이론과 긴밀하게 대응한다.

결국 프로이트는 생명 본능들과 성 본능들을 합쳐서 "삶 본능들(life instincts, 삶 욕동들)"이라고 부르는 하나의 집단에 포함시켰고, "죽음 본능(death instinct, 죽음 욕동)"이라는 두 번째 본능을 추가함으로써 자신의 이론을 바꾸었다. 그는 심리학을 자율적인 분과(autonomous discipline)로 정립하려고 했으며, 처음에는 다윈주의에 정박했던 그의 사고방식이 그로부터 멀어졌다.
(『진화심리학』, 63쪽[영어판 26쪽])

얼핏 살펴보면 진화심리학과 정신분석은 공통점이 많다. 그 중 일부는 진짜 공통점이고 다른 일부는 무늬만 공통점이다. 무엇이 진짜 공통점이고 무엇이 가짜 공통점인지 잘 가려야 한다. 나는 진화심리학과 정신분석 사이에는 실질적이면서도 중대한 공통점이 별로 없다고 생각한다. 오히려 진화심리학이 정신분석과 사사건건 충돌한다고 생각한다. 진화심리학계에서 정설로 통하는 가설들이 기본적으로 옳다면 프로이트의 이론들이 거의 다 틀렸다는 얘기다. 물론 프로이트가 인간 심리에 대해 한 말 중 상당 부분을 옳은 말일 것이다. 나는 다음 인용문을 염두에 두고 프로이트의 이론이 엉터리라고 말하려는 것이다.

종종 사용되는 구절을 반복하면, 프로이트는 옳은 곳에서 독창적이지 않고, 독창적인 곳에서 잘못을 범하고 있다.
(『아담과 이브에게는 배꼽이 있었을까』, 140쪽)

즉, 프로이트는 독창적인 부분에서 거의 항상 틀린 이야기만 했다고 생각한다. 독창적이지 않은 곳에서 올바른 이야기를 하는 것은 어렵지 않다. 뻔한 진리들만 나열하면 되기 때문이다.

프로이트의 정신분석과 진화심리학이 어떻게 충돌하는지 살펴보는 것은 여러 가지 의미가 있다. 비교 자체도 의미가 있지만 프로이트의 이론에 어떤 문제가 있는지 살펴보는 한 가지 길이기도 하다. 물론 여기에는 진화심리학계의 의견이 대체로 옳다는 전제가 깔려 있다. 또한 그런 비교를 통해 진화심리학의 진면목을 보여줄 수 있다.

이 책에서 진화심리학과 프로이트를 비교한 것 중 많은 부분은 내가 생각해 낸 것이다. 내가 본격적으로 뒤져보지 않아서 그렇게 느끼는지도 모르겠지만, 진화심리학자들이 프로이트를 비판한 글이 그리 많지 않아 보인다. 나중에 『진화심리학 vs. 프로이트』라는 책에서 더 깊이 있고 상세하게 다룰 생각이다. 페미니즘과 진화심리학도 서로 정면충돌할 때가 많은데 둘 사이의 충돌에 대해서는 『페미니스트가 매우 불편해야할 진화심리학』에서 어느 정도 살펴 보았다. 나중에 『진화심리학 vs. 페미니즘』에서 이 문제를 깊이 파헤칠 생각이다. 사회심리학과 문화심리학도 진화심리학과 충돌할 때가 많은데 이 문제를 파헤치는 것도 흥미로울 것이다.

인지심리학과 진화심리학의 관계는 어떤가? 코스미디스 & 투비는 진화심리학을 진화생물학과 인지심리학의 결합이라고 말했다. 진화심리학자들이 인지심리학의 핵심 원리를 거부할 이유는 없어 보인다. 또한 진화심리학자들이 진화생물학을 제대로 적용한다면 인지심리학자들이 진화심리학을 거부할 이유도 없어 보인다. 이상적 진화심리학과 이상적 인지심리학이 충돌할 이유는 없다. 하지만 현실은 이상과 다를 때가 많다. 어쨌든 현실 인지심리학자들의 연구와 진화심리학자들의 연구가 정면충돌하는 일은 별로 없어 보인다. 충돌이 별로 없는 이유 중 하나는 인지심리학자들이 감정과 욕망에 대해 별로 연구하지 않았기 때문이다.

나는 진화심리학 이론들이 정신분석이나 페미니즘의 이론들을 밀어내는 과정을 "미신에서 과학으로의 이행"이라고 생각한다. 여전히 부족한 점이 많지만 진화심리학에서는 진화생물학의 전통, 인지심리학의 전통, 신경과학의 전통을 제대로 이어받으려 하며, 과학적으로 검증하려고 기를 쓴다. 반면 정신분석가들과 페미니스트들은 객관적 검증에는 아예 신경을 안 쓰거나 엉터리로 검증해놓고 확신에 차서 주장할 때가 많다. 또한 그들은 진화생물학, 인지심리학, 신경과학에 대해 대체로 무지하며 공부할 생각도 별로 없는 것 같다.

진화심리학과 정신분석은 소설과 영화의 단골 소재인 친족 간 사랑과 갈등, 섹스와 강간, 육체적 아름다움, 사랑과 질투, 결혼과 이혼, 육아와 성장, 우정과 배신, 양심과 죄책감, 보은과 복수, 속임수와 위선, 지위와 권력, 억압과 착취, 폭력과 전쟁 등에 대해 많이 다룬다. 이것이 양쪽 모두 일반 대중에게 사랑받는 이유일 것이다.

정신분석은 권위 있는 학술지에게는 왕따 신세를 면하지 못했지만 인문학자, 철학자, 예술가의 사랑을 많이 받았다. 정신분석을 빼고 20세기 역사를 이야기할 수는 없다. 이것은 정신분석의 옳고 그름과는 별개의 문제다. 성경에 나오는 내용의 옳고 그름과는 별개로, 지난 2천 년의 서양 역사를 기독교를 빼고 이야기할 수 없는 것과 마찬가지다. 진화심리학이 학계에서는 여전히 소수파이지만 대중서가 많이 팔렸으며 TV에서도 꽤나 많이 다루었다. 한국에서도 진화심리학 대중서가 쏠쏠하게 팔리고 있으며 국회의원 차명진을 비롯하여 여러 유명 인사들이 진화심리학에 대해 썰을 풀었다.

행동론(behaviorism, 행동주의 심리학)은 여러 가지 실험 결과들을 그래프로 보여주었다. 물리학과 화학에 쓰이던 정량적 측정을 심리학에 도입함으로써 과학적 검증의 측면에서 상당히 기여했다. 그럴 듯한 이야기만 들려줄 뿐 검증의 측면에서는 심각한 결함이 있다고 정신분석에 불만을 제기했던 깐깐한 과학자들에게는 좋은 소식이었다.

하지만 행동론은 연구 주제의 측면에서 대단히 빈약했다. 강화 학습(reinforcement learning)과 같은 몇 가지 원리를 적용하여 인간을 포함한 온갖 동물들의 온갖 심리 현상을 설명할 수 있다고 장담했지만 그들이 설명할 수 있었던 것은 전체 심리 현상들 중에 작은 일부였다. 비둘기와 쥐가 특정한 행동을 학습하는 것을 정량적으로 측정해서 그래프로 보여주는 것은 인상적이었지만, 이것은 철학자, 인문학자, 예술가, 일반 대중의 주요 관심사와는 거리가 멀었다.

인지심리학에서 말하는 넓은 의미의 인지는 뇌에서 일어나는 정보 처리를 모두 가리킨다. 따라서 감정, 느낌, 쾌감, 불쾌감, 욕구, 충동, 욕망, 동기도 인지다. 하지만 인지심리학자들은 감정과 욕망에 대해서는 별로 다루지 않았다. 언어 학습과 시각 기제에 대해 아주 많은 것을 밝혀낸 성과를 무시할 수는 없지만, 이것은 심리 현상의 일부에 불과하다. 인지심리학에서는 좁은 의미의 인지에 대한 연구에서 별로 벗어나지 못했다. 신경과학 또는 뇌과학이 나름대로 상당한 성과를 이룬 것은 사실이지만 소설과 영화의 단골 소재들에 대한 흥미진진하거나 만족스러운 설명을 내놓는 경우는 거의 없었다.

사회심리학자들과 문화심리학자들은 감정, 욕망, 사회생활에 대한 온갖 연구들을 쏟아냈다. 하지만 물리학처럼 몇 개의 근본적 원리에서 출발하여 온갖 심리 현상들을 설명해 주기를 기대하는 사람들에게는 만족스러운 설명을 거의 내놓지 못했다. 그들은 "작은 일반화"에 만족했다. 이런 면에서 우표 수집을 닮았다.

반면 정신분석과 진화심리학은 몇 개의 개념들과 이론들을 동원하여 매우 다양한 현상들을 설명했다. 프로이트는 무의식, 의식, 억압(Verdrängung, repression), 이드, 자아, 초자아, 승화(Sublimierung, sublimation), 방어(Abwehr, defense)와 같은 개념들과 관련 이론들을 적용하여 온갖 심리 현상들을 설명한다. 진화심리학계에서는 자연선택, 적응, 부산물, 심리 기제,

친족선택, 상호적 이타성, 부모 투자 이론, 핸디캡 원리 등과 같은 개념들과 이론들을 적용하여 온갖 심리 현상들을 설명한다. 그 설명이 옳든 그르든 "폭넓은 응용"의 측면에서 볼 때 정신분석과 진화심리학은 대단히 인상적이었다. 물론 그런 설명들이 대부분을 틀린 것이라면 그냥 인상적이기만 한 것이다. 과학에서는 객관적 검증이 핵심이다.

진화심리학과 정신분석은 비슷한 비판을 받는다. 진화심리학은 모든 것을 유전자로 설명하는 유전자 결정론이라는 오명을 뒤집어쓰고 있다. 모든 것을 적응이라고 보는 범적응론이라고 비판하는 사람들도 많다. 정신분석은 모든 것을 성욕으로 설명한다는 비판을 받는다. 나는 유전자 결정론이나 범적응론이라는 비판은 터무니없는 누명이라고 생각한다. 후기 프로이트는 죽음 욕동 개념을 끌어들였기 때문에 성욕(리비도)으로 모든 것을 설명하려 했다고 보기는 힘들다. 하지만 프로이트가 성욕(리비도)으로 무리하게 많은 것들을 설명하려고 했다는 비판은 일리가 있다고 생각한다.

진화심리학과 정신분석은 검증이 불가능하기에 아예 과학 가설로 볼 수 없다는 비판을 받는다. 칼 포퍼는 정신분석의 가설들이 반증 불가능하기에 진짜 과학 가설이 아니며 정신분석이 사이비과학이라고 보았다. 그는 반증 가능성이 과학과 사이비과학을 가르는 기준이라고 생각했다. 나도 정신분석이 사이비과학이라고 생각하지만 그 이유는 다르다. 나는 정신분석가들이 제시한 가설들 중 적어도 많은 부분이 검증가능하다고 본다.

나는 사이비과학을 포퍼와는 다르게 정의한다. 과학 흉내를 내면서도 과학의 기준들(개념의 엄밀성, 논리적 일관성, 실증을 통한 검증 등)에 비추어 볼 때 한심하기 짝이 없는 수준일 때 사이비과학이라고 부른다. 정신분석 가설이 검증 불가능하기 때문이 아니라 검증을 엉터리로 하면서 제대로 검증했다고 우기기 때문에 사이비과학이라고 생각한다. 한의학의 경우에도 마찬가지라고 생각한다. 한의학이 사이비과학인 이유는 검증이 불가능하기 때문이 아니라 검증을 엉망으로 하기 때문이다. 그들은 현대 의학의 표준으로 자리 잡은 "이중맹(double blind)을 적용한 대규모 임상 시험"을 사실상 하지 않으면서도 치료 효과가 있다고 우긴다.

진화심리학도 검증을 엉터리로 한다는 비판을 받는다. 나는 진화심리학자들이 검증 과정에서 어설픈 적이 많다고 생각하지만, 그들의 검증 방식에 근본적인 결함이 있어서 과학으로서 지위가 위협 받을 정도는 아니라고 본다. 반면 정신분석의 검증 방식에는 매우 심각한 결함이 있어서 사이비과학이라는 조롱을 받아도 싸다고 생각한다.

진화심리학과 정신분석을 적대적으로 비판하는 사람들이 많다. 그들은 이론적, 실증적 측면에서 비판하는 것을 넘어서서 정치적으로, 도덕적으로, 이데올로기적으로 비난한다. 사악한 사이비과학이라는 딱지가 진화심리학과 정신분석에 붙을 때가 많다. 진화심리학과 정신분석은 조롱의 대상이 될 때도 많다. 이에 대해 진화심리학자들과 정신분석가들은 "왜 사람들은 진화심리학에 저항하는가?", "왜 사람은 정신분석에 저항하는가?"라는 질문을 던진다. 상당수 진화심리학자들과 정신분석가들에 따르면 달갑지 않은 진실을 까발리기 때문에 사람들이 그렇게들 저항하는 것이다.

정신분석은 인간의 고상해 보이는 행동도 결국은 성욕으로 거슬러 올라간다는 점을 지적함으로써 사람들의 기분을 잡치게 한다. 진화심리학은 남자와 여자가 성격과 지능 면에서도 선천적으로 다르게 진화했다고 주장함으로써 페미니스트들을 열 받게 한다. 인간이 원래 친자식보다 의붓자식을 덜 사랑하도록 진화했으며, 질투 기제나 강간 기제가 진화했다는 가설도 많은 이들을 화나게 한다.

〈참고문헌〉

『꿈의 해석(Die Traumdeutung, The interpretation of dreams)』, 지크문트 프로이트 지음, 김인순 옮김, 열린책들, 2020(개정판).

「끝낼 수 있는 분석과 끝낼 수 없는 분석: 정신분석 치료기법에 대한 논문들」, 지그문트 프로이트 지음, 이덕하 옮김, 도서출판b, 2004.

「새로운 정신분석 강의(Neue Folge der Vorlesungen zur Einführung in die Psychoanalyse, New introductory lectures on psycho-analysis)」, 지크문트 프로이트 지음, 임홍빈 & 홍혜경 옮김, 열린책들, 2020(개정판).

「아담과 이브에게는 배꼽이 있었을까(Did Adam and Eve have navels?)」, 마틴 가드너 지음, 강윤재 옮김, 바다출판사, 2002.

「일상생활의 정신 병리학(Zur Psychopathologie des Alltagslebens, Psychopathology of everyday life)」, 지크문트 프로이트 지음, 이한우 옮김, 열린책들, 2020(개정판).

「정신분석 강의(Vorlesungen zur Einführung in die Psychoanalyse, Introductory lectures on psycho-analysis)」, 지크문트 프로이트 지음, 임홍빈 & 홍혜경 옮김, 열린책들, 2020(개정판).

「진화심리학: 마음과 행동을 탐구하는 새로운 과학」, 데이비드 버스, 이충호 옮김, 최재천 감수, 웅진지식하우스, 2012(4판).

「Evolutionary psychology: the new science of the mind」, David M. Buss, Pearson, 2012(4판).

「Science: conjectures and refutations」, Karl Popper, 「Conjectures and refutations: the growth of scientific knowledge」, 1963.

나. 형제간 경쟁: 친족 이타성의 기원

형제간 경쟁(sibling rivalry, 동기同氣간 경쟁)에 대해 프로이트가 뭐라고 썼는지 살펴보자.

> 아이는 처음에는 자기 자신만을 사랑하며, 나중에야 다른 사람들을 사랑하고 자기의 자아 중 무언가를 다른 사람들을 위해 희생하는 법을 배우게 됩니다. 아이가 처음부터 사랑하는 것처럼 보이는 사람들의 경우에도, 무엇보다도

그들이 필요하기에, 그들이 없이는 살 수 없기에 사랑하는 겁니다. 이번에도 이기적인 동기 때문입니다. 나중에야 사랑의 충동이 이기성으로부터 독립하게 됩니다. 이기성으로부터 사랑하는 법을 배운다는 말은 사실입니다.
이러한 연관성 속에서 형제(Geschwister, brothers and sisters)에 대한 아이의 태도를 부모에 대한 아이의 태도와 비교해 보는 것이 유익할 겁니다. 어린 아이가 자기 형제를 필연적으로 사랑하는 것은 아닙니다. 사랑하지 않음이 명백한 경우도 종종 있습니다. 아이가 형제를 경쟁자로서 미워한다는 점에는 의심의 여지가 없습니다. 이런 태도가 성숙할 때까지, 심지어 그 이후로도, 오랜 기간 동안 중단 없이 지속되는 경우가 빈번하다는 점이 잘 알려져 있습니다. 물론 아주 많은 경우에 이런 태도가 애정 덕분에 사라집니다(아니, 이런 태도 위에 애정이 겹쳐진다고 말하는 것이 나을지도 모릅니다). 하지만 적대적인 태도가 더 일찍 나타나는 것이 아주 일반적인 것 같습니다.
(『정신분석 강의』, 277~278쪽[독일어판 208쪽, 영어판 204쪽])

이 구절에서 프로이트와 진화심리학 사이의 공통점을 찾을 수 있다. 프로이트도 형제간에 사랑도 있고 미움(또는 경쟁)도 있다고 이야기하고 진화심리학에서도 그런 식으로 이야기한다. 하지만 이것은 누구나 아는 상식이기도 하다. 즉 프로이트의 독창적인 면이 아니다. 따라서 이런 것들을 나열하면서 프로이트와 진화심리학이 비슷하다고 말한다면 영양가가 별로 없다.
프로이트는 자기 자신에 대한 사랑은 선천적이며 다른 사람에 대한 사랑이나 이타성은 후천적이라고 보는 것 같다. 그리고 아기가 처음부터 사랑하는 것처럼 보이는 대상 즉 부모도 자기에게 필요하기 때문에 사랑하는 것이라고 주장한다. 이것은 친족선택 이론에서 출발하는 진화심리학의 가족애 이론과는 매우 다르다. 친족선택은 무조건적 사랑을 진화하도록 만드는 경향이 있다. 부모, 자식, 형제처럼 매우 가까운 친족이라면 그 친족이 나에게 도움을 주든 말든 내가 그를 사랑하는 것이 내 유전자의 복제에 도움이 된다. 또한 진화심리학계에서는 친족에 대한 사랑이 선천적이라서 기본적으로는 학습의 산물이 아니라고 본다. 뻔한 상식을 넘어서 조금만 깊이 들어가면, 친족애에 대해 프로이트와 진화심리학이 완전히 다른 설명을 내놓는다는 것이 드러난다. 프로이트는 진화심리학에 비해 후천론적이며 성악설 쪽에 더 가깝다.

형제가 죽기를 바라는 소원까지도 발견할 수 있는데 그렇게 기이하게 여길 필요가 없다고 프로이트는 이야기한다.

> 그 후에, 갓난아기를 깎아내릴 수 있는 모든 기회를 이용합니다. 그리고 부상을 입히려는 시도나 아예 암살하려는 것도 전대미문의 일은 아닙니다. 나이 차이가 적을 경우, 강렬한 정신적 활동이 눈을 뜨는 시기에 이른 아이는 동생에게서 벌써 경쟁자를 발견하고 그에 대응하는 것입니다. 나이 차이가 많으면, 새로 온 아기는 처음부터 재미있는 대상으로서, 일종의 살아 있는 인형처럼 여겨져서 동정심을 어느 정도 일으킬 수 있습니다. 나이 차이가 여덟 살 이상이 되면, 특히 여자아이의 경우, 보호해 주려는 모성 충동이 벌써 나타날 수 있습니다. 그러나 터놓고 말하자면, 형제가 죽기를 바라는 소망을 꿈의 배후에서 밝혀냈다 하더라도, 그것을 기이하게 생각할 필요가 거의 없으며, 예전의 어린 시절에서, 상당히 많은 경우에 그 이후에 함께한 세월에서, 그 원형을 쉽게 찾아볼 수 있습니다.
> (『정신분석 강의』, 278쪽[독일어판 209쪽, 영어판 204~205쪽])

형제가 사라지면 부모의 사랑을 독차지할 수 있으니 좋은 일이라는 것이다. 진화심리학에서는 전혀 다르게 본다. 유전적 형제 사이의 근친도는 0.5(완전 형제 full sibling인 경우) 또는 0.25(씨 다른 형제나 배 다른 형제처럼 절반 형제 half sibling인 경우)이다. 내 몸 속에 있는 유전자의 복제의 측면에서 볼 때,

통상적으로는 형제가 죽어서 얻는 이득에 비해 잃는 손해가 너무나 크다. 따라서 아주 특수한 사정이 없다면 나의 형제가 죽어버렸으면 하는 소망을 품도록 인간이 진화했으리라 기대하기 힘들다. 프로이트는 정신분석의 기법을 통해 해석 또는 분석을 해 보니 형제의 죽음에 대한 무의식적 소망을 찾아낼 수 있었다고 주장한다. 친족선택의 논리를 생각해 볼 때, 의식적으로든 무의식적으로는 형제가 죽기를 바라는 것은 기이한 일이다.

진화심리학계에서는 형제간 사랑을 설명할 때 형제간 근친도인 0.5 또는 0.25가 0보다는 크지만 1보다는 작다는 점에 주목한다. 0보다 훨씬 크기에 형제를 매우 아끼리라 기대할 수 있다. 1보다 훨씬 작기에 형제를 자기 자신만큼 아끼지는 않으리라 기대할 수 있다. 완전형제 사이의 근친도 0.5는 어머니와 자식 사이의 근친도와 같다. 근친도만 따져 보면 완전형제 사이의 사랑은 자식에 대한 어머니의 사랑과 그 정도가 같아야 할 것 같다. 하지만 현실 속의 가족을 관찰해 보면 자식에 대한 어머니의 지극한 사랑과 비교해 볼 때 완전형제들 사이의 사랑은 초라해 보인다. 왜 그럴까? 몇 가지 이유를 추측해 볼 수 있을 것이다.

형제간 경쟁과 갈등에 대한 아래의 진화심리학적 설명은 프로이트의 설명 방식과는 매우 다르다.

첫째, 정보의 불확실성을 고려해야 한다. 유전자 검사가 없던 원시 사회에서도 어머니는 누가 자신의 유전적 자식인지 확실히 알 수 있었다. 반면 형제들 사이에서는 완전형제인지, 절반형제인지, 유전적으로는 남남인지(재혼 가정의 경우) 알아내기가 만만치 않을 때가 많다. 근친도에 따른 이타성의 진화를 설명할 때 근친도를 알아낼 수 있는 초능력을 가정해서는 안 된다. 친족애는 실제 동물들이 접할 수 있는 정보에 의존하여 진화할 수밖에 없다. 설사 완전형제 사이라 하더라도 정보가 불확실하면 0.5이라는 숫자에서 기대할 수 있는 것보다는 작은 이타성이 진화하기 쉬울 것이다.

둘째, 성인인 부모는 어린 자식을 돌볼 수 있는 능력이 있다. 부모의 능력에 비하면서 어린 자식이 자신의 형제를 돌보는 데에는 뚜렷한 한계가 있다.
셋째, 어린 자식들은 무기력하다. 부모의 보살핌이 절대적으로 필요하다. 형제끼리는 부모의 사랑을 더 차지하기 위해 경쟁할 수밖에 없다. 어머니는 자식과 그런 경쟁을 할 필요가 없다. 이것은 형제간 갈등이 부모 자식 간 갈등보다 더 크도록 만드는 요인일 수 있다.
넷째, 대체로 성인이 어린아이보다 더 튼튼하다. 따라서 어머니가 자식을 빵을 빼앗아 먹을 때 어머니가 얻는 이득에 비해 자식이 보는 손해가 훨씬 클 것이다. 굶주림을 성인이 더 잘 견딜 수 있기 때문이다. 자식이 큰 손해를 보면 결국 어머니의 유전자에게 손해가 된다.
연애 심리에 대한 유명한 썰 중 하나가 "여자는 모성애를 자극하는 남자를 좋아한다"는 것이다. 진화심리학적으로 볼 때 이것은 황당한 가설이다. 여자의 모성애가 그렇게 바보 같이 진화했을 것 같지 않기 때문이다. 모성애는 자기 자식을 향해야 적응적이다. 모성애가 음식을 향하거나 짝짓기 상대를 향한다면 제대로 번식하기 힘들다. 따라서 짝짓기 상황에서 모성애가 발휘되지는 않도록 여자가 진화했을 것 같다. 프로이트는 여자 아이의 모성애가 동생을 향할 수 있다고 이야기하는데 진화심리학자라면 이런 주장을 심각하게 의심하기 마련이다.

〈참고 문헌〉

『정신분석 강의』, 지그문트 프로이트 지음, 임홍빈 & 홍혜경 옮김, 열린책들, 2003(전집 재간).

『Evolutionary perspectives on the nature of sibling conflict: the impact of sex, relatedness, and co-residence』, Catherine Salmon & Jessica A. Hehman, 『Evolutionary Psychological Science』, 2015.

『Introductory lectures on psycho-analysis(parts I and II)』, Sigmund Freud,

James Strachey 외 번역, The Hogarth Press, 1999, 〈The standard edition of the complete psychological works of Sigmund Freud〉.

『Vorlesungen zur Einführung in die Psychoanalyse』, Sigmund Freud, S. Fischer Verlag, 1998, 〈Gesammelte Werke〉.

다. 거세 공포와 도덕성의 발달: 프로이트의 성악설

프로이트에 따르면 인간이 태어날 때는 이드(Es, id) 밖에 없다. 자라면서 자아(Ich, ego)와 초자아(Über-Ich, super-ego)가 발달한다. 거칠게 말하자면 이드는 이기적 욕망이고 초자아는 도덕성이다. 프로이트의 생각이 옳다면, 사이코패스처럼 태어난 인간이 초자아를 발달시키기 때문에 평범한 사람들이 보이는 양심과 죄책감 수준에 이를 수 있는 것이다. 이것은 순수한 성악설에 가까우면 도덕성에 대한 후천성 가설이다. 행동론자들도 비슷하게 생각했다. 그들도 프로이트와 마찬가지로 식욕, 성욕과 같은 기본적인 욕구의 선천성은 인정했지만 도덕성은 순전히 학습에 의해 만들어진다고 보았다. 이것이 프로이트의 한 단면이다.

프로이트는 다른 한편으로 라마르크의 획득형질 유전 이론을 적용하여 인간의 도덕성을 설명했다. 이런 면에서 프로이트가 도덕성에 대한 선천성 이론을 주창했다고 볼 수도 있다. 이것이 프로이트의 다른 단면이다. 내가 보기에는 도덕성에 대한 프로이트 두 단면은 논리적으로 통합되기 어려워 보인다. 프로이트는 이 두 단면을 제대로 통합하지 못한 듯하다. 게다가 획득형질 유전 이론을 끌어들인 프로이트의 이야기는 과학 가설보다는 신화를 닮았다. 여기에서는 설명의 편의를 위해 프로이트의 두 번째 단면은 무시하고 첫 번째 단면에만 초점을 맞추어서 비판할 생각이다.

진화심리학계에서는 도덕성에 대한 적응 가설 또는 선천성 가설이 점점 대세로 자리 잡고 있다. 10장의 〈보이지 않는 손과 이타성/도덕성의 진화〉에서는 짝짓기 시장이나 우정 시장에서 인기를 얻기 위해 어느 정도 이타적이고 도덕적으로 살도록 진화했다는 가설을 소개했다. 10장의 〈자극의 빈곤과 도덕적 판단의 선천성〉에서는 도덕적 판단 기제가 자연선택에 의해 진화했다고 볼 만한 근거를 소개했다.

프로이트는 거세 불안(Kastrationsangst, castration anxiety, 거세 공포)이 초자아의 발달에 중대한 기여를 한다고 생각했다. 죄를 지으면 음경이 잘릴지도 모른다고 생각하기 때문에 아이가 불안해하며 그 때문에 도덕성이 발달한다는 것이다. 이미 "잘린" 상태로 태어난 여자아이는 불안할 이유가 별로 없다. 따라서 도덕성의 발달도 지지부진할 것이다. 프로이트는 그렇기 때문에 여자의 도덕성은 남자보다 뒤처진다고 보았다. 남자들이 감옥에 압도적으로 많이 가지만 프로이트는 개의치 않았다.

> 공개적으로 말하긴 꺼려지지만, 표준적인 여자의 도덕적 수준이 남자와는 다르다고 생각할 수밖에 없다. 여자의 초자아는 절대로 우리가 남자에게 요구하는 만큼 엄격하지도, 공평무사하지도, 감정적 근원에서 독립적이지도 않다. 예로부터 비평가들이 여자의 성격에 대해 평가하면서, 남자에 비해 정의감을 덜 보이며, 살면서 아주 불가피한 일이 생겨도 제 멋대로 행동할 때가 더 많으며, 애정이나 적개심에 따라 결정을 내릴 때가 더 많다고 꾸짖었다. 초자아 형성에서 나타나는 남녀 차이(이에 대해서는 위에서 추론을 제시했다)로 여자가 도덕적인 면에서 왜 그런지가 충분히 설명된다.
> (『성욕에 관한 세 편의 에세이』, 314쪽[독일어판 29~30쪽, 영어판 257~258쪽])

거세 불안 때문에 남자가 여자보다 더 도덕적으로 발달한다는 생각까지 받아들이는 사람은 별로 없을 것이다. 하지만 예로부터 여자가 남자보다 더 동물적이어서 더 충동적이며, 더 감정적이며, 덜 도덕적이며, 직관에 더 의존하며, 덜 이성적이라고 생각하는 사람들이 많이 있었으며 그런 생각은 지금까지도 남아 있다.

트리버스의 부모 투자 이론에 따르면 부모 투자를 덜 하는 쪽인 남자가 더 모험적인 전략을 쓰도록 진화하는 경향이 있다. 모험을 해서 얻을 것이 많기 때문에 모험적 전략이 더 쓸모가 있기 때문이다. 남자가 모험을 해서 많은 여자들과 섹스를 하면 많은 여자들을 임신시킬 수 있다. 반면 여자가 아무리 많은 남자들과 섹스를 해도 자기 혼자 임신할 수 있을 뿐이다. 그렇다면 남자가 여자에 비해 겁이 없고 더 사나우며 지저분할 뿐 아니라 부도덕하게 진화했으리라 기대할 만하다.

겁이 없이 덤벼들면 다칠 가능성이 높다. 사나운 사람은 싸우다가 다칠 가능성이 높다. 지저분하면 질병에 걸릴 가능성이 높다. 규범을 어기면 왕따, 보복, 처벌의 위험이 따른다. 모두 모험적 전략과 일맥상통한다. 실제로 남자들은 목숨을 건 영웅적 행동으로 사람들에게 감동을 주는 경우도 많지만 흉악한 범죄로 사람들의 비난을 받는 경우도 많다. 남자가 여자보다 모험적 전략을 더 많이 쓰도록 진화했기에 이런 양면성을 보이는 것 같다.

이런 설명은 도덕성의 남녀 차이에 대한 프로이트의 생각과 정면으로 충돌한다. 프로이트는 여자에게는 거세 불안이 별로 없기에 도덕적 발달이 남자만 못하다고 본다. 진화심리학계에서는 부모 투자를 적게 하는 남자가 모험적 전략을 더 많이 쓰도록 진화했으며 부도덕성(폭력, 사기, 착취)도 모험적 전략의 한 측면이라고 본다.

공평무사함의 남녀 차이에 대한 속설이 있다. 여자가 남자에 비해 가족 이기주의적 성향이 강하다는 것이다. 뒤집어 이야기하면 남자는 여자에 비해 가족보다는 공동체를 챙기려는 성향이 강하다는 것이다. 남자의 가족 이기주의가 여자보다 덜하다면 적어도 이런 면에서는 남자가 여자보다 공평무사하다고 말할 수 있을 것이다. 여기에서 실제로 이런 남녀 차이가 있는지 실증적으로 깊이 파헤치지는 않겠다. 이런 현상이 있다고 가정할 때 프로이트의 설명과 진화심리학적 설명이 어떻게 다를 수 있는지 살펴보는 것으로 만족할 것이다.

프로이트라면 여자에게 공평무사함이 부족한 것은 여자의 도덕성이 부족하기 때문이며, 이것은 결국 여자에게 거세 불안이 별로 없기 때문이라고 설명할 것이다. 진화심리학 이론을 끌어들이면 이와는 매우 다르게 설명할 수 있다. 여자와 친자식 사이의 근친도는 0.5다. 반면 남자와 친자식 사이의 평균 근친도는 0.5보다 작다. 왜냐하면 친자식이 유전적 자식이 아닐 수도 있기 때문이다. 아내가 바람을 피워서 임신했다면 그렇게 태어난 자식과 남편은 유전적으로는 남남이다. 이것은 모성애가 부성애보다 크도록 만드는 요인이다. 부성애보다 큰 모성애 때문에 여자의 가족 이기주의가 남자보다 클 수 있을 것이다. 남자는 공동체의 공익을 챙김으로써 자신의 평판이나 지위를 높일 수 있다. 이로써 짝짓기 시장에서 인기를 올릴 수 있다. 그러면 두 번째 아내를 얻거나 외간 여자와 섹스를 할 가능성이 높아질 것이다. 이것은 막대한 번식 이득으로 이어질 수 있다. 여러 여자를 임신시킬 수 있기 때문이다. 반면 설사 여자가 자신의 지위를 높여서 많은 남자와 짝짓기를 하더라도 자기 혼자 임신할 수 있을 뿐이다. 공익을 위해 봉사함으로써 남자가 더 큰 번식 이득을 챙길 수 있기 때문에 남자가 가족 이기주의적 경향을 덜 보이도록 진화했을 가능성이 있다.

도덕성의 남녀 차이에 대한 프로이트의 설명과 진화심리학적 설명 사이에서 굳이 공통점을 찾자면 없는 것은 아니다. 두 설명 모두 남녀의 생식기의 차이로 거슬러 올라간다. 프로이트에 따르면 남자에게만 음경이 있기에 거세 불안을 남자아이가 훨씬 더 많이 느끼며, 이런 불안 때문에 도덕성이 여자아이보다 더 발달한다. 진화심리학적 설명에 따르면 여자에게만 자궁이 있기에 여자가 부모 투자를 더 많이 하며, 이 때문에 남자가 더 모험적인 전략을 쓰도록 진화했다. 그리고 남자의 상대적 부도덕성을 모험적 전략으로 설명할 수 있다. 이런 식의 공통점 찾기가 재미있는 놀이는 될 수 있을지는 몰라도 학문적으로는 별로 의미가 없어 보인다.

부모 투자를 끌어들인 진화론적 설명에서는 왜 많은 여자들과 섹스를 하면 남자가 큰 번식 이득을 얻을 수 있는지 논리적으로 명확하다. 반면 거세 불안에 대한 프로이트의 이론에서는 도대체 왜 남자아이가 거세 불안을 크게 느껴야 하는지 합당한 이유를 찾기 힘들다. 아버지가 음경을 잘라 버리겠다고 자기 아들을 협박한다는데 도대체 아버지가 왜 자식의 생식기를 손상시키려 한단 말인가? 아버지의 입장에서 볼 때, 그것은 자식의 번식 뿐 아니라 자신의 번식도 망치는 길인데 말이다.

결국 프로이트가 할 수 있는 말은 "내가 정신분석을 해 보니 무의식 속에서 그것을 발견할 수 있었다"라는 식일 것이다. 하지만 프로이트의 정신분석 기법이 무의식을 제대로 파헤칠 수 있다는 과학적 근거는 무엇인가? 프로이트의 방법론에 심각한 문제가 있다는 것은 〈설계 논증과 조각그림 맞추기: 자유연상 기법을 통한 해석으로 과학적 검증이 될까〉에서 다루었다.

프로이트에 따르면, 남자아이가 소중한 음경이 잘릴지도 모른다고 노심초사할 때 여자아이는 남자아이의 음경을 부러워한다. 소위 음경 선망(Penisneid, penis envy, 남근 선망)이다. 여자는 남자에 비해 더 질투를 많이 한다. 왜냐하면 여자의 질투가 음경 선망에 의해 강화되기 때문이다.

> 분명히 질투는 한 쪽 성별에만 존재하지 않으며 더 넓은 토대 위에서 생기지만, 나는 질투가 여자의 정신생활에서 훨씬 큰 역할을 한다고 생각한다. 왜냐하면 굴절된 음경 선망이라는 원천에 의해서 엄청나게 강화되기 때문이다.
> (『성욕에 관한 세 편의 에세이』, 310쪽[독일어판 25쪽, 영어판 254쪽])

음경 선망 때문에 여자의 질투가 강화된다는 설명까지 받아들이는 사람들은 그리 많지 않을 것이다. 하지만 "여자는 질투의 화신"이라는 속설이 인기가 있는 것은 사실이다. 7장의 〈진화심리학은 심리학 연구에 얼마나 도움이 되나〉에서 살펴보았듯이 진화심리학적으로 볼 때 여자보다 남자의 질투가 더 강렬하게 진화했을 만한 이유가 있다.

〈참고 문헌〉

『성의 해부학적 차이에 따른 심리적 결과』, 『성욕에 관한 세 편의 에세이』, 지그문트 프로이트 지음, 김정일 옮김, 열린책들, 2003(전집 재간).

『Parental investment and sexual selection』, Robert Trivers, 『Sexual selection and the descent of man, 1871-1971』, Bernard Campbell 편집, 1972.

『Einige psychische Folgen des anatomischen Geschlechtsunterschieds』, 『Werke aus den Jahren 1925-1931』, Sigmund Freud, S. Fischer Verlag, 1991, 〈Gesammelte Werke〉.

『Some psychical consequences of the anatomical distinction between the sexes』, 『The ego and the id and other works』, Sigmund Freud, James Strachey 외 번역, The Hogarth Press, 1999, 〈The standard edition of the complete psychological works of Sigmund Freud〉.

라. 강간과 근친상간: 본능의 합리성

여자가 강간을 당할 때 때로는 마비 상태에 빠지기도 한다. 프로이트는 무의식(또는 이드)을 끌어들여 이것을 설명한다. 강간을 당하려는 상황에서 의식(또는 자아 또는 초자아)은 섹스를 거부하는데 무의식은 그런 상황에서도 섹스를 원한다. 내적 갈등에 빠져서 마비 상태가 되는 것이다. 쾌락 원리 (Lustprinzip, pleasure principle)를 따르는 무의식은 앞뒤 가리지 않고 섹스를 원한다. 그 상대가 강간하려는 남자든 자신의 아버지나 오빠든 개의치 않는다. 무의식은 그런 경우에도 만족이나 쾌감을 얻는다. 진화심리학계에서는 아주 다르게 생각한다.

인간은 먹어야 한다. 그래야 몸을 구성하는 물질을 얻을 수 있고 에너지도 얻을 수 있다. 하지만 음식처럼 보이는 것을 아무 것이나 먹는 것은 좋은 음식 섭취 전략이 아니다. 영양가는 풍부하고 독성 물질은 거의 없는 음식을 먹는 것이 좋다. 또한 주변 상황에 따라 식욕이 조절되는 것이 좋다. 형제가 아사 직전인데 나는 약간만 배가 고픈 정도라면 음식을 형제에게 양보하는 것이 적응적이다. 근처에 사자가 있다면 음식 먹는 것은 뒤로 미루고 생명을 지키는 것이 번식에 이롭다.

식욕 기제와 맛 평가 기제는 그것을 상당히 잘 하도록 자연선택에 의해 설계된 듯하다. 인간은 썩은 고기를 보거나 냄새를 맡는 경우 식욕이 줄어든다. 이럴 때는 역겨움을 느낀다. 썩은 고기에는 바이러스, 세균, 기생충 등이 많기 때문에 되도록 피하도록 인간이 진화한 것 같다. 인간은 쓴 맛을 대체로 싫어하는데 이것은 식물이 자신을 보호하기 위해 만들어내는 독성 물질을 덜 섭취하기 위해서인 것 같다.

인간이 아무 것이나 먹는 것이 좋은 전략이 아니듯이 여자가 아무 남자하고나 섹스를 하는 것도 좋은 전략이 아니다. 여자의 입장에서 볼 때, 우월한 남자와 섹스를 해서 좋은 유전자를 얻는 것이 열등한 남자와 섹스를 해서 나쁜 유전자를 얻는 것보다 대체로 낫다. 이것은 영양가가 풍부한 음식을 먹는 것이 영양가가 거의 없는 음식을 먹는 것보다 대체로 나은 것과 마찬가지다.

만약 인간이 아주 오래 전부터 결혼을 하는 종이었다면, 여자가 자신을 사랑해 주는 남자에게 몸을 허락하는 것이 자신을 사랑하지 않는 남자에게 몸을 허락하는 것보다 대체로 낫다. 물론 유부녀가 좋은 유전자를 얻기 위해 바람을 피울 때처럼 예외적 상황이 있긴 하다. 근친상간은 유해 열성 유전자나 다른 문제 때문에 기형아를 비롯한 여러 문제로 이어지기 쉽다. 따라서 웬만하면 아주 가까운 친족과는 섹스를 안 하는 것이 낫다. 따라서 여자의 성욕이 그런 식으로 진화했으리라 기대할 만하다. 이것이 진화심리학적 사고방식이다.

진화심리학자들은 여자가 남자를 가려서 섹스를 하도록 진화했다고 본다. 열등한 남자, 자신을 사랑해 주지 않는 남자, 매우 가까운 친족과는 되도록 섹스를 하지 않도록 진화했다는 것이다. 그런 식으로 섹스를 가려서 하도록 만드는 본능이 자연선택에 의해서 설계되었다고 본다. 프로이트는 본능(이드)의 수준에서는 무작정 섹스를 하려는 욕망이 있다고 본다. 반면 학습, 사회화, 문화로 생겨난 자아와 초자아가 섹스를 가려서 하도록 만든다고 본다. 이런 면에서 프로이트는 진화심리학보다 후천론적이다.

진화심리학자들이 상정하는 본능은 번식의 측면에서 볼 때 상당히 합리적이다. 반면 프로이트의 이드는 물불 가리지 않고 섹스를 추구한다는 면에서, 생태적 합리성 개념에 비추어 볼 때도 대단히 비합리적이다. 프로이트에 따르면 합리성은 주로 후천적으로 생긴다.

근친상간 욕망은 프로이트의 이론의 핵심을 이룬다. 아주 많은 것들이 근친상간 욕망과 거세 불안 사이의 갈등으로 설명된다. 이것이 프로이트가 애지중지하는 오이디푸스 콤플렉스(Oedipus complex)의 핵심이다. 남자아이는 아주 어렸을 때부터 어머니와의 섹스를 열망한다. 그런 열망을 품은 아이는 아버지로부터 거세라는 처벌의 위협을 받는다. 그래서 거세 불안이 생긴다. 거세 불안은 도덕성의 발달에서도 핵심적 역할을 한다.

진화심리학자들은 갓난아기 때부터 성욕이 강렬하다는 프로이트의 생각을 의심할 수밖에 없다. 사춘기 이전에 성욕은 거의 쓸모가 없어 보인다. 젖만 먹는 아기에게 이빨이 쓸모가 없듯이 어린아이에게 성욕은 쓸모가 없어 보인다.

쓸모없는 것에 투자하는 것은 낭비다. 아기 때부터 음경과 자궁이 있듯이 성욕을 위한 뇌 회로가 갓난아기 때부터 존재할 수는 있을 것이다. 하지만 설사 그렇다 하더라도 그것이 사춘기 이전에는 온전히 발현되지 않을 것이라고 기대할 수 있다. 아기에게도 음경과 고환이 있지만 사춘기 이전에는 정액을 사정하는 능력이 없다.

쓸모도 없는 성욕이 발현되면 여러 가지 측면에서 낭비다. 뇌 회로가 활성화하려면 비용이 든다. 뇌는 무게만 따지면 인체에서 작은 부분만 차지하지만 에너지는 엄청나게 잡아먹는다. 에너지를 절약하는 것이 적응적이다. 또한 성욕이 발현되어 행동으로 나타나면 그것은 그것대로 낭비다.

아기 때든 성인이 되어서든 근친에 대한 강렬한 성욕이 있다는 프로이트의 생각은 상식과 정면으로 충돌한다. 친모자, 친부녀, 친남매 사이에서는 섹스에 대한 욕망이 없다는 것이 상식이다. 이런 상식에 대해 이미 19세기에 진화론적 설명이 있었다. 에드바르드 알렉산데르 베스테르마르크(Edvard Alexander Westermarck, 웨스터마크)는 근친상간이 기형아 등의 문제로 이어지기 쉽기 때문에 종의 번성에 해롭다고 보았다. 그래서 근친상간을 회피하도록 인간이 진화했다는 것이다. 현대 진화심리학자들은 "종의 번성"을 끌어들인 설명은 거부한다. 근친상간 회피가 진화한 이유는 종의 번성이 아니라 유전자 복제 또는 개체 번식 때문이라고 본다. 어쨌든 근친상간을 회피하도록 진화했다는 가설 자체는 기본적으로 옳다고 본다.

프로이트도 이 가설을 알고 있었지만 거부했다. 그가 거부한 이유 중 하나는 자신의 정신분석 경험과 어긋나기 때문이었다. 그는 증상, 꿈, 실수 등에 대한 정신분석을 통해 근친상간 열망이 존재한다는 결론에 이르렀다. 거세 불안, 음경 선망, 근친상간 욕망 등은 상식에도 어긋나고 진화론적 추론과도 충돌한다. 하지만 프로이트는 정신분석 기법을 통해 무의식을 파헤치면 그런 것들이 발굴된다고 주장했다. 따라서 자유연상에 바탕을 둔 프로이트의 정신분석 기법이 객관적 검증을 얼마나 보장하는지에 많은 것이 달려 있다.
프로이트가 근친상간 회피 기제의 진화 가설을 거부한 다른 이유도 있다. 프로이트는 근친에 대한 강렬한 성욕이 없다면 근친상간에 대한 강렬한 타부 (taboo, 금기)가 존재할 이유도 없다고 보았다. 인류학자 제임스 프레이저 (James George Frazer)가 이런 주장을 했다고 한다. 욕망이 없다면 왜 금기 즉 타부가 있겠는가? 그냥 내버려둬도 잘 한 텐데 말이다. 타부가 존재한다는 사실은 욕망이 존재함을 가리킨다. 아무도 도둑질을 하지 않는다면 도둑질을 금지하는 규범이나 법률이 존재할 필요가 없을 것이다. 프로이트는 근친상간을 향하는 강렬한 힘과 그것을 억압하는 또 다른 강력한 힘이 있다고 가정했다. 그리고 많은 심리현상을 두 힘 사이의 갈등으로 설명했다.

하지만 강력한 금기의 존재가 강렬한 욕망의 보편적 존재를 항상 전제한다고 보기는 힘들다. 부모를 죽이는 것은 모든 사회에서 금기인 것 같다. 그렇다고 부모를 죽이고자 하는 강렬한 욕망이 보편적으로 존재한다고 생각해야 할까? 물론 프로이트라면 실제로 부모를 죽이고자 하는 강렬한 욕망이 보편적으로 존재한다고 주장할 수도 있을 것이다. 어머니와 섹스하려는 강렬한 무의식적 욕망과 경쟁자인 아버지를 죽이려는 강렬한 무의식적 욕망이 남자아이의 오이디푸스 콤플렉스의 두 측면이다.

아들이 아버지를 죽이는 것에 대한 강력한 금기가 존재하는 이유는 아버지를 죽이고자 하는 강렬한 욕망이 있기 때문이라고 프로이트는 생각하는 것 같다. 하지만 아들이 어머니를 죽이는 것에 대한 금기도 마찬가지로 강력하다. 프로이트의 이론에 따르면 어머니는 아들이 섹스를 하고 싶은 대상이지 죽이고 싶은 대상이 아니다. 그런데도 아들이 어머니를 죽이는 것에 대한 강력한 금기가 있는 이유는 무엇인가? 또한 인간 사회에서는 어머니가 아들을 죽이는 것에 대해서도 강력한 금기가 있다. 프로이트의 논리를 따르자면, 어머니가 아들을 죽이려는 강렬한 무의식적 욕망을 품고 있다고 결론 내려야 할 것이다.

이에 대해 프로이트가 어떻게 답할지 궁금하다.

그리고 근친에 대한 성욕이 자동적으로 억제됨에도 불구하고 도덕적 금기가 또 있어야 하는 진화론적 이유를 얼마든지 생각해 낼 수 있다. 근친상간과 관련하여 정보를 서로 다르게 접하는 경우가 있다. 어른은 친족관계에 대한 정보를 정확히 아는 반면 아이는 엉뚱하게 알 수 있다. 어른은 근친 사이인지 알고 있지만 아이는 모를 수 있는 것이다. 이럴 때 아이가 커서 근친에 대한 욕망을 품을 수 있다. 이런 상황에서 근친상간에 대한 거부감이나 도덕적 금기가 있어서 근친상간을 하지 않도록 영향을 끼친다면 관련자들의 유전자 복제에 도움이 될 수 있다.

근친상간과 관련하여 남자와 여자의 이해관계가 다를 수 있다. 외삼촌과 여자 조카의 사례를 살펴보자. 둘이 섹스를 해서 조카가 임신한 경우와 여자 조카가 근친이 아닌 남자와 섹스를 해서 임신한 경우를 비교해 보자.

외삼촌의 입장에서 살펴보자. 여자 조카의 어머니와 외삼촌이 완전형제(full sibling)라면 외삼촌과 조카 사이의 근친도는 0.25다. 따라서 여자 조카가 근친이 아닌 남자와 섹스를 해서 자식을 낳으면 외삼촌과 조카의 자식 사이의 근친도는 0.125다. 그런데 외삼촌과 조카가 섹스를 해서 자식을 낳으면 외삼촌과 조카의 자식(외삼촌의 자식이기도 하다) 사이의 근친도는 0.5보다 약간 크다. 이것은 0.125에 비하면 훨씬 큰 수치다. 조카가 외간 남자가 아니라 외삼촌과 섹스를 해서 자식을 낳으면, 외삼촌이 적어도 근친도의 측면에서는 막대한 이득을 얻는다.

이번에는 조카의 입장에서 보자. 조카가 근친이 아닌 남자와 섹스를 했을 때 조카와 조카의 자식 사이의 근친도는 0.5다. 조카가 외삼촌과 섹스를 해서 자식을 낳으면 조카와 조카의 자식 사이의 근친도는 0.5보다 약간 크다. 0.5에 비해서 훨씬 크다고 볼 수 없다. 조카의 입장에서 볼 때, 외삼촌과 섹스를 한다고 해도 자식과의 근친도가 그리 많이 커지지는 않는다.

근친도의 측면에서 볼 때 근친상간을 하면 외삼촌이 조카보다 훨씬 큰 이득을 얻는다. 이런 이유 때문에 근친상간과 관련하여 외삼촌과 조카의 이해관계가 충돌할 수 있다. 이런 상황에서 근친상간에 대한 거부감이 조카의 번식에 도움이 될 수 있다.

조카에게 근친상간 욕망도 없으며 근친상간에 대한 거부감도 없다고 해 보자. 그렇다면 외삼촌이 섹스를 하자고 집요하게 조를 때 응해줄 가능성이 (근친상간에 대한 거부감이 있을 때에 비해) 상대적으로 높을 것이다. 근친상간에 대한 거부감이 진화했는지, 진화했다면 여기에서 제시한 이유 때문인지 아니면 다른 이유 때문인지 밝혀내는 것은 만만치 않은 일이다. 어쨌든 프로이트처럼 "강렬한 욕망이 없으면 강력한 금기도 없다"라고 단정하면 안 된다.

〈참고 문헌〉

『토템과 터부(Totem und Tabu, Totem and taboo)』, 『종교의 기원』, 지크문트 프로이트 지음, 이윤기 옮김, 열린책들, 2020(개정판).

『Edvard Westermarck』, 〈Wikipedia〉.

『The evolution of human incest avoidance mechanisms: an evolutionary psychological approach』, Debra Lieberman, John Tooby & Leda Cosmides, 『Evolution and the moral emotions: appreciating Edward Westermarck(in press)』, 2000(final version)

『The human history of marriage』, Edward Westermarck, 1891(초판).

마. 분리 불안

프로이트는 아기가 어머니와 떨어질 때 느끼는 불안이 "실재적 불안"이 아니라고 생각한다. 여기에서 실재적 불안이란 사자에 대한 두려움처럼 생존에 도움이 되는 불안을 말한다.

어린 아이들이 아주 규칙적으로 드러내는 공포증(Phobie, phobia)들이 이 견해를 뒷받침하는 증거입니다. 이런 공포증들 중 많은 것들은 우리에게 아주 불가사의해 보이지만, 혼자 있거나 낯선 사람과 있을 때 느끼는 불안(Angst, fear, 공포)과 같은 것들은 확실한 설명이 가능합니다. 혼자 있으면 낯선 얼굴을 볼 때와 마찬가지로 친숙한 어머니에 대한 그리움이 깨어납니다. 아이는 이런 리비도 흥분을 제어할 수도 없고, 계속 부유(浮遊)하게 할 수도 없어서, 불안으로 바꾸어 버립니다. 따라서 아이의 이런 불안을 실재적 불안(Realangst, realistic anxiety)이 아니라 신경증적 불안으로 분류해야 합니다. (『새로운 정신분석 강의』, 113쪽[독일어판 89쪽, 영어판 82~83쪽])

엄마가 방 안에 아기를 놔두고 시장에 갔다 온다고 하자. 아기는 세상이 무너지기라도 한 듯이 울어댄다. 얼핏 보기에 이것은 바보 같은 짓이다. 따뜻한 방 안에 안전하게 있는데 힘써 울 필요가 뭐 있단 말인가? 엄마가 친척에게 아기를 넘겨주는 경우에도 그 친척이 강도라도 되는 듯이 울어댄다. 분리 불안을 생존 전략으로 설명할 수 없기에 다른 식으로 설명해야 했다. 프로이트는 아기가 어머니에게 강렬한 성욕을 품고 있다는 가정에서 출발했다. 그리고 리비도가 불안으로 변신했다는 설명을 내 놓았다. 성욕이 불안으로 쉽게 변할 수 있는 것이 프로이트의 세상이다.

우리는 현대 사회에서 진화하지 않았다. 우리가 진화한 환경에서는 아기가 어머니로부터 몇 십 미터 분리된다는 것이 곧 죽음을 뜻할 수도 있었다. 언제 맹수가 덮칠지 모르는 환경에서는 어머니에게 바짝 붙어 있는 것은 대단히 중요했을 것이다. 어린 침팬지는 4, 5세가 될 때까지 글자그대로 어머니로부터 떨어지지 않는다고 한다. 현존 원시 사회에서도 아기는 어머니와 거의 떨어지지 않는다. 낯선 사람에 대한 두려움도 과거 환경을 고려해 볼 때 그리 비합리적으로 보이지 않는다. 여러 영장류 종에서 동종에 의한 유아살해가 관찰되었다.

전체 유아 사망의 상당 부분을 차지하는 경우도 있다.

아기는 무엇인가 심상치 않은 일이 벌어졌을 때 어머니에게 더 매달린다. 그럼으로써 아기는 위안을 얻는다. 만약 사자나 다른 부족민들이 원시인들의 무리를 덮쳤을 때 아기가 어머니에게 꼭 매달린다면 어머니가 아기를 안고 달아나기가 더 쉬울 것이다. 아기가 엄마의 품에 꼭 매달리면 더 안전해진다. 만약 프로이트의 이론이 맞다면 남자아이가 어머니에 대한 분리 불안을 더 많이 느껴야 할 것 같다. 남자아이가 여자아이보다 어머니에게 더 강렬한 성욕을 품기 때문이다. 진화심리학적으로 볼 때 남자아이가 여자아이보다 더 큰 분리 불안을 느낄 이유는 없어 보인다. 여자가 남자보다 겁이 많도록 진화했기에 오히려 여자아이가 더 큰 분리 불안을 느낄지도 모른다.

진화심리학계에서는 과거 환경이라는 맥락 속에서 분리 불안의 진화에 대한 가설을 세운다. 그런 설명에 따르면 분리 불안은 생태적 합리성에 부합한다. 과거 사냥채집 사회에서 아기나 어린아이가 부모에게 꼭 달라붙어 있으면 생존에 도움이 되었을 것이다. 프로이트는 다윈의 진화론에 대해서 대충은 알고 있었지만 과거 환경에 대한 분석과 진화 원리를 제대로 결합할 수 없었다. 그런 프로이트의 눈에는 분리 불안이 생존에 도움이 되지 않는 것처럼 보였을 것이다. 분리 불안을 아이의 합리적 생존 전략으로 설명할 수 없기에 프로이트는 자신의 "만병통치약"인 리비도(성욕 에너지)를 끌어들였다.

"앞뒤 가리지 않고 날 뛰는" 성욕이 자연선택에 의해 어떻게 진화할 수 있었을지에 대해 진화심리학자들은 당연히 의문을 품을 수밖에 없다. 반면 자연선택이 그런 황당한 성욕을 만들어냈다고 해도 프로이트는 전혀 개의치 않았던 것 같다. 물론 프로이트는 "내가 정신분석을 해 보니 리비도를 끌어들여 분리 불안에 대해 설명한 것이 맞더라"라는 식으로 이야기할 것이다. 한의사들이 "내가 치료를 해 보니 침술은 효과가 있어라"라고 말하듯이.

⟨참고 문헌⟩

『새로운 정신분석 강의』, 지그문트 프로이트 지음, 임홍빈 & 홍혜경 옮김, 열린책들, 2003(전집 재간).

『Neue Folge der Vorlesungen zur Einführung in die Psychoanalyse』, Sigmund Freud, S. Fischer Verlag, 1996, ⟨Gesammelte Werke⟩.

『New introductory lectures on psycho-analysis』, Sigmund Freud, James Strachey 외 번역, The Hogarth Press, 1999, ⟨The standard edition of the complete psychological works of Sigmund Freud⟩.

바. 죽음 욕동

프로이트는 삶 욕동(리비도, 에로스)과 죽음 욕동(Todestrieb, death drive, death instinct, 죽음 충동, 죽음 본능)이 두 가지 기본적인 욕동이라고 생각했다. 프로이트는 왜 그런 욕동들이 존재하는지를 합리적으로 설명할 수 없었다. 반면 진화심리학에서 자연선택 이론으로 인간의 여러 감정, 욕망, 충동의 진화를 설명할 때는, 그런 것들에 어떤 유용성 즉 합리성이 있다고 본다. 개체 번식 또는 유전자 복제에 대체로 해로운 형질이 자연선택에 의해 진화한다면 이상한 일이기 때문이다.

프로이트의 이론에서 인간의 비합리성은 죽음욕동이라는 개념에서 매우 두드러진다. 이것은 다윈의 진화론과 정면으로 충돌하는 것처럼 보인다. 잘 생존해야 대체로 더 잘 번식할 수 있다. 그런데도 죽음을 일반적으로 추구하는 죽음 욕동이 진화했다면 대단히 희한한 일이다. 진화심리학에서 출발하여 자살 본능의 진화에 대한 가설에 이를 수도 있다. 이에 대해서는 5장의 ⟨진화심리학은 자살을 어떤 식으로 설명할 수 있나⟩에서 살펴보았다. 따라서 인간이나 다른 동물에서 자살 기제가 진화했다고 해도 진화심리학적으로 볼 때 황당

무게한 일은 아니다. 때로는 자살이 유전자 복제에 도움이 될 수도 있기 때문이다. 하지만 자살은 상당히 특수한 경우에만 유전자 복제에 도움이 된다. 프로이트가 제시한 죽음 욕동과는 차원이 다르다.

프로이트는 공격 충동이 죽음욕동에서 유래한다고 보았다. 공격 충동이 다른 생물에게 투영(Projektion, projection, 투사)된 자기파괴 본능이라는 것이다. 하지만 암사자가 얼룩말을 공격할 때, 수사자가 영역을 지키기 위해 다른 수사자를 공격할 때, 자신의 생존과 번식을 위해 그렇게 하는 것이다. 프로이트 식으로 표현하면 공격 충동은 삶 욕동에서 유래한 것이다. 암사자가 사냥을 잘 해야 자신과 자식들이 잘 생존할 수 있다. 수사자가 자기 영역을 잘 지켜야 무리에 속한 암컷들을 임신시킬 수 있다. 프로이트는 공격과 죽음이 파괴와 관련이 있으니까 그 뿌리가 같다고 본 듯하다. 그렇게 따지면 프로이트가 삶 욕동에 포함시키는 식욕도 죽음 욕동의 일종이라고 볼 수도 있을 것이다. 음식이 입과 위 속에서 파괴되니까.

죽음 욕동 개념을 끌어들여서 인간의 늙어서 죽는 현상을 "설명"할 수 있을 것이다. 생물이 무생물이었던 상태를 그리워해서 스스로 죽으려 한다고 보면 된다. 하지만 도대체 왜 생물이 무생물 상태를 그리워하도록 진화한단 말인가? 가만히 있어도 엔트로피 법칙이 무생물 상태로 돌리려고 생물에게 계속 압박을 가한다. 어떻게 보면, 자연선택이 설계한 생물의 온갖 기제들은 엔트로피 법칙에 맞서 싸우는 힘이다.

진화학자들은 노화를 그런 식으로 설명하지 않는다. 유력한 가설 중 하나를 소개하겠다. 노화 방지를 위해 생리적 에너지를 쓰는 것은 미래를 위한 투자로 볼 수 있다. 노화를 줄일수록 미래에 생존할 가능성도 높고 더 건강할 것이다. 그러면 미래에 더 잘 번식할 수 있다. 그런데 그 비용 중 일부는 소실될 수밖에 없다. 왜냐하면 설사 노화가 전혀 일어나지 않더라도 사고, 질병, 포식 등에 의해 사망할 수 있기 때문이다. 이런 이유 때문에 생물이 노화를 충분히 막을 만큼 투자를 하지 않도록 진화했는지도 모른다. 어차피 미래를 위한 투자의 일부가 소실되니까 현재의 번식을 위해 많이 투자하도록 진화했다는 얘기다. 노화를 막기 위한 투자가 부족하다면 엔트로피 법칙이 만들어내는 노화를 완전히 막지는 못할 것이다.

이런 진화론적 설명이 얼마나 옳은지는 철저한 검증을 통해서 가려내야 한다. 어쨌든 진화학자들은 프로이트처럼 죽음 욕동이나 "무생물 상태에 대한 그리움" 같은 황당한 가정을 하지는 않는다. 이런 진화 가설은 왜 거북이처럼 튼튼한 껍질이 있어서 잘 잡혀 먹히는 않는 종은 장수하는 반면 쥐처럼 상대적으로 쉽게 잡혀 먹히는 종은 일찍 죽는지 설명해 준다. 젊고 튼튼한 개체도 남들에게 쉽게 잡혀 먹히는 종에서는 미래를 위한 투자가 더 많이 소실된다. 따라서 미래를 위한 투자를 줄이고 현재의 번식에 더 많이 투자하는 것이 현명한 전략이다. 프로이트는 왜 쥐가 거북이보다 무생물 상태에 대한 그리움을 더 크게 품는지 설명하기 위해 진땀을 빼야 할 것이다.

옛날에는 물체가 땅으로 떨어지는 현상을 "고향인 땅에 대한 그리움"으로 설명하는 사람들이 있었다고 한다. 뉴턴 물리학이 정립되면서 그런 현상을 만유인력으로 설명할 수 있게 되었다. 왜 쇠구슬이 풍선보다 더 빠르게 떨어지며 때로는 헬륨을 채운 풍선은 오히려 위로 올라가기도 하나? 물리학자는 중력과 부력을 정량 분석함으로써 물체가 떨어지는지 올라가는지 예측할 수 있다. 또한 속도도 계산할 수 있다. 그리움으로 설명하는 사람은 왜 쇠구슬이 풍선보다 고향에 대한 그리움을 더 크게 품는지 설명하기 위해 진땀을 빼야 할 것이다.

프로이트가 죽음 욕동이란 개념을 만들게 된 계기가 된 것은 반복 강박 (Wiederholungszwang, repetition compulsion) 현상이었다. 프로이트는 왜 인간이 괴로운 일을 되풀이해서 곱씹는지 설명하고 싶었다. 프로이트에게 이것은 이상한 일이었다. 괴로운 일을 곱씹으면 괴롭다. 쾌락 원리에 따르면 인간은 쾌락을 무작정 추구한다. 그러니 강복 강박은 쾌락 원리와 모순되는 것처럼 보인다. 그래서 죽음 욕동이라는 새로운 개념을 통해 설명할 필요가 있다고 생각한 것이다.

자연선택은 쾌락 경쟁이 아니라 번식 경쟁이다. 괴로운 사고를 당했을 때 그것에 대해 곱씹어 보면서 자신이 무엇을 잘못했는지 따져보면 미래에 괴로운 일을 덜 당할 수 있다. 따라서 중대한 차질이 생겼을 때 그에 대해 어느 정도 곱씹도록 진화했다 하더라도 이상할 것이 없다. 더 중대한 차질일수록 즉 더 괴로운 일일수록 더 많이 곱씹을 것이라고 기대할 만하다. 프로이트의 쾌락 원리를 적용해 보자. 더 괴로운 일일수록 그에 대해 생각하지 않을 것이라고 기대할 만하다. 앞뒤 가리지 않고 무작정 쾌락만 추구하도록 인간이 진화했다고 보면 반복 강박 현상이 이상해 보일 것이다.

물론 심각한 외상 후 스트레스 장애(post-traumatic stress disorder)처럼 생활에 큰 지장이 생길 정도로 괴로운 경험에 대한 생각에 사로잡히는 경우까지 적응적이라고 보기는 힘들 것이다. 하지만 그런 극단적인 경우만 생각해서는 안 된다. 인간의 발열 기제는 바이러스에 맞서 싸우기 위해 진화한 듯하다. 그런데 때로는 고열 때문에 뇌손상이나 사망에 이르기도 한다. 발열 기제가 "폭주"하여 부적응적인 결과로 이어지는 것만 보아서는 안 된다. 발열 기제의 전반적인 효과를 살펴야 한다. 마찬가지로 "나쁜 사건 곱씹기 기제"가 폭주하여 생기는 외상 후 스트레스 장애 사례만 보지 말고, 괴로운 일을 곱씹는 현상을 전반적으로 살펴야 한다.

삶 욕동/죽음 욕동의 이분법은 동양의 음양 이론(?)을 닮았다. 뭔가 설명하는 듯하지만 명확한 개념과 이론에 바탕을 둔 설명이라기보다는 끼워 맞추기식으로 보인다. 고향인 땅에 대한 그리움으로 물체의 낙하를 설명하고, 생물의 고향이라고 할 수 있는 무생물 상태에 대한 그리움으로 생물의 죽음을 설명하는 것을 보면 뭔가 설명되는 것처럼 보일 수도 있다. 하지만 구체적으로

들어가면 뉴턴 물리학이나 위에 소개한 진화 가설에 비하면 설명력이 대단히 떨어진다.

⟨참고 문헌⟩

「싱폐녀와 영계: 폐경과 노화의 진화」, 『페미니스트가 매우 불편해할 진화심리학』, 이덕하 지음, 인벤션, 2017.

『인간은 왜 늙는가: 진화로 풀어보는 노화의 수수께끼(Why we age : what science is discovering about the body's journey through life)』, 스티븐 어스태드 지음, 최재천 & 김태원 옮김, 궁리, 2005.

「쾌락원칙을 넘어서(Jenseits des Lustprinzips, Beyond the Pleasure Principle)」, 『쾌락원칙을 넘어서』, 지크문트 프로이트 지음, 박찬부 옮김, 열린책들, 1997.

「Pleiotropy, natural selection, and the evolution of senescence」, George C. Williams, 『Evolution』, 1957.

사. 리비도, 승화, 그리고 에너지 보존 법칙

프로이트는 모든 것을 성(sexuality)으로 설명하려 한다는 비판을 받았다. 나는 그런 비판에 일리가 있다고 생각한다. 프로이트가 모든 것을 성으로 설명한 것은 아니지만 너무 많은 것을 성으로 설명하려 했다고 보기 때문이다. 프로이트는 리비도라는 성 에너지가 인간의 온갖 생각, 욕망, 감정, 행동의 근원이라고 보았다. 프로이트가 나중에는 삶 욕동(리비도)과 죽음 욕동이라는 두 종류의 욕동을 가정했기 때문에 문제가 복잡해진다. 여기에서는 리비도에 초점을 맞추겠다.

프로이트의 리비도 개념을 이해하기 위해서는 인간의 몸속에 강이 하나 흐르고 있으며 그 강에 수력 발전소가 하나 있다고 상상하면 된다. 그 수력 발전소에서는 전기 대신 리비도라는 에너지를 계속해서 생산해낸다. 리비도 에너지는 온갖 방식으로 해소될 수 있다. 이것은 실제 발전소에서 만든 전기 에너지가 온갖 방식으로 해소될 수 있는 것과 마찬가지다. 전기가 난로에 쓰이면 열에너지로 변환되어 해소되며, 전기자동차에 쓰이면 운동에너지로 변환되어 해소된다. 리비도는 기본적으로 성 에너지다. 따라서 섹스나 자위행위를 하면 성적 만족을 얻으면서 해소된다. 이것이 예술적, 지적 활동을 통한 승화를 거쳐서 해소될 수도 있다. 만약 직접적 만족도 얻지 못하고 승화(간접적 만족)도 되지 않으면 에너지가 축적된다. 그러다가 임계점을 넘어서면 신경증 증상으로 나타나기도 한다. 여기에서 프로이트는 에너지 보존 법칙 비슷한 것을 상정하고 있다.

물리학의 에너지 보존 법칙을 글자그대로 적용하면 프로이트의 이론은 말이 안 된다. 물론 뇌가 작동하려면 에너지가 필요하다. 이런 면에서는 에너지 보존 법칙을 인간의 심리에 글자그대로 적용할 수 있다. 하지만 뇌의 작동에 필요한 에너지와 인간의 동기(motivation), 욕망, 충동을 구분할 필요가 있다. 동기, 욕망, 충동을 에너지에 비유하기는 하지만 물리학적 의미의 에너지는 아니다. 인간의 동기는 뇌의 특정한 상태일 뿐이다. 이것은 인간의 생각이 뇌의 특정한 상태일 뿐인 것과 마찬가지다. 10배 더 강렬한 식욕이나 5배 더 강렬한 성욕을 처리하기 위해 뇌에서 10배 또는 5배 더 많은 에너지를 소모하는 것은 아니다. 컴퓨터에서 "10 더하기 10"을 할 때에 비해 "10억 더하기 10억"을 할 때 1억 배나 많은 전기를 소모하는 것은 아닌 것과 마찬가지다.

인간의 감정과 동기에 에너지 보존 법칙과 비슷한 것이 작용할 수 있나? 그렇게 볼 만한 과학적 이유는 없어 보인다. 감정 변화에 대한 예를 들어보겠다. 친구 A가 나를 배신했다는 것을 친구 B가 나에게 알려주었다고 하자. B는 믿을 만한 친구다. 이럴 때 나의 뇌 속에서 A에 대한 분노라는 감정이 생긴다. 열 받은 나는

A에게 따진다. A가 해명을 한다. B가 심각하게 오해했다는 점이 명백해졌다. A에 대한 나의 분노는 눈 녹듯이 사라진다. 그리고 B의 말만 믿고 A를 덮어놓고 의심한 나는 A에게 미안함을 느낀다.

여기에 에너지 보존 법칙 비슷한 것이 작동하나? 리비도 또는 죽음 욕동이라는 에너지가 분노 에너지를 만들어냈으며 분노 에너지가 미안함 에너지로 변환되었나? 나는 아니라고 본다. 모종의 뇌 회로에 B에게서 유래한 정보가 입력되면서 분노라는 감정이 생긴 것이다. 분노라는 감정은 특정한 표적을 향한 공격성이라는 동기로 이어지는 경향이 있다. 그리고 모종의 뇌 회로에 A에게서 유래한 정보가 입력되면서 분노가 근거 없음이 밝혀진다. 이런 정보 처리 과정을 거쳐서 분노가 사라지게 되고 미안함이라는 감정이 생기는 것이다. 미안함이라는 감정은 사과, 보상, 처벌 감수와 같은 동기로 이어지는 경향이 있다.

진화심리학계에서는 온갖 감정들이나 동기들이 생겼다가 사라지도록 뇌가 자연선택에 의해 설계되었다고 본다. 화풀이를 하면 분노라는 감정이 사라지는 경향이 있다. 섹스를 하면 성욕이라는 동기가 사라지는 경향이 있다. 이것만 보면 에너지 축적과 해소에 대한 프로이트의 모형이 그럴 듯해 보인다. 하지만 이것은 문제의 한 측면만 보는 것이다. 분노는 위에서 언급한 것처럼 새로운 정보가 입력되면서 사라지기도 한다. 식욕이나 성욕이라는 강력한 욕망도 주변에 맹수가 있다는 것을 알아채면 순식간에 사라지기도 한다. 이것은 엄청난 위험이 닥쳤을 때 밥을 계속 먹거나 섹스를 계속했던 우리 조상들에 비해 일단 위험을 피했던 이들이 더 잘 번식했기 때문일 것이다.

감정이나 동기를 위한 에너지를 매일 일정하게 생산해 내고, 그것이 섹스, 승화 등을 통해 해소되지 않을 때 몸속에 계속 축적하는 것이 번식에 도움이 될까? 아닐 것 같다. 상황에 맞게 감정이나 동기가 만들어지고 사라지는 것이 번식에 훨씬 큰 도움이 될 것 같다. 오늘 사자를 만나고, 내일 호랑이를 만나고, 모레 악어를 만난다고 하자. 이럴 때는 오늘도 엄청난 공포를 느끼고, 내일도 엄청난 공포를 느끼고, 모레도 엄청난 공포를 느끼는 것이 적응적이다. 공포 에너지가 일정한 양밖에 없어서 오늘과 내일에 공포 에너지를 다 소진해서 모레 악어를 만났을 때에는 공포를 별로 느끼지 않는다고 하자. 그런 사람은 잘 번식하기 힘들다.

오늘 아내와 섹스를 했는데 내일 어떤 여자가 나에게 추파를 던진다면 강렬한 성욕을 느끼는 것이 적응적일 수 있다. 그리고 모레 또 다른 여자가 또 나에게 추파를 던졌을 때에는 또 강렬한 성욕을 느끼는 것이 적응적일 수 있다. 성욕 에너지가 일정량 밖에 없어서 오늘과 내일 섹스를 함으로써 다 소진되어서 모레에는 성욕을 별로 느끼지 않는다면 아까운 섹스 기회가 날아갈 수 있다.

프로이트의 리비도 개념에는 또 다른 문제도 있다. 프로이트는 섹스와 사랑의 구분에 크게 신경 쓰지 않는다. 성욕도 사랑도 결국 리비도의 발현이라고 보았기 때문이다. 반면 진화심리학계에서는 섹스와 사랑을 구분하며 사랑도 여러 가지로 나눈다. 사랑에는 연애감정도 있지만 우정과 친족애도 있다. 섹스는 임신으로 이어진다. 이것이 섹스의 중대한 기능이다. 연애감정이 결혼과 관련하여 진화했다고 보는 것이 진화심리학계에서는 대세다. 인간이 침팬지와 달리 결혼을 하는 종으로 진화했기에 연애감정도 진화했다고 보는 것이다. 우정은 상호적 이타성의 논리와 관련 있다. 친족애는 친족선택의 논리와 관련 있다.

남자의 입장에서 보자. 섹스를 통해 남자는 여자를 임신시킬 수 있다. 연애 감정 때문에 남자는 여자와 부부 관계를 맺는다. 연애감정은 한편으로 질투를 일으켜서 그 여자의 자궁을 되도록 독점할 수 있도록 만든다. 연애감정은 다른 한편으로 그 여자에게 이타적으로 행동하도록 만든다. 연애감정은 또 다른 한편으로 그 여자의 자식에 대한 부성애로 이어진다. 남자가 어떤 여자의 자궁을 어느 정도 독점할 수 있었다고 하자. 그렇다면 그 여자의 자식이 그 남자의 유전적 자식일 가능성이 상당히 높다. 그런 아이에게 부성애를 쏟는 것은 합리적 번식 전략이다. 이 때 성욕, 연애감정, 부성애의 기능(목적)을 구분할 수 있다.

진화심리학자들은 성욕 조절 기제, 우정 기제, 친족애 기제, 연애감정 기제, 질투 기제 등이 자연선택으로 설계되었다고 본다. 각각의 선천적 뇌 회로들이 있다고 보는 것이다. 각각의 회로들이 상호작용을 할 수도 있다. 여자의 경우 사랑(연애감정)과 섹스 사이에 밀접한 관계가 있다. 깊이 사랑하는 사이라면 몸을 허락하는 경우가 많지만 사랑이 전혀 없는 관계에서는 특별한 경우가 아니라면 섹스를 안 하려 한다. 친족관계 인지 회로는 한편으로 성욕을 줄이는 역할을 하고 다른 한편으로는 이타성을 높이는 역할을 한다. 이런 식으로 여러 심리 기제들이 복잡하게 상호작용할 수 있다. 하지만 상호작용이 있더라도 서로 구분할 수 있는 회로들이다.

프로이트는 이런 것들을 리비도라는 개념으로 짬뽕했다. 리비도라는 성 에너지가 여기저기 마구 넘나들 수 있다고 보았다. 리비도가 성욕이나 연애감정뿐 아니라 친족애와 우정도 만들어낸다고 생각했다. 진화심리학계에서는 여러 심리 기제들 사이에서 전달되는 것은 정보라고 본다. 반면 프로이트는 에너지가 전달되거나 변환된다고 본 듯하다. 성욕 회로에서 우정 회로로 에너지가 전달되거나 성욕 에너지가 우정 에너지로 변환된다고 본 것이다.

아. 쾌락 원리와 현실 원리: 합리성의 기원

20세기 심리학자들은 인간이 온갖 방면에서 인지 편향, 사고 왜곡, 자기기만에 빠진다는 점을 실험과 관찰을 통해 설득력 있게 보여주었다. 프로이트도 자기기만에 주목했다. 이것을 두고 프로이트의 위대함에 감탄하는 사람도 있겠지만 성경에 "너는 형제의 눈 속에 든 티는 보면서도 어째서 제 눈 속에 들어 있는 들보는 깨닫지 못하느냐?"(루가의 복음서, 6:41, 공동번역 개정판)라는 구절이 나오는 것을 보아 인간의 자기기만 성향에 대해서는 고대에도 알려진 듯하다.

프로이트가 정말 위대한지 가리려면 자기기만을 어떤 식으로 설명했는지까지 구체적으로 살펴야 한다. 악마는 세부사항에 있다(The devil is in the detail). 프로이트는 쾌락 원리와 현실 원리(Realitätsprinzip, reality principle)를 대비했다. 쾌락 원리는 쾌감을 추구하고 불쾌감을 피하려는 경향을 말한다. 인간에게 그런 경향이 있다는 점은 뻔한 진리다. 자기 앞에 엄청나게 맛있는 음식과 엄청나게 맛없는 음식이 있다고 하자. 특별한 이유가 없다면 맛있는 음식을 선택하기 마련이다. 현실 원리는 현실을 고려하는 경향을 말한다. 인간에게 그런 경향이 있다는 점 역시 뻔한 진리다. 냉장고가 텅 비어 있다는 현실을 눈으로 확인한 인간이 배가 고프면 마트에 가서 음식을 사거나 배달을 시키는 행동을 한다. 냉장고에서 음식이 뿅 하고 생기기를 기대하면서 냉장고를 1분에 한 번씩 열어보는 인간은 거의 없다. 만약 프로이트가 뻔한 상식에 쾌락 원리와 현실 원리라는 그럴 듯한 이름만 붙여놓았다면 진부하다고 비판할 수는 있겠지만 틀렸다고 말할 수는 없을 것이다. 하지만 그렇지 않다. 프로이트의 쾌락 원리와 현실 원리는 그런 뻔한 상식을 넘어서는 함의를 내포하고 있다. 프로이트는 쾌락 원리를 끌어들여서 자기기만을 설명한다.

불쾌한 인상들이 쉽게 잊힌다는 점은 의심의 여지가 없는 사실입니다. 다양한 심리학자들이 그 사실에 주목했고, 위대한 다윈도 이 사실에 커다란 인상을 받아서 자신의 이론과 들어맞지 않는 듯한 관찰 사례를 특별히 세심하게 기록해 놓는 것을 "황금률"로 삼을 정도였습니다. 바로 이러한 관찰 사례야말로 기억 속에 머물러 있지 않으려 한다고 확신했기 때문입니다.
기억으로 인한 불쾌감에 맞선 방어로 망각이 이용된다는 이 원리를 처음 듣는 사람이, 오히려 모욕이나 굴욕을 당한 기억처럼 고통스러운 기억을 특히 잊기 힘들었으며, 자신의 의지에 반해서 반복적으로 계속 떠올라서 괴로웠던 경험을 했다며, 이의를 제기할 때가 아주 많습니다. 그런 일이 일어난다는 사실 자체는 맞다 하더라도, 이런 이의 제기는 논점을 비껴갔습니다.
(『정신분석 강의』, 103쪽[독일어판 72쪽, 영어판 76쪽])

정말로 인간은 쾌감을 주었던 사건에 대한 것은 잘 기억하고 불쾌감을 주었던 사건에 대한 것은 쉽게 잊어버리나? 불쾌감이 클수록 더 잘 잊히나? 상식적으로 생각해 볼 때 전혀 그럴 것 같지 않다. 철천지원수에게 끔찍하게 당했던 사건에 대한 기억은 잊고 싶어도 잘 잊히지 않는다. 끔찍한 사고에 대한 경험도 잘 잊히지 않는다.

그리고 그런 것들 잘 기억하는 것은 번식에 도움이 된다. 남에게 당한 것을 쉽게 잊어버리고 보복할 생각도 안 하면 만만한 사람으로 통할 가능성이 높다. 남들에게 봉으로 인식되면 손해를 보기 쉽다. 끔찍한 사고를 당했는데도 그냥 잊어버리면 비슷한 사고를 또 당할 가능성이 상대적으로 높다. 그런 사고에 대해 잘 기억하고, 왜 그런 사고가 일어났는지 기억을 곱씹어가면서 분석한다면, 기분은 좋지 않겠지만 나중에 비슷한 사고를 덜 당하기 때문에 번식에 도움이 될 것이다.

번식에 지장이 생겼거나 생길 가능성이 높을 때 그 문제를 처리하기 위해 불쾌감이 진화한 듯하다. 문제가 생겼을 때 이야기 속 타조처럼 머리를 구멍 속에 처박고 문제가 없어졌다고 믿는다면, 불쾌감에서는 벗어날 수 있겠지만 번식 경쟁에서는 밀려날 가능성이 높을 것이다. 어린 자식이 실종되었을 때 엄마는 엄청나게 불안해진다. 불안은 불쾌감이다. 쾌락 원리가 작동하여 그런 불안이 사라진다면 당장 기분은 좋아질 것이다. 하지만 자식을 찾아 헤매지 않는다면 자식의 생존 가능성이 낮아진다. 자식이 죽으면 엄마의 번식은 엄청난 타격을 받는다.

질투도, 통증도, 공포도 불쾌하다. 아내의 자궁이 외간 남자에게 빼앗기게 생겼을 때 남자는 질투를 느낀다. 자신의 신체가 손상되고 있을 때 통증을 느낀다. 자신이나 사랑하는 이가 큰 위험에 처해 있을 때 공포를 느낀다. 질투 기제, 통증 기제, 공포 기제는 그런 문제가 생겼을 때 현실적인 해결책을 찾도록 자연선택에 의해 설계된 듯하다. 그런데 프로이트의 쾌락 원리가 작동하여 그런 기제들의 작동을 방해한다면 불쾌감에서는 벗어날 수는 있겠지만 유전자 복제 또는 개체 번식에는 해롭다. 따라서 앞뒤 안 가리고 무작정 쾌감을 추구하고 무작정 불쾌감을 회피하도록 하는 심리가 진화했을 것 같지 않다. 프로이트의 쾌락 원리는 생태적 합리성 개념에 비추어 볼 때도 매우 비합리적이다. 반면 진화심리학계에서는 "과거 환경에서 어떻게 생각하고 느끼고 행동해야 잘 번식할 수 있는가"라는 기준에 비추어 볼 때 인간이 상당히 합리적일 것이라고 가정할 때가 많다.

프로이트의 개념들을 가로지르는 선이 있다. 그 선 아래에는 무의식, 쾌락 원리, 1차 과정, 비합리성, 선천적인 것(본능적인 것), 충동, 이드, 동물성, 야만이 있으며, 그 선 위에는 의식, 현실 원리, 2차 과정, 합리성, 후천적인 것(교육, 문화에 의한 것), 자아, 초자아, 인간성, 문명이 있다. 그리하여 무의식/의식, 쾌락 원리/현실 원리, 1차 과정/2차 과정, 비합리성/합리성, 선천적/후천적, 충동/자아, 이드/초자아, 동물성/인간성, 야만/문명과 같은 대립쌍들이 만들어진다.

항상 그런 것은 아니지만 자연선택은 지혜의 축적일 때가 많다. 생태적 합리성 개념에 비추어 볼 때 그 지혜는 합리적이다. 진화심리학자들은 인간의 타고난 본능에 그런 지혜들이 녹아들어 있다고 본다. 본능을 가리키는 프로이트의 개념인 이드에는 지혜나 합리성이 대단히 빈약하다. 이드에는 타고난 성욕이 있다. 그런데 거기에 담겨 있는 지혜는 "섹스를 해야 임신이 되어 번식을 할 수 있다" 말고는 별로 없어 보인다. 반면 진화심리학계에서는 섹스 관련 본능에는 그보다 훨씬 많은 지혜가 담겨있다고 본다. 이드는 섹스라면 무작정 추구한다. 이드는 섹스를 하면 무작정 쾌감을 느낀다. 반면 진화심리학자들은 인간의 성 본능이 그런 식으로 설계되었을 것이라고 생각하지 않는다.

여자가 강간을 당할 때 여자의 이드 또는 무의식이 그것을 즐긴다고 프로이트는 생각한 듯하다. 많은 진화심리학자들은 여자가 강간당할 때 괴로워하도록 진화했다고 본다. 여자의 입장에서 볼 때 되도록 우월한 남자, 여자를 사랑해 주는 남자, 근친이 아닌 남자와 섹스를 하는 것이 번식에 유리하다. 그런데 열등한 남자나 여자를 사랑해 주지 않는 남자가 여자의 거부에도 불구하고 강제로 섹스를 한다면 여자가 번식 손해를 보기 십상이다. 따라서 이럴 때 불쾌감을 느끼는 것이 합리적이다. 진화심리학계에서는 여자의 성 본능에 "자신이 원하지 않는 남자에게 강간당하면 번식 손해로 이어지기 쉽다"라는 지혜도 담겨 있다고 보는 것이다. 근친상간에 대한 본능적 거부감에는 "근친상간으로 태어난 자식은 기형아가 될 확률이 높다"라는 지혜가 담겨 있다고 볼 수 있을 것이다.

프로이트에 따르면 무의식 또는 이드는 비합리적으로 쾌감을 무작정 추구한다. 합리성은 사회화나 학습을 통해서 "타고난 인간 본성"의 외부에서 온다. 그렇게 해서 현실 원리 또는 자아가 만들어진다는 것이다. 프로이트가 상정하는 방어 기제들은 대체로 불쾌감 회피에만 집중할 뿐이다. 방어 기제 역시 생태적 합리성 개념에 비추어 볼 때도 비합리적이다. 도대체 번식에 대체로 해를 끼치는 방어 기제들이 어떻게 자연선택으로 진화할 수 있단 말인가? 만약 방어 기제들이 자연선택의 직접적 산물인 적응이 아니라면 어떤 과정을 거쳐서 만들어지게 된단 말인가? 이 질문에 프로이트는 제대로 된 답변을 내 놓아야 한다. 나는 프로이트가 설득력 있는 답을 내놓는지 않았다고 생각한다. 그냥 "내가 정신분석을 해 보았더니 그런 방어 기제의 작동을 가정할 수밖에 없더라"라는 식으로 이야기할 뿐인 것 같다. 〈설계 논증과 조각그림 맞추기: 자유연상 기법을 통한 해석으로 과학적 검증이 될까〉에서 살펴보겠지만 정신분석을 통한 해석의 객관성을 의심할 만한 중대한 이유가 있다.

프로이트는 동물성(야만)과 인간성(문명)을 대립시켰다. 그는 동물(또는 야만인)을 오직 충동과 본능에 따라 행동하는 존재로, 인간(또는 문명인)을 충동과 본능 뿐 아니라 사회 규범과 초자아에도 영향을 받는 존재로 묘사하는 경향 있었다. 인간이 사회 규범과 초자아의 제한을 받는 반면 동물은 아무런 제한을 받지 않는다는 것이다. 인간은 성적 충동을 느낀다고 아무나 붙잡고 성교를 하려고 하지 않는다. 왜냐하면 사회 규범을 어긴 자들은 처벌을 받기 쉬우며, 내면화된 사회 규범인 초자아(양심)가 그것을 내부에서 금지하기 때문이다.

동물과 야만인은 정말로 프로이트가 생각했던 자유를 누리나? 그들은 정말로 섹스를 하고 싶을 때 아무런 제한 없이 할 수 있나? 여러 포유류 종에서는 으뜸 수컷(alpha male)이 그것을 제한한다. 결혼을 하는 여러 조류 종에서는 질투하는 배우자가 그것을 제한한다. 동물도 상황에 따라서 자신의 충동을 억눌러야 하는 것은 마찬가지다. 따라서 동물이라 하더라도 자유분방하게 자신의 욕망을 충족시킬 수 없다.

〈참고 문헌〉

『정신분석 강의』, 지그문트 프로이트 지음, 임홍빈 & 홍혜경 옮김, 열린책들, 2003(전집 재간).

『Introductory lectures on psycho-analysis(parts I and II)』, Sigmund Freud, James Strachey 외 번역, The Hogarth Press, 1999, 〈The standard edition of the complete psychological works of Sigmund Freud〉.

『Vorlesungen zur Einführung in die Psychoanalyse』, Sigmund Freud, S. Fischer Verlag, 1998, 〈Gesammelte Werke〉.

자. 설계 논증과 조각그림 맞추기:
자유연상 기법을 통한 해석으로 과학적 검증이 될까

과학계에서 정신분석과 진화심리학은 상당히 다른 대접을 받고 있다. 정신분석은 사실상 왕따 신세인 반면 진화심리학에 호의적인 과학자들은 꽤 많다. 이런 차이가 생긴 이론적인 이유도 있고 실증적인 이유도 있다. 현대 과학자의 상식에 비추어 볼 때, 프로이트나 라깡의 개념들과 이론들은 한의학의 그것들과 마찬가지로 정체불명이다. 반면 진화심리학자들이 쓰는 개념들과 이론들은 진화생물학과 인지심리학에서 널리 쓰이는 것들이다. 자연선택 이론 자체에 시비를 거는 현대 과학자는 사실상 없다. 친족선택이나 핸디캡 원리의 개체군 유전학 모형들에 대해서도 수리 진화생물학자들은 다들 인정하는 것 같다. 다만 그런 이론이나 모형을 진화심리학자들이 잘못 적용하는 경우가 많다는 비판을 받기는 한다.

프로이트는 꿈, 증상, 실수 등을 자유연상(freie Assoziation, free association)을 통해 해석하는 것 자체가 정신분석 이론을 뒷받침하는 실증적 근거라고 믿었다. 하지만 이것을 심각하게 의심할 만한 이유가 있다. 진화심리학자들은 자신의 가설을 검증하기 위해 과학자들이 지금까지 써 왔던 검증 방법론들을 적극 적용한다. 그들이 그러면서 어설플 때도 많지만 적어도 과학적 검증 방법을 써서 입증/반증하려 한다는 점만큼은 부정할 수 없다. 이것이 진화심리학 논문들이 권위 있는 학술지에 점점 많이 실리는 이유일 것이다.

정신분석가들은 꿈, 증상, 실수 등을 해석한다. 자유연상을 통해 떠오른 것들 중 일부에 정신분석의 개념들 – 억압, 투영(Projektion, projection, 투사), 전이(Übertragung, transference), 음경 선망, 오이디푸스 콤플렉스, 초자아, 이드, 자아, 쾌락 원리, 승화 등 – 과 이론들을 결합하여 그럴 듯한 이야기를 만든다. 진화심리학의 진화 가설도 일종의 해석이라고 볼 수 있다. 해석이 옳다는 것을 어떻게 알까? 정신분석과 진화심리학 모두 "그럴 듯한 이야기일 뿐이야"라는 비판을 받는다. 영어로 표현하자면 "just so story"에 불과하다는 말이다.

프로이트는 조각그림 맞추기(jig saw puzzle) 비유를 든다. 모서리의 아귀가 모두 잘 들어맞도록 조각그림 맞추기를 했는데 그림이 만들어졌다고 하자. 원래 그 그림이 그려져 있었는데 그것들을 조각들로 잘랐다고 봐야 할 것이다. 이런 추론은 진화심리학자들이 좋아하는 설계 논증과 닮았다. 어떤 심리기제의 구조와 그 심리기제가 수행하는 기능 사이에 "아귀"가 잘 들어맞는다면, 그것을 우연으로 볼 수 없고 자연선택이 그 구조를 만들어냈다고 보아야 한다. 또는 자연선택이 만들어낸 적응의 부산물로 보아야 한다는 것이다. 예컨대 눈이나 시각 회로의 구조가 "가시광선으로 주변 정보를 얻어 내는 것"이라는 기능과 잘 들어맞는다면 자연선택이 눈이나 시각 회로를 설계했다고 보아야 한다.

프로이트의 「꿈해석의 이론과 실천에 대한 소견」에 나오는 내용을 그대로 인용하는 대신 조금 각색하여 소개하겠다. 여러분이 사막을 걷다가 무언가를 발견했다. 1000 개의 조그만 종이 조각들이다. 그 조각들을 맞추어본다. 다 맞추어보니 레오나르도 다 빈치의 〈모나리자〉가 되었다. 조각들 사이에 아귀도 잘 맞았다. 이 때 여러분은 이 조각들이 어떻게 만들어졌다고 생각할까? 원래 〈모나리자〉가 인쇄되었는데 그것을 조각들로 잘랐다고 생각할 것이다. 왜냐하면 1000개의 조각들을 맞추어 보니 〈모나리자〉가 선명하게 나타났기 때문이다. 누군가 종이 조각들 1000개에 아무렇게나 색칠을 했는데 그 조각들을 맞추어보니 〈모나리자〉가 될 가능성은 사실상 없다. 눈의 구조와 "가시광선으로 주변 정보를 얻어 내는 것"이라는 기능 사이에 그렇게 아귀가 잘 맞는 일이 우연히 일어나기 힘든 것과 마찬가지다.

설계 논증에서도 프로이트의 조각 그림 맞추기의 비유에서도 최종 산물을 보고 그 산물이 만들어지는 과정에 대해 추론한다. 시계와 같은 정교한 장치를 보았다면 그것이 만들어지는 과정을 보지 않고도 지적인 존재가 만들었다고 확신할 수 있다. 왜냐하면 우연히 그런 장치가 만들어질 가능성이 너무나 희박하기 때문이다. 수많은 조각들을 맞추어 보니 〈모나리자〉라는 그림이 되었다면 애초에 〈모나리자〉 그림이 있었다고 확신할 수 있다. 왜냐하면 각각의 종이 조각들이 우연히 들어맞아서 〈모나리자〉가 될 가능성이 너무나 희박하기 때문이다.

프로이트는 이런 논증을 제시하면서 자유연상을 통한 정신분석이나 꿈 해석(Traumdeutung, dream interpretation)이 정확하다고 주장했다. 꿈에 나온 내용들과 그 내용에서 연상한 내용들은 그림 조각에 해당한다. 그 연상들을 이용해서 매우 그럴 듯한 이야기가 만들어졌다면 그것을 우연으로 볼 수 없다는 것이 프로이트의 생각이다. 누군가 〈모나리자〉를 인쇄했듯이 꿈을 꾼 사람의 무의식이 "원본 꿈"을 만들어낸다. 〈모나리자〉를 1000 개의 조각으로 잘라서 섞는 것은 "원본 꿈"이 "실제 꿈"으로 변환되는 과정에 대응한다. 1000 개의 조각을 다시 맞추는 과정은 꿈 해석 과정에 대응한다.

내가 프로이트의 정신분석을 신뢰하지 않는 이유 중 하나는 그의 해석 방식이 너무나 유연하기 때문이다. 프로이트의 비유에 등장하는 그림 조각들은 딱딱하다. 그렇기 때문에 원래 있던 자리가 아닌 곳에 그림 조각을 넣으면 아귀가 잘 들어맞지 않는다. 하지만 프로이트의 방식은 그렇지 않다. 그는 해석을 하는 과정에서 온갖 유연함을 발휘한다.

그에 따르면 무의식은 어떤 것을 그 자체로 표현하기도 하지만 그 반대로 표현하기도 한다. 만약 꿈에 나온 어떤 내용이 해석에 잘 들어맞지 않으면 프로이트는 그 내용을 반대로 해석함으로써 끼워 맞출 수 있다. 프로이트에 따르면 무의식은 모순을 모른다. 따라서 해석에 모순이 포함되어 있어도 프로이트는 개의치 않는다. 반면 진화심리학자는 심각한 모순이 나오면 그 가설을 포기한다. 프로이트는 어떤 내용을 그 자체로 해석하기도 하지만 어떤 것에 대한 상징으로 해석하기도 한다.

인간의 연상은 무궁무진하다. 만약 꿈에 나온 어떤 내용 A를 그 자체로 해석하기도 하고, A의 반대로 해석하기도 하고, A를 상징하는 B로 해석하기도 하고, B의 반대로 해석하기도 하고, A에서 연상된 C로 해석하기도 하고, C의 반대로 해석하기도 하고, C를 상징하는 D로 해석하기도 하고, D의 반대로 해석하기도 하고, C에서 다시 연상된 E로 해석하기도 하고, E의 반대로 해석하기도 하고, E가 상징하는 F로 해석하기도 하고, F의 반대로 해석하기도 한다면 대단한 유연성과 창조성으로 이어질 것이다. 환자가 자유연상을 통해 충분히 많은 재료를 제공한다면, 상상력이 풍부한 분석가는 그것들 중 일부를 선택하고 "편집"하여 항상 그럴 듯해 보이는 이야기를 만들어낼 수 있을 것 같다. 조각 그림 맞추기에서는 일부 조각만 선택해서는 안 된다. 모든 조각들이 다 들어 맞아야 한다. 프로이트의 해석 방식은 조각 그림 맞추기보다는 레고와 비슷해 보인다. 레고 조각들이 충분히 많다면 무한히 다양한 작품을 만들어낼 수 있다.

진화심리학자들이 프로이트처럼 해석의 유연성을 발휘하지는 않는다. 남자가 젊은 여자를 선호하도록 진화했다는 가설을 살펴보자. 몇 살 정도 되는 여자를 가장 선호하도록 진화했는지에 대해서는 의견이 분분할 수 있다. 여기에서는 세 가지 요인만 살펴보겠다. 사춘기 직후인 여자가 앞으로 낳을 수 있는 아이의 수가 가장 많다. 이런 면에서는 그 연령대 여자가 가장 우월하다. 20대 중반 정도가 되면 임신과 수유에 필요한 생리적 능력이 최고 수준이라는 것을 함의하는 연구들이 있다. 이런 면에서는 그 연령대 여자가 가장 우월하다. 임신, 수유, 육아에는 경험도 필요하다. 여자가 나이가 들면 경험이 점점 쌓인다. 이런 면에서는 40대가 10대나 20대보다 우월하다.

이런 것들에 대한 정확한 정량 분석이 불가능해 보일 때 진화심리학자가 자기 입맛에 맞게 유연성을 발휘하고자 하는 유혹을 느낄 수 있으며, 실제로 많은 진화심리학자들이 그런 유혹에 굴복하는 것 같다. 하지만 정량분석의 어려움에서 나오는 유연성에는 명백한 한계가 있다. 아무리 유연함을 발휘해도 남자가

20대 여자보다 80대 여자를 짝짓기의 맥락에서 더 선호하도록 진화했다는 가설이 나오지는 않는다. 인간에게는 폐경이 있으며 80대 여자가 임신을 할 가능성은 사실상 0%다. 따라서 80대 여자와 섹스를 하거나 결혼을 하는 것은 남자의 번식 측면에서 볼 때 헛짓에 가깝다.

그리고 진화심리학자가 "유연성의 유혹"에 일시적으로 굴복하더라도 결국은 객관적 검증을 위해서 기를 쓴다. 그럴 듯한 진화 시나리오 즉 진화론적 해석을 내놓고 자신의 임무가 끝났다고 우기지는 않는다. 반면 프로이트는 그럴 듯해 보이는 해석을 제시하고는 그런 해석 자체를 과학적 검증으로 인정해 달라고 우긴다.

〈참고 문헌〉

「꿈해석의 이론과 실천에 대한 소견」, 「끝낼 수 있는 분석과 끝낼 수 없는 분석: 정신분석 치료 기법에 대한 논문들」, 지그문트 프로이트 지음, 이덕하 옮김, 도서출판b, 2004.

「Bemerkungen zur Theorie und Praxis der Traumdeutung」, 「Jenseits des Lustprinzips, Massenpsychologie und Ich-Analyse, Das Ich und das Es」, Sigmund Freud, S. Fischer Verlag, 1998, 〈Gesammelte Werke〉.

「Remarks on the theory and practice of dream-interpretation」, 「The ego and the id and other works」, Sigmund Freud, James Strachey 외 번역, The Hogarth Press, 1999, 〈The standard edition of the complete psychological works of Sigmund Freud〉.

10장. 성선설과 성악설

가. 이기적 유전자가 이기적 인간을 만드나: 도킨스, 차명진 그리고 순자

세상에는 제목만 읽고 책을 비판하는 사람들이 많은 것 같다. 그런 사람들은 리처드 도킨스의 『이기적 유전자』의 제목에서 출발하여 자기만의 상상에 빠져든다. 그러면서 나름대로 이기적 유전자론을 비판한다. 이런 식이다.

도킨스는 이기적 유전자가 이기적 인간을 만들어낸다고 주장했다. 그럼으로써 악행을 저지르는 개인에게 면죄부를 주었다. 이기적 행동을 만들어낸 것이 이기적 유전자라면 그 행동을 한 개인에게는 죄를 물을 수 없게 된다. 악행의 책임이 유전자나 자연선택에게 돌아가기 때문이다. 또한 잘못된 관습과 체제도 이기적 유전자로 환원했다. 이런 식으로 가부장제, 계급 사회, 불평등, 착취, 억압, 전쟁 등이 정당화된다. 그러므로 이기적 유전자론은 사악하다. 이렇게 생각하는 사람이라면 『이기적 유전자』 대신 『이타적 유전자』를 읽으라고 추천할지도 모른다.

그러면 이기적 유전자론을 옹호하는 사람이 출동하여 반박한다. 이런 식이다. 도킨스는 이기적 유전자가 이기적 인간을 만들어냈다고 주장하지 않았다. 오히려 이기적 유전자가 어떻게 이타성을 만들어낼 수 있는지 보여주었다. 한편으로 친족선택은 가까운 친족에 대한 이타성(가족애, 친족애)을 만들어낸다. 다른 한편으로 상호적 이타성은 친구에 대한 이타성(우정, 의리, 보은)을 만들어낸다. 책의 제목뿐 아니라 본문까지 읽었다면 이기적 유전자가 이기적 인간을 만들어낸다는 내용을 담고 있다고 오독하기는 힘들 것이다. 그리고 『이타적 유전자(The origins of virtue)』의 한국어판 제목만 보면 『이기적 유전자』와 반대되는 주장을 담고 있는 것 같지만 사실은 이기적 유전자론에 바탕을 둔 책이다.

나는 도킨스와 『이기적 유전자』를 아주 좋아하지만 이런 식으로 논란을 끝내기에는 찜찜한 구석이 있다고 생각한다. 도킨스가 이와 관련하여 뭐라고 썼는지 살펴보자.

만약 개인들이 공공선을 위해 너그럽고 비이기적으로 협동하는 사회를 건설하기를 여러분도 나처럼 바란다면, 생물학적 본성으로부터는 거의 기대할 것이 없음을 명심하자. 우리는 이기적으로 태어났다. 그러니 너그러움과 이타성을 가르치려고 노력하자.
(『이기적 유전자』, 41쪽, [영어판 3쪽])

이기적 유전자가 이기적 인간을 만들어냈으니 이타성을 가르쳐야 한다는 얘기다. 이 구절을 보면 내가 사는 지역구에서 국회의원에 출마하여 "세월호 쓰리썸" 의혹을 제기했다가 소속 정당에서 쫓겨난 차명진이 떠오른다. 차명진은 그 이전에도 성범죄와 관련된 말로 논란을 일으킨 적이 있다.
전중환은 차명진의 말을 이렇게 비판했다.

2018년에 차명진 전 자유한국당 의원은 미투 운동을 두고 "수컷은 많은 곳에 씨를 심으려는 본능이 있다."며 성희롱을 두둔하는 발언을 했다. 사실에서 당위를 끌어내는 자연주의적 오류를 범하지 말자.
(『진화한 마음』, 57쪽)

하지만 나는 다음 기사가 차명진의 의도를 더 잘 전달했다고 본다.

차 전 의원은 "인간의 유전자를 보면 남자, 수컷은 많은 곳에 씨를 심으려 하는 본능이 있다"며 "남성의 본능이 그렇다는 것은 진화론으로 입증돼 있다. 다만 문화를 갖고 있는 인간이라 (그 본능을) 제어하고 통제하는 것"이라고 주장했다.
(『[노트북을 열며] '성폭력 본능'은 없다』)

전중환의 비판과는 달리 차명진은 자연주의적 오류를 범하지 않았다. 차명진은 "씨를 심으려 하는 본능"에서 나온 성범죄가 정당하다고 말한 것이 아니다. 인간이 이런 면에서 악하게 태어났으니 교육이나 문화를 통해 극복해야 한다는 얘기였다. 이것은 위에서 인용한 도킨스의 말과 일맥상통한다.

2천여 년 전에 순자가 비슷한 말을 남겼다. 도킨스와 차명진의 말을 "이기적 유전자판 순자", "진화심리학에 바탕을 둔 성악설"이라고 봐도 될 것 같다.

> 사람의 본성은 악한 것이니 그것이 선하다고 하는 것은 거짓이다. 지금 사람들의 본성은 나면서부터 이익을 좋아하는데, 이것을 따르기 때문에 쟁탈이 생기고 사양함이 없어진다. 사람은 나면서부터 질투하고 미워하는데, 이것을 따르기 때문에 남을 해치고 상하게 하는 일이 생기며 충성과 믿음이 없어진다. 사람은 나면서부터 귀와 눈의 욕망이 있어 아름다운 소리와 빛깔을 좋아하는데, 이것을 따르기 때문에 지나친 혼란이 생기고 예의와 아름다운 형식이 없어진다. 그러니 사람의 본성을 따르고 사람의 감정을 좇는다면 반드시 다투고 뺏게 되며, 분수를 어기고 이치를 어지럽히게 되어 난폭함으로 귀결될 것이다. 그러므로 반드시 스승과 법도에 따른 교화와 예의의 교도가 있어야 하며, 그런 뒤에야 서로 사양하게 되고 아름다운 형식을 갖게 되어 다스림으로 귀결될 것이다. 이로써 본다면 사람의 본성은 악한 것이 분명하며 그것이 선하다는 것은 거짓이다.
> (『순자』, 「제 23편 사람은 본성은 악함(性惡)」, 774쪽)

여기까지만 써 놓으면 도킨스가 억울해 할 것 같다. 〈30주년 기념판〉에 붙인 머리말에서 이와 관련하여 자기반성을 했기 때문이다.

이것은 특히 1장에서 나타나는데, '우리는 이기적으로 태어났다. 그러니 너그러움과 이타성을 가르치려고 노력하자'라는 문장이 전형적으로 보여준다. 너그러움과 이타성을 가르치는 것에 잘못된 것은 아무것도 없다. 하지만 '이기적으로 태어났다'는 말은 오도적(misleading)이다.
(『이기적 유전자』, 10쪽[영어판 ix쪽])

"이기적 유전자가 이기적 인간을 만들어내냐?"라는 질문에 대해 어떻게 답해야 할까? 차명진이 성범죄와 관련하여 이야기했듯이 이기적 유전자론은 성악설로 이어질 수밖에 없나? 이기적 유전자론을 지지하는 많은 사람들처럼 이기적 유전자는 이기적 인간을 만들기는커녕 오히려 이타적 인간을 만든다고 말하면 끝인가? 즉, 이기적 유전자론이 성선설로 이어진다고 결론 내리고 마무리할 수 있나? 진화심리학은 성선설/성악설 논쟁과 관련하여 어떤 이야기를 들려줄 수 있을까?

〈참고문헌〉

「[노트북을 열며] '성폭력 본능'은 없다」, 김한별, 〈중앙일보〉, 2018년 3월 9일.

『순자(荀子)』, 순자 지음, 김학주 옮김, 을유문화사, 2008(2판).

『이기적 유전자』, 리처드 도킨스 지음, 홍영남 & 이상임 옮김, 을유문화사, 2010(전면개정판).

『이타적 유전자(The origins of virtue: human instincts and the evolution of cooperation)』, 매트 리들리 지음, 신좌섭 옮김, 사이언스북스, 2001.

「자한당 출신 차명진 전 의원이 큰거 한건 했다! 미투운동에 특급 막말! '숫컷은 원래 다 그래!」 https://youtu.be/QO5XhlD-cwM

『진화한 마음: 전중환의 본격 진화심리학』, 전중환, Humanist, 2019.

『The selfish gene』, Richard Dawkins, Oxford University Press, 2006(30th anniversary edition).

나. 순수한 성선설/성악설과 평범한 성선설/성악설

진화심리학은 성악설인가? 이기적 유전자가 이기적 인간 또는 부도덕한 인간을 만들어낸다고 보나? 그게 아니라면 진화심리학은 성선설인가? 이기적 유전자가 이타적 인간 또는 도덕적 인간을 만들어낸다고 보나? 이런 질문에 답하기 위해서는 우선 성선설/성악설의 의미부터 명확히 해야 한다.

성선설과 성악설을 정의하기는 쉬워 보인다. 인간 본성이 선하다고 보면 성선설이고, 악하다고 보면 성악설이라고 규정하면 될 것 같다. 하지만 자세히 살펴보면 그리 간단한 문제가 아니다. 선과 악이 무엇인지 명확히 해야 "인간 본성은 선하다/악하다"가 무슨 뜻인지 명확해진다. 엄밀하게 이야기하려면 이기성, 이타성, 도덕성, 선함, 악함과 같은 개념에 대한 철학적 논의가 필요하다. 하지만 여기에서는 그냥 상식과 직관에 의존하기로 하자. 사람들은 그런 단어들의 의미에 대해 대충은 동의하고 있다. 물론 이런 식으로 대충 넘어가면 온갖 문제가 발생할 수 있다는 점을 잊지 말아야 한다.

설사 선악 개념이 명확하다 하더라도 성선설/성악설이 위에서 이야기한 것처럼 쉽게 정의되는 것은 아니다. 나는 "인간 본성은 선하다"라는 말이 "인간은 크다"만큼이나 무의미할 수 있다고 본다. 인간은 큰가, 아니면 작은가? 크기는 상대적 개념이다. 인간은 생쥐보다는 크지만 기린보다는 작다. 선악도 마찬가지다. 평범한 사람들은 천사, 부처, 예수, 테레사 수녀보다는 악하지만 악마, 사이코패스, 히틀러보다는 선하다. 노파심에서 덧붙이자면, 내가 천사, 악마의 실존을 믿는 것도 아니고 테레사 수녀의 모든 행동이 나의 도덕적 입장에 비추어 볼 때 선하다고 보는 것도 아니다. 그들이 세간에서 상징하는 것을 그냥 받아들였을 뿐이다.

"순수한 성선설(극단적 성선설, 천사 성선설)"을 "인간 본성은 천사만큼 선하다"로 정의하고, "순수한 성악설(극단적 성악설, 악마 성악설, 사이코패스 성악설)"을 "인간 본성은 악마만큼 악하다"로 정의하자. "평범한 성선설(비악마 성선설)"을

"인간 본성은 악마보다는 선하다"로 정의하고, "평범한 성악설(비천사 성선설)"을 "인간 본성은 천사보다는 악하다"로 정의해 보자.

순수한 성선설의 반대말은 무엇인가? 순수한 성악설이라고 볼 수도 있을 것이다. 서로 대척점에 있기 때문이다. 하지만 논리학이나 수학의 부정(negation)을 적용하면 그렇지 않다. "인간 본성은 천사만큼 선하다"의 부정은 "인간 본성이 천사만큼 선하지는 않다"이다. 이런 식으로 따지면 순수한 성선설의 반대말은 평범한 성악설이다.

순수한 성선설과 순수한 성악설은 양쪽 극단을 가리킨다. 이 둘은 인간 본성에 대한 매우 다른 의견이다. 그렇다면 평범한 성악설과 평범한 성선설은 어떤가? "평범한 성악설"은 인간 본성은 순수선이 아니라는 얘기고, "평범한 성선설"은 인간은 본성은 순수악이 아니라는 얘기다. 이런 식으로 성선설과 성악설을 해석하면 둘 사이의 차이가 무의미해질 수도 있다. 인간이 순수악과 순수선의 중간 어디인가에 있다면 성선설과 성악설 양쪽 다 맞는 얘기다. 이렇게 보면 평범한 성선설과 평범한 성악설은 어떤 측면에 초점을 맞추었느냐가 다를 뿐인 것 같기도 하다.

위에서 인용한 순자의 말만 보면 순자가 순수한 성악설이나 그에 가까운 주장을 한 것으로 보인다. 하지만 순자는 다음과 같은 말도 남겼다.

> 맹자는 "사람의 본성은 선하다"고 하였다. 내 생각으로는 그렇지 않다. 무릇 옛날부터 지금에 이르기까지 천하에서 선하다고 하는 것은 이치에 바르고 다스림에 공평한 것이며, 악하다고 하는 것은 음험하고 편벽되며 어지러이 이치를 어기는 것이다. 이것이 선함과 악함의 구분이다.
> 지금 진실로 사람의 본성을 따른다면 본디부터 이치에 바르고 다스림에 공평해지겠는가? 그렇다면 성왕이 무슨 소용 있으며 예의는 무슨 소용이 있겠는가? 비록 성왕과 예의가 있다 하더라도 이치에 바르고 다스림에 공평한데 무엇을 더할 것인가?
> (『순자』, 「제 23편 사람은 본성은 악함(性惡)」, 786쪽)

예로부터 사상가들은 도덕적으로 이상적인 개인과 사회를 꿈꾸었다. 순자는 "이치에 바르고 다스림에 공평한 것"을 "선"이라고 말한다. 순자가 말하는 선은 도덕적 이상일지도 모른다. "성왕(聖王, 이상적인 임금)"을 언급했다는 점을 볼 때 그렇게 해석하는 것이 아주 이상하지는 않다. 이런 식으로 해석한다면 순자의 성악설은 순수한 성악설보다는 평범한 성악설에 가깝다.

〈위키백과〉에서는 성선설을 다음과 같이 소개한다.

> 맹자의 성선설의 주된 내용은 사람의 본성(本性)은 본래 선하고, 누구나 측은(惻隱)·수오(羞惡)·사양(辭讓)·시비(是非)의 능력을 갖추고 있는데, 이 능력들은 수양을 통해 각각 인(仁)·의(義)·예(禮)·지(智)의 덕(德)으로 발전하게 된다는 것이다.

맹자는 이타성(측은, 사양), 양심과 죄책감(수오), 도덕적 판단(시비)이 인간 본성이라고 보았다. 하지만 도덕적 이상(인의예지의 덕)에 도달하기 위해서는 수양이 필요하다고 보았다. 이런 점을 볼 때 맹자의 성선설이 순수한 성선설보다는 평범한 성선설에 가깝다고 해석할 수도 있을 것이다. 만약 순자가 평범한 성악설을 주장하고 맹자가 평범한 성선설을 주장했다면, 둘 사이의 의견 차이가 겉보기와는 달리 그리 크지 않을 수도 있다.

〈참고 문헌〉

「성선설」, 〈위키백과〉.

「순자(荀子)」, 순자 지음, 김학주 옮김, 을유문화사, 2008(2판).

다. 보이지 않는 손과 이타성/도덕성의 진화

자연선택의 핵심은 번식 경쟁이다. 동물이 다른 동물이나 식물을 일방적으로 착취해서 자신의 생존과 번식을 도모하는 경우가 많다. 사자가 얼룩말을 잡아먹을 때 착취라는 말을 써도 무방할 것이다. 얼룩말은 사자나 다른 맹수에게 잡혀 먹히지 않기 위한 심리적, 생리적 특성들을 진화시켰다. 얼룩말은 상당히 빠르게 달릴 수 있는데, 자신을 잡아먹는 맹수가 없었다면 그렇게 빠르게 달리도록 진화하지 않았을 가능성이 높다. 얼룩말은 시야가 아주 넓은데 이것은 맹수를 빠르게 발견하기 위해서인 듯하다.

동물이 잎을 먹어 치우면 식물은 손해만 보는 것 같다. 이런 것을 착취라고 봐도 무방할 것이다. 이런 이유 때문에 식물은 잎에 독성 물질을 만들어 넣거나 가시를 만들어서 동물이 잎을 쉽게 먹지 못하도록 한다.

온갖 기생체들이 숙주를 일방적으로 착취한다. 같은 종끼리도 남을 착취하면서 이득을 챙길 수 있으며 실제로도 그런 일이 많이 벌어진다. 착취를 위해 폭력을 쓰기도 하고 속임수를 쓰기도 한다. 이해관계가 충돌할 때 힘이 센 쪽이 폭력을 써서 상대를 희생시킴으로써 이득을 챙길 수 있다. 더 똑똑한 쪽이 속임수를 쓸 수 있다. 이런 측면들만 보면 남 좋은 일을 해 주는 이타성이 진화하기가 힘들어 보이기도 한다.

하지만 이타성, 도덕성, 협동이 때로는 유전자 복제 또는 개체 번식에 도움을 줄 수도 있다. 이것이 도킨스가 쓴 『이기적 유전자』의 핵심 메시지들 중 하나다. 친족선택 이론에 따르면 친족에게 어느 정도 이타적으로 행동하는 것이 나의 몸속에 있는 유전자의 복제에 도움이 된다. 가까운 친족을 어느 정도 이상 착취하면 내 몸속에 있는 유전자의 복제에 오히려 방해가 된다. 극단적인 사례는 어머니가 자식을 잡아먹는 것이다. 정말로 특별한 상황이 아니라면 이것은 결코 좋은 번식 전략이 아니다. 어머니가 자식을 잡아먹어서 얻는 이득에 비해 근친도가 0.5나 되는 자식이 희생되어서 어머니가 보는 손해가 훨씬 크기 때문이다. 근친도가 높을수록 더 이타적으로 행동하는 것이 유전자 복제에 도움이 된다.

생물계는 착취가 판을 치는 세상이다. 따라서 한편으로는 남을 더 잘 착취하도록 하는 특성들이 진화한다. 하지만 이것이 전부는 아니다. 다른 한편으로는 남에게 덜 착취당하도록 하는 특성들도 진화한다. 내가 남을 더 효과적으로 착취할수록 더 많은 이득을 챙길 수 있을 때가 있다. 하지만 당하는 사람의 입장에서 보면 남에게 착취를 많이 당할수록 더 큰 손해를 보게 된다. 따라서 착취에 맞선 방어 기제들이 진화할 수 있다. 여기에서 말하는 방어 기제는 프로이트의 방어 기제(Abwehrmechanismus, defense mechanism) 개념과는 무관하니 헷갈리지 말자.

배우자나 친구가 이기적이거나 부도덕한 사람일수록 그 사람이 나를 착취할 가능성이 높다. 따라서 되도록 이타적이거나 도덕적인 사람과 사귀도록 인간이 진화했을 가능성이 있다. 그리고 기존 친구나 배우자가 나에게 매우 이기적으로 행동할 때 절교나 이혼을 고려하도록 인간이 진화했을 것 같다.

인간이 그렇게 진화했다고 가정해 보자. 그렇다면 이기적인 사람일수록 우정 시장이나 결혼 시장에서 인기가 떨어질 것이다. 이것은 인간에게 매우 중대한 환경적 요인이었을 것 같다. 다른 사람에게 매우 이기적으로 행동하면 당장은 이득을 챙길 수 있을 때가 많다. 특히 그 사람보다 내가 힘이 세거나 머리가 좋을 때 그렇다. 하지만 이기적이거나 부도덕하다는 악명을 얻게 되면 사람들이 나를 피하게 될 가능성이 높다. 만약 인간의 번식에서 우정과 결혼이 매우 중요하다면 이것은 매우 중대한 문제일 것이다. 너무 이기적이거나 부도덕하게 산다면 우정 시장이나 결혼 시장에서 배척되기 때문에 막대한 손해를 볼 수 있는 것이다. 이런 이유 때문에 인간이 어느 정도는 착하게 살도록 진화했을 가능성이 있다. 나는 이것이 인간의 이타성이나 도덕성 진화에서 중요한 요인이었을 것이라고 추정하고 있다.

이것은 애덤 스미스(Adam Smith)의 "보이지 않는 손(invisible hand)"과 비슷하다. 상품을 만들어서 파는 자본가의 입장에서 볼 때, 돈을 조금 들여서 조악한 상품을 만든 후에 그것을 좋은 상품으로 과대광고해서 비싸게 팔아먹을 수 있다면 큰 이득을 챙길 수 있다. 속임수를 쓰는 길만 있는 것은 아니다. 폭력을 써서 강매를 할 수도 있을 것이다. 하지만 소비자에게도 근육과 뇌가 있다. 그렇기 때문에 소비자가 판매자에게 항상 당하는 것은 아니다. 따라서 가격 대비 품질이 좋은 상품을 만들기 위해 애쓰는 것이 장기적으로는 좋은 전략이다. 특히 완전 경쟁 시장에서는 그렇다.

노동을 파는 노동자의 경우에도 마찬가지다. 일은 조금만 하고 임금을 많이 챙길 수 있다면 적어도 금전적인 측면에서는 노동자에게 이득이다. 하지만 고용자에게도 근육과 뇌가 있다. 따라서 노동자로서 장기적으로 성공하려면 기술이나 전문지식을 익히고 성실하게 일하는 것이 좋다.

상품 시장이든 노동 시장이든 장기적으로 보면 "좋은 품질"이 있어야 경쟁력이 있으며 그래야 성공하기 쉽다. 우정 시장이나 결혼 시장에서도 마찬가지인 것 같다. 남들도 힘을 쓰고 생각을 할 줄 알기 때문에 인간 사회에서 폭력이나 속임수를 써서 성공하는 데는 한계가 있다. 이것이 "보이지 않는 손"의 원리다. 좋은 상품이나 사회를 만들겠다는 선한 의지가 없더라도, 이기적 자본가, 이기적 노동자, 이기적 소비자, 이기적 개인, 이기적 개체, 이기적 유전자가 이기성을 "추구"한 결과로 "품질 좋은 상품", "성실한 노동자", "인간의 이타성이나 도덕성"이 생겨날 수 있는 것이다.

얼핏 보기에는 진화심리학이 순수한 성악설로 이어질 것 같다. 하지만 친족 선택, 상호적 이타성, 평판 문제, 우정과 결혼에서 작동하는 시장 원리 등을 고려해 볼 때, 상당한 이타성과 도덕성의 진화도 기대할 수 있다. 인간은 한편으로 욕심, 포악함, 잔인함, 무자비함, 착취, 억압, 속임수를 통해 번식 이득을 챙길 수 있다. 하지만 다른 한편으로 이타심, 공평 추구, 도덕성, 자비, 정직

등을 통해서도 번식 이득을 챙길 수 있다.

인간이 다른 동물들에 비해 훨씬 더 이기적이고 부도덕하고 잔인하고 폭력적이라고 이야기하는 사람들이 있었다. 이기성/이타성 또는 도덕성의 기준에 따라 다르겠지만, 나는 인간이 다른 동물에 비해 더 이타적으로 진화했을 만한 이유가 있다고 생각한다. 개미나 꿀벌과 같은 진사회성 동물들의 차원이 다른 이타성은 제쳐 두자.

언어의 진화가 인간이 더 도덕적으로 되도록 만들었을 것 같다. 언어 덕분에 사람들은 현장에서 직접 목격하지 않고도 다른 사람의 선행이나 악행에 대한 정보를 얻을 수 있게 되었다. 물론 전해 주는 사람의 신빙성에 의문을 품을 수도 있겠지만 언어가 전혀 없었던 시절에 비하면 온갖 정보를 어느 정도 정확하게 얻을 수 있게 되었다. 이런 요인 때문에 선행과 악행의 파급 효과가 더 커졌을 것 같다. 즉 선행을 할 때 장기적으로 얻는 것도 커지고, 악행을 할 때 장기적으로 잃는 것도 커졌을 것 같다. 이 때문에 인간이 더 착하게 살도록 진화했는지도 모른다. 사람들이 남들의 선행과 악행에 지대한 관심을 기울인다는 점도 시사하는 바가 크다. 선과 악은 소설과 영화의 주요 테마이기도 한데, 나는 주변 사람들의 선행과 악행에 대한 정보를 열심히 수집하도록 인간이 진화했다고 추정하고 있다. 다른 사람들의 성생활에 대한 호기심을 "성적 호기심"이라고 부를 수 있다면, 다른 사람들의 도덕 생활에 대한 호기심을 "도덕적 호기심"이라고 부를 수 있을 것이다. 누가 누구와 섹스를 했는지에 대한 정보가, 특히 내 아내가 누구와 섹스를 했는지에 대한 정보가 번식의 측면에서 대단히 중요했겠지만, 누가 어떤 선행을 하고 누가 어떤 악행을 했는지에 대한 정보도 대단히 중요했을 것 같다. 그렇다면 자연선택이 강렬한 성적 호기심과 도덕적 호기심을 인간에게 "장착해 주었다" 해도 그리 이상할 것은 없다.

우리는 타인을 선한 사람과 악한 사람으로 나눈다. 또는 이타적인 사람과 이기적인 사람으로 나눈다. 그리고 선한 사람 또는 이타적인 사람을 높이 평가하고 선호한다. 다른 한편으로 우리는 타인을 잘 생긴 사람과 못 생긴 사람으로 나누고 잘 생긴 사람을 높이 평가하고 선호한다. 진화심리학은 그 이유에 대해 그럴 듯한 설명을 제시한다. 남자의 입장에서 보면 어떤 여자와 결혼하는 것이 자신의 번식에 유리한가? 우월하고 이타적인 여자와 결혼하는 것이 좋다.

여기서 우월함이란 무엇인가? 육체적으로 건강하고, 정신적으로 건강하고, 젊고, 똑똑한 여자가 우월하다. 그런 여자와 섹스를 해서 자식을 낳으면 그 자식이 대체로 우월할 것이다. 그런 여자는 우월하기 때문에 자식을 잘 낳고 잘 기를 것이다. 그런데 외모를 통해 우월한 정도를 어느 정도 파악할 수 있다. 진화심리학계에서는 남자가 여자가 보이는 우월성의 징후를 아름답다고 여기도록 진화했다고 본다. 육체적 아름다움의 근저에 우월성이 있다는 것이다. 예컨대 허리는 날씬하고 엉덩이는 풍만한 여자가 아름답다고 여겨지는데 여러 연구들에 따르면 그런 여자는 대체로 우월하다. 물론 여자의 입장에서도 우월한 남자와 결혼하는 것이 좋다. 따라서 남자가 보이는 우월성의 징후를 아름답다고 여기도록 여자가 진화했으리라 기대할 만하다.

우월/열등은 능력의 문제다. 반면 이타성/이타성 또는 선함/악함은 전략의 문제다. 이기적 전략 또는 악한 전략을 쓰는 사람과 결혼하면 손해를 보기 십상이다. 열등한 남자가 바람기 많은 여자와 결혼한다고 하자. 그런 여자는 좋은 유전자를 얻기 위해 우월한 남자와 섹스를 할 가능성이 높을 것이다. 만약 외간 남자의 정자로 임신해서 태어난 아기를 남편이 지극정성으로 돌본다면 남편은 막대한 손해를 보게 된다. 남편의 투자가 외간 남자의 유전자 복제에 동원되는 셈이기 때문이다. 이런 이유 때문에 남자가 바람기 많은 여자를 악한 여자로 보고 회피하도록 진화했으리라 기대할 만하다. 여자가 이기적인 남자와 결혼하면 남편의 바람기, 속임수, 폭력, 착취에 시달릴 일이 많을 것이다. 이런 이유 때문에 여자가 그런 남자를 악한 남자로 보고 회피하도록 진화했으리라 기대할 만하다.
짝짓기 시장이든 우정 시장이든 아름다운 사람이 인기 있다. 한편으로 우월함을 암시하는 신체적 특성이 아름답다고 여겨진다. 다른 한편으로 선함을 암시하는 정신적 특성이 아름답다고 여겨진다. 되도록 우월하고 선한 사람과 사귀어야 내가 이득을 얻을 수 있다. 이것이 외모나 성격의 측면에서 평가되는 아름다움/추함의 기원을 설명해 주는 것 같다. 우월하거나 선한 사람을 아름답다고 느끼고, 열등하거나 악한 사람을 추하다고 느낀다면, 그리고 아름다운 사람을 가까이 하고 추한 사람을 멀리한다면 나의 번식에 도움이 된다.

라. 친족애 기제와 양심 기제는 선하고 강간 기제는 악한가

진화심리학에 적대적인 사람이라 하더라도 하품 기제와 같이 "무해한" 것들에 대한 진화 가설에 대해서는 대체로 거부감을 느끼지 않는다. 반면 강간 기제, 질투 기제, 친족애 기제, 근친상간 회피 기제와 같이 "민감한" 것들에 대한 진화 가설에 대해서는 분노까지 느끼는 이들이 많다. 그리고 성선설을 가리키는 것처럼 보이는 가설보다 성악설을 가리키는 것처럼 보이는 가설에 대한 거부감이 더 큰 것 같다. 많은 이들이 양심 기제의 진화 가설보다 강간 기제에 대한 진화 가설을 더 싫어하는 것 같다.

21세기 자칭 진보주의자들이 정치적으로, 도덕적으로, 이데올로기적으로 얼마나 민감하게 느끼는지는 과거의 진화 역사에 영향을 끼칠 수 없다. 자연선택은 유전자 복제 경쟁 또는 번식 경쟁이다. 어떤 심리기제가 21세기를 살아가는 누군가의 도덕적 감수성을 어떤 식으로 건드리든 그 심리기제가 과거 환경에서 유전자 복제에 도움이 되었다면 자연선택으로 진화했기 마련이다. 눈 깜빡임 기제도 과거에 유전자 복제에 도움이 되고 강간 기제도 도움이 되었다면 둘 다 진화했기 마련이다. 마찬가지로, 성선설을 가리키는 것처럼 보이는 기제도 성악설을 가리키는 것처럼 보이는 기제도 유전자 복제에 도움이 된다면 진화했기 마련이다.

여기에서는 이 문제를 다른 측면에서 보자. 과연 양심 기제는 성선설을 가리키고 강간 기제는 성악설을 가리키는 걸까? 얼핏 보면 그런 것 같다. 양심 기제가 도덕규범에 대체로 부합하게 행동하도록 만들기 때문에 당연히 성선설을 가리키는 것 같다. 강간 기제가 강간을 하도록 만들기 때문에 당연히 성악설을 가리키는 것 같다. 여기에서 "강간은 악이 아니다"라고 보는 도덕 철학적 입장에 대해 따질 생각은 없다. 사실상 모든 이들이 강간을 악이라고 여기며 여기에서 그런 도덕 상식을 그냥 받아들일 것이다.

식욕 기제에 대해 생각해 보자. 식욕 기제는 먹도록 만드는 기제다. 하지만 식욕 기제는 먹지 않도록 만드는 기제이기도 하다. 앞에 보이는 것을 항상 무작정 먹는 것은 적응적이지 않다. 잘 번식하기 위해서는 식욕이 적절히 조절되어야 한다. 영양분이 풍부해 보일수록 식욕이 커져야 한다. 독성 물질이 많아 보일수록 식욕은 자제되어야 한다. 나는 배를 어느 정도 채웠는데 나의 자식이나 형제가 아사 직전일 때는 식욕이 자제되는 것이 나의 유전자 복제에도 도움이 된다. 실제로 식욕 기제 또는 식욕 조절 기제는 이런 것들을 "고려" 하여 작동하는 것 같다. 그렇다면 먹도록 만드는 기제이기도 하지만 먹지 않도록 만드는 기제이기도 하다. 무작정 먹도록 만드는 기제라기보다는 상황에 따라 식욕의 수준을 적절하게 조절하는 기제다.

친족애 기제도 마찬가지다. 얼핏 보면 친족애 기제는 친족을 사랑하도록 만드는 기제 또는 친족에게 이타적으로 행동하도록 만드는 기제다. 하지만 친족에게 항상 무작정 이타적으로 행동한다면 나의 유전자의 복제에 손해를 끼치지 십상이다. 근친도에 따라 이타성을 적절한 수준으로 조절하는 것이 유전자 복제에 도움이 된다. 가까운 친족일수록 그 사람에게 더 이타적으로 행동하는 것이 적응적이다. 뒤집어 말하자면, 먼 친족일수록 그 사람에게 더 이기적으로 행동하는 것이 적응적이다. 친족애 기제 또는 친족애 조절 기제는 친족에 대한 이타성이 발휘되도록 만들기도 하지만 친족에 대한 이타성이 자제되도록 만들기도 한다.

자식을 위해 엄청난 희생을 하는 어머니를 보고 많은 이들이 감동한다. 이것이 친족 이타성의 한 측면이다. 하지만 친족 이타성에 이런 면만 있는 것은 아니다. 예로부터 계모와 계부는 구박하거나 학대하는 존재로 여겨졌다. 온갖 문화권의 옛날이야기에서 그런 식으로 그려진다. 현대 산업 사회에 대한 연구에 따르면 의붓자식은 친자식에 비해 수십 배나 많이 학대당하거나 살해당한다. "가까운 친족일수록 더 사랑한다"를 뒤집으면 "먼 친족일수록 덜 사랑한다"가 된다. 근친결혼과 같은 특이한 사례가 아니라면 의붓자식은 유전적 자식이 아니기에 아주 아주 아주 먼 친족이다. 반면 친자식은 유전적 자식일 가능성이 매우 높기 때문에 평균적으로 볼 때 아주 가까운 친족이다.

입시 비리나 병역 비리가 일어나는 이유는 무엇인가? 대부분은 부모의 자식 사랑 때문이다. 이것은 친족 이타성의 또 다른 측면이다. 부모가 자식을 위해 자신을 희생할 수도 있지만, 부모가 자기 자식을 위해 남의 자식을 희생할 수도 있다. 가족 이기주의 역시 친족 이타성의 이면이다.

사람들은 친자식에 대한 어머니의 사랑에는 감동하고 의붓자식에 대한 계모의 학대를 보면 도덕적 분노를 느낀다. 부모가 자식을 위해 희생하는 것에는 감동하고 부모가 자기 자식을 위해 남의 자식을 희생하는 것에는 분노를 느낀다. 하지만 이것들은 친족 이타성의 양면이다. 어떻게 보면 하나의 현상이다. 친족애 기제라는 동전의 앞면에 "친자식을 몹시 사랑한다"가 새겨져 있다면, 그 뒷면에는 "의붓자식은 그보다 훨씬 덜 사랑한다", "남의 자식은 그보다 훨씬 덜 사랑한다"가 새겨진 것이다. 진화심리학은 이런 식으로 양면을 모두 보려 한다.

적어도 이론적으로는 친족선택의 논리에 따라 심술(spite)이 진화할 수도 있다. 개체군 내의 평균보다 더 가까운 친족에게는 이타적으로 행동하는 것이 유전자 복제에 도움이 된다(여기에 등장하는 "평균"의 의미를 엄밀히 이해하기 위해서는 골치 아픈 수식들과 씨름해야 한다). 반면 평균보다 더 먼 친족에게는 심술궂게 행동하는 것이 유전자 복제에 도움이 된다. 가까운 친족에 대한 사랑이 친족선택의 논리에 따라 진화했다면, 그것은 "무조건적 사랑"이다. 자식이 부모를 막 대하는 경우에도 부모가 자식에게 이타적으로 행동하는 것이 부모의 유전자 복제에 도움이 되기에, 부모는 자식에게 조건 없는 사랑을 베풀도록 진화한 듯하다. 이것은 우정의 진화와는 논리가 다르다. 만약 친족선택의 논리에 따라 심술이 진화했다면, 그것은 "무조건적 미움"이다.

나는 양심 기제도 "동전의 양면"이 있다는 면에서는 다를 바 없다고 추정하고 있다. 만약 자연선택에 의해 양심 기제가 진화했다면 무작정 도덕적으로 행동하도록 하는 기제일 가능성은 거의 없어 보인다. 무작정 도덕적으로 또는 이타적으로 사는 것은 유전자 복제에 손해를 끼치지 십상이기 때문이다. 잘 번식하려면 식욕의 수준이나 친족애의 수준과 마찬가지로 도덕성의 수준도 조절되어야 한다. 나보다 약한 사람이 있다면 그 사람을 착취함으로써 이득을 얻을 수 있다. 따라서 나와 힘이 비슷한 사람을 대할 때보다 약한 사람을 대할 때 갑질을 더 많이 하도록 양심 기제가 진화했을 가능성이 높아 보인다. "슈퍼갑"이라고 부를 수 있는 국회의원이 되면 그 이전에는 상당히 착하게 살던 사람들도 갑질을 많이 하게 되는 것 같다.

먼 친족일수록 그 사람에게 덜 이타적으로 행동하도록 친족애 기제가 작동하듯이, 약한 사람일수록 그 사람에게 덜 도덕적으로 행동하도록 양심 기제가 작동할 것 같다. 한편으로 보면 도덕 기제는 도덕적으로 행동하도록 만드는 기제다. 식욕 기제가 먹도록 만드는 기제인 것과 마찬가지다. 다른 한편으로 보면 도덕 기제는 부도덕하게 행동하도록 만드는 기제다. 식욕 기제가 먹지 않도록 만드는 기제인 것과 마찬가지다.

이번에는 강간 기제(강간 실행 기제)에 대해 따져 보자. 무작정 먹는 것이 부적응적이듯이 남자가 앞에 보이는 여자를 무작정 강간하는 것 역시 부적응적이다.

강간을 하면 여자를 임신시킨다는 이득이 따를 수 있다. 음식을 먹으면 영양분을 얻는 이득이 따를 수 있는 것과 마찬가지다. 하지만 강간은 온갖 손해로 이어지기도 한다. 강간당한 여자나 여자의 친족이나 여자의 남편에게 보복 당할 수 있다. 강간을 했다는 사실이 널리 알려지면 남자의 평판이 떨어지며 평판이 떨어지면 우정 시장이나 결혼 시장에서 인기가 떨어진다. 그러면 결국 번식 손해를 보기 쉽다. 음식 섭취가 온갖 손해로 이어질 수 있는 것과 마찬가지다. 내가 음식을 먹어치우면 나보다 훨씬 굶주린 동생이 계속 굶주릴 수 있다. 남들보다 훨씬 욕심 사납게 맛있는 것만 골라서 먹으면 나의 평판이 떨어질 수 있다. 때로는 음식 섭취를 자제하는 것이 적응적이듯이 때로는 강간을 자제하는 것이 적응적이다. 그렇다면 강간 기제는 무작정 강간을 하도록 만드는 기제가 아니라 여러 정보에 바탕을 두고 강간을 할지 여부를 결정하는 기제로 진화했을 것이다. 즉 강간 기제는 강간을 하도록 만드는 기제이기도 하지만 강간을 자제하도록 만드는 기제이기도 하다.

양심 기제가 때로는 양심적으로 행동하도록 만든다. 이것만 보면 양심 기제가 성선설을 가리키는 것 같다. 강간 기제가 때로는 강간을 하도록 만든다. 이것만 보면 강간 기제가 성악설을 가리키는 것 같다. 하지만 양심 기제는 때로는 비양심적으로 행동하도록 만든다. 또한 강간 기제는 때로는 강간을 자제하도록 만든다. 양쪽 측면을 다 고려해 보면, 양심 기제는 성선설을 가리키고 강간 기제는 성악설을 가리킨다고 단정하기 힘들다.

다른 측면에서 이 문제를 살펴볼 수도 있다. 선천적 강간 기제가 없는 상태와 선천적 강간 기제가 있는 상태를 비교해 보자. 얼핏 생각해 보면, 강간 기제가 있으면 강간을 더 할 것 같다. 정말로 그럴까? 강간 기제가 진화하지 않았더라도 남자에게는 강렬한 성욕이 있으며 남자는 온갖 맥락에서 폭력을 써서 욕심을 채운다. 따라서 강간 기제가 없더라도 때로는 강간을 할 것이다. 위에서 살펴보았듯이 강간 기제가 진화했다면, 그것은 강간을 하도록 만드는 기제

이기도 하지만 강간을 자제하도록 만드는 기제이기도 할 것 같다. 식욕 기제가 만들어내는 식욕의 수준이 과거 환경에서의 최적화에 가깝듯이 강간 기제가 만들어내는 강간 욕망의 수준도 과거 환경에서의 최적화에 가까울 것이다. 그것이 특정한 환경에서 (강간 기제가 없을 때에 비해) 강간률을 높일지 여부는 환경에 따라 다를 것 같다.

〈참고문헌〉

「Selfish and spiteful behaviour in an evolutionary model」, William D. Hamilton, 「Nature」, 1970.

마. 진화심리학은 성선설인가, 성악설인가?

이제 처음 던졌던 질문으로 돌아가 보자. 이기적 유전자론 또는 진화심리학은 성선설로 이어지나, 아니면 성악설로 이어지나?
위에서 평범한 성선설과 평범한 성악설의 차이가 그리 크지 않다는 이야기를 했다. 여기에서는 평범한 성선설과 평범한 성악설을 구분할 수 있는 한 가지 길을 제시하겠다. 대다수 인간들은 천사도 악마도 아니고 그 중간쯤이다. 악마와 사이코패스의 도덕성을 0이라고 보고 천사의 도덕성은 10이라고 본다면 대다수는 4~6 정도 되는 것이다. 대다수 인간의 선천적 도덕성은 2~4인데 도덕성을 가르치는 문명이나 문화 덕분에 4~6이 되었다고 보는 견해를 평범한 성악설이라고 부를 수 있을 것이다. 대다수 인간의 선천적 도덕성은 6~8인데 타락한 문명이나 문화(자본주의, 가부장제, 군국주의) 탓에 4~6이 되었다고 보는 견해를 평범한 성선설이라고 부를 수 있을 것이다.
전반적으로 볼 때 진화심리학이 순수한 성선설이나 순수한 성선설로 이어질 것 같지는 않다. 자연선택의 논리를 생각해 볼 때, 사회성 동물인 인간이 악마처럼 사는 것이 장기적으로는 번식에 도움이 되는 전략으로 보이지 않는다. 단기적으로 이득을 얻을 수는 있겠지만 왕따, 처벌, 보복의 위험이 크기 때문이다. 또한 가까운 친족까지 마구 착취하면 결국 내 몸 속에 있는 유전자의 복제에 지장이 생긴다.

천사처럼 사는 것도 최전 전략과는 거리가 멀어 보인다. 남들보다 우월해서 폭력이나 속임수를 써서 남을 착취할 수 있는 능력이 있음에도 불구하고 그런 능력을 발휘하지 않는다면 기회를 날리는 꼴이다. 친족선택의 논리를 생각해 볼 때, 천사처럼 남의 자식을 자기 자식처럼 챙기는 것은 유전자 복제를 위한 최적 전략과는 거리가 멀다. 또한 가까운 친족이라 하더라도 자기 자신만큼 챙기는 것은 최적 전략과는 거리가 멀다. 상호적 이타성의 논리를 생각해 볼 때, 예수님 말씀처럼 나를 착취하는 친구를 무작정 용서해 주면 미래에도 계속 착취당하기 쉽기에 최적 전략이 아니다. 자연선택의 기준은 예수님 말씀이 아니라 유전자 복제 또는 개체 번식이다.

진화심리학계에서 사이코패스와 관련해서 두 가지 가설이 경쟁하고 있다.

하나는 적응 가설이다. 다수가 어느 정도 착하게 살 때 소수가 사이코패스 전략을 쓰는 것이 통할 수 있을 것이다. 이런 이유 때문에 소수가 사이코패스 전략을 쓰도록 진화했는지도 모른다. 빈도 의존 선택(frequency-dependent selection, 비율 의존 선택)을 끌어들인 이런 가설은 순수한 성악설을 가리킨다. 물론 전체 인류를 순수한 성악설로 설명하는 것은 아니지만 소수의 사이코패스를 순수한 성악설로 설명한다고 봐도 될 것이다.

다른 하나는 "고장 가설"이다. 이 가설에 따르면 유전자 돌연변이, 자궁 내 환경 문제, 성장 환경 문제와 같은 요인 때문에 일부 인간들이 보편적 인간 본성과는 매우 벗어나게 생각하고, 느끼고, 행동하는 사이코패스로 태어나거나 자라는 것이다. 유전자 이상 때문에 색맹이나 다운 증후군이 생기거나 자궁 내 환경 문제 때문에 기형아가 태어나는 것과 비슷하다는 것이다.

진화심리학은 여기에서 새로 정의한 평범한 성선설을 가리키나, 아니면 평범한 성악설을 가리키나? 이것은 대단히 미묘하고 복잡한 문제로 보인다. 히틀러 치하의 독일이나 김일성 일가의 지배를 받는 북한 같은 사회를 보면 평범한 성선설이 적용될 수 있을 것 같다는 느낌이 들기도 한다. 21세기 독일이나 남한은 어떤가? 나라면 이런 질문은 그냥 회피할 것이다.

노예제나 수백 년 전의 지독한 가부장제를 보면 악은 인간 본성의 외부에서 나온 것 같다. "자연 상태"에 가깝게 사는 현존 원시 부족은 노예제 사회에 비해 훨씬 평등하다. 여자를 그렇게 억압하지도 않는다. 하지만 노예제를 만들어낸 것도 지독한 여성 억압을 만들어낸 것도 인간이다. 만약 인간이 마냥 착하기만 하게 진화했다면 애초에 그런 억압적인 체제가 들어서지 않았을 것이다.

상당히 안정된 노예제 사회만 관찰한 사람이라면 기성 체제인 노예제가 악행의 기원이라고 생각할 수도 있을 것이다. 인간 본성 외부에서 악이 유래하는 것처럼 보일 것이다. 하지만 왜 상당히 평등했던 사냥채집 사회에서 노예제 사회로 이행했는지 설명하기 위해서는 인간 본성을 반드시 고려해야 한다. 인간이 지위 경쟁에 집착하도록, 가까운 친족을 다른 사람보다 더 아끼도록, 자신의 힘이 강할 때 남을 착취하도록, 때로는 의식적으로 속임수를 쓰도록, 때로는 자신에게 유리한 방향으로 자기기만에 빠지도록 진화했기 때문에 특정한 조건 하에서 노예제나 지독한 가부장제가 들어설 수 있었던 것 같다. 또한 인간이 도덕성을 상당히 중시하도록, 고통당하는 사람에게 동정심을 느끼도록, 어느 정도는 이타적으로 살아가도록, (특별한 사정이 없다면) 세상에 대한 정보를 되도록 정확히 수집하도록 진화했기 때문에 노예제나 지독한 가부장제를 결국은 무너뜨릴 수 있었던 것 같다. 전체적으로 볼 때 진화심리학은 순수한 성선설도, 순수한 성악설도, 평범한 성선설도, 평범한 성악설도 가리키는 것 같지 않다.

⟨참고 문헌⟩

「The evolutionary roots of psychopathy」, Diana Ribeiro da Silva, Daniel Rijo & Randall T. Salekin, 「Aggression and Violent Behavior」, 2015.

「Evolutionary theory and psychopathy」, Andrea L. Glenn, Robert Kurzban & Adrian Raine, 「Aggression and Violent Behavior」, 2011.

「The sociobiology of sociopathy: an integrated evolutionary model」, Linda Mealey, 「Behavioral and Brain Sciences」, 1995.

바. 자극의 빈곤과 도덕적 판단의 선천성

자극의 빈곤 논증을 시각 기제에 적용하는 사례는 뻔한 진리에 가깝다. 따라서 논문을 쓸 필요도 없다. 자극의 빈곤을 언어 학습에 적용하는 사례에 대해서는 여전히 논란이 상당하다. 나는 자극의 빈곤을 도덕적 판단에도 적용할 수 있다고 생각한다.

바둑을 기초부터 고급 과정까지 단계적으로 학습하는 것처럼 도덕적 판단 능력도 단계적 학습에 의해 가능해진다고 보는 견해가 심리학자들 사이에서 인기가 많았다. 하지만 이제는 도덕적 판단 능력의 상당 부분이 선천적이라는 견해가 이전보다 점점 힘을 얻고 있다. 도덕적 판단의 선천성을 뒷받침할 수 있는 근거는 무엇인가?

폴 블룸(Paul Bloom)은 주시 시간 기법을 사용하여 아기들의 도덕적 판단에 대해 연구했으며 그 결과를 『선악의 진화 심리학』에서 정리했다. 아기를 대상으로 실험해 보니 태어난 지 1년도 안 된 아기들도 남을 도와주는 인형을 남을 방해하는 인형보다 선호한다는 것이 드러났다. 심지어 못된 짓을 한 인형을 때리기도 한다. 이런 행동을 처벌로 해석할 수 있을지도 모른다. 아기도 선한 행동과 악한 행동을 어느 정도 구분할 줄 아는 것 같다.

만약 태어난 지 1일도 지나지 않은 갓난아기가 도덕적 판단을 할 줄 안다면 후천적 학습 가설을 배제해도 될 것이다. 자궁 속에서 도덕적 판단을 학습하는 것은 사실상 불가능해 보인다. 태어난 지 1년이 안 된 아기들의 경우라면 학습 가설을 확실하게 배제할 수는 없다고 생각하는 사람들도 있을 것 같다. 하지만 말도 거의 알아듣지 못하는 아기가 상당히 추상적인 도덕적 판단을 학습을 통해 배운다는 가설의 설득력이 그리 커 보이지는 않는다. 어쨌든 더 어린 아기들을 대상으로 한 실험일수록 선천성 가설이 힘을 얻을 것이다.

도덕적 어리둥절함(moral dumbfounding)은 사람들이 도덕적 판단을 내리면서도 그렇게 판단한 이유를 제대로 대지 못하는 것을 말한다. 예컨대, 사람들은 남매 간 근친상간이 도덕적으로 나쁘다고 이야기한다. 그 이유를 대라고 하면 "나도 모르겠다"라고 답하거나 나름대로 이유를 댄다. 근친상간으로 기형아가 태어날 가능성이 높다는 근거를 대는 사람도 있다. 그런 근거를 댄 사람에게 "그럼 콘돔을 써서 임신이 안 되도록 하면 남매 간 근친상간이 도덕적으로 문제가 안 되나요?"라고 되물으면 당황하는 경우가 많다.

우리는 시각 기제의 최종 결과물만 의식한다. 망막에서 맺힌 상에서 출발하여 색감이 있는 3차원 공간을 재구성해내는 정보 처리 과정은 의식하지 못한다. 이에 대해서 시각학자들이 큰 진전을 이루었지만 여전히 많은 것들이 베일에 싸여 있다. 도덕적 판단도 비슷해 보인다. 최종 결과물만 의식할 뿐 중간 과정은 모른다. 우리는 아주 빠르고 자동적으로 도덕적 판단을 내린다. 왜 그렇게 판단하느냐고 물으면 나름대로 이유를 생각해내기도 하는데, 이것은 그런 도덕적 판단이 이루어진 자동적 과정과는 별로 상관이 없을 때가 많다. 심리학자들은 도덕적 판단이 이루어지는 과정에 대해서 그리 많은 것을 밝혀내지 못했다.

시각 기제가 선천적임은 명백하다. 자궁에서 나온 직후부터 아기는 시각 능력을 발휘하는데 학습 가설로 설명하기에는 시간이 너무 짧다. 하지만 시각에 대해 아기가 학습할 만한 시간이 길더라도 문제가 있다. 도대체 누가 시각을 학습시킨단 말인가? 어른도 자신이 어떤 정보 처리 절차를 거치기에 앞을 볼 수 있는지 모른다. 자신도 모르는 것을 어떻게 아이에게 가르치나?

나는 도덕적 판단의 경우에도 마찬가지라고 본다. 인간처럼 도덕적 판단을 하기 위해서는 대단히 복잡하고 정교한 정보 처리가 필요해 보인다. 평범한 어른 뿐 아니라 심리학 전문가도 인간이 어떤 정보 처리 과정을 거쳐서 도덕적 판단을 하는지 잘 모른다. 그렇다면 어른이 도대체 어떻게 아이에게 도덕적 판단 방법을 가르칠 수 있단 말인가? 도덕적 판단에 대한 학습 가설을 지지하는 사람들은 이 난제를 풀어야 한다. 반면 적응 가설 지지자들에게는 그런 부담이 적다. 자연선택이 대단히 복잡하고 정교한 시각 기제를 설계했다. 그런 자연선택이 대단히 복잡하고 정교한 도덕적 판단 기제를 설계했다고 해도 그리 이상할 것이 없다.

6장의 〈인공지능과 본능맹〉에서 본능맹에 대해 다루었다. 아이작 아시모프(Isaac Asimov)의 로봇공학의 3원칙(Three laws of robotics)은 본능맹의 힘을 잘 보여준다.

제1원칙: 로봇은 인간에게 해를 입혀서는 안 된다. 그리고 위험에 처한 인간을 모른 척해서도 안 된다.

제2원칙: 제1원칙에 위배되지 않는 한, 로봇은 인간의 명령에 복종해야 한다.

제3원칙: 제1원칙과 제2원칙에 위배되지 않는 한, 로봇은 자신을 지켜야 한다.

얼핏 보면 꽤나 쓸 만한 원칙으로 보이지만 이런 원칙은 로봇을 설계하는 데 별로 도움이 되지 않는다. 우리 인간은 이 원칙이 무엇인지 직관적으로 이해할 수 있다. 하지만 이 원칙을 실행할 로봇을 실제로 만들려고 하면 시작부터 막힌다.

위험에 처한 인간을 구해야 한다는 원칙이 있다. 연쇄살인범이 사형을 당하려고 한다. 죽을 위험에 처한 것이다. 그렇다면 로봇은 사형수를 구해야 할까? 총기난사를 하는 사람을 경찰이 총으로 겨냥하고 있다. 로봇은 총기난사범을 구해야 할까? 이와 관련된 도덕적 판단을 내리기 위해서는 대단히 복잡하고 정교한 정보 처리가 필요하다.

우리에게는 자연선택이 선물한 도덕적 판단 기제가 있기 때문에 빠르고 자동적으로 도덕적 판단을 할 수 있는 것 같다. 그렇기 때문에 로봇 공학의 3원칙을 직관적으로 쉽게 이해할 수 있는 것이다. 하지만 실제로 로봇을 설계하기 위해서는 우리의 직관을 가능하게 하는 대단히 복잡한 정보 처리를 하나하나 구현해야 한다. 우리가 순간적으로 만들어내는 도덕적 직관에 얼마나 복잡한 정보 처리가 필요한지를 본능맹 때문에 깨닫지 못할 때가 많은 것 같다.

〈참고 문헌〉

『선악의 진화 심리학(Just babies: the origins of good and evil)』, 폴 블룸 지음, 이덕하 옮김, 인벤션, 2015.

「Searching for moral dumbfounding: identifying measurable indicators of moral dumbfounding」, Cillian McHugh, Marek McGann, Eric R. Igou & Elaine L. Kinsella, 『Collabra: Psychology』, 2017.

「Three Laws of Robotics」, 〈Wikipedia〉.

11장. 진화심리학과 이데올로기

가. 과학의 교권과 도덕의 교권

나는 이데올로기도 결국은 도덕철학의 문제라고 본다. 무엇이 도덕적으로 옳은지 따져야 한다. 그렇다면 과학과 이데올로기의 관계를 해명하려는 사람은 우선 과학과 도덕의 관계를 살펴야 할 것이다.

교권 개념은 스티븐 제이 굴드의 『Rocks of ages(만세 반석)』에서 빌려왔다. 하지만 교권 개념을 굴드와 똑같이 쓰지는 않겠다. 종교가 과학의 교권에도 참견하고 도덕의 교권에도 참견하는데도 굴드는 "도덕의 교권"과 "종교의 교권"을 동일시한다. 기독교 성경에는 신이 인간을 비롯한 온갖 종을 현재의 형태로 직접 창조했다고 써 있다. 이것은 과학의 교권에 대한 주장이다. 성경에는 동성애자를 죽이라고 써 있다(레위기 20:13). 이것은 도덕의 교권에 대한 주장이다. 그런데도 종교의 교권을 도덕의 교권과 동일시하면 과학에 교권에 대한 종교의 수많은 참견들이 묻히게 된다. 또한 종교의 교권과 도덕의 교권을 동일시하면 종교적 도덕관을 매우 싫어하는 사람들의 도덕철학이 묻히게 된다. 과학의 교권에서는 현상을 제대로 설명하려 하고, 도덕의 교권에서는 어떻게 사는 것이 도덕적으로 바람직한지 따진다. 도덕의 교권을 "가치 또는 도덕을 다루는 영역"으로 정의할 수 있어 보인다. 하지만 이런 식으로 정의하면 헷갈리기 쉽다. 윤리학은 가치 또는 도덕을 다루는 학문이다. 그렇다면 윤리학은 도덕의 교권에 속하는 걸까? 절반만 그렇다.

윤리학을 기술(descriptive) 윤리학(도덕 심리학, 도덕 사회학)과 규범(normative) 윤리학(도덕철학)으로 나눌 수 있다. 도덕 심리학과 도덕 사회학에서는 왜 인간에게는 양심이나 죄책감이 있는지, 왜 인간이 대체로 도덕적으로 사는지, 왜 도덕규범을 어기는 사람은 비난과 처벌을 받는지, 왜 사이코패스는 지독하게 부도덕한지, 왜 사회마다 도덕규범이 상당히 다른지를 과학적으로 해명하려고 한다. 따라서 가치와 도덕을 다룸에도 불구하고 과학의 교권에 속한다. 규범 윤리학 또는 도덕철학에서는 어떻게 사는 것이 도덕적으로 바람직한지 따진다. 따라서 도덕의 교권에 속한다. 엄밀히 말하자면, 도덕철학에서 규범 윤리학 말고도 다른 것들도 다루기 때문에 둘을 완전히 동일시할 수는 없을 것이다. 윤리학을 기술 윤리학과 규범 윤리학으로 나눌 수 있듯이 경제를 다루는 학문도 기술 경제학(경제학)과 규범 경제학(경제 철학, 경제 이데올로기)으로 나눌 수 있다. 기술 경제학에서는 경제 현상을 과학적으로 해명하려고 한다. 규범 경제학은 어떤 경제 체제가 바람직한지 따진다. 마찬가지로 정치를 다루는 학문도 기술 정치학(정치학)과 규범 정치학(정치 철학, 정치 이데올로기)으로 나눌 수 있다. 기술 경제학과 기술 정치학은 과학의 교권에 속한다. 규범 경제학과 규범 정치학을 도덕의 교권에 포함시켜도 무방할 것 같다. 왜냐하면 대체로 규범 경제학에서는 도덕적으로 바람직한 경제 체제를 추구하고 규범 정치학에서는 도덕적으로 바람직한 정치 체제를 추구하기 때문이다.

과학과 관련된 모든 것이 과학의 교권에 속하는 것은 아니다. 연구 윤리는 도덕의 교권에 속한다. 예컨대 "과학 연구를 위해 사람의 목숨을 위태롭게 해서는 안 된다", "사람을 죽이거나 고문하는 기술에 대한 연구를 제한해야 한다"와 같은 규범은 도덕의 교권에 속한다.

요컨대, 도덕이나 가치를 다룬다고 해서 곧 도덕의 교권에 속하는 것도 아니며 과학과 관련 있다고 해서 곧 과학의 교권에 속하는 것도 아니다. 교권을 나눌 때에는 무엇을 다루는지만 살펴서는 충분하지 않다. 그것을 어떻게 다루는지를 살펴야 한다. 즉 현상을 기술하거나 설명하려 하는지, 아니면 무엇이 도덕적으로 바람직한지 따지려고 하는지 살펴야 하는 것이다.

〈참고 문헌〉

『Rocks of ages: science and religion in the fullness of life』, Stephen Jay Gould, Ballantine Books, 1999.

나. 도덕 공리와 도덕 정리

수학자들이 어떤 정리(theorem)가 옳다는 것을 보여주는 과정을 증명(proof)이라고 한다. 하지만 모든 수학 명제가 증명될 수는 없다. 증명을 포기하고 "그냥 옳다"라고 말할 수밖에 없는 수준에 부딪치기 마련이다. 수학자들은 그런 명제를 공리(axiom)라고 부른다.

이미 2천여 년 전에 유클리드(Εὐκλείδης, Euclid, 에우클레이데스) 기하학이 정립되었는데 유클리드 기하학의 강력함은 몇 개의 공리들로 이루어진 공리 체계에서 시작하여 수많은 정리들을 증명하였다는 점에 있다. 유클리드 기하학은 5개의 공리로 이루어져 있다. 그 중에 마지막 공리인 평행선 공리가 말썽이었다. 수학자들이 보기에 이 공리에는 완전히 자명하다고 보기에는 뭔가 찜찜한 구석이 있었다. 그리하여 2천 년 동안 4개의 공리들로부터 5번째 공리를 도출해 내려고 기를 썼다. 그렇게 되면 평행선 공리가 사실은 평행선 정리라는 것이 드러나는 것이며 찜찜함은 사라질 것이다.

하지만 결국 수학자들은 5번째 공리가 나머지 4개의 공리들과는 독립적임을 밝혀냈다. 4개의 공리로는 5번째 공리를 증명할 수도 반증할 수도 없는 것이다. 일부 수학자들은 5번째 공리를 다른 식으로 바꾸어서 기하학 체계를 만들었고 이것은 비유클리드(non-Euclidean) 기하학이라고 불린다. 처음에는 비유클리드 기하학이 찜찜한 기하학으로 여겨졌지만 유클리드 기하학만큼이나 탄탄하다는 것이 밝혀졌다. 만약 유클리드 기하학에 내적 모순이 없다면 비유클리드 기하학에도 내적 모순이 없음이 증명되었다고 한다. 또한 비유클리드 기하학은 일반 상대성 이론에서 실제로 쓰이고 있다.

수학에서 힌트를 얻은 듯한 도덕 공리(moral axiom)라는 말을 누가 처음 쓰기 시작했는지는 잘 모르겠으나 헨리 시지윅(Henry Sidgwick, 1838~1900)이 이미 19세기에 썼다. 하지만 나는 시지윅이나 다른 학자의 글을 읽고 도덕 공리라는 말을 쓰는 것이 아니다. 어쨌든 수학에서 공리와 정리라는 용어를 빌려와서 도덕 공리와 도덕 정리(moral theorem)라는 용어를 쓸 생각이다. 도덕 공리와 근본 규범(fundamental norm)은 동의어이며, 도덕 정리와 파생 규범(derived norm)도 동의어다.

도덕 공리는 수학 공리와 마찬가지로 "그냥 옳다"고 가정된다. 즉 정당화를 포기한다. 유클리드 기하학과는 상당히 다른 비유클리드 기하학이 있듯이 도덕 공리들이 서로 다른 도덕 체계들이 존재할 수 있다. 수학에서와 마찬가지로 도덕 정리의 경우에도 "증명"이 필요하다. 물론 수학에서와 같은 엄밀한 증명이라기보다는 유도에 가깝겠지만 말이다. 도덕 공리(근본 규범)에서 도덕 정리(파생 규범)가 유도되는 것이다.

모방자(meme)는 유전자(gene) 개념에서 힌트를 얻어서 만든 개념이다. DNA로 이루어진 유전자의 경우에는 매우 깔끔한 이론들로 이루어진 개체군 유전학이 가능할 만큼 명료한 면이 있다. 반면 모방자의 경우에는 그렇게 깔끔하지 않다. 그렇다 해도 나는 모방자라는 개념이 쓸모없다고 생각하지는 않는다. 도덕 공리와 도덕 정리라는 개념이 수학의 공리와 정리처럼 깔끔하지는 않지만 마찬가지로 쓸모가 있을 것 같다.

수학 공리와 도덕 공리에 어떤 차이가 있는지를 살펴보자. 그래야 도덕 공리와 도덕 정리라는 개념의 한계를 명확히 할 수 있으며 남용하지 않을 수 있다.

첫째, 수학 공리에서 수학 정리를 유도하는 증명 과정은 사실상 완벽하다. 반면 도덕 공리에서 도덕 정리를 유도하는 과정은 그렇지 못하다. 특히 도덕 공리 체계가 양적인 문제를 잘 처리할 수 있을지 의문이다. 우리는 보통 도둑질을 나쁘다고 보지만 사람의 목숨을 구하기 위한 도둑질(다른 방법이 없을 때)은 오히려 선행이라고 보기도 한다. 도둑질 자체는 나빠도 어떤 선한 목적을 위한 것이기 때문에 용납되는 것이다. 이 때 그 선한 목적이 얼마나 중대한 것인가가 결정적으로 중요하다. 즉 양적인 문제가 개입된다.

둘째, 수학의 어떤 공리 체계에서 각각의 공리는 다른 공리들과는 독립적이다. 예컨대 어떤 공리 체계에 공리 A, B, C, D가 있다면 A, B, C에서 출발하여 D가 참임을 증명할 수도 거짓임을 증명할 수도 없다. 그렇기 때문에 공리들 사이에 모순이 없다. 반면 깔끔하지 못한 도덕 공리들 사이에는 어느 정도는 상호 충돌이 존재할 수 있을 것이다.

셋째, 수학 공리는 매우 명확하게 기술할 수 있다. 반면 도덕 공리는 애매할 수 있다. 예컨대 많은 도덕 체계에서 "인간"이라는 개념이 쓰인다. 그런데 인간이라는 개념 자체가 애매하다. 우리의 직계 조상을 계속 거슬러 올라가 보자. 언제부터 인간인가?

〈참고문헌〉

「Henry Sidgwick」 Barton Schultz, 〈Stanford Encyclopedia of Philosophy〉.

다. 도덕적 주관론과 도덕적 불간섭주의

5장의 〈고전적 합리성과 생태적 합리성: 강간은 합리적인가 또는 정상인가〉에서 "인식론적 객관론", "인식론적 회의론", "도덕적 객관론", "도덕적 주관론"을 어떻게 정의했는지 다시 살펴보자. 압도다수 과학자들과 대다수 과학철학자들은 인식론적 객관론을 지지한다. 세상에 객관적 "과학 진리"가 있으며 과학적 방법론을 적용하여 그 진리에 다가갈 수 있다고 믿는다. "진리"라는 단어를 피하는 과학철학자들이 다른 식으로 표현하기도 하지만 대충 그런 이야기다.

인식론적 객관론이 지배하는 물리학계에서는 근본적인 물리 법칙에 따라 우주가 돌아가는 것이며, 상대성 이론과 양자역학이 그 근본적 물리 법칙에 상당히 근접했다고 본다. 상대성 이론에 비해 뉴턴 물리학이 열등하다는 점과 상대성 이론에 비해 점성술이 열등하다는 점이 충분히 입증되었다고 본다. 인식론적 회의론자들은 상대성 이론이나 양자역학이나 뉴턴 물리학이나 점성술이나 세상에 대한 주관적 의견에 불과하며 어느 쪽이 옳은지 또는 어느 쪽이 우월한지 가릴 수 없다고 본다.

칸트를 비롯한 일부 도덕철학자들은 도덕적 객관론을 지지한다. 합리성을 통해 "과학 진리"에 가까워질 수 있듯이 "도덕 진리"에도 가까워질 수 있다고 본다. 도덕적 주관론자들에 따르면 도덕 체계는 규범에 대한 주관적 의견일 뿐이기에 근본적 수준에서는 어느 쪽이 옳은지 가릴 수 없다.

외계인 수천 명이 우주선을 타고 지구를 방문한다. 영화 〈인디펜던스 데이〉나 〈지구가 멈추는 날〉에 나오는 외계인과는 달리 지구를 정복하거나 멸망시키려고 온 것이 아니다. 그들이 원하는 것은 지구인들과 차분하게 대화를 나누는 것이다. 몇 년 간의 탐색 기간을 거쳐서 지구인들과 외계인들이 상대방의 언어를 충분히 배워서 깊이 있게 의사소통할 수 있게 된다.

외계인과 지구인이 수학, 과학, 규범 윤리학에 대한 대화를 나누면 어떤 일이 벌어질까? 그들의 수학은 지구인의 수학과 얼마나 비슷할까? 그들의 과학은 지구인의 과학과 얼마나 비슷할까? 그들의 규범 윤리학은 지구인의 규범 윤리학과 얼마나 비슷할까?

그들의 학문이 우리의 학문과 똑 같을 수는 없을 것이다. 그들의 생물학은 지구인의 생물학과 다를 수밖에 없다. 외계인이 사는 행성에는 영장류나 조류가 없기 때문에 영장류학이나 조류학이 있을 리 없다. 설사 그 행성에 지구의 영장류와 매우 흡사한 동물이 있다 하더라도 엄밀한 의미에서는 영장류가 아니다. 또한 그들의 물리학은 우리의 물리학보다 훨씬 발달해서 우리가 꿈꾸고 있는 초끈 이론의 방정식 완결판이 이미 물리학 교과서에 실려 있는지도 모른다.

하지만 인식론적 객관론을 지지하는 나는 본질적인 수준에서는 그들의 과학과 우리의 과학이 같다고 본다. 만약 그들이 지구에 머물면서 조류를 연구한다면 우리의 조류학과 수렴할 것이다. 만약 이견이 있다 하더라도 서로 논쟁을 벌이면서 이견을 줄일 수 있을 것이다. 이것은 지구의 생물학자들 사이에서 이견을 줄일 수 있었던 것과 본질적으로 다르지 않다. 과학에서는 논리적으로 일관성 있고 실증적으로 잘 검증된 이론이 결국 승리한다. 양측 모두 충분히 똑똑하다면 더 나은 이론을 지지하는 쪽이 논쟁과 실험을 통해 결국 상대방을 설득할 수 있다.

만약 그들이 자기 행성의 물리학 교과서에 실린 "초끈 이론" 방정식을 소개하면서 그것이 양자역학보다 낫다는 점을 어떤 실험을 통해 밝힐 수 있는지 알려준다면, 지구의 물리학자들도 결국 그들의 이론을 받아들일 것이다. 물론 그런 실험을 위해 필요한 장치를 만드는 데 10년이 걸린다면 10년 동안 기다려야겠지만 말이다.

나는 그들의 수학도 우리의 수학과 본질적인 수준에서는 다를 바 없다고 본다. 물론 그들의 수학이 우리보다 훨씬 더 발전했을 것이다. 하지만 어떤 정리를 우리의 수학자에게 소개하면서 그 증명 과정까지 상세히 알려준다면 우리의 수학자도 조만간 납득할 것이다. 그들의 수학에는 우리에게 없는 공리 체계가 있을지도 모른다. 하지만 지구의 수학자들이 그 공리 체계와 증명 과정을 이해할 수 있다면 그것이 탄탄한 수학임을 인정할 것이다.

규범 윤리학에 대한 이야기가 나오면 어떨까? 도덕적 객관론자인 칸트(적어도 칸트의 저작이 도덕적 객관론으로 해석될 때가 많다)는 수학이나 과학과 마찬가지로 도덕 체계도 순전히 이성의 힘으로 만들어낼 수 있다고 보았다. 따라서 칸트는 외계인의 도덕도 인간의 도덕과 본질적인 수준에서는 같다고 볼 것이다. 물론 외계인의 물리학과 인간의 물리학이 다를 수 있는 것과 마찬가지로 그들의 도덕 체계와 우리의 도덕 체계가 다를 수 있다. 하지만 우월한 물리학 이론을 가진 쪽이 열등한 물리학 이론을 가진 쪽을 합리적으로 설득할 수 있는 것과 마찬가지로, 우월한 도덕 체계 즉 더 합리적인 도덕 체계를 가진 쪽이 열등한 도덕 체계 즉 덜 합리적인 도덕 체계를 가진 쪽을 설득할 수 있을 것이다.

도덕적 주관론을 지지하는 내 생각은 다르다. 인간의 도덕 체계는 기본적으로 인간의 진화 역사를 반영한다. 마찬가지로 외계인의 도덕 체계는 기본적으로 외계인의 진화 역사를 반영한다. 물론 두 진화 역사가 우연히도 놀랍도록 비슷해서 두 체계 사이에 사실상 차이가 없을 가능성도 있다. 하지만 두 행성의 진화 역사가 상당히 다르며, 그렇기 때문에 도덕성도 어느 정도는 다르게 진화했다고 보는 것이 더 자연스럽다.

친족선택이나 상호적 이타성의 논리가 양쪽의 진화에서 모두 작용했기 때문에 비슷한 점도 많을 것 같기는 하다. 하지만 양쪽의 진화 역사가 완벽하게 일치할 리 없기 때문에 약간이라도 차이가 있을 것이다. 도덕 공리는 수학 공리와 마찬가지로 그냥 옳다고 가정하는 것이다. 어떤 합리적 근거를 댈 수가 없다. 만약 우리의 도덕 공리와 외계인의 도덕 공리가 서로 다르다면 합리적 토론으로 누가 옳은지 가릴 수 없다는 것이 내 입장이다. 이것이 도덕철학과 관련하여 칸트와 내가 의견을 달리하는 지점 중 하나다.

이렇게 도덕과 과학의 성격이 다르기 때문에 도덕의 교권과 과학의 교권을 구분하는 것이 중요하다고 생각한다. 만약 칸트의 생각처럼 도덕의 영역과 과학의 영역 모두에서 합리적 이성의 힘으로 근본적인 수준의 이견까지 해결할 수 있다면 두 교권의 구분이 덜 중요해질 것 같다.

수학에서도 여러 공리 체계가 있다는 점을 지적하면서 "외계인의 수학과 지구인의 수학은 본질적인 수준에서 같지만, 외계인의 도덕과 지구인의 도덕은 본질적인 수준에서도 같지 않다"라는 내 주장을 비판할 사람도 있을 것 같다. 어떤 점 P(P는 m 위에 있지 않다)를 지나면서 어떤 직선 m과 만나지 않는 직선은 몇 개인가? 유클리드 기하학에서는 그런 직선은 단 하나라고 가정하고, 타원 기하학(elliptic geometry)에서는 하나도 없다고 가정하고, 쌍곡 기하학(hyperbolic geometry)에서는 무수히 많다고 가정한다. 세 기하학이 서로 모순되는 공리에서 시작하는 것이다. 이렇게 수학에서 서로 모순되는 공리에서 시작하는 여러 공리 체계가 존재할 수 있음에도 외계인의 수학과 인간의 수학이 본질적인 수준에서는 같다고 본다면, 서로 모순되는 도덕 공리에서 시작하는 외계인의 도덕과 인간의 도덕도 본질적인 수준에서는 같다고 보아야 하지 않을까? 하지만 수학과 도덕에는 중대한 차이가 있다. 수학에서는 유클리드 기하학과 비유클리드 기하학(타원 기하학과 쌍곡 기하학)이 평화롭게 공존할 수 있다. 수학자가 오늘은 유클리드 기하학을 연구하고 내일은 비유클리드 기하학을 연구한다고 해도 문제될 것이 없다. 그리고 필요에 따라 오늘은 유클리드 기하학을 이런 과학이나 기술에 응용하고 내일은 비유클리드 기하학을 저런 과학이나 기술에 응용할 수 있다. 기하학을 여러 개 배워야 하기 때문에 피곤하겠지만 이것은 본질적인 문제가 아니다.

반면 도덕철학자가 오늘은 "강간은 악이다"라는 도덕 공리를 받아들여서 강간하는 사람을 처벌하자고 주장하고, 내일은 "강간은 악이 아니다"라는 도덕 공리를 받아들여서 강간하더라도 처벌하지 말아야 한다고 주장하면서 산다면 뭔가 대단히 이상하다. 도덕철학자가 여러 가지 도덕 공리 체계를 검토할 수는 있지만 서로 양립할 수 없는 두 도덕 공리 체계를 모두 지지할 수는 없는 노릇이다.

도덕철학자가 "나는 강간은 악이라는 도덕 공리를 받아들이겠다. 하지만 강간은 악이 아니라는 도덕 공리를 받아들이는 다른 사람의 의견도 존중하겠다"라고 말하는 것도 이상하다. 그 도덕철학자의 생각이 무엇을 함의하는지 좀 더 깊이 들여다보면, 이것이 왜 이상한지 분명하게 드러난다. 그 사람은 이런 식으로 말하는 처지에 빠지게 된다.

나는 강간은 악이라는 도덕 공리를 받아들인다. 따라서 강간한 사람을 처벌해야 한다고 생각한다. 하지만 나는 강간은 악이 아니라는 도덕 공리도 존중한다. 따라서 강간한 사람을 처벌해서는 안 된다고 생각한다.

아니면 이런 식이 될 수 있다.

강간이 악이라는 도덕 공리를 받아들이는 사람이 강간을 할 때는 처벌하고, 강간이 악이 아니라는 도덕 공리를 받아들이는 사람이 강간을 할 때는 처벌하지 말자.

위에서는 외계인 이야기를 했지만 굳이 외계인까지 끌어들일 필요도 없다. 자기 부족 사람은 함부로 죽이면 안 되지만 다른 부족 사람은 잡아먹어도 된다고 보는 식인종, 사람은 함부로 죽이면 안 되지만 동물은 잡아먹어도 된다고 보는 평범한 한국인, 사람도 동물도 잡아먹어서는 안 된다고 보는 전투적(?) 채식주의자가 있다고 하자. 합리적인 토론을 통해 어느 쪽이 옳은지 가릴 수 있을까? 나는 없다고 본다.
유클리드 기하학과 비유클리드 기하학이 평화롭게 공존하듯이 식인종과 평범한 한국인이 평화롭게 공존할 수 있을까? 나는 없다고 본다. "사람을 잡아먹어서는 안 된다"라고 주장하는 평범한 한국인은 "경기도 사람이 경기도 사람을 잡아먹어서는 안 되지만 경기도 사람이 충청도 사람을 잡아먹어도 된다"라고 주장하는 식인종과 평화롭게 공존할 수 없다.
도덕적 주관론자인 나는 도덕의 교권에는 합리성으로 결판날 수 없는 것들이 있으며, 그것들은 결국 그 사람의 도덕적 입장 또는 도덕적 취향을 반영한다고 생각한다. 나는 "취향"보다는 "입장"이라는 용어가 더 적절하다고 본다. 왜냐하면 "취향"이라는 단어가 "도덕적 불간섭주의"로 해석될 수 있기 때문이다. 나는 도덕적 불간섭주의를 대략 다음과 같은 뜻으로 썼다:

> 세상에 도덕 진리 따위는 없다. 어쨌든 "강간은 악이다"가 나의 도덕적 취향에 맞는다. 당신은 "강간은 악이 아니다"가 당신의 도덕적 취향에 맞는다고 이야기했다. 서로 취향을 존중하자. 나는 되도록 강간을 안 할 것이다. 하지만 당신의 취향을 존중하기 때문에 당신이 강간을 하더라도 도덕적으로 비난하거나 처벌하자고 나서지는 않을 것이다. 서로의 취향을 존중하기 위해서는 강간죄 처벌을 담은 형법 조항이 폐지되어야 한다.

사실 "서로의 취향을 존중하기 위해서는 강간죄 처벌을 담은 형법이 폐지되어야 한다"라는 말은 도덕적 불간섭주의와 모순되는 측면이 있다. "강간죄 처벌을 담은 형법을 유지해야 한다"라는 취향이 배제되기 때문이다. 이런 점을 고려해 볼 때, 도덕적 불간섭주의를 일관되게 추구하기는 힘들 것 같다.

나는 도덕적 불간섭주의자가 아니다. 따라서 나의 도덕적 입장을 관철하려 할 것이다. 물론 힘 센 자가 악행(물론 나의 도덕적 입장에서 볼 때 악행이다. 객관적으로 악행인 것이 아니라)을 저질렀을 때 쫄아서 가만히 있을 수도 있지만, 이것은 나의 도덕철학적 입장과는 별개의 문제다. 만약 세상에 객관적 도덕 진리가 있다면, 그리고 "강간은 악이다"가 그 도덕 진리에 포함되어 있다면, 강간한 남자에게 이렇게 이야기할 수 있을 것 같다. "객관적 도덕 진리에 따르면 강간은 악행이다. 따라서 당신을 처벌하겠다." 하지만 강간한 남자가 "왜 강간이 악행이라는 명제가 도덕 진리라는 이유로 나를 처벌해야 하는데?"라고 반문할 수도 있을 것이다. 여기에서 이와 관련된 복잡한 이야기까지 하지는 않겠다.

만약 도덕 공리의 수준에서 무엇이 옳은지 합리적 논쟁을 통해 가릴 수 없다면, 어떻게 남들에게 자신의 도덕적 입장을 관철할 수 있단 말인가? 도덕적 주관론은 도덕적 불간섭주의로 이어질 수밖에 없는 것이 아닐까? 이것을 걱정하는 사람들도 있다.

하지만 아주 간단한 길이 있다. 폭력을 쓰면 된다. 만약 나의 도덕 체계에 "어떤 일이 있어도 폭력을 쓰면 안 된다"라는 도덕 명제가 있다면, 나와 도덕적 입장이 다른 사람에게 폭력을 쓰면 모순이 생길 것이다. 하지만 나는 때로는 폭력을 써도 된다고 생각한다. 만약 나의 도덕 체계에 "남의 도덕 체계를 매우 존중해야 한다"라는 도덕 명제가 있다면, 나와 도덕적 입장이 다른 사람에게 폭력을 쓰면 모순이 생길 것이다. 하지만 나는 때로는 남의 도덕 체계를 무시해도 된다고 생각한다. 나는 도덕적 주관론자이지만 도덕적 불간섭주의자는 아니다. 내가 도덕적 주관론자라고 해서 규범 윤리학(도덕철학) 논쟁에서 합리성을 무시해도 된다고 생각하는 것은 아니다. 나는 규범 윤리학에서 합리성이 매우 중요하다고 생각한다. 게다가 규범 윤리학에서 과학도 중요하다고 본다. 나는 규범 논리학 논쟁에서 논리와 실증을 중시한다. 물론 주관론자이기 때문에 도덕철학에는 합리성으로 해결할 수 없는 것도 있다고 생각한다.

라. 자연주의적 오류와 자연의 섭리

힐러리 로즈 & 스티븐 로즈에 따르면 진화심리학은 남자의 바람기, 친족 편애, 공격성을 정당화한다.

> 그리고 물론 남자의 '바람기(philandering, 호색행각)'와 여자의 '수줍음(coyness, 내숭)'을, 그리고 사취자(cheater)를 적발하고, 유전적 친족을 편애하고, 공격적으로 될 수 있는 우리의 소질(capacity)을 정당화하는(legitimizing)

주장들처럼 더 심각한 것들도 있다. 진화심리학자들은 이 모든 것을 생물학적 적응들-즉 우리 조상들의 유전자의 생존을 돕도록, 따라서 그 증식을 돕도록 인간의 진화 과정에서 자연선택된 행동들-로 확인했으며 설명했다고 주장한다. (『Alas poor Darwin』, 2쪽)

셰릴 브라운 트래비스(Cheryl Brown Travis)에 따르면 진화심리학은 남녀 간 분업과 남자들의 특권을 정당화한다.

젠더 역할에 대한 고정관념이 미국 문화에서 대체로 애지중지된다. 여러 대중서에서 본유적이고 고정된 젠더 차이에 대한 그 같은 관념을 상당히 성공적으로 이용해먹었다. 여자와 남자가 사실상 다른 행성에서 유래했다는 아이디어가 너무나 성공적인 마케팅 아이디어였기에, 일련의 책들에서 반복적으로 이용되었으며, 심지어 브로드웨이 원맨쇼의 기반이 되었다. 이런 책들은 [남녀 간] 분업이 자연적이기에 정당하다고 안심시켜 주었다. 또한 그런 젠더 차이에 따라 불평등하게 정치적 특권을 주는 것에는 자연적 근거가 있다며 안심시켜 주었다. (『Evolution, gender, and rape』, 10쪽~11쪽)

무어(George Edward Moore)가 "자연주의적 오류"라는 용어를 만들어냈는데 진화심리학자들은 그의 정의를 그대로 따르지는 않는다. 게다가 진화심리학자들이 이 용어를 명료하게 정의해서 쓰지도 않는 것 같다. 'is(그렇다, 사실)'에서 'ought(그래야 한다, 당위)'를 이끌어낼 수 없다고 본 데이비드 흄(David Hume)의 주장과 연결시켜서 이 용어가 쓰이기도 한다. 자연적인(natural, 자연스러운) 것은 선한(good) 것이라고 보는, 자연을 끌어들인 정당화(appeal to nature)를 지칭하기도 한다. 오류(fallacy)라는 단어가 들어 있지만 논리적 오류인지 아니면 다른 의미의 오류인지도 애매하다. 여기에서 내 나름대로 자연주의적 오류 개념을 명확히 정의하거나 남들의 정의를 일일이 소개할 생각은 없다. 어느 정도 애매한 상태로 남겨둘 생각이다. 내가 애매함을 사랑하기 때문이 아니라 복잡한 논의를 회피하기 위해서다.

사실에서 당위를 이끌어내는 어떤 시도도 자연주의적 오류에 빠질 수밖에 없기 때문에 배격해야 한다고 주장하는 사람들이 있다. 나는 그렇게 생각하지 않는다. 여기에서 도덕 공리와 도덕 공리 개념이 도움이 될 것 같다. 나는 다음 사례에서 과학의 교권의 명제(사실 명제)가 도덕의 교권 명제(당위 명제)의 유도에 정당하게 쓰였다고 생각한다. 나는 이런 식의 도덕적 추론에서 자연주의적 오류를 범했다고 생각하지 않는다.

도덕 공리(전제 1): 인간의 목숨은 소중하다.

사실 명제(전제 2): 어린이는 지식과 판단력이 부족하기 때문에 농약을 아무 곳에나 두면 어린이가 마실 가능성이 있다.

사실 명제(전제 3): 인간이 농약을 마시면 죽을 수도 있다.

도덕 정리(결론): 농약은 어린이의 손에 닿지 않는 곳에 보관해야 한다.

"농약은 어린이의 손에 닿지 않는 곳에 보관해야 한다"라는 도덕 정리를 이끌어내는 데 사실 명제가 쓰였다. 하지만 "인간의 목숨은 소중하다"라는 도덕 공리도 있었기 때문에 그런 유도가 가능했다. 그리고 도덕 공리를 이끌어내기 위해 사실 명제가 쓰이지는 않았다. 도덕 공리는 공리이기 때문에 그냥 옳다고 가정된다. 나는 도덕 공리와 사실 명제가 결합하여 도덕 정리를 이끌어내는 것 자체에는 문제될 것이 없다고 본다.

실제로 식품 위생에 관련된 법률에서 과학 지식이 쓰이고 있다. 어떤 물질이 몸에 얼마나 해로운지에 대한 과학 명제에서 출발하여 해당 물질을 식품에 사용하는 것을 제한하는 규정(당위 명제)으로 이어진다. 음주 운전을 금지하는 법은 알코올이 운전 능력에 끼치는 영향에 대한 과학 명제에 의존하고 있다. 일상생활이나 법률에서 과학 명제가 파생 규범(도덕 정리)의 유도에 쓰이는 사례는 아주 많다.

나는 과학을 이런 식으로 적용하는 것 자체에는 반대하지 않는다. 다만 과학 명제가 엉터리가 아니어야 하며, 과학 명제에서 도덕 정리를 이끌어내는 과정에 적어도 심각한 논리적 오류는 없어야 할 것이다. 과학의 교권과 도덕의 교권을 구분할 수 있으며 그 경계를 존중해야겠지만, 그 경계를 완전히 막아 놓아서는 안 된다는 것이 내 입장이다. 이것은 외교 관계를 맺은 두 국가의 관계와 비슷하다. 두 국가 사이의 국경선은 존중되지만 적법한 절차에 따라 발급된 비자가 있다면 왕래를 할 수 있다.

진화심리학이 강간을 정당화한다고 주장하는 사람들이 있다. 하지만 진화심리학자가 진화심리학 가설이나 이론에서 출발하여 "강간은 정당하다"라고 주장한 사례를 나는 한 번도 본 기억이 없다. 다음과 같은 식으로 주장하는 저명한 진화심리학자가 있다면 한 번 대 보시라.

전제: 강간 실행 기제가 남자에게 진화했다.

결론: 강간은 정당하다.

강간이 정당하다고 주장하는 사람을 찾는 것 자체가 지극히 힘들다. 영화에 등장하는 사이코패스나 그런 소리를 한다. 그럼에도 불구하고 진화심리학 비판자들은 진화심리학이 강간을 정당화할까봐 노심초사한다. 걱정도 팔자다. 반면 사실 명제를 끌어들여 동성애를 비난하는 사람들은 꽤 많다. 예컨대, 다음과 같은 식이다.

전제: 이성애가 자연적이다.

결론: 동성애는 악이다.

진화론을 끌어들이면 다음과 같을 것이다.

전제: 자연선택에 의해 인간은 이성애적 섹스와 사랑을 하도록 진화했다.

결론: 동성애는 악이다.

도덕 공리와 도덕 정리 개념을 끌어들이자면 다음과 같은 식일 것이다.

도덕 공리(전제 1): 자연의 섭리를 따라야 한다.

사실 명제(전제 2): 자연선택에 의해 인간은 이성애적 섹스와 사랑을 하도록 진화했다.

사실 명제(?)(결론 1): 이성애가 자연의 섭리에 부합한다.

도덕 정리(결론 2): 동성애는 자연의 섭리에 어긋나기에 악이다.

나는 위에 제시한 세 가지 도덕적 추론에서 자연주의적 오류를 범했다고 생각한다. 자연선택에 의해 이성애가 진화했다는 사실 명제에서 시작하여 어떤 도덕 명제도 추가하지 않고 동성애가 악이라는 도덕 명제를 유도하는 추론(?)에는 비약이 있다. 이성애가 진화했다는 사실에서 동성애가 악이라는 당위가 왜 추론되는지 이유를 알 수 없다.

자연의 섭리를 따라야 한다는 도덕 공리에서 시작한 도덕적 추론의 경우에는 나름대로 추론의 형식은 갖추었기에 그럴 듯해 보이기도 한다. 하지만 여기에는 적어도 두 가지 심각한 문제가 있다.

첫째, 무엇이 자연의 섭리인지가 너무나 애매하다. 나는 도덕 명제가 수학 명제만큼 엄밀할 수는 없다고 본다. 하지만 "자연의 섭리"는 애매함의 정도나 지나치다.

만약 근본적인 물리 법칙을 자연의 섭리라고 본다면, "자연의 섭리를 따라야 한다"라는 도덕 명제에는 사실상 아무 의미가 없다. 적어도 나 같은 유물론자에게는 의미가 없다. 예수가 시도 때도 없이 근본적 물리 법칙을 어길 수 있다고 믿는 사람이라면, 물 위를 걷는 예수에게 달려가서 왜 자연의 섭리를 어기냐고 따질지도 모르겠다. 그런 사람이라면 교통순경이 교통 법규를 어긴 사람에게 "교통 딱지"를 끊듯이 "물리 법칙 순경"이 물리 법칙을 어기는 초능력자에게 "물리 딱지"를 끊어야 한다고 주장할지도 모르겠다.

만약 근본적 물리 법칙이 자연의 섭리가 아니라면 무엇이 자연의 섭리인가? 자연선택에 의해 진화한 심리기제가 자연의 섭리인가? 동성애가 악이라는 위의 추론을 지지하는 사람들은 그렇게 생각하는 듯하다. 여기에 대해서는 강간에 대한 이야기로 응수해 보겠다. 논의의 편의상 남자에게는 강간 실행 기제가 진화했으며, 여자에게는 강간 방어 기제가 진화했으며, 남녀 모두에게는 "강간은 악이다"라고 보도록 만드는 도덕적 판단 기제가 진화했다고 가정해 보자. 그렇다면 강간을 하는 것이 자연의 섭리에 부합하는 것인가, 강간을 당하지 않도록 방어하는 것이 자연의 섭리인가, 강간을 악이라고 생각하는 것이 자연의 섭리인가?

둘째, 왜 자연의 섭리에 따라야 하는가? 자연에는 속임수, 폭력, 착취, 편애, 갑질, 살생, 기생 등이 만연하다. 어떤 행동이 유전자 복제에 도움이 된다면 그런 행동을 하도록 진화하는 경향이 있다.

대체로 이성애가 동성애에 비해 유전자 복제에 도움이 된다. 수컷끼리 또는 암컷끼리 섹스를 아무리 많이 해도 임신이 이루어지지 않기 때문이다. 이런 이유 때문에 자연선택에 의해 동성애가 아니라 이성애가 인간 짝짓기 심리의 표준으로 자리 잡은 듯하다. 온갖 종의 동물들이 자신의 이득을 위해 남에게 폭력을 쓴다. 폭력을 써서 자신보다 힘이 약한 자를 착취하면 이득을 볼 수 있기 때문이다. 만약 이성애가 진화했다는 이유로 이성애를 장려해야 한다고 생각한다면 속임수, 폭력, 착취 등도 진화했으니 그런 것들도 장려해야 할 것이다. 만약 이성애가 자연의 섭리에 부합한다면서 동성애가 악이라고 주장하고 싶다면, 폭력도 자연의 섭리에 부합하기에 "자신보다 힘이 약한 자에게 절대로 폭력을 쓰지 않고 늘 착하게 사는 것"도 악이라고 주장해야 일관성이 있다.

어떤 사람이 자연의 섭리에 대해 들먹이면서 개미처럼 공동체를 위해 헌신하고, 어미 침팬지처럼 자식을 정성스럽게 돌보고, 보노보처럼 평화롭게 살고, 벌처럼 열심히 일해야 한다고 주장한다고 하자. 그 사람이 정말로 자연의 섭리를 존중하는 걸까? 오히려 엄청나게 다양한 자연 현상들 중에서 자신의 도덕적 입장에 부합하는 것들만 골라서 부각하는 것 같다. 만약 정말로 자연의 섭리를 따르려고 결심했다면 엄청난 고뇌에 빠질 것이다. 왜냐하면 자연에는 섹스 중에 짝을 잡아먹는 암컷 사마귀도 있고, 새로 차지한 무리의 새끼들을 마구 죽이는 수사자도 있기 때문이다.

자연선택의 기준은 유전자 복제 또는 개체 번식이다. 우리가 유전자 복제를 도덕의 기준으로 삼아야 하나? 공리주의자가 "쾌락을 많이 만들어낼수록 선하다"라고 주장하듯이 "내 몸속에 있는 유전자가 더 많이 복제되도록 만들수록 선하다"라고 주장해야 하나? 이런 식이라면 콘돔 사용은 절대악에 가깝다. 고아를 입양하여 정성껏 키우는 것도 악이다. 의붓자식을 친자식만큼 사랑하는 것도 악이다. 나는 자연선택, 유전자 복제, 개체 번식을 도덕의 기준으로 삼는 것에 절대로 동의하지 않는다.

⟨참고 문헌⟩

「Introduction」, Hilary Rose & Steven Rose, 『Alas, poor Darwin: arguments against evolutionary psychology』, Hilary Rose & Steven Rose 편집, Vintage, 2001.

「Talking evolution and selling difference」, Cheryl Brown Travis, 『Evolution, gender, and rape』, Cheryl Brown Travis 편집, A Bradford Book, 2003.

마. 진화심리학이 기독교 근본주의가 내세우는 일부일처제를 자연스럽다고 보나?

마리 루티에 따르면 진화심리학은 기독교 근본주의와 닮았다. 기독교 근본주의가 내세우는 전통적인 가족 관계가 자연적인(natural, 자연스러운) 것이라고 진화심리학계에서 주장한다.

> 현 체제(status quo)를 방어하려는 사람들 – 기독교 근본주의자들이나 사회 문제에 대해 보수적인 진화심리학자들 – 이 전통적이고 가부장적인 젠더 배치가 인간의 성을 조직하는 유일하게 자연스러운(natural, 자연적인) 방식이라고 우리를 납득시키기 위해 그렇게 필사적인 이유는 바로, 남자와 여자, 이성애자와 동성애자를 막론하고 우리들 중 너무나 많은 이들이 그런 배치가 우리에게 별로 유익하지 않음을 알아차렸기 때문이 아닐까? 물론, 많은 여자들이 수줍음(coy)과는 거리가 먼 방식으로 행동하기를 선택하고, 많은 사람들이 자신의 성행동이 번식 목적과 거의 상관없다는 사실에 대해 점점 더 개방적으로 되는 시대에, 여자(female, 암컷)의 수줍음이라는 관념을, 번식을
> 위한 이성애적 짝짓기(coupling)의 신성함을 고취하기 위해 애쓰는 모습을 보면 애처로움까지 느껴지려 한다.
> (『나는 과학이 말하는 성차별이 불편합니다』, 141쪽[영어판 86~87쪽])

진화심리학에서 말하는 인간 본성을 자연적인 것이라고 봐도 될 것이다. 자연적인 것이 곧 정당하다고 보는 자연주의적 오류에 대해서는 위에서 살펴보았다. 설사 진화심리학자들이 특정한 형질이 자연적이라고 본다 하더라도, 그렇기 때문에 바람직하다고 생각하는 것은 아니다. 물론 진화심리학 이론 또는 가설을 내세우면서 "그러니까 정당하다"라고 주장하는 사람이 없는 것은 아니다. 하지만 진화심리학자들이 그런 사람들까지 책임져야 하는 것은 아니다. 상대성 이론을 들먹이면서 "모든 것은 상대적이니까 명예 살인이나 여성 할례도 나쁘다고 볼 수 없다"라고 주장하는 사람까지 아인슈타인이 책임져야 하나?

그런데 진화심리학계에서 기독교 근본주의자들이 내세우는 이성애적 일부일처제를 인간의 "자연 상태"로 보나? 절대 아니다.

첫째, 진화심리학자들은 사냥채집 사회의 짝짓기 체제는 일부다처제였다고 추정한다. 그것이 소위 "자연 상태"였다고 보는 것이다. 일부다처제는 기독교적 일부일처제와 거리가 멀다.

둘째, 진화심리학계에서는 남자가 유전적 자식의 수를 늘리기 위해 때로는 바람을 피우도록 진화했다는 가설이 인기 있다. 기독교 근본주의자들은 바람 피우는 남자를 이상적 남자라고 주장하지 않는다.

셋째, 진화심리학계에서는 여자가 좋은 유전자를 얻기 위해 때로는 바람을 피우도록 진화했다는 가설이 인기 있다. 기독교 근본주의자들은 좋은 유전자를 얻기 위해 여자가 바람을 피워한 한다거나 피워도 된다고 주장하지 않는다.

넷째, 만약 여자가 진화한 환경이 일부다처제 사회였다면, 여자가 때로는 열등한 남자를 남편으로 선택하기보다는 우월한 유부남의 두 번째 또는 세 번째 부인이 되는 것을 선택하도록 진화했다고 추정해 볼 수 있을 것이다.

다섯째, 결혼 관계를 계속 유지하는 것보다 이혼하는 것이 번식에 유리한 경우에는 이혼을 하도록 인간이 진화했다고 추정해 볼 수 있을 것이다.
여섯째, 남자가 때로는 여자를 임신시키기 위해 강간을 한다는 가설을 지지하는 진화심리학자들이 있다. 이것은 기독교의 일부일처제적 이상과는 거리가 멀어 보인다. 하긴 기독교 성경에 이와 부합하는 것처럼 보이는 구절이 있긴 하다.

> 만일 그들이 너희와 화평을 맺기로 하고 성문을 열거든 너희는 안에 있는 백성을 모두 노무자로 삼아 부려라. 만일 그들이 너희와 화평을 맺을 생각이 없어서 싸움을 걸거든 너희는 그 성을 포위 공격하여라. 너희 하느님 야훼께서 그 성을 너희 손에 부치실 터이니, 거기에 있는 남자를 모두 칼로 쳐죽여라. 그러나 여자들과 아이들과 가축들과 그 밖에 그 성 안에 있는 다른 모든 것은 전리품으로 차지하여도 된다. 너희 하느님 야훼께서 너희 원수들에게서 빼앗아주시는 전리품을 너희는 마음대로 쓸 수가 있다.
> (신명기 20:11~14, 공동번역 개정판)

성경에 따르면 여자를 "전리품으로 차지하여도 된"다. "전리품"이 남자의 섹스 요구에 동의하지 않는다면 강제로 해도 될 것이다. 전리품의 의견까지 존중할 필요는 없으니까. 코스미디스 & 투비는 남자가 다른 부족의 여자를 차지하기 위해 전쟁을 한다는 가설을 제시했다. 하지만 현대 사회에서는 기독교 근본주의자들도 이 구절을 인용하면서 여자들과 아이들을 전리품으로 차지해도 된다고 주장할 것 같지는 않다.
만약 진화심리학자들이 일부일처제라는 기독교 근본주의자들의 이상을 정당화하는 것에 목숨을 걸었다면 위에서 제시한 것과는 매우 다른 이야기를 했을 것이다. 위에서 제시한 진화심리학 가설들을 보면 진화심리학자들이 일부일처제를 무너뜨리겠다고 작정을 한 것 같다. 물론 진화심리학자들이 학문적인 탐구 과정에서 그런 가설들에 이른 것이 아니라, 루티의 말처럼 이데올로기적

저의 때문에 그랬다고 가정했을 때 그렇다는 말이다. 『나는 과학이 말하는 성차별이 불편합니다』에서 루티는 진화심리학이 기독교와 얼마나 친한지 여러 번 이야기한다. 하지만 진화심리학자들은 기독교의 창조론을 비웃을 뿐 아니라 일부일처제와 관련해서도 기독교인들이 바라는 이야기를 해 주지 않는다.

⟨참고 문헌⟩

『나는 과학이 말하는 성차별이 불편합니다: 진화심리학이 퍼뜨리는 젠더 불평등』, 마리 루티 지음, 김명주 옮김, 동녘사이언스, 2017.

『The age of scientific sexism: how evolutionary psychology promotes gender profiling and fans the battle of the sexes』, Mari Ruti, Bloomsbury Academic, 2015.

『The evolution of war and its cognitive foundations』, John Tooby & Leda Cosmides, 『Institute for Evolutionary Studies Technical Report 88-1』, 1988.

바. 과학의 가치중립성과 도덕주의적 오류

진화심리학이 이데올로기에 휘둘린다는 비판을 받으면 진화심리학 옹호자가 이렇게 응수하기도 한다. 진화심리학은 과학이다. 과학은 가치중립적이다. 따라서 가치 또는 이데올로기에 휘둘리지 않는다.

"과학의 가치중립성(value-neutrality of science)"이 여러 가지를 뜻할 수 있기 때문에 무슨 뜻으로 이야기하는 것인지 구체적으로 밝히지 않고 논쟁을 벌이다가는 서로 동문서답을 하게 될 수 있다. 과학의 가치중립성과 관련하여 적어도 여섯 가지 질문을 던질 수 있다. 즉 과학의 가치중립성에는 적어도 여섯 가지 의미가 있다.

첫째, 과학자가 연구 주제를 정할 때 도덕적 가치, 이데올로기, 이해관계 등에 영향을 받나?

둘째, 과학자가 가설을 검증할 때 도덕적 가치, 이데올로기, 이해관계 등에 영향을 받나?

셋째, 과학자의 연구 결과가 도덕적 가치, 이데올로기, 이해관계 등에 영향을 끼치나?

넷째, 과학자가 연구 주제를 정할 때 도덕적 가치, 이데올로기, 이해관계 등을 무시해야 하나? 또는 무시해도 되나?

다섯째, 과학자가 가설을 검증할 때 도덕적 가치, 이데올로기, 이해관계 등을 무시해야 하나? 또는 무시해도 되나?

여섯째, 과학자의 연구 결과가 도덕적 가치, 이데올로기, 이해관계 등에 영향을 끼쳐야 하나? 또는 끼쳐도 되나?

과학의 가치중립성은 보통 다섯째 항목을 뜻한다. 예컨대 "나는 생명을 더 많이 구하기 위해 생리학과 의학을 연구할 생각이다"라고 말하는 과학자에게 가치중립성을 어겼다고 시비를 거는 사람은 거의 없다.
다섯째 항목은 과학의 이상에 대한 질문이며, 둘째 항목은 과학의 현실에 대한 질문이다. 이런 점을 고려해 볼 때, 진화심리학 옹호자의 응수에는 문제가 있다. 진화심리학 비판자는 가치중립성과 관련하여 진화심리학이 과학의 이상에 미치지 못한다고 비판하는데 진화심리학 옹호자는 진화심리학의 현실이 아니라 과학의 이상을 들이대면서 반박하고 있기 때문이다. 비판자가 진화심리학의 현실을 비판했다면 옹호자는 진화심리학의 현실이 그렇지 않다고 반박해야 한다. 과학의 이상을 들이대면 안 된다.

과학자도 인간이다. 그리고 인간이 온갖 방면에서 인지 편향에 빠질 수 있다는 점은 20세기 심리학자들이 충분히 설득력 있게 보여주었다. 따라서 과학자가 도덕적 가치, 이데올로기, 이해관계 때문에 인지 편향에 빠져서 객관적이지 못하게 검증할 가능성을 완전히 부정할 수는 없다. 물론 인지 편향이나 자기 기만 때문이 아니라 의식적으로 남들을 속이는 과학자도 있다. 그리고 진화심리학자도 인간이다.

과학의 가치중립성을 여러 가지 방식으로 어길 수 있다. 과학자가 대기업의 입맛에 맞도록 연구 결과를 조작하여 돈을 챙길 수 있다. 여기에서는 도덕적 가치나 이데올로기보다는 금전적 이익이 개입된다. 흔히 일어나는 연구 부정 사례는 권위 있는 학술지에 논문을 실어서 출세하기 위해 연구 결과를 조작하는 것이다. 여기에서도 도덕적 가치나 이데올로기가 개입되지는 않는다.

자신이 받아들이는 도덕적 가치에 부합하는 방향으로 연구를 몰아가는 것을 "도덕주의적 오류(moralistic fallacy)"라고 한다. 결과의 평등에 집착하는 페미니스트가 "남자와 여자의 정신적 능력이 다르게 진화했을 리 없다", "남자와 여자의 성격이 다르게 진화했을 리 없다"라고 무턱대고 믿게 되는 식이다. 강간이 악이라는 믿음 때문에 남자의 강간 실행 기제가 진화했을 리 없다고 무턱대고 믿게 되는 식이다. 질투가 바람직하지 않다고 믿는 사람이 질투 기제의 진화 가설을 무턱대고 거부하게 되는 식이다.

강간이 도덕적으로 바람직하지 않다고 해서 강간 실행 기제 가설이 반증되는 것은 아니다. 설사 진화심리학의 강간 실행 기제 가설이 강간을 정당화하는 데 동원된다고 해도 그런 동원 자체가 강간 실행 기제 가설을 반증하는 것은 아니다. 가설은 순전히 실증적 근거에 의해서 입증/반증되어야 한다. 이것이 과학의 기본 정신이다. "이것은 도덕적으로 바람직하니 자연에 있을 수밖에 없다" 또는 "저것은 도덕적으로 바람직하지 않으니 자연에 있을 수 없다"라는 식의 도덕주의적 오류는 자연주의적 오류를 뒤집어 놓은 꼴이다. 자연의 모습이 자신의 도덕적 입장에 들어맞도록 생겼을 것이라는 맹목적 믿음이다.

자연선택은 근본적 물리 법칙에 따라 자동적으로 일어난다. 21세기의 페미니스트, 마르크스주의자, 진보주의자, 평화주의자, 평등주의자들이 무엇을 도덕적 이상으로 삼는지는 지난 수십억 년 동안 일어난 지구의 진화 역사에 영향을 끼치지 않는다. 자신의 도덕적 입장이 과거에 일어난 진화를 좌우할 수 있다고 믿는다면 엄청난 과대망상이다. 남자에게 선천적 질투 기제가 있는지 여부를 따지기 위해서는 "무엇이 나의 도덕적 이상인가?"는 무시하고 순전히 논리와 실증이라는 기준에 따라야 한다.

진화심리학에 적대적인 사람들은 진화심리학자들이 도덕주의적 오류를 범하고 있다고 주장한다. 예컨대 이런 식이다. 가부장제 사회에서 사회화된 진화심리학자들은 가부장제 이데올로기를 내면화한다. 의식적인 수준에서 또는 무의식적 수준에서 가부장제가 옳다고 믿게 되는 것이다. 그래서 가부장제에 부합하는 진화심리학 가설이라면 논리적으로 실증적으로 심각한 문제가 있다 하더라도 무작정 옳다고 믿게 된다. 이런 이유 때문에 진화심리학자들은 가부장제 이데올로기, 자본주의 이데올로기, 인종주의 이데올로기에 부합하는 가설들을 과학으로 포장한다.

이런 비판을 받은 일부 진화심리학자들은 진화심리학 적대자들에게 거의 비슷하게 되돌려 준다. 이런 식이다. 페미니즘 운동의 세례를 받은 페미니스트들은 페미니즘 이데올로기 또는 남녀평등 이데올로기를 내면화한다. 의식적인 수준에서 또는 무의식적인 수준에서 페미니즘이 옳다고 믿게 된다. 그래서 남녀평등에 부합하는 페미니즘 가설이라면 논리적으로 실증적으로 심각한 문제가 있다 하더라도 무작정 옳다고 믿게 된다. 이런 이유 때문에 자칭 진보주의자들은 페미니즘, 공산주의, 평등주의, 반인종주의(anti-racism)에 부합하는 가설들을 과학으로 포장한다. 또한 그런 이데올로기에 부합하지 않는 진화심리학 가설이나 행동유전학 가설을 무턱대고 거부한다.

양쪽 모두 상대편이 도덕주의적 오류를 범하고 있다고 비판한다. 그런데 상대가 옹호한다는 이데올로기에 대해서는 상당한 차이가 있다. 진화심리학 비판자들은 가부장제, 자본주의, 계급 사회, 제국주의, 인종주의와 같이 20, 21세기에 나쁜 이데올로기로 낙인찍힌 것들에 진화심리학이 오염되었다고 주장한다. 반면 일부 진화심리학자들이 진화심리학에 적대적인 사람들을 비판할 때는, 그들이 페미니즘, 남녀평등, 공산주의, 경제적 평등, 반인종주의, 민주주의, 평화주의와 같이 고상한 이데올로기(적어도 많은 사람들의 눈에 고상해 보이는 이데올로기)에 오염된다고 주장한다.

진화심리학자들이 또는 진화심리학 적대자들이 도덕주의적 오류를 범해 왔나? 나는 그 가능성 자체를 부정할 생각은 없다. 위에서 지적했듯이 인간은 온갖 방면에서 인지 편향이나 자기기만에 빠지는 경향이 있다. 그리고 대체로 자신이 믿는 것 또는 자신에게 이득이 되는 방향으로 자기기만에 빠지는 것 같다. 따라서 자신이 받아들이는 이데올로기에 부합하는 방향으로 자기기만에 빠진다고 해서 이상할 것은 없다. 하지만 가능성과 현실을 구분해야 한다. 진화심리학자들이 도덕주의적 오류에 빠진다는 비판을 먼저 살펴보자. "수많은 진화심리학자들 중에서 도덕주의적 오류에 빠진 사람이 단 한 명도 없다"라고 장담할 수는 없다고 본다. 인간은 완벽하지 않으니까. 진화심리학에 적대적인 비판자들은 이런 뻔한 이야기에서 멈추지 않는다. 그들에 따르면, 진화심리학자들은 이데올로기에서 비롯한 인지 편향 때문에 터무니없는 오류를 엄청나게 많이 범하며, 아무리 알기 쉽게 오류를 지적해 주어도 똥고집을 부린다. 어떤 통계학적 오류를 범하는지 지적해 주어도 혈액형 성격론자들이 굴하지 않고 똑같은 오류를 수십 년 동안 반복하듯이.

진화심리학자들이 또는 진화심리학에 적대적인 학자들이 도덕주의적 오류를 범했음을 보여주기 위해서는 우선 그들이 엉터리 주장을 했다는 점을 보여주어야 한다. 나는 진화심리학계의 수준이 그리 높지 않다고 생각한다. 하지만 진화심리학을 조롱하는 학자들의 수준은 그보다도 훨씬 더 떨어진다고 본다. 적대적 비판자들의 소위 비판이라는 것들이 얼마나 한심한지 이 책에서 상세히 까발렸다. 그들은 진화심리학자들이 한심한 오류를 반복한다고 주장하고 있지만, 한심한 주장을 하는 쪽은 오히려 그들이다. 그들은 진화생물학, 진화심리학, 과학 방법론에 대해 쥐뿔도 모르면서 설치고 있다. 진화심리학의 논리적, 개념적, 이론적, 실증적 측면에 대한 적대적 비판들 대부분은 터무니없다. 따라서 진화심리학자가 도덕주의적 오류를 범했다는 주장은 시작부터 삐걱거린다.

진화심리학 적대자들은 왜 그렇게도 한심한 이야기를 끝없이 반복하는 걸까? 여기에 대해서는 여러 가지 설명이 존재할 수 있다. 당대의 과학, 철학, 기술 수준에 비추어 볼 때 터무니없는 이야기를 반복하는 사람이 있다면, 여러 가지 원인이 있을 수 있다. 무식하기 때문일 수도 있고, 머리가 나쁘기 때문일 수도 있고, 무언가 목적이 있어서 의도적으로 거짓말을 하는 것일 수도 있고, 자기기만에 빠졌기 때문일 수도 있다.

일부 진화심리학자들에 따르면, 진화심리학에 적대적인 학자들이 진화심리학을 비판한답시고 헛소리를 늘어놓는 주된 이유는 자기기만 때문이다. 특히 도덕주의적 오류에서 비롯하는 자기기만 때문이다. 나는 그렇게 생각하지 않는다.

우선 그들의 무식함에 대해 지적해야겠다. 그들이 정곡을 찌른 비판으로 진화심리학을 무찔렀다고 믿는 경우가 많다. 하지만 그들의 비판을 찬찬히 들여다보면 진화심리학에 대해 지극히 무식하다는 것이 금방 드러난다. 이것에 대해서는 이 책에서 충분히 파헤쳤다. 진화심리학에 대해 쥐뿔도 모르면서도 진화심리학을 무찔렀다고 믿는 것으로 보면 그들의 지적 능력을 가늠해 볼 수 있다. 그들의 지능이 전체 평균에 훨씬 못 미치는 정도는 아니라 하더라도, 학계에서 의미 있는 토론을 하기에는 머리가 너무 나빠 보인다.

하지만 머리가 나쁜 사람만 헛소리를 하는 것은 아니다. 무언가 목적을 위해 의도적으로 헛소리를 하는 것일 수 있다. 자신에게 초능력이 있다면서 남의 돈을 뜯어내는 사람들이 꽤 있다. 그들은 자신에게 초능력이 없다는 것을 모를 정도로 멍청한 걸까? 오히려 그들은 초능력자 행세를 통해 돈을 뜯어낼 수 있다는 점을 잘 알 만큼 똑똑하기 때문에 그러는 것 같다.

5장의 〈진화심리학은 범적응론인가〉에서 인용했듯이, 코스미디스 & 투비는 스티븐 제이 굴드가 모종의 목적을 위해 의식적으로 진화심리학을 엉터리로 비판하고 있다고 주장한다. 하지만 내가 스티븐 제이 굴드의 뇌 속에 들어가 본 것도 아니기에, 굴드가 의식적으로 헛소리를 하는 것인지, 자기기만에 빠져서 그러는 것인지, 머리가 나빠서 그러는 것인지 알 수가 없다. 별로 알고 싶지도 않다.

진화심리학이나 행동유전학을 적대적으로 비판하는 학자들이 도덕주의적 오류를 명시적으로 범하지는 않는다는 점을 우선 지적해야겠다. 예컨대, 다음과 같은 식으로 주장하는 사람을 찾기는 아주 힘들다.

> 백인과 흑인은 평등해야 한다. "백인이 선천적으로 흑인보다 IQ가 상당히 높다"라는 명제는 이런 평등사상과 심각하게 충돌한다. 따라서 그 명제는 틀렸다. 만약 그 명제가 옳다는 것을 객관적으로 설득력 있게 보여준 연구가 나온다면 그런 연구를 무시해야 한다.

진화심리학을 싫어하는 지식인들은 "진화심리학 가설이 도덕적 이상에 부합하지 않기 때문에 틀렸다"라는 식으로 말하지 않는다. 그들은 진화심리학자가 논리와 실증을 무시한다고 비판한다.

많은 페미니스트들과 마르크스주의자들이 자기기만 때문에 진화심리학 비판이랍시고 헛소리를 하는 것인지도 모른다. 하지만 그렇다 하더라도 그것이 도덕주의적 오류 때문이라고 단정해서는 안 된다. 남녀평등, 공산주의, 경제적 평등, 평화, 비폭력, 인종차별 폐지와 같은 고상한 목적에 대한 열정 때문에 자기기만에 빠졌다고 단정해서는 안 된다.

욕심 때문에 자기기만에 빠질 수도 있다. 인간은 자기에게 유리한 방향으로 자기기만에 빠지도록 진화한 듯하다. 자신이 믿는 페미니즘 이론 덕분에 교수 자리를 차지하거나 책을 많이 팔아먹거나 여성계에서 한 자리를 차지하는 페미니스트들에게 페미니즘은 자신의 철밥통으로 연결된다. 페미니즘 이론의 성공(여기에서 성공의 기준은 객관적 검증이 아니라 인기다)을 위해 의식적으로 헛소리를 할 수도 있고, 페미니즘 이론의 성공을 향하는 방향으로 자기기만에 빠질 수도 있을 것이다. 철밥통을 위한 자기기만은 그리 고상하지 않다. 이와 관련하여 "소망적 사고"를 끌어들인 설명이 등장하기도 한다. 남녀평등에 대한 소망이 남녀의 심리에 대한 믿음에 영향을 끼친다는 말이다. 그래서 남녀 불평등으로 이어질 만한 진화심리학 가설을 믿지 않게 된다는 말이다. 하지만 나는 소망적 사고를 끌어들인 설명에는 심각한 문제가 있다고 생각한다. 소망에 부합하는 방향으로 무작정 자기기만에 빠지는 것은 번식에 도움이 되지 않는다. 독사가 근처에 있는데 독이 없다고 믿으면 마음이 놓일 것이다. 하지만 그렇게 안심하다가 독사에게 물려 죽으면 제대로 번식하기 힘들다. 실제보다 자신이 힘이 훨씬 세다고 믿으면 기분은 좋을 것이다. 하지만 그런 믿음 때문에 힘센 사람에게 덤볐다가는 큰코다칠 것이다. 따라서 인간이 그렇게 진화했다고 보기 힘들다. 좀 더 자세한 것은 『페미니스트가 매우 불편해할 진화심리학』 중 〈소망적 사고는 없다: 자기기만의 진화〉를 참조하라.

〈참고문헌〉

『페미니스트가 매우 불편해할 진화심리학』, 이덕하 지음, 인벤션, 2017.

「Psychological barriers to evolutionary psychology: ideological bias and coalitional adaptations」, David M. Buss & William von Hippel, 『Archives of Scientific Psychology』, 2018.

사. 진화심리학이 악행을 한 사람에게 면죄부를 주나

마리 루티에 따르면, 진화심리학에서는 남자가 강간이나 다른 나쁜 짓을 해도 책임을 물을 수 없다고 본다.

따라서 기본적으로, 여자의 성을 통제하려는 남자들의 시도는 권력, 정치, 경제적 배치와는 무관하며 진화적으로 불가피하다. 이 모든 것은 자신의 유전자가 다음 라운드에도 뛸 수 있도록 보장하는 문제일 뿐이다. 이는 책임을 물을 여지가 없다는 뜻이다. 사실 이것은 이 책의 시작 부분에서 내가 정리한 강간에 대한 논증과 상당히 비슷하다: 남자들이 자신의 유전적 의제(genetic agenda)를 진척시키기 위해 "필요한 것은 무엇이든" 하는 것을 비난할 수는 없다. 남자들이 그것과 관련하여 약간은 강제적이 되도록 프로그램되었으니, 좀 봐 주자.
(『나는 과학이 말하는 성차별이 불편합니다』, 173쪽[영어판 109쪽])

도정일에 따르면, 나쁜 짓을 해도 그 책임을 유전자에게 돌리니까 유전자 결정론에는 문제가 있다. 여기에서 유전자 결정론이 진화심리학과 행동유전학을 가리킨다고 봐도 무방할 것이다.

> 다 아는 이야기지만, 유전자 결정론에 걸려 있는 가장 심각한 문제는 선택과 행동의 책임을 인간 그 자신에게서 면제시켜 유전자 탓으로 돌리는 데 있습니다. 유전자가 모든 책임을 지면 한 가지 좋은 점이 있긴 합니다. 아무도 감방에 갈 필요가 없게 되죠. 유전자란 놈들만 잡아다 처넣으면 되니까요.
> (『대담』, 146쪽)

마리 루티와 도정일은 원인과 책임을 혼동하고 있다. 설명의 차원과 정당화(또는 도덕적 비난)의 차원을 혼동하고 있는 것이다. 어떤 형질, 생각, 행동, 결과 등을 유전자나 자연선택을 끌어들여 설명한다고 해서 개인의 책임이 면제된다는 생각 자체에 문제가 있다. 설명은 설명일 뿐이다.
심리학자가 알코올이 뇌에 끼치는 영향에 대해 설명한다고 하자. 그러면서 왜 음주 운전이 교통사고로 이어지기 쉬운지 알려준다고 하자. 도정일이라면 이런 설명을 듣고 이렇게 말할지도 모르겠다.

> 다 아는 이야기지만, 알코올 결정론에 걸려 있는 가장 심각한 문제는 음주 운전으로 인한 사고의 책임을 인간 그 자신에게서 면제시켜 알코올 탓으로 돌리는 데 있습니다. 알코올이 모든 책임을 지면 한 가지 좋은 점이 있긴 합니다. 아무도 감방에 갈 필요가 없게 되죠. 알코올이란 놈만 잡아다 처넣으면 되니까요.

페미니스트가 가부장제 사회에서 남자가 어떻게 사회화되는지 설명한다고 하자. 그러면서 가부장제 사회에서 사회화된 남자가 여자를 우습게 알기 때문에 가정 폭력을 휘두르기 쉽다고 이야기한다고 하자. 도정일이라면 이런 설명을 듣고 이렇게 말할지도 모르겠다.

다 아는 이야기지만, 가부장제 결정론에 걸려 있는 가장 심각한 문제는 가정폭력의 책임을 인간 그 자신에게서 면제시켜 가부장제 탓으로 돌리는 데 있습니다. 가부장제가 모든 책임을 지면 한 가지 좋은 점이 있긴 합니다. 아무도 감방에 갈 필요가 없게 되죠. 가부장제란 놈만 잡아다 처넣으면 되니까요.

마르크스의 『자본론』을 읽은 후에 도정일이 다음과 같이 말할지도 모르겠다.

다 아는 이야기지만, 자본 결정론에 걸려 있는 가장 심각한 문제는 착취의 책임을 자본가 그 자신에게서 면제시켜 자본주의 탓으로 돌리는 데 있습니다. 자본주의가 모든 책임을 지면 한 가지 좋은 점이 있긴 합니다. 아무도 감방에 갈 필요가 없게 되죠. 자본주의란 놈만 잡아다 처넣으면 되니까요.

물리학을 공부한 후에는 다음과 같은 말을 할지도 모른다.

다 아는 이야기지만, 물리학 결정론에 걸려 있는 가장 심각한 문제는 선택과 행동의 책임을 인간 그 자신에게서 면제시켜 물리 법칙 탓으로 돌리는 데 있습니다. 물리 법칙이 모든 책임을 지면 한 가지 좋은 점이 있긴 합니다. 아무도 감방에 갈 필요가 없게 되죠. 상대성 이론과 양자역학이란 놈들만 잡아다 처넣으면 되니까요.

신학을 공부한 이후에는 다음과 같은 말을 할지도 모른다.

다 아는 이야기지만, 신학적 결정론에 걸려 있는 가장 심각한 문제는 선택과 행동의 책임을 인간 그 자신에게서 면제시켜 신의 탓으로 돌리는 데 있습니다. 신이 모든 책임을 지면 한 가지 좋은 점이 있긴 합니다. 아무도 감방에 갈 필요가 없게 되죠. 신만 잡아다 처넣으면 되니까요.

어떤 행동이 순전히 유전자 때문이라고 설명하든, 순전히 환경 때문이라고 설명하든, 유전자와 환경의 조합 때문이라고 설명하든 설명은 설명일 뿐이다. 원인이 밝혀진다고 해서 책임이 면제되는 것은 아니다. 과학적 설명을 위해서는 법칙, 규칙, 패턴을 찾아내야 한다. 그래야 인과론적 설명이 성립할 수 있다. 그것이 아인슈타인이 꿈꾸었던 "절대적 결정론"이든, 양자역학에서 말하는 "확률적 결정론"이든, 사회과학의 "느슨한 결정론"이든 규칙성이 있어야 한다. 만약 규칙성이 곧 정당화 또는 책임 면제를 뜻한다면 모든 과학적 설명이 정당화 또는 책임 면제일 것이다.

마르크스주의나 페미니즘을 끌어들여 설명할 때는 "설명이 곧 정당화다"라고 생각하지 않는 사람들이 행동유전학이나 진화심리학의 설명을 볼 때는 "설명이 곧 정당화다"라고 생각하는 경우가 많다는 점에 주목할 필요가 있다. 세상을 그렇게 자기 편한 대로 살 수 있는 사람들이 부럽다.

일부 진화심리학자들이 지지하는 강간 가설에 따르면, 남자는 유전자 복제를 위해 때로는 여자를 강간한다. 루티는 이런 설명을 보고 "강간을 정당화하는 것" 또는 "강간범에 대한 책임을 면제해 주는 것"이라고 이야기한다. "뭐 유전자를 복제하겠다고 그러는 건데 비난할 필요가 있나?"라는 생각으로 이어진다는 것이다. 많은 페미니스트들이 지지하는 이론에 따르면 남자가 여자를 강간하는 이유는 가부장제를 영속화하기 위해서다. 똑같은 논리를 적용하면 "뭐 가부장제를 영속화하겠다고 그러는 건데 비난할 필요가 있나?"라는 생각으로 이어질 것이다. 즉 페미니즘의 강간 가설도 "강간을 정당화하는 것" 또는 "강간범에 대한 책임을 면제해 주는 것"이 되는 것이다.

루티의 표현을 빌려 보자:

이 모든 것은 가부장제가 다음 라운드에도 유지될 수 있도록 보장하는 문제일 뿐이다. 이는 책임을 물을 여지가 없다는 뜻이다. 남자들이 그것과 관련하여 약간은 강제적이 되도록 사회화되었으니, 좀 봐 주자.

원인과 책임을 혼동하면, 설명과 정당화를 혼동하면, 결국 자신에게 부메랑이 되어 돌아온다는 것을 알만큼 루티가 똑똑했다면 좀 더 신중했을 것이다.

〈참고 문헌〉

『나는 과학이 말하는 성차별이 불편합니다: 진화심리학이 퍼뜨리는 젠더 불평등』, 마리 루티 지음, 김명주 옮김, 동녘사이언스, 2017.

『대담: 인문학과 자연과학이 만나다』, 도정일 & 최재천 지음, 휴머니스트, 2005.

『The age of scientific sexism: how evolutionary psychology promotes gender profiling and fans the battle of the sexes』, Mari Ruti, Bloomsbury Academic, 2015.

아. 진화심리학이 숙명론으로 이어지나

매리 크로스(Mary P. Koss)에 따르면 진화심리학은 생물학적 숙명론으로 이어진다. 그래서 체념으로 이어질 수밖에 없다.

인간이 자신의 진화 역사를 바꿀 수는 없기 때문에 생물학적 설명만으로는 사회 문제를 해결할 수 없다. 반면 생물학적 영향이 고정된 회로를 만들어내는 것이 아니라 환경에 의해 구체화되는 잠재적 경로들을 만들어낸다고 본다면, 실천적 함의가 있는 연구로 이어질 수 있다. 남자가 본유적으로 탐욕스럽다고 보는 견해에는 희망이 없다. 이에 반해, 어떻게 모진 환경, 안정된 애착의 결여

> 또는 사회적 학습이 남자의 난잡한(promiscuous) 성행태의 발달을 촉진하는지를 알면, 예방을 위한 의제를 설정할 수 있다.
> (『Evolution, gender, and rape』, 202쪽)

자연선택이 "고정된 회로"를 만들어낸다는 견해는 운명론 또는 체념으로 이어진다는 것이다. 반면 자연선택이 "잠재적 경로들"을 만들어낸다는 견해는 사회악을 예방하는 정책을 제시하는 데 도움이 된다. 이 말은 강간에 대한 진화심리학 이론을 비판하는 맥락에서 한 것이다.

강간에 대한 적응 가설에 따르면, 자연선택에 의해 강간 실행 기제가 설계되었다. 이것이 "고정된 회로"에 해당한다. 진화심리학에 적대적인 학자들은 그런 선천적 기제가 없다고 주장한다. 강간은 이런 저런 환경적 영향 때문에 발생하는 것이다. 자연선택은 "잠재적 경로들"을 만들어낼 뿐이다. 어떤 경로가 실현될지는 환경에 의해 결정된다. 크로스는 강간 문제와 관련하여 적응 가설이 운명론 또는 체념으로 이어진다고 보는 것 같다. 만약 남자의 강간 실행 기제가 진화했다면 강간은 인간의 숙명이다. 그냥 그러려니 하고 받아들일 수밖에 없다.

시각과 피아노 연주를 비교해 보자. 뇌 속에 있는 시각 처리 기제의 상당 부분이 자연선택에 의해 설계된 고정된 회로라는 점을 사실상 모든 심리학자들이 인정한다. 옛날에 더 잘 보았던 조상이 그 덕분에 더 잘 번식했기 때문에 우리의 시각 기제가 그렇게 진화한 것이다. 반면 피아니스트의 뇌 속에 있는 피아노 연주 회로는 후천적이다. 옛날에 피아노를 더 잘 쳤던 조상이 그 덕분에 더 잘 번식했기 때문에 피아노 연주 기제가 진화한 것이 아니다. 모종의 학습 기제가 작동하여 피아노 연주 회로가 생성된 것이다. 피아노를 전혀 배우지 않은 사람에게는 그런 회로가 없다. 피아노가 없는 문화권에는 그런 회로가 있는 사람이 아예 없다. 시각 회로가 인류 보편적인 것과는 대조적이다.

시각 회로가 선천적이라고 해서 시각 회로의 작동 결과가 모두 똑같은가? 아니다. 왜냐하면 시각 회로는 입력 값을 받아들이기 때문이다. 입력 값에 따라 결과가 다르다. 옛날에는 비행기가 없었기 때문에 비행기를 볼 수도 없었다. 따라서 뇌 속에서 "비행기의 상"이 만들어질 수 없었다. 진화심리학자들이 강간 실행 기제에 대한 가설을 세울 때 입력 값이 전혀 없는 기제라고 가정할까? 아니다. 강간 실행 기제가 이런 저런 입력 값들을 받아들여서 강간을 할지 여부를 결정한다고 본다. 따라서 설사 강간 실행 회로라는 고정된 회로가 자연선택에 의해 설계되어 붙박이장처럼 사실상 모든 남자들의 뇌 한 구석을 차지하고 있다 하더라도 강간 예방 정책에 대해 이런 저런 이야기를 할 수 있다. 강간 실행 기제에 들어가는 입력 값이 달라지도록 하면 된다.

크로스는 "생물학적 설명만으로는 사회 문제를 해결할 수 없다"고 주장한다. 일리가 있는 말이다. 회로 자체만 밝혀서는 안 되고 어떤 입력 값들이 입력되며 그것이 어떤 출력 값들로 이어지는지도 밝혀야 한다. 하지만 고정된 회로가 무엇이며 어떻게 생겼는지 더 정확히 알아낼수록 입력 값에 따른 출력 값 패턴을 더 정확히 알 수 있다. 고정된 인간 본성에 대해 정확히 알아야 다양한 문화적, 사회적, 역사적 현상도 더 정확히 알 수 있는 법이다. 크로스는 생물학적 설명과 문화적 설명을 대조하는데 "인간 본성에 대한 잘 검증된 이론에 바탕 둔 문화적 설명"과 "유연성, 창조성, 학습이라는 마법 주문을 외우면서 실제로 일어나는 정보 처리에 대해서는 애매모호하게 얼버무리는 문화적 설명"을 대조해야 한다.

도로씨 넬킨(Dorothy Nelkin)에 따르면, 진화심리학자들은 "어떤 사회 체제도, 교육 계획이나 양육 계획도 현 상황을 바꿀 수 없다"고 주장한다. 또는 진화심리학은 "어떤 사회 체제도, 교육 계획이나 양육 계획도 현 상황을 바꿀 수 없다"라는 결론으로 이어질 수밖에 없거나 이어지기 쉽다.

> 진화심리학의 호소력이 어느 정도는 정치적 동기에서 생긴다. 진화 원리들은 유전적 운명을 함축한다. 개인을 제한하는 자연적 한계가 있다는 이유로 사회적 상황의 영향을 경시하게 된다. 교훈은? 어떤 사회 체제도, 교육 계획이나 양육 계획도 현 상황(status quo)을 바꿀 수 없다. '대서특필된' 영원한 원리로 정의된 진화는, 현존하는 사회적 범주들(categories, 분리나 차별)을 정당화하고 사회 정책의 근저에 있는 권력에 대한 비판적 검토를 모면하는 수단이 된다. (『Alas, poor Darwin』, 22쪽)

몇 백 년 전만 해도 인류의 절대다수는 문맹이었다. 하지만 21세기의 많은 산업국에서는 절대다수가 글을 읽고 쓸 줄 안다. 이것은 보편적 의무 교육의 성과다. 넬킨의 머릿속에서 사는 진화심리학자들은 이에 대해 뭐라고 할까? 그들은 "어떤 사회 체제도, 교육 계획이나 양육 계획도 현 상황을 바꿀 수 없다"고 주장할 것이다. 왜냐하면 "유전적 운명"을 믿기 때문이다. 따라서 그들은 인류가 수십 만 년 전부터 글을 읽을 수 있었다고 주장하거나 21세기 산업국에 사는 사람들 대다수도 여전히 글을 읽지 못한다고 주장할 것이다. 지구에 사는 진화심리학자들이 정말로 그렇게 생각할 정도로 어리석은가?

위에서 지적했듯이 심리기제들이 고정되어 있다 하더라도 입력 값에 따라 다른 결과로 이어질 때가 많다. 심지어 간단한 컴퓨터 프로그램도 입력 값에 따라 다른 결과를 산출하도록 만들 수 있다. 따라서 설사 심리기제의 구조가 숙명이라 하더라도 생각, 느낌, 행동, 문화, 사회, 역사는 숙명이 아닐 수 있다. 산타바바라 학파 진화심리학자들은 심리기제의 수준과 행동의 수준을 구분해야 한다고 줄기차게 주장해왔다. 산타바바라 학파로 분류되지 않는 진화심리학자들도 심리기제가 고정되어 있더라도 행동은 다양할 수 있다는 점은 다들 인정한다.

여기까지만 이야기하면서 진화심리학은 숙명론과 상관없다고, 진보주의자들이 진화심리학의 사회적 함의 때문에 불안해할 필요가 없다고 말할 수 있을까? 데이비드 버스는 진화심리학이 비관론으로 이어지지 않는다면서 페미니스트들을 안심시키려 한다.

> 진화심리학에 대한 저항의 또 다른 형태는 페미니즘 운동에서 나온다. 진화론적 설명은 양성 간 불평등을 함축하고, 남자와 여자가 맡을 수 있는 역할에 대한 제한을 지지하고, 양성에 대한 고정관념을 부추기고, 여자가 권력과 자원으로부터 배제되는 것을 영속화하고, 현 상황을 변화시킬 가능성에 대한 비관론을 촉진한다고 많은 페미니스트들이 걱정한다. 이런 이유 때문에 페미니스트들이 때로는 진화론적 설명을 거부한다.
> 하지만 인간 짝짓기와 관련하여 진화심리학은 두려워할 만한 이런 함의들로 이어지지 않는다. 진화론적으로 보면 남자와 여자는 많은 부문들에서 또는 거의 모든 부문들에서 동일하며, 인간의 진화 역사에 걸쳐서 상이한 적응적 문제에 반복적으로 직면했던 제한된 영역들에서만 다르다. 예컨대 남녀는 특정한 성 전략에 대한 선호에서 주로 갈라지며, 인간의 성 전략들의 전체 범위를 구사할 수 있는 선천적 능력 면에서는 서로 비슷하다.
> (『욕망의 진화』, 50쪽[영어판 17~18쪽])

버스는 남자와 여자가 매우 비슷하게 진화했다는 진화심리학의 메시지를 전한다. 그러니 페미니스트가 진화심리학 때문에 불안해할 필요가 없다는 것이다. 페미니스트들이 꿈꾸는 남녀평등에 진화심리학이 초를 치는 일은 없을 것이라고 보는 것 같다. 버스는 페미니스트들이 진화심리학의 사회적 함의 때문에 불안해하는 이유는 순전히 오해 때문이라고 생각하는 듯하다. 나는 그렇게 생각하지 않는다. 진화심리학과 현실 페미니즘(현재 유행하는 페미니즘 조류들)은 남녀평등과 관련하여 심각하게 충돌할 수밖에 없다.

단지 여자라는 이유만으로 학교에 갈 수도 없었고 의사도 될 수 없었고 재산을 소유할 수도 없었던 시절이 있었다. 여성 차별이 노골적이고 제도적이었던 시대에 여성의 지위, 재산, 업적이 남자보다 못했던 것은 당연해 보인다. 21세기 선진산업국에서는 여자에 대한 노골적, 명시적, 법적, 제도적 차별이 사실상 사라졌다. 그런데도 여자들은 대체로 남자들보다 더 가난하고 지위도 낮고 업적도 적다. 그 이유는 무엇인가?

남자가 여자보다 선천적으로 근력이 세다는 점은 다들 인정한다. 여전히 근력이 온갖 직종과 분야에서 상당히 중요하다. 남녀의 선천적 근력 차이 때문에 남자 역도 선수의 기록이 여자보다 앞선다는 점에 대해서는 누구도 시비를 걸지 않는 것 같다. 또한 근력이 매우 중요한 직종에서 남자의 수입이 여자보다 높은 점도 크게 문제 삼지 않는다. 하지만 선천적 근력 차이는 전반적인 남녀의 성과 차이들 중 일부만 설명할 수 있다. 국회의원을 몸싸움 능력으로 뽑는 것도 아닌데 왜 국회의원들 중에 남자가 훨씬 많은가? 왜 대학 교수들 중에 남자가 훨씬 많은가? 왜 사무직에서도 남자들은 여자들보다 지위도 높고 수입도 많은가?

여기에 대해서는 적어도 다섯 가지 설명이 가능하다.

첫째, 선천적으로 남자가 여자보다 재능이 앞서기 때문일 수 있다.

둘째, 선천적으로 남녀의 성격이 다른데 남자의 성격이 대체로 사회적 출세에 도움이 되기 때문일 수 있다.

셋째, 사회화 과정에서 여자가 차별 받기 때문일 수 있다.

넷째, 유리천장(glass ceiling) 즉 사회 진출 과정에서 일어나는 여자에 대한 은밀한 차별 때문일 수 있다.

다섯째, 주변의 일상적 압력이 여자의 사회 진출을 방해할 수 있다. 시어머니와 친정어머니가 합세하여 "여자라면 일보다는 가족을 챙겨야지"라고 압력을 넣을 수 있다. 어머니와 장모가 합세하여 "남자라면 처자식을 먹여 살리기 위해 바깥에 나가 열심히 일해야지"라고 압력을 넣을 수 있다.

다섯 가지 설명이 모두 옳을 수도 있을 것이다. 그럴 때는 어느 요인이 어느 정도 영향을 끼치는지 정량적으로 분석해 볼 필요가 있다. 대다수 페미니스트들은 첫째 설명과 둘째 설명을 사실상 받아들이지 않는다. 그들이 보기에는 (거의) 순전히 셋째, 넷째, 다섯째 요인 때문에 근력이 중요하지 않는 분야에서도 남자가 여자보다 앞서는 것이다. 반면 많은 진화심리학자들은 첫째 요인과 둘째 요인도 만만치 않게 중대한 역할을 한다고 생각한다. 남녀가 사회적 출세에서 차이가 나는 이유에 대한 진화심리학 가설을 몇 가지만 살펴보자.

첫째, 남자가 지위에 더 집착하고 더 공격적이도록 진화했다. 과거 사냥채집 사회에서 남자의 더 높은 지위는 더 많은 여자와 섹스나 결혼을 하는 것으로 이어지는 경향이 있었기 때문에 남자가 지위에 더 집착하도록 진화했다는 것이다. 여자는 아무리 많은 남자와 섹스를 하더라도 자기 혼자 임신할 수 있을 뿐이기 때문이 지위가 덜 중요하다. 남자에게 높은 지위와 많은 섹스가 큰 번식 이득으로 이어졌다면, 그것들을 위해 여자보다 위험을 더 많이 감수하도록 진화했을 것이다. 공격성은 위험 감수의 한 측면이다.

만약 남자가 그렇게 진화했다면 높은 지위와 소득을 위해 여자보다 더 노력하고 모험도 많이 할 것이다. 이것은 대체로 더 큰 출세로 이어질 것이다.

둘째, 모성애가 부성애보다 강하도록 진화했다. 그런 식으로 진화할 만한 이유가 있다. 여자는 자신의 자식이 유전적 자식임을 확신할 수 있다. 반면 유전자 검사가 없었던 사냥채집 사회에서 남자는 자기 아내의 자식이 자기의 유전적 자식임을 확신하지 못한다. 유전적 자식일 가능성이 떨어질수록 자식 사랑도 적을 것이라고 기대할 수 있다. 남자는 바람을 피움으로써 상대적으로 더 큰 번식 이득을 얻을 수 있다. 바람을 피우는 일에 시간을 많이 투자한다면 자식 돌보기에 덜 투자할 수밖에 없다. 사냥채집 사회에서 남자는 사냥과 전쟁을 하고 여자는 채집과 아기 돌보기는 하는 식으로 분업이 이루어진다.

이것도 모성애가 더 크도록 만들 수 있었을 것 같다. 애를 업고 전쟁이나 사냥에 참여하기는 힘들다.

만약 여자가 남자보다 자식을 더 사랑하도록 진화했다면, 외부의 압력이 없더라도 직업 활동과 자식 돌보기 중에서 자식 돌보기를 선택할 확률이 남자보다 높을 것이다. 그러면 출세하기가 어렵다.

셋째, 남자와 여자의 정신적 능력이 상당히 다르게 진화했다는 점에 사실상 모든 진화심리학자들이 동의한다. 하지만 세부적으로 들어가면 진화심리학계 내에서도 의견이 분분하다.

수학, 물리학, 컴퓨터 프로그래밍, 바둑, 체스 같은 분야에서 남자가 여자를 압도한다. 별로 어렵지 않아서 재능이 없어도 노력으로 극복할 수 있는 중고등학교 때까지는 이공계 분야에서 여학생이 남학생보다 높은 성적을 기록하기도 한다. 하지만 박사 과정이나 그 이후에는 남자가 훨씬 앞선다.

남자가 사냥을 하고 도구를 만들었기 때문에 주로 이공계와 관련된 분야에서 여자보다 우월하도록 진화했을 가능성이 있다. 남자가 공적 영역에서 토론을 많이 했기 때문에 철학 방면에서 남자가 더 우월하도록 진화했을 가능성이 있다. 물론 여자가 우월한 분야도 있을 것이다. 채집이나 육아와 관련된 분야에서는 여자가 앞서도록 진화했을 것으로 추정된다. 그런데 자본주의 사회에서 아기의 상태를 알아내는 능력은 돈벌이에 큰 도움이 되지 않는 반면 이공계나 철학 분야의 능력은 큰 도움이 된다.

만약 남녀가 이런 식으로 다르게 진화했다면, 다른 조건들이 같을 때 남자가 돈을 더 잘 벌 것이다.

킹슬리 브라운(Kingsley R. Browne)의 글도 참조하라. 내가 여기에서 제시한 것과 대동소이하다. 만약 진화심리학계의 이런 설명이 대체로 옳다면 설사 사회화나 사회 진출의 측면에서 여자에게 기회의 평등을 완벽하게 보장하더라도 지위, 수입, 업적 면에서 여자가 남자에게 밀릴 가능성이 높다.

남녀의 정신이 사실상 같도록 진화했다고 보는 페미니스트들은 다르게 생각한다. 기회의 평등을 완벽하게 보장한다면, 사회생활에서 여자가 남자에게 밀리지 않을 것이다(근력이 중요한 일부 분야를 제외하고, 여자가 임신과 수유 때문에 약간 손해를 본다는 점을 감안하면). 즉 기회의 평등이 사실상 결과의 평등으로 이어질 것이다.

버스는 진화심리학이 비관론으로 이어지지 않는다고 말했다. 버스에 따르면 진화심리학자들은 남자와 여자가 매우 비슷하게 진화했다 본다. 물론 사마귀와 인간 사이의 차이와 비교한다면 인간 남자와 인간 여자 사이의 차이는 보잘것없는 수준이다. 하지만 이런 이야기를 아무리 많이 해 봤자 페미니스트들에게는 별로 위안이 되지 않는다.

21세기 선진산업국에서 남자가 여자보다 앞서는 이유의 상당 부분을 정신적인 면에서 존재하는 남녀의 선천적 차이로 설명할 수 있다는 진화심리학계의 의견이 옳다면, 남녀의 정신이 매우 비슷하게 진화했다는 버스의 말이 무슨 위로가 되겠는가? 남자가 여자를 강간하는 이유는 남자의 선천적 강간 실행 기제의 작동 때문이거나 남자가 여자보다 사납고 성욕이 강하도록 진화했기 때문이라는 진화심리학계의 의견이 옳다면, 남녀의 정신이 매우 비슷하게 진화했다는 말이 위로가 될 것 같은가?

남자가 여자보다 짝짓기 상대방의 외모와 젊음을 더 중시하도록 진화했다는 가설이 옳다는 것이 드러난다면, 버스가 아무리 달래려 해도 페미니스트들은 좌절할 것이다. 남자가 여자보다 훨씬 더 공격적이도록 진화했기에 살인과 폭행을 더 많이 자행한다는 진화심리학계의 설명을 제시하면서, 페미니스트들에게 "그래도 남녀의 정신이 매우 비슷하게 진화했다니까요"라는 말을 덧붙인다고 해서 페미니스트들이 흐뭇해 할 것 같은가?

진화심리학자들이 제시하는 여러 가설들은 결과의 평등에 집착하는 많은 페미니스트들의 소망에 초를 치고 있다. 이것은 오해 때문에 생긴 것이 아니다.

실질적 의견 대립이다. 만약 많은 페미니스트들이 믿는 것처럼 정신적인 면에서 남녀가 사실상 같도록 진화했다면 결과의 평등이라는 소망을 품어도 될 것이다. 사회화 과정에서 일어나는 남녀 차별이 완벽하게 사라지고 기회의 평등이 완벽하게 보장된다면, 남녀는 지위, 소득, 업적 면에서도 매우 비슷할 뿐 아니라 바람기, 외모 중시, 젊음 중시와 같은 면에서도 매우 비슷할 것이다. 만약 진화심리학계의 의견이 대체로 옳다면 사회화와 사회 진출 과정에서 일어나는 차별을 완벽히 없애더라도 남녀는 온갖 방면에서 상당한 차이를 보일 것이다. 이런 면에서 진화심리학은 결과의 평등에 집착하는 페미니스트들에게 상상 속의 재앙이 아니라 실질적 재앙이다. 진화심리학은 페미니스트들에게 결과의 평등을 포기하라고 "협박"하고 있다. 이런 면에서 진화심리학은 숙명론으로 이어진다. 나는 이것이 페미니스트들이 진화심리학을 증오하는 핵심 이유들 중 하나라고 본다. 이런 면을 고려해 볼 때, 현실 페미니즘과 진화심리학을 화해시키려는 시도는 불발로 그칠 수밖에 없다. 결과의 평등을 깔끔하게 포기하고 기회의 평등에 만족하는 페미니스트들만 진화심리학과 화해할 수 있을 것 같다.

수학과 관련하여 남자가 여자보다 우월하도록 진화했다고 가정해 보자. 수학 교수의 남녀 비율이 비슷해지도록 하려면 어떻게 해야 할까? 여자 지망생에게 가산점을 잔뜩 주어서 남녀 비율을 맞추는 길이 있다. 국가가 나서서 수학 교수를 꿈꾸는 남학생들을 감시하면서 하루에 수학을 2시간 이상 공부할 때마다 채찍질을 하는 길도 있다. 이런 식으로 수학 교수의 남녀 비율을 5:5로 맞출 수는 있겠지만 온갖 부작용으로 이어질 수밖에 없다. 남자들은 기회의 평등을 달라고 아우성 칠 것이며, 수학 교수들의 전반적 수준이 떨어지기에 학생들은 불만을 품을 것이다.

〈참고 문헌〉

「욕망의 진화: 사랑, 연애, 섹스, 결혼 남녀의 엇갈린 욕망에 담긴 진실」, 데이비드 버스, 전중환 옮김, 사이언스북스, 2007(revised edition).

「Evolutionary models of why men rape: acknowledging the complexities」, Mary P. Koss, 「Evolution, gender, and rape」, Cheryl Brown Travis 편집, A Bradford Book, 2003.

「The evolution of desire: strategies of human mating」, David M. Buss, Basic Books, 2003(revised edition).

「Less selfish than sacred? genes and the religious impulse in evolutionary psychology」, Dorothy Nelkin, 「Alas, poor Darwin: arguments against evolutionary psychology」, Hilary Rose & Steven Rose 편집, Vintage, 2001.

「Women in the workplace: evolutionary perspectives and public policy」, Kingsley R. Browne, 「Evolutionary psychology, public policy and personal decisions」, Charles Crawford & Catherine Salmon 편집, 2004.

자. 리처드 도킨스는 복지 제도가 부자연스럽다며 반대했나

박준건에 따르면, 리처드 도킨스는 복지 국가가 "매우 부자연스러운 것"이기에 좋지 않다고 생각했다.

> 여기에 대한 비판은 사회생물학이 인종차별주의, 불평등, 기존 사회 구조의 정당화 등 '우파 이데올로기'를 지원할 것이라는 데까지 나아간다.
> 이러한 사회생물학의 우파 이데올로기는 도킨스의 복지국가 비판에 잘 나타나 있다. 도킨스는 복지국가가 '매우 부자연스러운 것'이라고 장황하게 서술하고 있다. (「사회생물학, 인간의 본성을 말하다」, 378~379쪽)

도킨스를 진화심리학자로 분류하는 사람은 많지 않지만 진화심리학에 매우 친화적이다. 그는 데이비드 버스가 편집한 『진화심리학 핸드북』에 「후기」를 기고했다. 거기에서 그는 진화심리학에 대한 자신의 처지를 "호의적인 관찰자(sympathetic observer)"라고 적었다.

박준건이 인용한 구절을 더 길게 인용해 보겠다.

자식을 너무 많이 낳는 개체가 불리해지는 이유는, 전체 개체군이 절멸하기 때문이 아니라 그냥 자식들 중 더 적은 숫자가 생존하기 때문이다. 자식을 너무 많이 낳게 하는 유전자는, 이를 지닌 자식들 중 적은 수만 어른이 될 때까지 살아남으므로, 많은 숫자가 다음 세대로 전달되지 않는다. 그러나 현대 문명인의 경우에는 가족의 크기가 각각의 부모가 제공할 수 있는 한정된 자원에 의해 더 이상 제한되지 않는다. 어떤 부부가 자기들이 먹여 살릴 수 있는 것보다 자식들을 많이 낳으면, 국가-해당 개체군 중 그 부부를 제외한 모두를 뜻한다-가 그냥 개입하여 과잉(surplus) 자식들의 생존과 건강을 유지해 준다. 물질적 자원이 전혀 없는 부부가 여자의 신체적 한계에 정확히 이를 때까지 많은 자식을 낳아서 기른다 해도, 실로 이것을 막을 수단은 아무것도 없다. 그러나 복지 국가는 매우 비자연적인(unnatural, 부자연스러운) 것이다. 자연(nature)에서는 부양할 수 있는 것보다 더 많은 자식을 낳는 부모는 많은 손자를 얻을 수 없다. 따라서 그들의 유전자는 미래 세대들로 전달되지 않는다. 자연에는 복지 국가가 없기 때문에 출생률을 이타적으로 자제할 필요가 없다. 방종(overindulgence)으로 이어지는 유전자는 어떤 것이라도 곧바로 처벌 받는다: 그 유전자를 보유한 자식들이 굶주린다. 너무 큰 가족의 자식들이 굶어 죽도록 내버려 두었던 예전의 이기적 방식(old selfish ways)으로 되돌아가는 것을 원하지 않기에, 우리 인간은 가족이 경제적 자급자족 단위로 기능하는 것을 폐지하고, 국가가 그 역할을 맡도록 했다. 그러나 자식 부양 보장이라는 특권이 남용되어서는 안 된다.

피임은 종종 '비자연적'이라는 공격을 받는다. 그렇다, 매우 비자연적이다. 문제는 복지 국가도 그렇다는 점이다. 내 생각에는, 우리들 중 거의 모두는 복지 국가가 매우 바람직스럽다고 믿는다. 그러나 비자연적인 산아 제한이 없다면 비자연적인 복지 국가가 존재할 수 없다. 산아 제한이 없다면 결국은 자연 상태보다 더 비참한 결과로 이어질 것이다. 아마 복지 국가는 지금까지 동물계에 나타난 것들 중 가장 대단한(greatest, 위대한) 이타적 체제일 것이다. 그러나 어떠한 이타적 체제도 본유적으로 불안정하다. 왜냐하면 그 체제를 이용해 먹을 준비가 되어 있는 이기적 개체에게 남용될 여지가 있기 때문이다. 자기가 기를 수 있는 것 이상으로 자식을 낳는 개인들은, 의식적이며 악의적으로 이용해 먹는다는 비난을 받기에는 대부분의 경우 너무 무지한 것 같다. 내 생각에는, 그렇게 하라고 의도적으로 부추기는 강력한 조직(institution)이나 지도자는 그런 혐의로부터 덜 자유롭다.
(『이기적 유전자』, 208~210쪽[영어판 117~118쪽])

도킨스는 복지 제도가 "비자연적(unnatural, 부자연스러운)"이라고 표현했다. 하지만 도킨스는 피임도 비자연적이라는 점을 지적했다. "복지 제도는 비자연적이기 때문에 없애야 한다는 것이 도킨스의 생각이다"가 성립한다면 "피임은 비자연적이기 때문에 없애야 한다는 것이 도킨스의 생각이다"도 성립할 것이다. 박준건이 상상력을 1cm만 발휘했다면 "병원은 비자연적이기 때문에 없애야 한다는 것이 도킨스의 생각이다"로 이어졌을 것이다. 도킨스가 비자연적이라는 이유로 복지 제도에 반대하는 장면을 상상하고 싶다면, 도킨스가 교황과 손을 잡고 콘돔을 불태우는 장면과 바이러스와 손을 잡고 병원을 불태우는 장면도 상상해야 일관성이 있다. 오해하기로 작정을 하고 위 구절을 읽지 않았다면 박준건처럼 오해하기도 힘들 것 같다.

여기에서 도킨스는 무슨 이야기를 한 것일까? 토마스 맬써스에 따르면 복지 제도는 인구 폭발로 이어질 수밖에 없으며 인구가 엄청 많아지면 인류는 아주 비참해질 것이다. 그런데 콘돔의 발명으로 해결책이 생겼다. 콘돔도 복지 제도도 비자연적이다. 도킨스도 진화심리학자들도 "자연적인(natural, 자연스러운) 것이 곧 바람직한 것이다"라고 외치지 않는다. 그들은 병원, 학교, 피임, 선거와 같이 비자연적인 것들을 대체로 지지한다. 진화생물학, 진화심리학, 물리학과 같은 과학도 비자연적이다.

〈참고 문헌〉

『사회생물학적 인간관 비판』, 박준건, 『사회생물학, 인간의 본성을 말하다』, (사)부산민주항쟁기념사업회 부설 민주주의사회연구소 엮음, 산지니, 2008.

『이기적 유전자』, 리처드 도킨스 지음, 홍영남 & 이상임 옮김, 을유문화사, 2010(전면개정판).

『후기』, 리처드 도킨스, 『진화심리학 핸드북 2: 통합』, 데이비드 M. 버스 편집, 김한영 옮김, 아카넷, 2019.

『afterword』, Richard Dawkins, 『The handbook of evolutionary psychology, volume 2: integrations』, 2016(2판).

『The selfish gene』, Richard Dawkins, Oxford University Press, 2006(30th anniversary edition).

차. 인종의 진화: 가나자와 사토시와 존 러쉬턴

진화심리학자 68명이 가나자와 사토시(Satoshi Kanazawa)를 비판하는 성명서 『Kanazawa's bad science does not represent evolutionary psychology(가나자와의 나쁜 과학은 진화심리학을 대표하지 않는다)』에 서명했다. 거기에는 다음과 같은 구절이 있다.

하지만 인간 행동에 진화론적 접근법을 적용하는 많은 과학자들이 가나자와의 연구(work)의 질이 낮다고 생각하며 학술적 비판을 통해 그것을 보여주었다. 그는 질 낮은 데이터와 부적절한 통계 방법론을 사용하고, 자신이 제시한 결과에 대한 대안적 설명을 일관되게 묵살한다는 비판을 자신의 연구 분야의 다른 학자들로부터 되풀이해서 받아왔다.

직접적 계기는 그가 〈Psychology Today(오늘날의 심리학)〉에 올린 「Why are black women less physically attractive than other women?(왜 흑인 여자들이 다른 여자들에 비해 육체적으로 덜 매력적인가?)」라는 글에서 흑인 여자들의 얼굴이 "객관적으로" 못생겼다고 주장했기 때문이다. 우주의 미적 기준에 비추어 볼 때 못 생겼다는 말은 아니다. 그는 인류 보편적인 외모 평가 기제를 염두에 둔 듯하다. 이런 말을 하면 인종주의자로 몰리기 쉽다.
가나자와의 책은 『처음 읽는 진화심리학』, 『지능의 역설』이라는 제목으로 한국어로 번역되었으며 꽤 많이 팔리고 있다. 진화심리학자 전중환은 자신의 책에서 가나자와의 책을 추천한 적 있다.

진화심리학에 대한 묵직한 입문서를 원하시는 분들은 이 책을 즉시 내려놓으시고(진심으로 드리는 말씀이다!) 서점 안내원에게 요청하거나 인터넷 서점 검색창에서 새로 검색해서 스티븐 핑커의 『마음은 어떻게 작동하는가(How the mind works)』, 로버트 라이트(Robert Wright)의 『도덕적 동물(Moral animals)』, 앨런 밀러(Alan Miller)와 사토시 가나자와(Satoshi Kanazawa)의 『처음 읽는 진화심리학(Why beautiful people have more daughters)』 같은 책을 구입하시기 바란다.
(『오래된 연장통』, 19쪽)

『처음 읽는 진화심리학』에는 저명한 진화심리학자 데이비드 버스의 "An absolute gem of a book(완전히 보석 같은 책이다)"라는 찬사가 실려 있다. 버스는 위 성명서를 작성한 사람들 중 한 명이다. 버스에 따르면, 가나자와는 보석 같은 책을 쓴 훌륭한 진화심리학자에서 쓰레기 같은 연구를 내 놓는 사이비 진화 심리학자로 변신했다. 내가 보기에는 『처음 읽는 진화심리학』은 수준이 매우 낮아서 심지어 버스의 책보다도 정확성이 훨씬 떨어진다. 하지만 이론적 능력이 한심한 과학자가 제시한 가설이라고 해서 반드시 틀렸다고 단정해서는 안 된다. 과학자 23명이 이 사태와 관련하여 가나자와를 옹호하는 「Sinned against, not sinning(죄를 범한 것이 아니라, 남들이 범한 죄의 피해자다)」을 발표했다. 여기에는 다음과 같은 구절이 있다.

> 가나자와의 연구가 한심하다는 주장과는 달리, 그는 심리학, 사회학, 정치 과학, 생물학, 의학 분야에서 전문가의 심사를 받는 학술지(peer-reviewed journals)에 논문 70편을 발표했다.

만약 가나자와가 항상 데이터 분석을 엉망으로 하면서도 학술지에 논문을 70편이나 발표할 수 있었다면 다른 방면에서 초능력에 가까운 수완이 있었다고 봐야 할 것이다. 내가 그의 논문들을 살펴본 것은 아니지만, 과학자로서 기본 소양은 있을 것 같다. 다만 『처음 읽는 진화심리학』을 보고 판단해 볼 때 진화심리학 이론에 대한 이해는 한심한 수준이다.

여기에서 흑인 여자들의 얼굴이 객관적으로 못 생겼는지 여부를 따지지는 않겠다. 많은 이들은 이런 것을 따지는 것 자체가 "신성모독"이라고 생각할 것이다. 그리고 많은 이들은 흑인 여자들의 얼굴이 "객관적으로" 못 생겼을 리 없다고 믿는다. 하지만 나는 그렇게 단정할 수는 없다고 본다. 많은 한국 여자들이 백인의 애플힙을 부러워한다. 자신의 펑퍼짐한 엉덩이에 비해 더 예쁘다고 느끼기 때문이다. 백인의 큰 가슴을 부러워하는 경우도 많다. 그 이유는 백인 미디어가 지구를 지배하고 있기 때문이라고 생각하는 지식인들이 많다. 나라면 다른 쪽에 걸겠다. 허리는 날씬하고 엉덩이는 풍만한 몸매에 대한 남자들의 선호는 인류 보편적으로 보인다. 그리고 거기에는 진화론적 이유가 있어 보인다. 7장의 〈진화심리학의 참신한 발견들〉에서 다루었듯이 여러 연구들이 개미허리 몸매인 여자가 여러 방면에서 우월하다는 것을 보여주었다. 가슴 크기에 대한 연구는 그에 비해 훨씬 빈약하지만 가슴이 큰 여자가 우월하다는 것을 시사하는 결과가 나왔다. 이런 점들을 생각해 볼 때 상대적으로 가슴이 빈약하고 엉덩이가 펑퍼짐한 한국 여자들의 몸매가 "객관적으로" 못생겼다는 가설은 상당히 가망성이 커 보인다. 나는 잘 설계된 연구를 통해 흑인 여자들의 얼굴이 "객관적으로" 못 생겼다는 결과가 나오더라도 그리 놀라지 않을 것이다.

여기에서는 "인종 간 미모 차이"보다 훨씬 더 뜨거운 감자인 "인종 간 지능 차이"에 대해 살펴볼 생각이다. 가나자와가 수많은 학자들로부터 왕따를 당한 이유는 흑인이 다른 인종에 비해 선천적으로 지능이 떨어진다는 주장을 했기 때문이기도 한 것 같다. 흑인이 다른 인종에 비해 지적으로 열등하도록 진화했다고 줄기차게 주장한 사람은 존 러쉬턴(John Philippe Rushton)이다. "사하라 이남 아프리카(Sub-Saharan Africa)"는 왜 문명 발전이 뒤처졌을까? 이것을 설명하는 두 가지 길이 있다. 하나는 환경에서 찾는 것이고, 다른 하나는 흑인의 선천적 특성에서 찾는 것이다. 예로부터 흑인은 힘은 세지만, 지적으로 열등하고, 부도덕하다고 생각한 백인들이 많았다. 심지어 인간과 원숭이의 중간 정도 되는 존재라고 보기도 했다. 이런 관점에 따르면 흑인들이 살던 아프리카의 문명 발전이 뒤처진 이유는 흑인들이 지적인 면에서 선천적으로 열등하기 때문이다.

서울대학교 도서관 대출 1위를 한 것으로 유명한 『총 균 쇠』에서는 다른 설명을 내 놓는다. 재레드 다이아몬드(Jared Diamond)는 유라시아 대륙과 아프리카 대륙의 환경 차이 때문에 아프리카의 문명 발전이 뒤처졌다는 가설을 내놓는다. 유라시아 대륙에는 농경과 목축에 적합한 동식물이 많았지만 아프리카 대륙에는 적었기 때문에 아프리카에서 농경과 목축이 늦어졌으며, 이 때문에 문명 발전이 뒤처졌다는 것이 핵심 가설이다.

반면 러쉬턴은 『Race, evolution, and behavior(인종, 진화 그리고 행동)』에서 흑인의 선천적 특성 때문에 아프리카 대륙의 발전이 뒤처졌으며 선진 산업국의 흑인들이 여전히 지적인 면에서 업적을 별로 못 내고 있다고 주장했다. 스포츠계와 연예계에는 흑인 스타가 수도 없이 많다. 반면 학계에서 저명한 흑인 학자를 찾기는 힘들다. 특히 "승패"가 확실히 드러나는 물리학계, 수학계에서 흑인 학자는 매우 드물다. 또한 체스 선수나 컴퓨터 프로그래머 중에 출중한 흑인도 매우 드물다. 백과사전에서는 1982년에 태어난 아몬 시무토웨(Amon Simutowe)를 세 번째 흑인 그랜드마스터로 소개하고 있다. 나는 인터넷에 떠도는 『Race, evolution, and behavior』 축약본을 읽어 보았다. 불온시 되는 이 문서의 인터넷 링크는 계속해서 사라지는 경향이 있다.

러쉬턴에 따르면, 흑인들이 스포츠계를 주름잡고 있지만 학계에서는 별 성과를 올리지 못하고 있으며 범죄율이 높은데, 그 이유는 흑인의 선천적 특성 때문이다. 흑인들은 선천적으로 육체적 능력이 뛰어난 반면 지능이 낮고 규범을 덜 지키며 바람기가 많다. 이것은 수백 년 전 또는 그 이전부터 백인들이 흑인에 대해 그려왔던 상과 상당히 흡사하다. 그리고 많은 자칭 진보주의자들은 러쉬턴의 주장이 터무니없다고 믿는다.

그는 흑인, 백인, 아시아인이 서로 다르게 진화한 이유에 대한 가설을 제시했다. 그의 가설의 핵심은 이렇다. 흑인은 자식을 많이 낳는 전략(r 전략)을 쓰도록 진화한 반면 아시아인은 적게 낳아서 잘 기르는 전략(K 전략)을 쓰도록 진화했다. 백인은 그 중간 어디에 있다. 그래서 흑인은 발달이 빠르고, 뇌가 작고,

지능이 낮고, 덜 가정적이며, 바람기가 많고, 섹스에 더 집착한다는 것이다. 원래 러쉬턴이 행동유전학자로 분류되지만 이런 가설을 줄기차게 제기했기 때문에 진화심리학자라고 봐도 될 것이다. 많은 지식인들이 러쉬턴의 가설을 무시한다. 인종주의를 과학으로 포장했을 뿐이라고 보는 것이다.

인종 간 지능 차이에 대해 다이아몬드는 뭐 라고 했나? 그는 『총 균 쇠』에서 다음과 같이 썼다.

> 평균적으로 뉴기니인들이 적어도 유럽인만큼은 똑똑하다는 점을 그[뉴기니인]와 나[다이아몬드] 모두 완벽하게 잘(perfectly well) 알고 있었다.
> (『총 균 쇠』, 15쪽, [영어판 14쪽])

그냥 자기가 경험해 보니까 원시 부족으로 분류되는 사람들이 문명인들과 지능 면에서 전혀 차이가 없다는 것이다. "완벽하게"라는 단어까지 등장한다는 점에 주목하자. 반면 존 러쉬턴 & 아써 젠슨(Arthur R. Jensen)은 『Thirty years of research on race differences in cognitive ability(인지 능력의 인종 간 차이에 대한 30년의 연구)』에서 인종 간 지능 차이가 적어도 부분적으로는 선천적임을 시사하는 연구들을 아주 많이 인용했다. IQ 검사를 해 보면 흑인과 백인 사이에는 상당히 큰 차이가 난다.

한의사들은 "내가 치료를 하면서 보니까 이런 치료법이 효과가 있더라"라는 식으로 이야기한다. 반면 한의사들이 "양의학"이라고 부르며 깔보는 과학적 의학에서는 대규모 임상 시험을 한다. 이 때 이중맹 검증(double-blind test)과 같은 기법을 써서 혹시 있을지도 모를 암시 효과를 차단하려 한다. 이런 임상 시험을 통과할 때 치료법의 효과나 안전성이 과학적으로 입증되었다고 본다.

내가 보기에 다이아몬드의 말은 한의사 마인드를 닮았고 러쉬턴 & 젠슨의 논문은 적어도 표면적으로는 과학적 의학의 마인드를 닮았다. 만약 이 논문에 불만이 있다면 이 논문의 내용을 논리적으로 실증적으로 반박하면 된다. 나는 인종 간 선천적 지능 차이나 성격 차이에 대한 연구를 조롱하거나 비난하는 것은 많이 봤지만, 설득력 있게 반박하는 것을 구경한 기억이 없다. 다이아몬드처럼 "내가 경험을 통해서 완벽하게 알고 있다"라는 식으로 우기는 것은 설득력 있는 반박이 아니다.

이런 문제에 대해 진화심리학계에서는 어떤 말을 했나? 진화심리학 문헌을 꽤 많이 읽어봤지만 "인종의 진화" 문제에 대한 내용은 거의 찾을 수 없었다. 진화심리학계는 인종 문제에 대해 사실상 침묵하는 것 같다. 하지만 전혀 언급이 없었던 것은 아니다. 내가 아주 좋아하는 코스미디스 & 투비는 인종의 진화에 대해 다음과 같이 썼다.

> 1단계. 급격한 역사적 변화가 있었다는 점과 인간 사회에서 자연히 일어나는 다수의 "교차-양육 실험들(cross-fostering experiments)"을 고려해 볼 때, 인간 집단 간의 조금이라도 중요한 행동 차이가 집단 간 유전적 차이 때문이라는 인종주의적 생각은 사실상 반박되었다. 모든 곳의 유아는 똑 같게 태어나며, 발달 잠재력, 진화한 심리, 또는 생물학적 자질 면에서 똑 같다. 이것은 예로부터 인류의 정신적 통일성(psychic unity of humankind)이라고 알려진 원리다. 금세기에 유전학과 인간 발달에 대한 지식이 성장하면서 모든 집단의 유아가 본질적으로 같은 기본적 인간 설계와 잠재력을 가지고 있다는 결론이 실증적으로 강하게 뒷받침되었다. 인간의 유전적 변이-이제는 현대 전기영동(electrophoretic) 기술로 직접 탐지할 수 있다-의 거의 모든 부분은 기능적인 측면에서 하찮은 역할밖에 안 하는 생화학적 차이에 한정되어 있으며, 우리의 복잡한 기능적 설계는 보편적이며 종-전형적(species-typical)이다 (Tooby & Cosmides, 1990a). 또한 존재하는 변이의 대부분은 "인종들" 사이에

또는 개체군들 사이에 존재하는 것이 아니라, 압도적으로 개인들 사이에, 개체군 내에 존재한다. 유전적 변이의 분포에 대해 알려진 특성을 고려해 볼 때, 왜 많은 행동들이 집단 내에서는 공유되는 반면 집단들 간에는 공유되지 않는지를 유전적 변이를 끌어들여 설명할 수 없다. 즉, 유전적 변이는 왜 인간 집단들이 생각과 행동에서 서로 극적으로 다른지를 설명할 수 없다.
(『The adapted mind』, 25쪽)

그들은 "인간 집단 간의 조금이라도 중요한 행동 차이가 집단 간의 유전적 차이 때문"이라고 보는 것이 "인종주의적 생각"이라고 비판한다. 참으로 "정치적으로 올바른(politically correct)" 입장이다. 러쉬턴과 같이 인종 간 정신적 차이가 무시할 수 없을 정도로 진화했다고 보는 학자들에 대한 비난의 대열에 진화심리학계의 태두인 코스미디스 & 투비도 합세한 형국이다.
인종의 진화는 과학계에서 무지막지한 금기로 통하는 것 같다. 많은 과학자들이 "인종 간 차이는 피부색까지만이다(Race is only skin deep)"라는 말을 주문처럼 외우고 있다. 다른 면에서는 매우 용감하고 똑똑하고 유식한 코스미디스 & 투비도 인종 문제에 대해서는 금기에 도전하지 못하는 것 같다. 대다수 진화심리학자들이 정신적인 측면에서 남녀가 다르게 진화했다는 "불온한" 가설들은 용감하게 제시하지만, 정신적인 측면에서 인종들이 다르게 진화했다는 "울트라-불온한" 가설은 감히 입에 담을 생각도 못하는 것 같다. 이 문제에 대해서는 아예 입을 다물고 있거나 코스미디스 & 투비처럼 "진보파"의 입맛에 맞는 이야기를 한다. 코스미디스 & 투비는 "모든 곳의 유아는 똑 같게 태어나며, 발달 잠재력, 진화한 심리, 또는 생물학적 자질 면에서 똑 같다"고 단언한다.
인종마다 민족마다 개체군마다 정신적인 측면에서 온갖 유의미한 차이를 보인다. 그런 차이들 중 어느 정도가 선천적이며 어느 정도가 후천적인지 객관적으로 알아내기는 대단히 어렵다. 인간의 심리, 행동, 사회에 대한 연구에는 "잡음"이 끼어들기 쉽다. 인간을 대상으로 물리학자들처럼 잘 통제된 실험을 하는 것이 이론적으로 불가능하지는 않지만, 시간이 너무 많이 걸리거나, 비용이 너무 많이 들거나, 윤리적 이유 때문에 실제로 실행하기가 쉽지 않다. 그런데도 그들은 인종 간 선천적 차이는 없다고 단언한다.

코스미디스 & 투비는 개체군 간 차이보다 개체군 내 차이가 더 크다고 주장한다. 이것은 인종 간 선천적 차이에 대한 연구에 시비를 거는 "진보주의자"들이 흔히 하는 말이다. 많은 학자들이 개체군 간 차이를 두 평균값의 차이로 측정하고 개체군 내 차이를 표준 편차로 측정한다. 그렇게 측정했을 때 많은 형질의 경우에 개체군 간 차이보다 개체군 내 차이가 크다는 것이 드러나기도 한다. 하지만 하필이면 표준 편차가 기준이 되어야만 할 절대적 이유는 없다. 그냥 편의상 그렇게 척도를 정했을 뿐이다. 표준 편차라는 임의적 기준을 들이대면서 개체군 내 차이가 개체군 간 차이보다 크다고 단언할 수 있다면, 표준 편차 말고 다른 기준을 들이대면서 개체군 간 차이가 개체군 내 차이보다 크다고 단언할 수도 있을 것이다.

그리고 표준 편차를 기준으로 보더라도 개체군 간 차이가 개체군 내 차이보다 크게 나오는 경우가 있다. 흔히 IQ 점수를 계산할 때 백인들의 평균이 100이 되도록 하고 표준 편차가 15가 되도록 설정한다. 이렇게 했을 때 흑인들의 평균이 70점 정도로 나오기도 한다. 개체군 간 차이가 개체군 내 차이보다 큰 것이다.

개체군 내 차이가 개체군 간 차이보다 크다는 결과가 나오더라도, 이것은 인종 간 선천적 차이를 끌어들여서 아프리카 대륙의 미발전을 설명하거나 미국 흑인들이 지적 성과가 떨어지는 현상을 설명하는 것에 대한 반박이 될 수 없다. 그런 설명에는 개체군 간 차이가 개체군 내 차이보다 크다는 전제가 필요 없기 때문이다.

코스미디스 & 투비는 "교차-양육 실험들"을 근거로 대면서 정신적인 면에서 인종 간 선천적 차이가 사실상 없다고 결론 내린다. 미네소타 인종 간 입양 연구(Minnesota Transracial Adoption Study)가 이 방면으로는 가장 유명한 것 같다. 이 연구를 발표한 심리학자들은 백인 가정에 입양된 흑인 아이들의 평균 IQ가 전체 백인 평균보다 높다는 점을 지적하면서 후천론을 지지한다. 이 논문을 비판적으로 검토한 리처드 린(Richard Lynn)은 백인 가정에 입양된 아이들 중에서 양쪽 부모가 다 흑인인 경우에 IQ가 가장 낮았고, 한 쪽 부모는 흑인이고 다른 쪽 부모는 백인인 경우에는 중간 정도였고, 양쪽 부모가 다 백인인 경우에는 가장 높았다는 점을 들면서 선천론을 지지한다. 여기에 대한 골치 아픈 논쟁에 대한 요약을 「Thirty years of research on race differences in cognitive ability」에서 볼 수 있다. 이런 "교차-양육 실험들"을 보고 인종 간 선천적 차이가 없다고 단정하는 것은 대단히 경솔해 보인다.

코스미디스 & 투비는 "복잡하게 조직된 보편적 인간 본성에 대한 주장들"(진화심리학이 이런 주장을 한다)이 "인종주의적 접근법의 중심 가정들과 모순된다"고 주장한다.

이 과정에서, 선천론적 요소와 명시적으로 관련된 것이라면 그것이 어떤 종류라 하더라도 모든 접근법이 의심 받게 되었다. 결과적으로, 근본적으로 갈리는-심지어 반대되는-기획들과 주장들이 20세기 사회과학자들의 마음속에서는 지속적으로 혼동되었다. 가장 중요하게는, 적응론적 진화생물학과 행동유전학이 구분되지 못했다. 우리의 보편적, 유전된, 종-전형적 설계에 대한 적응론적 탐구가 개인 간 또는 개인들의 집합 간 차이 중 어느 부분이 유전자의 차이 때문인지를 묻는 행동유전학과는 상당히 구별됨에도 불구하고, 적응론적 진화생물학에서 전형적으로 등장하는 범종적(panspecific) 선천론이 행동유전학의 유전자

형(idiotypic) 선천론과 혼동되었다(Tooby & Cosmides, 1990a). 명백히, 복잡하게 조직된 보편적 인간 본성에 대한 주장들은 바로 그 성격 때문에 인종주의적 설명에 쓰일 수 없다. 실로, 그런 주장들은 인종주의적 접근법의 중심 가정들과 모순된다. 하지만 이런 사실에도 불구하고, 적응론적 접근법들과 행동유전학이 대다수 사회과학자들의 마음속에서는 불가분하게 얽힌 상태로 남아 있다.

(『The adapted mind』, 35쪽)

행동유전학은 인종주의적 설명에 쓰일 수 있지만 진화심리학은 그렇지 않다는 것이다. 코스미디스 & 투비가 "과학의 통일성"을 줄기차게 외쳤다는 점에 비추어 볼 때, 이것은 대단히 이상한 말이다. 물론 행동유전학과 진화심리학의 연구 초점은 상당히 다르다. 하지만 인종 간 선천적 차이가 있다는 명제를 행동유전학자들이 충분히 설득력 있게 입증했다면, 진화심리학자는 당연히 그것을 받아들여야 한다. 또한 인종 간 선천적 차이가 없다는 명제를 행동유전학자들(또는 행동유전학을 증오하는 과학자들)이 충분히 설득력 있게 입증하지 못했다면, 진화심리학자는 인종 간 선천적 차이가 없다고 속단해서는 안 된다. 논리와 실증이라는 기준에 따라 가설이 입증/반증된다는 면에서 과학은 하나다. 그런데도 그들은 진화심리학자들이 행동유전학과 담을 쌓고 살 수 있다는 듯이 이야기한다.

코스미디스 & 투비는 인간이 유성 생식을 한다는 점을 들면서 소위 "인종주의적 설명"을 공격한다.

첫째, 앞에서 논의했듯이, 탄탄한(robust, 잘 구성된) 보편적 인간 본성에 대한 모형들은 바로 그 성격 때문에 집단 간 차이에 대한 인종주의적 설명에 쓰일 수 없다. 인간 본성을 "무엇이든 보편적인 것"으로 정의하는 식의 정의 수법(definitional trick)일 뿐인 것이 아니다. 통상적으로 자연선택이 복잡한 적응들을 보편적이도록 또는 거의 보편적이도록 만드는 경향이 있다고 굳게 믿을 만한 이유들이 있다. 따라서 사소한, 표면적인, 비기능적인 형질들에 아무리 많은 변이가 있을지라도, 인간들끼리는 적응들의 복잡하고, 종-전형적이고, 종-특유적인(species-specific) 설계구조를 공유할 것이다. 우리가 장수하며 유성 생식을 하기 때문에, 만약 우리의 복잡한 적응들의 근저에 있는 유전자들이 개인마다 상이하다면 복잡한 적응들은 매 세대마다 일어나는 성적 재조합의 무작위적 과정에 의해 파괴될 것이다.
(『The adapted mind』, 38쪽)

인간은 유성 생식을 하기 때문에 복잡한 심리기제들이 인종마다 서로 근본적으로 다를 수는 없을 것 같다. 그랬다가는 혼혈이 불가능할 것이다. 하지만 기본적인 구조가 같더라도 여러 가지 면에서 서로 다를 수 있다. 기본적인 신체 구조가 인류 보편적이라 하더라도 인종들은 선천적으로 키가 서로 상당히 다를 수 있으며 실제로도 그래 보인다. 쿵산족(부시맨)과 스웨덴인 사이의 평균 키 차이는 40cm 정도나 되며, 이것을 영양 상태와 같은 후천적 요인들로만 설명하기는 힘들어 보인다. 신체적인 면에서 인종마다 상당한 수준의 차이가 진화할 수 있었는데 정신적인 면에서는 인종 간 차이가 진화할 수 없었다고 단정한다면, 진화론을 반쪽만 받아들이는 것이다.

몽고인과 쿵산족은 시력이 좋기로 유명하다. 눈이나 시각 기제의 기본 구조가 같더라도 시력은 꽤나 다를 수 있다. 마찬가지로 지능과 관련된 심리 기제들의 기본 구조가 같더라도 선천적 IQ가 꽤나 다를 수 있다. 진화심리학의 보편적 인간 본성론은 "선천적 지능 차이 때문에 아프리카의 문명이 뒤처졌으며 흑인들의 지적 업적이 뒤처진다"라고 설명하는 소위 "인종주의적 접근법"과 모순되지 않는다. 개의 여러 품종들은 지능이나 성격 면에서 꽤나 다르다.

그렇다 하더라도 상호 교배가 가능한 경우가 많다. 개는 가능한데 인간은 불가능하다고 본다면 진화론을 반쪽만 받아들이는 것이다.

인종 간 선천적 차이에 대한 가설을 원천봉쇄하는 길이 있다. 프란시스코 딜-화이트(Francisco Gil-White)는 「Resurrecting racism(인종주의 부활시키기)」에서 인종은 없다고 주장한다. 그는 명확한(crisp) 경계가 없기 때문에 생물학적 인종 개념이 성립할 수 없다고 주장한다. 사회적으로 구성된 인종 개념만 있을 뿐이라는 것이다. 인간 개체군들 사이에서 유전자 교환(상호 교배)이 계속 있어왔기 때문에 어디까지가 이 인종이고 어디부터가 저 인종인지 명확히 구분할 수 없다는 것이다. 만약 인종 개념 자체가 존재할 수 없다면 인종 간 선천적 차이를 논하는 것은 무의미해질 것이다.

그런데 인종의 경계가 애매하다는 이유만으로 인종 개념을 부정한다면 인간이라는 개념도 부정해야 할 것이다. 왜냐하면 우리의 조상들은 연속적으로 진화했기 때문이다. 우리의 직계 조상을 거슬러 올라가 보자. 도대체 언제부터 인간인가? 20만 년 전부터? 75만 년 전부터? 100만 년 전부터?

길-화이트의 논리를 따르자면 고리 종(ring species)을 종 분화로 인정할 수 없을 것이다. 고리 종의 경우 전체 개체군이 고리 모양으로 분포한다. 각 개체는 이웃에 있는 개체와 교배를 한다. 하지만 대척점에 있는 개체끼리는 교배를 하지 않는다. 단지 거리가 멀어서가 아니다. 심지어 대척점에 있는 개체들을 한 곳에 모아 두어도 교배를 하지 않는다. 왜냐하면 상호 교배가 이루어지지 않을 만큼 서로 다르게 진화했기 때문이다. 즉 종 분화가 일어난 것이다. 보통 종 분화는 이분법적으로 이루어지는데, 고리 종의 경우에는 하나의 스펙트럼을 이룬다. 이분법적으로 종 분화가 일어난 경우에는 새로 만들어진 두 종에 각각 이름을 붙일 수 있다. 반면 고리 종의 경우에는 그런 식의 명칭이 불가능하다. 골치 아픈 그래프로 표현하는 수밖에 없다.

흑인, 백인, 아시아인처럼 간편하게 이름을 붙이는 방식으로는 생물학적

인종을 제대로 표현하기 힘들다. 일상적인 용법에서는 피부색을 기준으로 인종을 나눌 때가 많다. 이런 구분이 생물학적 분류법이 될 수 없음은 명백하다. 적도에 가까운 지방에 사는 호주 원주민들은 아시아인의 후손이다. 하지만 피부가 검다. 따라서 일상적인 용어법에 따르면 흑인이다. 흑인과 백인의 혼혈을 흑인이라고 부른다. 생물학적으로 볼 때, 이것은 흑인과 백인의 혼혈을 백인이라고 부르는 것만큼이나 웃기는 일이다. 인종을 제대로 표현하기 위해서는 고리 종의 경우보다 훨씬 더 골치 아픈 그래프가 필요할 것이다. 그렇다고 해서 생물학적 인종 개념이 불가능해지는 것은 아니다.

유전자의 개인 간 변이가 개체군 간 변이보다 크기 때문에 인종 개념이 성립할 수 없다는 주장도 있다. 하지만 아종(subspecies) 개념의 정의에는 "개체군(아종 간) 간 변이가 개체군 내 변이보다 커야 한다"라는 조건이 없다. 이것은 종(species) 개념에도 없는 규정이다. 생물학적 인종 개념은 인간을 아종 또는 아아종(sub-sub-species)으로 분류한다.

〈진화심리학이 숙명론으로 이어지나〉에서 진화심리학의 숙명론이 페미니스트들에게 어두운 그림자를 드리운다는 이야기를 했다. 만약 남자와 여자의 성격과 지능이 다르게 진화했다면, 사회화의 불평등과 유리천장이 완전히 사라진 사회에서도 남자가 여자보다 훨씬 더 출세할 수 있다. 인종의 경우에도 비슷한 이야기를 할 수 있다. 만약 백인이 선천적으로 흑인보다 IQ가 훨씬 높다면, 기회의 평등이 보장되어도 지적인 분야에서는 백인이 높은 지위를 차지할 것이다. 코스미디스 & 투비처럼 인종의 진화에 대해 도무지 이치에 맞지 않는 소리를 하면서, 이런 숙명론에 대해 걱정할 필요가 없다고 사람들을 안심시킬 수는 있을 것이다.

내가 인종 간 지능 차이나 성격 차이에 대한 행동유전학 연구와 진화심리학 연구를 충분히 폭넓고 깊이 있게 살펴본 것은 아니다. 한편에는 흑인의 선천적 IQ가 백인이나 아시아인보다 훨씬 떨어진다고 주장하는 행동유전학자들이 있으며, 러쉬턴은 그에 대한 진화 가설을 제시했다. 여기에서 자세히 이야기 하지는 않겠지만 진화생물학과 진화심리학에 대한 러쉬턴의 지식은 한심한 수준이다. 하지만 어떤 과학자의 이론적 능력이 부족하다고 해서 그가 제시한 가설이 자동적으로 반증되는 것은 아니다. 나는 아모츠 자하비의 이론적 능력이 한심한 수준이라고 생각하지만 그가 제시한 핸디캡 원리는 존중한다.

다른 한편에는 인종 간 선천적 지능 차이에 대한 연구들을 조롱하는 학자들이 엄청나게 많다. 그들은 통렬한 비판으로 그런 연구를 박살했다고 우기고 있지만, 내가 보기에는 전혀 통렬하지 않다. 진화심리학에 말도 안 되는 트집을 잡고 난 이후에 진화심리학을 박살냈다고 자랑하는 꼴과 대단히 비슷해 보인다.

나는 선천적으로 흑인의 지능이 백인보다 상당히 떨어진다는 명제를 유력한 가설이라고 생각한다. 이렇게 말하면 온갖 "진보주의자"들로부터 인종주의자 라는 비난을 받는다는 것을 잘 알고 있다. 인종 문제에 대해 최대한 과학적으로 접근하는 것이 인종주의인가? 인종주의라는 혐의를 벗기 위해서는 코스미디스 & 투비처럼 과학, 논리, 실증, 합리성을 내팽개치고 "정치적으로 올바른" 소리만 해대야 하나?

인종의 진화에 대해 과학자들이 입을 다물어야 한다고 생각한다면 그렇게 명시적으로 선언하시라. 인종의 진화에 대해서는 과학이 아니라 미신에 의존해야 한다고 생각한다면 그렇게 명시적으로 선언하시라. 인종의 진화에 대해서도 미신이 아니라 과학에 의존해야 한다고 생각한다면 제발 이치에 맞는 말을 하려고 노력하자.

〈참고문헌〉

『오래된 연장통: 인간 본성의 진짜 얼굴을 만나다』, 전중환, 사이언스북스, 2010(증보판).

『지능의 역설: 우리가 몰랐던 지능의 사생활(The intelligence paradox: why the intelligent choice isn't always the smart one)』, 가나자와 사토시 지음, 김준 옮김, 연필, 2020.

『처음 읽는 진화심리학: 데이트, 쇼핑, 놀이에서 전쟁과 부자 되기까지 숨기고 싶었던 인간 본성에 대한 모든 것(Why beautiful people have more daughters: from dating, shopping, and praying to going to war and becoming a billionaire)』, 앨런 S. 밀러 & 가나자와 사토시 지음, 박완신 옮김, 웅진지식하우스, 2008.

『총 균 쇠: 무기. 병균. 금속은 인류의 운명을 어떻게 바꿨는가』, 제레드 다이아몬드 지음, 김진준 옮김, 문학사상사, 2014(3판).

『Amon Simutowe』, 〈Wikipedia〉.

『Guns, germs, and steel: the fates of human societies』, Jared M. Diamond, W. W. Norton & Company, 1999.

『IQ test performance of black children adopted by white families』, Sandra Scarr & Richard A. Weinberg, 『American Psychologist』, 1976.

『J. Philippe Rushton』, 〈Wikipedia〉.

『Kanazawa's bad science does not represent evolutionary psychology』, 2011, 진화심리학자 68명이 서명함.
https://vdocuments.mx/reader/full/kanazawa-statement

『Large breasts and narrow waists indicate high reproductive potential in women』, Grazyna Jasieńska, Anna Ziomkiewicz, Peter T. Ellison, Susan F. Lipson & Inger Thune,
『Proceedings of the Royal Society B: Biological Sciences』, 2004.

「Minnesota Transracial Adoption Study」, 〈Wikipedia〉.

「The Minnesota transracial adoption study: A follow-up of IQ test performance at adolescence」, Irwin D Waldman, Richard A. Weinberg & Sandra Scarr, 「Intelligence」, 1992.

「Political correctness」, 〈Wikipedia〉.

「The psychological foundations of culture」, John Tooby & Leda Cosmides, 「The adapted mind: evolutionary psychology and the generation of culture」, Jerome H. Barkow, Leda Cosmides & John Tooby 편집, Oxford University Press. 1992.

「Psychology today apologizes for 'Black women less attractive' post」, Ujala Sehgal, 「The Atlantic」, 2011.

「Race, evolution, and behavior: a life history perspective」, J. Philippe Rushton, Charles Darwin Research Institute, 2000(3판).

「Race, evolution, and behavior: a life history perspective」, J. Philippe Rushton, Charles Darwin Research Institute, 2000(abridged 2nd edition).

「Resurrecting racism: the modern attack on black people using phony science」, Francisco Gil-White, 2004.
「Ring species」, 〈Wikipedia〉.

「r/K selection theory」, 〈Wikipedia〉.

「Satoshi Kanazawa」, 〈Wikipedia〉.

「Sinned against, not sinning」, Alex Beaujean 외 22명, 『Times Higher Education』, 2011.

「Some reinterpretations of the Minnesota transracial adoption study」, Richard Lynn, 『Intelligence』, 1994.

「Thirty years of research on race differences in cognitive ability」, J. Philippe Rushton & Arthur R. Jensen, 『Psychology, Public Policy, and Law』, 2005.

「Why are black women less physically attractive than other women?」, Satoshi Kanazawa, 〈Psychology Today〉, 2011, 삭제됨.

카. 다윈으로 돌아가자?

진화심리학을 적대적으로 비판한 글을 모아 놓은 책 『Alas, poor Darwin (아, 불쌍한 다윈)』은 왜 제목을 이렇게 지었을까? 진화심리학자들이 다윈의 자연선택 이론을 오용해서 가부장제, 계급 사회, 인종주의 등을 정당화하는 데 썼기 때문에 다윈이 무덤에서 벌떡 일어날 일이라고 본 것이다.

『다윈과 함께』의 공저자 한선희는 다윈으로 돌아가자고 주장한다. 그러면 진화심리학계의 인간 본성론과는 다른 그림이 펼쳐진다는 것이다.

> 이 주제와 관련해서 우리는 찰스 다윈의 본래의 사상과 이론을 마주하게 될
> 것이다. 그렇다면 우리는 왜 인간본성과 관련해서 다윈의 사상과 이론을 검토
> 해야 하는가. 이것은 아주 중요한 문제이다. 왜냐하면 현재 인간본성론자들이
> 다윈의 지적 권위를 이용하여 인간 본성은 고정불변적이라는 자신들의 신념
> (myth)을 과학적으로 포장하고 있는데, 정작 다윈은 이런 류의 주장에 맞서
> 인간 본성의 가변성을 과학적으로 규명하는 일에 평생을 바쳤기 때문이다.
> 다시 말해 다윈의 진화론을 계승한다는 진화심리학 경향의 인간본성론을
> 정면에서 반박하는 것은 다른 어떤 이론도 아닌, 바로 다윈의 이론이다.
> 「진화심리학 찬반 논쟁」 '유전자'가 아니라 '인간'이 의식적인 행위의 주체이다」

하지만 다윈은 여러 가지 의미에서 진화심리학의 원조다.

첫째, 다윈은 자연선택 이론을 최초로 체계적으로 제시했다는 면에서 진화심리학의 원조다. 자연선택 이론은 다윈과 월리스(Alfred Russel Wallace)가 독립적으로 발견했다. 다윈이 월리스보다 20년 정도 먼저 발견했지만 주변 사람들에게만 알렸으며 공식 발표는 미루고 있었다. 그러다가 월리스가 독립적으로 자연선택 원리를 발견하고 그것을 다윈에게 알리자 서둘러 『종의 기원』을 출간했다고 한다. 월리스의 공로를 무시할 수는 없겠지만, 다윈이 먼저 생각해냈고, 『종의 기원』이라는 책으로 그것을 체계적으로 정리해서 발표한 것도 다윈이었다. 다윈을 몹시 존경했던 월리스는 "2인자"의 자리에 만족했다고 한다.

둘째, 다윈은 진화생물학 또는 자연선택 이론을 적용하면 심리학에 새로운 지평이 열릴 것이라고 주장했다. 이런 면에서도 진화심리학의 원조다. 다음은 진화심리학자들이 뻔질나게 인용하는 구절이다. 여기에서 "점진적 변화(gradation)"가 진화 또는 자연선택을 가리킨다고 봐도 무방할 것이다.

먼 미래에 훨씬 더 중요한 연구 분야들이 펼쳐질 것이라고 나는 생각한다. 심리학이 새로운 토대(점진적 변화gradation를 통해 각각의 정신적 힘과 역량이 필연적으로 획득된다는 이론) 위에 세워질 것이다. 인간의 기원과 역사에 빛이 던져질 것이다.
(『종의 기원』, 648쪽[영어판 912쪽])

다윈은 자연선택을 인간의 심리에도 적극 적용해야 한다고 생각했다. 반면 월리스는 인간의 정신에 진화 원리를 적용하기를 꺼렸으며 신학적 설명에 의존하기도 했다.

셋째, 다윈은 진화생물학을 실제로 심리학에 적용하려는 시도를 했다는 면에서도 진화심리학의 원조다. 베스테르마르크는 근친상간 회피 기제에 대한 진화심리학 가설을 제시했다는 공로로 "최초의 진화심리학자"라는 평을 받기도 한다. 그의 공을 폄하할 생각은 없지만 "최초"라고 보기는 힘들다. 왜냐하면 다윈 자신이 여러 진화심리학 가설들을 제시했기 때문이다.

다윈은 이타성 또는 도덕성의 진화를 부족 간 집단선택으로 설명하려 했다. 더 선한 사람들로 이루어진 부족이 더 성공했기에 도덕성이 진화했다는 것이다. 나는 집단선택론을 끌어들인 다윈의 가설이 별로 가망성이 없다고 생각하지만, 21세기 진화심리학자들 중에는 집단선택론으로 인간의 도덕성을 설명하려는 이들이 꽤 많다. 어쨌든 19세기에 진화심리학 가설을 명시적으로 제시한 것은 그 자체로 큰 의미가 있다고 본다.

같은 지역에 사는 두 원시 부족이 경쟁할 때, 만약 (다른 상황들은 같고) 한 부족에는 위험이 닥쳤을 때 서로 경고해 주고, 서로를 돕고 방어해 줄 준비가 항상 되어 있는 용감하고, 동정심 있고, 신의 있는 구성원들이 수가 아주 많다면, 이 부족이 다른 부족보다 더 성공할 것이며 그 부족을 정복할 것이다. 끊이지 않고 전쟁을 하는 야만인들에게 신의와 용기가 얼마나 중요할지 유념하자. … 위에서 말한 자질들이 풍부한 부족은 확산하면서 다른 부족들에 승리를 거둘 것이다. 하지만, 과거 역사를 보고 판단해 보자면, 시간이 흐름에 따라 이번에는 그 부족이 자질이 더 뛰어난 다른 부족에게 압도될 것이다. 이런 식으로 사회적 자질과 도덕적 자질이 서서히 발전하고 세상에 퍼지는 경향이 있을 것이다.
(『인간의 유래 1』, 211~212쪽[영어판 130쪽])

넷째, 현대의 자칭 진보주의자들을 열 받게 할 만한 진화 가설을 제시한 면에서도 다윈은 진화심리학의 원조다.

양성의 정신적 능력 차이. 이런 측면에서 남자와 여자 사이에서 차이가 생기게 된 데는 아마 성선택이 매우 중요한 역할을 했을 것이다. 일부 저자들이 이런 본유적 차이가 조금이라도 있다는 점을 의심한다는 것을 나도 알고 있지만, 다른 이차 성징들을 보이는 하등동물들과 유비해 볼 때 그런 차이가 있다는 가설은 적어도 그럴 듯하다. 수소와 암소가, 야생 수퇘지와 암퇘지가, 수말과 암말이, 그리고 야생동물들(menageries)을 사육하는 사람들 사이에서 잘 알려졌듯이 대형 유인원(larger ape) 수컷과 암컷이 기질 면에서 다르다는 점에 이의를 제기하는 사람은 없다. 여자는 정신적 성향 면에서 남자와는 달라 보이는데, 주된 차이는 여자가 더 상냥하고 덜 이기적이라는 점이다. 뭉고 파크(Mungo Park)의 여행기(Travels)[Travels in the interior districts of Africa(아프리카 내륙 지역 여행기)]에 나오는 유명한 구절과 다른 많은 여행가들의 진술에 비추어 볼 때, 야만인들의 경우에도 마찬가지다. 여자는 모성 본능들 때문에 이런 기질을 자신의 아이들에게 탁월한 정도로 드러낸다. 그 때문에 다른 사람들에게도 그것이 종종 확대되는 듯하다. 남자는 다른 남자들의 경쟁자다. 남자는 경쟁을 즐긴다. 이것은 야망으로 이어지는데 야망은 이기성의 일부가 되기 쉽다. 이기적 기질은 남자의 자연적이지만 유감스러운 생득권으로 보인다. 여자가 직관 능력, 빠른 지각, 아마도 모방 면에서 남자보다 더 강하다는 점이 일반적으로 인정된다. 하지만 이런 능력들 중 적어도 일부는 하등 인종들(lower races)의 특성이라서 문명의 과거 상태이자 낮은 상태에 대응한다. 지적 능력 면에서 나타나는 양성의 주된 구별점은, 어떤 일을 시작하든-깊은 생각, 추론, 상상력을 요구하는 것이든, 그냥 감각과 손을 이용하는 것이든-남자가 여자보다 더 탁월해진다는 점에서 드러난다. …

인간의 조상들 중에 반인간(伴人間, half-human) 시절로 거슬러 올라가면, 그리고 야만인들의 경우에도, 많은 세대 동안에 암컷들을 차지하기 위해 수컷들이 투쟁했다. 하지만 용기, 끈기, 단호한 활기와 결합되지 않으면 신체적 힘과 몸집만으로는 승리에 거의 도움이 안 되었을 것이다. 다른 사회성 동물과 마찬가지로, 젊은 수컷은 암컷 하나를 얻기 전에 많은 시합에서 이겨야 한다. 그리고 나이든 수컷은 계속 다시 시작되는 전투를 통해 자신의 암컷들을 지켜야 한다. 인류의 경우에 그들은 또한 온갖 종류의 적들로부터 자신의 아이들뿐 아니라 자신의 여자들을 지켜야 하며, 가족의 생존을 위해 사냥을 해야 한다. 그런데 적을 피하고, 적을 성공적으로 공격하고, 야생 동물을 잡고, 무기를 만들기 위해서는 고등 정신 능력들, 즉 관찰력, 추론 능력, 창의력, 또는 상상력의 도움이 필요하다.
(『인간의 유래 2』, 494~496쪽[영어판 563~564쪽])

다윈으로 돌아가 봤자 당신들이 원하는 것은 나오지 않는다. 다윈도 진화심리학자들처럼 남녀의 차이를 성선택을 끌어들여 설명하고 있다. 다윈은 대다수 21세기 진화심리학자들이 선뜻 입 밖에 내지 않는 말까지 했다. 다윈에 따르면, 남자가 지적인 면에서 여자보다 우월하게 진화했다. 그 이유는 과거 환경에서 남자가 여자들을 더 많이 차지하기 위해 치열하게 경쟁했기 때문이다. 위 구절은 진화심리학계에서 애지중지하는 부모 투자 이론을 떠올리게 한다.

『Alas, poor Darwin』을 편집한 스티븐 로즈에 따르면, 다윈은 인종의 진화와 관련하여 "정치적으로 올바른" 이야기를 하는 코스미디스 & 투비보다는 인종주의자라는 욕을 먹은 존 러쉬턴과 비슷하게 생각했다.

> 그는 또한 진화를 진보가 이루어지는 과정(progressive)이라고, 백인종들(white races)—특히 유럽인들—이 흑인종들(black races)보다 진화적으로 더 고등(高等, advanced)하기에 인종 간 차이와 인종 간 서열(racial hierarchy)을 형성한다고 확신했다. 젠더에 대한 다윈의 견해 역시 극도로 인습적이었다. 그는 성선택의 결과로 남자가 "여자에 비해 창의적 재능이 많고, 더 용감하고, 호전적이고, 활기차다. 남자의 뇌가 확실히 더 크다… 여자의 두개골 형태는 어린이와 남자의 중간 정도라고 이야기된다"(Darwin 1871)라고 썼다. (『Darwin, race and gender』, 297쪽)

나는 진화학도가 다윈의 글을 읽는 것에 반대하지 않는다. 독파할 끈기만 있다면 적어도 초보자들은 그의 글에서 배울 것이 아주 많다. 하지만 현대의 진화생물학자나 진화심리학자가 쓴 글에서 얻을 수 없는 뭔가 특별한 것을 다윈의 글에서 바라서는 안 된다.

다윈은 19세기 사람이다. 그 당시에는 분자 유전학이 탄생하지도 않았다. 다윈은 유전의 기제에 대해 엉뚱하게 생각했다. 수학과 컴퓨터 시뮬레이션에 바탕을 둔 개체군 유전학 역시 당시에는 없었다. 개체군 유전학에 의존하지 않으면 자연선택에 대해 애매하게 생각하기 쉽다. 다윈은 20세기 이후로 엄청나게 쌓인 동물과 인간에 대한 관찰 및 실험 연구들을 접할 수 없었다. 그렇기에 다윈이 대단히 훌륭한 과학자였음에도 불구하고 21세기의 눈으로 보면 문제점이 상당히 많다.

〈참고문헌〉

『다윈과 함께: 인간과 사회에 관한 통합 학문적 접근』, 김세균 엮음, 사이언스북스, 2015.

『인간의 유래 1, 2』, 찰스 다윈 지음, 김관선 옮김, 한길사, 2006.

『종의 기원』, 찰스 로버트 다윈 지음, 장대익 옮김, 최재천 감수, 다윈 포럼 기획, 사이언스북스, 2019.

「진화심리학 찬반 논쟁] '유전자'가 아니라 '인간'이 의식적인 행위의 주체이다」, 한선희, 〈노동자연대〉, 2017년 9월 21일.
https://wspaper.org/article/19350

『Alfred Russel Wallace』, 〈Wikipedia〉.

『Darwin, race and gender』, Steven Rose, 『EMBO Reports』, 2009.

『The descent of man, and selection in relation to sex』, Charles Darwin, John Murray, 1874(2판).

『Edvard Westermarck』, 〈Wikipedia〉.

『Introduction』, Hilary Rose & Steven Rose, 『Alas, poor Darwin: arguments against evolutionary psychology』, Hilary Rose & Steven Rose 편집, Vintage, 2001.

『The origin of species and the voyage of the beagle』, Charles Darwin, Richard Dawkins(Introduction), Everyman's Library, 2003.

부록: 읽을거리

가. 가볍게 읽는 진화심리학

여기에서는 진화심리학을 취미로 공부하려는 사람들을 위한 읽을거리를 소개한다. 한국어로 썼거나 번역된 책들 중에 상대적으로 쉬운 것을 골랐다. 내가 쓴 『페미니스트가 매우 불편해할 진화심리학』을 우선 추천하겠다. 왕초보를 위한 진화심리학 입문서 중에 이보다 나은 책을 영어권에서도 못 봤다. 구체적인 가설들을 중심으로 진화심리학을 소개한다. 그리 깊이 파고들지도 않을 뿐 아니라 깊이에 비해 쉽다는 면에서 대단히 편안한 책이다. 하지만 많은 이들의 심기를 건드리는 가설을 일부러 모아놓았다. 이런 면에서는 대단히 불편한 책일 수도 있다. 독자에 따라 불편함 때문에 책장을 넘기기 힘들거나 분노에 휩싸여 책을 찢어버릴지도 모른다. 하지만 선정적이거나 도발적인 주제를 선호하는 독자에게는 이것이 장점으로 통할 것이다. 왜 많은 이들이 진화심리학을 그렇게도 증오하는지 감을 잡을 수 있을 것이다.

이제 한국에도 진화심리학이나 관련 분야를 전공한 학자들이 몇 명은 있다. 그 중에 장대익, 전중환, 최재천, 최정규가 제일 유명한 것 같다. 장대익과 전중환은 최재천의 제자다. 전중환은 세계적인 진화심리학자 데이비드 버스의 제자이며 국내 1호 진화심리학 박사다. 전중환의 『오래된 연장통: 인간 본성의 진짜 얼굴을 만나다』는 초보자를 위해 진화심리학을 알기 쉽게 소개한다. 『진화한 마음: 전중환의 본격 진화심리학』은 그보다는 약간 더 깊이 파고든다. 『본성이 답이다: 진화 심리학자의 한국 사회 보고서』는 진화심리학의 사회적 함의를 다룬다.

최재천의 『다윈 지능: 공감의 시대를 위한 다윈의 지혜』, 장대익의 『울트라소셜: 사피엔스에 새겨진 초사회성의 비밀』, 최정규의 『이타적 인간의 출현: 게임이론으로 푸는 인간 본성 진화의 수수께끼』는 진화심리학 책이라고 봐도 무방할 정도로 진화심리학이나 관련 분야에 대해 많이 다룬다. 한국 학자가 직접 쓴 책이라서 엉터리 번역으로 인한 문제가 없다는 것만 해도 큰 장점이다. 4명 모두 문장력이 나쁘지 않아서 읽기에 편하다.

하지만 심각한 문제가 있다. 『이타적 인간의 출현』은 집단선택론에 호의적인데 산타바바라 학파의 영향을 강하게 받은 나로서는 받아들이기 힘들다. 집단선택의 영향이 대체로 미미하다는 것이 대다수 진화학자들 사이에서는 상식으로 통하는 것 같다. 『오래된 연장통』, 『진화한 마음』, 『본성이 답이다』, 『다윈 지능』, 『울트라소셜』에는 실증적 오류, 이론적 오류, 허술한 논리가 너무나 많다. 독자들이 진화심리학을 이상하게 이해하거나 깔보게 될까 봐 걱정될 정도다. 나는 이 5권을 아주 상세하게 비판해서 인터넷 카페 〈진화심리학(https://cafe.naver.com/evopsy2014)〉의 "독서 일기 (장대익, 전중환, 최재천)" 게시판에 올렸다. 나의 비판과 함께 읽으면 큰 문제가 생기지 않을 것 같다. 그래서 이전보다 더 자신 있게 이 책들을 읽어보라고 추천할 수 있게 되었다. 우선 이 책들을 최대한 비판적으로 정독한 후에 나의 비판을 읽어보자. 훌륭한 글을 읽는 것이 가장 좋겠지만 어설픈 글을 읽으면서 스스로 비판해 보는 것도 괜찮은 학습 방법이라고 생각한다. 너무 훌륭한 책은 초보자가 비판할 만한 약점이 거의 없어서 비판 능력을 키우기에는 적당하지 않은 측면도 있다. 유명한 대학 교수들이 정식으로 출판한 책에게 크게 배신을 당해 보는 경험을 해 보는 것도 그리 나쁘지 않다고 생각한다.

데이비드 버스는 대중적 인지도로만 따지면 진화심리학계에서 열손가락 안에 꼽힐 만하다. 그의 『욕망의 진화: 사랑, 연애, 섹스, 결혼 남녀의 엇갈린 욕망에 담긴 진실(The evolution of desire: strategies of human mating)』은 사랑, 섹스, 질투 등에 초점을 맞춘다. 대중이 흥미를 느낄 만한 소재이며 상당히 쉽게 썼다. 버스의 『진화심리학: 마음과 행동을 탐구하는 새로운 과학(Evolutionary psychology: the new science of the mind)』은 두껍고

딱딱한 교과서이기에 그리 만만하지는 않지만 진화심리학을 약간 깊이 있게 전반적으로 살펴볼 수 있다. 계속 개정되어 최신 연구도 잘 반영되어 있는데 한국어판은 최신판이 아니다. 나는 이 2권도 상세히 비판해서 〈진화심리학〉의 "독서 일기 (버스, 핑커)" 게시판에 올렸다. 2권 모두 문제점이 심각하게 많다.

스티븐 핑커의 『빈 서판: 인간은 본성을 타고 나는가(The blank slate: the modern denial of human nature)』는 20세기를 주름잡았던 백지론적 편향을 비판한다. 심리학, 철학, 정치학 등을 넘나들면서 폭넓은 조망을 펼쳐 준다. 『언어본능: 마음은 어떻게 언어를 만드는가(The language instinct: how the mind creates language)』는 언어의 진화를 다룬다. 『마음은 어떻게 작동하는가: 과학이 발견한 인간 마음의 작동 원리와 진화심리학의 관점 (How the mind works)』은 진화심리학을 전반적으로 소개한다. 『언어본능』과 『마음은 어떻게 작동하는가』가 출간된 지 20년도 넘었다. 1980년대에 본격적으로 출범하여 급속히 발전하는 진화심리학 기준으로 보면 상당히 낡은 책일 수밖에 없다. 그래도 여전히 읽어볼 만한 가치가 있다고 생각한다. 진화심리학계에서 핑커만큼 쉽고 재미있게 대중서를 잘 쓰는 사람을 찾기 힘들다. 코스미디스 & 투비의 제자이며, 내가 아주 좋아하는 로버트 커즈번의 『왜 모든 사람은 (나만 빼고) 위선적인가: 거짓말 심리학(Why everyone (else) is a hypocrite: evolution and the modular mind)』은 위선 또는 자기기만이라는 소재로 대량 모듈성 테제에 대해 다룬다. 진화심리학계에서 영웅으로 받드는 진화생물학자 로버트 트리버스의 『우리는 왜 자신을 속이도록 진화했을까: 진화생물학의 눈으로 본 속임수와 자기기만의 메커니즘(The folly of fools: the logic of deceit and self-deception in human life)』에서도 자기기만을 다룬다. 폴 블룸은 『선악의 진화 심리학(Just babies: the origins of good and evil)』에서 도덕성의 상당 부분이 선천적임을 상당히 설득력 있게 입증했다. 이런 면에서 세계 지성사에서 대단히 중대한 책이라고 생각한다. 아직 말을 잘 못하는 아기들을 대상으로 한 실험들이 주된 내용이다. 이 책은 내가 번역했는데 다른 번역서에 비해 오역이 훨씬 적다고 자부한다.

진화심리학을 이해하려면 당연히 진화생물학을 공부해야 한다. 다윈의 『종의 기원(On the origin of species by means of natural selection, or the preservation of favoured races in the struggle for life)』은 현대 진화생물학의 원조다. 성선택을 주로 다룬 다윈의 『The descent of man, and selection in relation to sex』도 그에 버금갈 정도로 중요하다. 한국에는 『인간의 기원』과 『인간의 유래』라는 제목으로 번역되었다. 다윈의 『인간과 동물의 감정 표현(The expression of the emotions in man and animals)』이 이론적 가치 면에서는 위 두 권보다는 못하다고 말할 수 있겠지만, 진화심리학을 공부하려는 사람이라면 읽어보고 싶을 것이다. 여러 저명한 진화학자들이 다윈의 책을 직접 읽으라고 강권한다. 19세기에 썼기 때문에 온갖 오류가 있을 수밖에 없지만 그의 사고 전개 방식에서 여전히 배울 것이 많기 때문이다. 하지만 일반 대중이 편하고 재미있게 읽기에는 무리가 있다.

최재천이 주도하는 〈다윈 포럼〉에서 다윈의 책을 새로 번역해서 내고 있다. 장대익이 『종의 기원(1판)』을 번역했고, 김성한이 『인간과 동물의 감정 표현』을 번역했다. 아직 검토해 보지는 않았지만 기존 번역본보다는 훨씬 나을 것 같다. 나는 이전부터 『종의 기원』을 번역하고 싶었다. 만약 다윈 포럼에서 6판을 번역하지 않는다면, 또는 번역했는데 오역이 무시할 정도로 많다면 내가 나설 가능성을 배제할 수 없다.

진화생물학 초보자라면 다윈의 책을 읽기 전에 리처드 도킨스의 『지상 최대의 쇼: 진화가 펼쳐낸 경이롭고 찬란한 생명의 역사(The greatest show on earth: the evidence for evolution)』, 『눈먼 시계공: 진화론은 세계가 설계되지 않았음을 어떻게 밝혀내는가(The blind watchmaker: why the evidence of evolution reveals a universe without design)』, 『이기적 유전자(The selfish gene)』에서 출발하는 것이 순서일 것이다. 베스트셀러 과학 작가 도킨스는 과학을 쉽고 재미있게 소개하는 재능이 탁월하다.

『지상 최대의 쇼』에서는 왜 창조론이 아니라 진화론이 옳은지 알려준다. 『눈먼 시계공』과 『이기적 유전자』는 진화생물학 중에서도 진화심리학에 많이 적용되는 부분을 집중적으로 다루는데, 이것이 진화심리학을 공부하려는 사람에게는 큰 장점으로 통할 것이다. 『눈먼 시계공』은 자연선택 이론 자체에 초점을 맞춘다. 『이기적 유전자』는 친족 선택, 상호적 이타성 등 20세기 후반에 제시된 이론들을 소개한다. 『이기적 유전자』는 이상임의 개정번역판으로 읽어야 한다. 홍영남의 이전 번역판보다는 오역이 훨씬 줄었으며 다른 면에서도 번역이 많이 개선되었기 때문이다. 하지만 개정번역판도 오역이 상당히 많다. 자연선택을 알기 쉽게 소개한 책으로는 도킨스가 진화생물학 영웅이라고 부른 조지 윌리엄스의 『진화의 미스터리: 조지 윌리엄스가 들려주는 자연선택의 힘(The pony fish's glow: and other clues to plan and purpose in nature)』도 좋다.

나. 본격적으로 배우는 진화심리학

진화심리학자가 되기 위해서든, 진화심리학을 다른 학문에 적용하기 위해서든, 진화심리학을 비판하기 위해서든, 진화심리학을 깊이 공부하려면 반드시 영어로 된 책과 논문을 읽어야 한다. 한국어로만 읽으면 엄청난 한계에 부닥칠 수밖에 없다. 어려운 책과 논문은 거의 번역되지 않으며 번역된 책들도 번역 품질이 대체로 너무 낮아서 정확한 독서를 방해한다.

아래는 리다 코스미디스 & 존 투비가 주도하여 작성한 추천 문헌 목록이다. 21세기 문헌을 소개하지 않는다는 면에서 아쉽지만 진화심리학을 본격적으로 공부하려는 사람이라면 꼭 참고해야 한다.

〈Suggested reading(Center for Evolutionary Psychology)〉
https://www.cep.ucsb.edu/reading.html

1992년에 제롬 바코우, 리다 코스미디스 & 존 투비가 편집한『The adapted mind: evolutionary psychology and the generation of culture』가 출간되었다. 진화심리학의 탄생을 세상에 본격적으로 알린 돌잔치 같은 책이다. 2016년에는 데이비드 버스가 편집한 2권짜리 핸드북『진화심리학 핸드북 1: 기초(The handbook of evolutionary psychology, volume 1: foundations)』,『진화심리학 핸드북 2: 통합(The handbook of evolutionary psychology, volume 2: integrations)』이 출간되었다(한국어판은 2019년에 출간). 2005년에 나온 1판이 출간된 지 약 10년 만에 나온 2판으로 진화심리학이 어느 정도 자랐는지 자랑한 재롱잔치 같은 책이다.

코스미디스 & 투비는『The adapted mind』에 실린「The psychological foundations of culture」와『진화심리학 핸드북 1』에 실린「진화심리학의 이론적 기초(The theoretical foundations of evolutionary psychology)」를 썼다. 둘 모두 진화심리학의 이론적 기초를 다룬 글이다. 겹치는 부분이 많지만 모두 읽어보라고 강권하겠다. 이 글을 이해하지 못하고 진화심리학에 대해 논한다면 아마추어 수준을 절대로 벗어날 수 없다.『The adapted mind』가 역사적으로 중요하고 여전히 읽을 가치가 있지만 아무래도 최근에 나온『진화심리학 핸드북』부터 읽는 것이 순서일 것이다. 진화심리학을 본격적으로 공부하려는 사람이 처음으로 읽어야 할 책이라고 생각한다.

『진화심리학 핸드북』한국어판이 나온 것을 반가워해야 할지 헷갈린다. 번역가 김한영이『빈 서판』,『언어본능』,『마음은 어떻게 작동하는가』를 어떤 식으로 번역했는지 잘 알기에『진화심리학 핸드북』의 출간 소식을 들었을 때 양호한 번역 품질을 기대하기 힘들다고 생각했다.『진화심리학의 이론적 기초』의 번역을 검토해 보았는데 역시나 엉망이었다. 「진화심리학의 이론적 기초」를 읽고 코스미디스 & 투비가 알쏭달쏭하거나 이상한 소리를 끝없이 늘어놓는다는 느낌이 들었다면 대단히 이상하게 번역되었기 때문이다. 그들의 문장이 길고 복잡하며 비전문가가 이해하기가 상당히 까다로운 것은 사실이다. 하지만 내가 보기에는 상당히 명료하게 글을 쓰며 이치에 맞지 않는 소리는 거의 하지 않는다.

나는 진화심리학의 이론적 기초를 제대로 익히기 위해서는 반드시 코스미디스 & 투비의 논문을 읽어야 한다고 생각한다. 여전히 그들이 진화심리학을 주도하는 것 같다. 난이도가 꽤나 높기 때문에 읽으면서 좌절하기 십상이지만 그들을 피해갈 수는 없다. 아래 사이트에서 그들의 논문을 볼 수 있다.

〈Publication List for Leda Cosmides and John Tooby〉
https://www.cep.ucsb.edu/publist.htm

위에서 소개한 「The psychological foundations of culture」와 「진화심리학의 이론적 기초」를 읽었다면 우선 아래 논문들에 도전해 보자. 진화심리학 일반론에 대한 논문을 위주로 뽑았다. 구체적인 가설을 다룬 다른 논문은 읽지 말라는 것은 아니다. 그런 논문을 읽으면서 그들이 일반론을 구체적으로 어떻게 적용하는지 살펴본다고 해서 해로울 것은 하나도 없다. 나는 코스미디스 & 투비와 제자들의 연구가 진화심리학의 모범에 가깝다고 생각한다.

「From evolution to behavior: evolutionary psychology as the missing link」, Leda Cosmides & John Tooby, 「The latest on the best: essays on evolution and optimality」, 1987.

「The past explains the present: emotional adaptations and the structure of ancestral environments」, John Tooby & Leda Cosmides, 「Ethology and Sociobiology」, 1990.

「On the universality of human nature and the uniqueness of the individual: the role of genetics and adaptation」, John Tooby & Leda Cosmides, 「Journal of Personality」, 1990.

「Dissecting the computational architecture of social inference mechanisms」, Leda Cosmides & John Tooby, 「Characterizing human psychological adaptations (Ciba Foundation Symposium #208)」, 1997.

「Unraveling the enigma of human intelligence: evolutionary psychology and the multimodular mind」, Leda Cosmides & John Tooby, 「The evolution of intelligence」, 2001.

「The evolutionary psychology of the emotions and their relationship to internal regulatory variables」, John Tooby & Leda Cosmides, 「Handbook of emotions」, 2008.

「Internal regulatory variables and the design of human motivation: a computational and evolutionary approach」, John Tooby, Leda Cosmides, Aaron Sell, Debra Lieberman & Daniel Sznycer,

『Handbook of approach and avoidance motivation』, 2008.

『Evolutionary psychology: new perspectives on cognition and motivation』, Leda Cosmides & John Tooby, 『Annual Review of Psychology』, 2013.

『Group cooperation without group selection: modest punishment can recruit much cooperation』, Max M. Krasnow, Andrew W. Delton, Leda Cosmides & John Tooby, 『PLOS ONE』, 2015.

『Adaptations for reasoning about social exchange』, Leda Cosmides & John Tooby, 『The handbook of evolutionary psychology, volume 2: integrations』, 2016(2판).

『The evolution of moral cognition』, Leda Cosmides, John Tooby & Ricardo Andrés Guzmán, 『The Routledge handbook of moral epistemology』, 2018.

코스미디스 & 투비의 글이 너무 어렵다면 우선 아래 글부터 읽어보자.

『Evolutionary psychology: controversies, questions, prospects, and limitations』, Jaime C. Confer, Judith Easton, Diana Fleischman, Cari D. Goetz, David M. G. Lewis, Carin Perilloux & David M. Buss, 『American Psychologist』, 2010.

찰스 크로포드(Charles Crawford) & 데니스 크렙스(Dennis Krebs)가 편집한
『Foundations of evolutionary psychology』는 이론적인 부분에 초점을
맞추면서 진화심리학을 설명하는 책으로 강력히 추천한다. 스티븐 갠지스태드
(Steven W. Gangestad) & 제프리 심슨(Jeffry A. Simpson)이 편집한
『The evolution of mind: fundamental questions and controversies』는
진화심리학계 내부의 논쟁을 다룬다. 저명한 진화심리학자들이 비교적 쉽게 썼다.
산타바바라 학파의 의견과 그에 대립하는 의견이 대조될 때가 많다.
넓은 의미의 사회생물학은 넓은 의미의 진화심리학과 동의어라고 봐도 무방
하다. 에드워드 윌슨은 사회생물학의 창시자라고 불린다. 그렇기 때문에
진화심리학을 제대로 이해하기 위해서 윌슨의 글을 읽어야 한다고 생각할
사람도 있을 것 같다. 절대 아니다. 윌슨이 많은 업적을 남긴 존경 받을 만한
과학자이긴 하지만 이론적 능력 면에서는 한심하기 짝이 없다. 2권짜리
한국어판『사회생물학』은『Sociobiology: the new synthesis』의 축약본을
번역한 것이다.『Sociobiology』와『인간 본성에 대하여(On human nature)』의
역사적 가치를 부정할 수는 없겠지만 21세기 진화심리학을 익히기 위해 반드시
읽어야 하는 것은 아니다. 윌슨의『통섭: 지식의 대통합(Consilience: the
unity of knowledge)』은 생각할 거리를 많이 던져준다는 면에서는 읽을
가치가 있다.
1966년에 출간된『적응과 자연선택: 현대의 진화적 사고에 대한 비평
(Adaptation and natural selection: a critique of some current
evolutionary thought)』은 진화심리학계에서 고전으로 꼽히며 집단선택론에
큰 타격을 준 것으로도 유명하다. 윌리엄스는 1992년에『Natural selection:
domains, levels, and challenges』를 출간했다. 자연선택에 대해 제대로
공부하려는 사람에게는 필독서라고 생각한다. 도킨스는『확장된 표현형:
이기적 유전자, 그다음 이야기(The extended phenotype: the long reach

of the gene)』를 가장 자랑스러운 책으로 꼽았는데 유전자 수준의 자연선택을 이해하는 데 도움이 된다. 『이기적 유전자』보다는 꽤나 깊이 파고든다. 홍영남의 번역이 아주 끔찍했는데 장대익이 참여하여 개정번역판이 나왔다. 이전판보다는 번역이 훨씬 개선되었을 것 같다.

진화생물학과 개체군 유전학을 교과서를 보면서 공부하는 길도 있다. 아래 교과서가 특별히 좋다고 생각하기 때문에 소개한 것은 아니다.

『Evolution』 Mark Ridley

『Evolutionary biology』 Douglas J. Futuyma

『Population genetics and microevolutionary theory』 Alan R. Templeton

자연선택 이론을 깊이 파고들면 결국 수학적 모형이나 컴퓨터 시뮬레이션과 부닥치게 된다. 고등학교 미적분도 어려운 사람들이라면 그냥 피하고 싶은 주제일 것이다. 우선 리처드 맥엘리쓰(Richard McElreath) & 로버트 보이드(Robert Boyd)가 쓴 『Mathematical models of social evolution: a guide for the perplexed』에서 시작하자. 친족 선택, 상호적 이타성, 핸디캡 원리 등 진화심리학에서 많이 응용하는 것들을 다룬다. "당황한 이들을 위한 안내서"라는 부제만 봐도 매우 친절할 것이라고 짐작될 것이다. 실제로도 그렇다. 하지만 수학적 모형을 본격적으로 다루기 때문에 친절해 봤자다.

수학에 자신이 있다면 친족선택으로 유명한 윌리엄 해밀턴의 3권짜리 논문 모음집 『Narrow roads of gene land』에 도전해 보자. 그 중에서 진화심리학과 관련이 큰 논문들을 위주로 꼽아 보았다.

「The genetical evolution of social behaviour I, II」, William D. Hamilton, 「Journal of Theoretical Biology」, 1964.

「Selfish and spiteful behaviour in an evolutionary model」, William D. Hamilton, 「Nature」, 1970.

「Geometry for the selfish herd」, William D. Hamilton, 「Journal of Theoretical Biology」, 1971.

「Coefficients of relatedness in sociobiology」, Richard E. Michod & William D. Hamilton, 「Nature」, 1980.

「The evolution of cooperation」, Robert Axelrod & William D. Hamilton, 「Science」, 1981.

「Discriminating nepotism: expectable, common, overlooked」, William D. Hamilton, 「Kin recognition in animals」, Fletcher & Michener 편집, 1987.

「Sexual reproduction as an adaptation to resist parasites (a review)」, William D. Hamilton, Robert Axelrod & Reiko Tanese, 「Proceedings of the National Academy of Sciences of the United States of America」, 1990.

수식이 난무하는 해밀턴의 논문을 이해하기 어렵다면 울리카 세게르스트랄레(Ullica Segerstrale)가 쓴 전기 「Nature's oracle: the life and work of

『W. D. Hamilton』을 먼저 읽으면 된다. 해밀턴의 업적을 소개하면서 이론적인 문제들도 꽤 깊이 다룬다. 『Zeitschrift für Tierpsychologie』에 실린 도킨스의 『Twelve misunderstandings of kin selection』은 친족선택을 어떻게 오해하면 안 되는지에 대해 알기 쉽게 설명한다.

친족선택이 실증적으로 어떻게 뒷받침되고 있는지 살펴보고 싶다면 아래 논문에서 출발하는 것도 괜찮을 것 같다.

『Hamilton's rule and the causes of social evolution』, Andrew F. G. Bourke, 『Philosophical Transactions of The Royal Society B Biological Sciences』, 2014.

친족선택을 수학적으로, 이론적으로 깊이 파고들고 싶다면 우선 앨런 그레이픈(Alan Grafen)의 논문들에서 시작하는 것이 좋을 것 같다. 도킨스의 제자인 그레이픈은 진화생물학 이론에 도킨스보다 훨씬 크게 기여한 것 같다.

『How not to measure inclusive fitness』, Alan Grafen, 『Nature』, 1982.

『Natural selection, kin selection and group selection』, Alan Grafen, 『Behavioural ecology: an evolutionary approach』, 1984.

『A geometric view of relatedness』, Alan Grafen, 『Oxford Surveys in evolutionary Biology』, 1985.

『Formal Darwinism, the individual-as-maximising-agent analogy, and bet-hedging』, Alan Grafen, 『Proceedings of the Royal Society B:

Biological Sciences』, 1999.

「A first formal link between the Price equation and an optimization program」, Alan Grafen, 『Journal of Theoretical Biology』, 2002.

「Optimization of inclusive fitness」, Alan Grafen, 『Journal of Theoretical Biology』, 2006.

「Formalizing Darwinism and inclusive fitness theory」, Alan Grafen, 『Philosophical Transactions of The Royal Society B Biological Sciences』, 2009.

「Inclusive fitness is an indispensable approximation for understanding organismal design」, Samuel R. Levin & Alan Grafen, 『Evolution』, 2019.

친족선택에 대한 다음 논문도 추천한다.

「The genetical theory of kin selection」, Andy Gardner, Stuart A. West & Geoff Wild, 『Journal of Evolutionary Biology』, 2011.

「Adaptation and inclusive fitness」, Stuart A. West & Andy Gardner, 『Current biology』, 2013.

로버트 트리버스는 상호적 이타성, 부모 투자, 부모-자식 갈등에 대한 이론을 제시했다. 진화심리학자들이 애지중지하는 이론들이다.

「The evolution of reciprocal altruism」, Robert Trivers, 『The Quarterly Review of Biology』, 1971.

「Parental investment and sexual selection」, Robert Trivers, 『Sexual selection and the descent of man, 1871-1971』, Bernard Campbell 편집, 1972.

「Parent-offspring conflict」, Robert Trivers, 『American Zoologist』, 1974.

그의 주요 논문을 모아 놓은 『Natural selection and social theory: selected papers of Robert Trivers』에는 수식이 거의 나오지 않는다. 이런 면에서 해밀턴의 논문 모음집보다는 훨씬 읽기 편하다. 각 논문에 대한 저자 자신의 소개 글도 읽을 가치가 있다. 오스틴 버트(Austin Burt) & 로버트 트리버스가 쓴 『Genes in conflict: the biology of selfish genetic elements』는 이기적 유전적 요소를 다룬다. 유전자 수준의 자연선택을 한층 더 깊이 이해할 수 있게 해 준다. 친절한 설명을 위해 2백 쪽만 더 두껍게 써 주었으면 얼마나 좋았을까 하는 생각이 든다.

이기적 유전적 요소에 대해서는 코스미디스 & 투비도 기여한 바 있다.

「Cytoplasmic inheritance and intragenomic conflict」, Leda Cosmides & John Tooby, 『Journal of Theoretical Biology』, 1981.

존 메이너드 스미쓰(John Maynard Smith)는 게임 이론을 진화 생물학에 적용하는 일에 크게 기여했다.

『Evolution and the theory of games』, John Maynard Smith, 1982.

『The major transitions in evolution』, John Maynard Smith & Eors Szathmary, 1997.

말테 안데르손(Malte Andersson)이 1994년에 출간한 『Sexual selection(2판)』은 성선택 이론을 잘 정리했는데, 좀 오래되어서 최신 성과가 담기지 않은 것이 흠이다. 하지만 이렇게 잘 정리한 최근 책은 찾지 못했다. 데이비드 기어리(David C. Geary)는 『Male, female: the evolution of human sex differences(3판)』에서 남자와 여자의 선천적 차이에 대해 전반적으로 정리했다.

아모츠 자하비가 1975년에 핸디캡 원리에 대한 논문 『Mate selection: a selection for a handicap』을 발표했을 때는 진화생물학계에서 무시당하는 분위기였다고 한다. 진화생물학계에서 처음으로 핸디캡 원리의 아이디어를 제시한 것이기 때문에 역사적 가치는 대단하지만 논리는 엉성한 논문이다. 나중에 앨런 그래이픈과 다른 수리 진화생물학자들이 핸디캡 원리에 대한 수학적 모형들을 발표하자 진화생물학자들이 핸디캡 원리를 더 진지하게 받아들이게 되었으며 이제는 정설로 자리 잡은 것 같다.

『Biological signals as handicaps』, Alan Grafen, 『Journal of theoretical Biology』, Alan Grafen, 1990.

『Sexual selection unhandicapped by the Fisher process』, Alan Grafen, 『Journal of theoretical Biology』, 1990.

『Dishonesty and the handicap principle』, Rufus A. Johnstone & Alan

Grafen, 『Animal Behaviour』, 1993.

『A general model of biological signals, from cues to handicaps』, Jay M. Biernaskie, Jennifer C. Perry & Alan Grafen, 『Evolution Letters』, 2018.

『The sexual selection continuum』, Hanna Kokko, Robert Brooks, John M. McNamara & Alasdair I. Houston, 『Proceedings of the Royal Society B: Biological Sciences』, 2002.

아모츠 자하비 & 아비샤그 자하비(Avishag Zahavi)가 쓴 『The handicap principle: a missing piece of Darwin's puzzle』을 읽으면서 핸디캡 원리를 깊이 공부할 수 있다고 믿으면 오산이다. 자하비가 원조인 것은 맞지만 이론적 능력이 너무 떨어진다. 핸디캡 원리에 대해 배우고 싶다면 위에 소개한 안데르손의 책과 다음 논문을 보는 것이 훨씬 낫다. 물론 수학적으로 깊이 파고들기 위해서는 그레이픈과 다른 수리 진화생물학자들의 어려운 논문에 도전해야 한다.

『Sexual selection, honest advertisement and the handicap principle: reviewing the evidence』, Rufus A. Johnstone, 『Biological Reviews』, 1995.

21세기에도 집단선택 논쟁은 아직 끝나지 않았다. 특히 진화윤리학계에서 집단선택론이 인기다. 〈Edge〉에서 화려한 필진을 끌어 모아 집단선택론에 회의적인 스티븐 핑커의 글에 대해 한 마디씩 하도록 했다. 비교적 쉬우며 다양한 의견을 접할 수 있기 때문에 집단선택 논쟁에 대해 처음으로 읽기에 안성맞춤이다.

「The false allure of group selection」, Steven Pinker
Stewart Brand, Daniel Everett, David C. Queller, Daniel C. Dennett, Herbert Gintis, Harvey Whitehouse & Ryan McKay, Peter J. Richerson, Jerry Coyne, Michael Hochberg, Robert Boyd & Sarah Mathew, Max Krasnow & Andrew Delton, Nicolas Baumard, Jonathan Haidt, David Sloan Wilson, Michael E. Price, Joseph Henrich, Randolph M. Nesse, Richard Dawkins, Helena Cronin, John Tooby.
http://edge.org/conversation/the-false-allure-of-group-selection

이전에 집단선택론자들은 순진하기 짝이 없는 이야기를 했다. 윌리엄스의 『적응과 자연선택』이 출간되면서 그런 구집단선택론은 큰 타격을 입었다. 하지만 신집단선택론자들은 수학적 모형에 바탕을 두고 이전보다 훨씬 탄탄한 집단선택론을 제시했다. 집단선택론이 이기적 유전자론과 충돌한다고 주장하는 사람도 있는데 항상 그런 것은 아니다. 적어도 신집단선택론은 개체군 유전학의 수학적 모형에 의존한다. 따라서 이기적 유전자론에 바탕을 두고 있다. 1998년에 출간된 엘리어트 소버(Elliott Sober) & 데이비드 슬론 윌슨(David Sloan Wilson)의 『타인에게로: 이타 행동의 진화와 심리학(Unto others: the evolution and psychology of unselfish behavior)』은 신집단선택론자들 반격을 담은 책이다. 수식을 깊이 다루지 않는다는 면에서 상대적으로 쉽다. 나는 이 책의 핵심 내용에 심각한 문제가 있다고 생각한다. 집단선택론에 회의적인 의견을 보고 싶다면 우선 아래 논문을 참조하라.

『Sixteen common misconceptions about the evolution of cooperation in humans』, Stuart A. West, Claire El Mouden & Andy Gardner, 『Evolution and Human Behavior』, 2011.

진화심리학계에서 사냥채집 사회를 매우 중시한다. 농경과 목축이 시작된 지가 1만 년 정도밖에 안 되었다. 그 동안의 진화를 완전히 무시할 수는 없겠지만 대단한 진화가 일어나기는 힘들었다고 보는 것이 진화심리학계의 대세다. 따라서 아래 책들을 읽으면서 사냥채집 사회에 대해 알아둘 필요가 있다.

『The lifeways of hunter-gatherers: the foraging spectrum』, Robert L. Kelly, 2013(2판).

『The Oxford handbook of the archaeology and anthropology of hunter-gatherers』, Vicki Cummings, Peter Jordan & Marek Zvelebil 편집, 2014.

대량 모듈성 테제에 대해서는 내가 아주 좋아하는 아래 논문에서 시작하는 것이 좋을 것이다.

『Modularity in cognition: framing the debate』, H. Clark Barrett & Robert Kurzban, 『Psychological Review』, 2006.

진화심리학의 검증 방법론에 회의적인 사람은 우선 아래 논문을 읽을 필요가 있다. 진화심리학 가설이 어떤 식으로 검증되는지 일반적으로 살펴본 후, 입덧, 근친상간 회피, 많은 여자와 섹스를 하려는 남자의 성향 등 상대적으로 잘 입증되었다고 평가받는 가설들을 다룬다.

『Evaluating evidence of psychological adaptation: how do we know one when we see one?』, David P. Schmitt & June J. Pilcher, 『Psychological Science』, 2004.

제임스 허포드(James R. Hurford)의 언어의 진화에 대한 책에는, 개념적 사고가 이미 상당 수준으로 진화한 다음에 그런 개념적 사고를 남들에게 전달할 수 있는 언어가 진화했다는 주장이 담겨 있다. 아래 2권은 여러 모로 읽기에 만만치 않다. 우선 알기 쉽게 정리한 『Origins of language: a slim guide』부터 읽어보자.

『The origins of meaning: language in the light of evolution 1』, James R. Hurford, 2007.

『The origins of grammar: language in the light of evolution 2』, James R. Hurford, 2011.

자기기만에 대한 윌리엄 폰 히펠(William von Hippel) & 로버트 트리버스의 논문 자체도 읽어볼 가치가 있지만, 이에 대한 수많은 학자들의 짧은 논평이 30편 정도나 같이 실려 있어서 진화심리학계의 의견을 전반적으로 살펴볼 수 있다.

『The evolution and psychology of self-deception』, William von Hippel & Robert Trivers, 『Behavioral and Brain Sciences』, 2011.

온갖 조류의 지식인들과 학자들이 진화심리학을 극도로 싫어한다. 그리고 그들은 진화심리학을 비판하는 논문과 책을 쏟아내고 있다. 그 중에서 마리 루티

(Mari Ruti)의 『나는 과학이 말하는 성차별이 불편합니다: 진화심리학이 퍼뜨리는 젠더 불평등(The age of scientific sexism: how evolutionary psychology promotes gender profiling and fans the battle of the sexes)』이 한국에서 상당한 파장을 일으켰다. 한심하기 짝이 없는 책이지만 여기에서 소개하는 이유는 그 책에 대해 내가 상세히 비판했기 때문이다. 인터넷 카페 〈진화심리학〉의 "독서 일기 (페미니즘)" 게시판에 있다.

다음 2권은 진화심리학에 적대적인 여러 학자들의 글을 모아놓았다. 진화심리학이 어떤 식으로 공격받는지 전반적으로 살펴 볼 수 있다. 둘 다 한심하지만 진화심리학 초보자에게는 좋은 스파링 파트너가 될 수도 있을 것이다. 『Evolution, gender, and rape』는 랜디 쏜힐 & 크레이그 파머의 『A natural history of rape: biological bases of sexual coercion』에 대한 반응이기도 하다.

『Alas, poor Darwin: arguments against evolutionary psychology』, Hilary Rose & Steven Rose, 2000.

『Evolution, gender, and rape』, Cheryl Brown Travis 편집, 2003.

『Alas, poor Darwin』에 대한 진화심리학자의 반응도 살펴보자.

『Alas poor evolutionary psychology: unfairly accused, unjustly condemned [Review of Alas poor Darwin: arguments against evolutionary psychology edited by H. Rose and S. Rose], Robert Kursban, 『Human Nature Review』, 2002.

울리카 세게르스트랄레의 『Defenders of the truth: the sociobiology

debate and beyond』는 1970~80년대의 사회생물학 논쟁을 소개한다. 논쟁에 참여했던 사람들을 저자가 직접 인터뷰했으며 재미있는 뒷얘기까지 많이 소개한다.

위험한 진화심리학

발행일 초판 1쇄 2021년 12월 30일
지은이 이덕하
일러스트 이제야
디자인 이제야 1호점
펴낸이 박지원
펴낸곳 고유명사
주소 서울 특별시 마포구 성산동200-341, 402호
전자우편 properbook@naver.com

ⓒ 이덕하, 2021
ISBN 979-11-977273-0-6 [03180]